LES
MILLE ET UNE NUITS

CONTES ARABES

TRADUITS PAR GALLAND,

ÉDITION ILLUSTRÉE

PAR LES MEILLEURS ARTISTES FRANÇAIS,

Revue et corrigée sur l'édition PRINCEPS de 1704 ;

Augmentée d'une dissertation sur les MILLE ET UNE NUITS,

PAR M. LE BARON SILVESTRE DE SACY,

Pair de France, membre de l'Académie des Inscriptions et Belles-Lettres, etc.

1re Livraison.

Paris,

ERNEST BOURDIN ET Cⁱᵉ, ÉDITEURS,

16, RUE DE SEINE SAINT-GERMAIN.

Et chez tous les Libraires de Paris et des départements.

MILLE ET UNE NUITS

CONTES ARABES

ÉDITION ILLUSTRÉE
PAR LES MEILLEURS ARTISTES FRANÇAIS

Revue et corrigée sur l'édition PRINCEPS de 1704

Augmentée d'une Dissertation sur les Mille et Une Nuits

Par M. le Baron SILVESTRE DE SACY,

Pair de France, membre de l'Académie des Inscriptions et Belles-Lettres, etc.

PARIS.
ERNEST BOURDIN ET C.ⁱᵉ ÉDITEURS
RUE DE SEINE—SAINT-GERMAIN, 46

Typographie de LACRAMPE et Cⁱᵉ, rue Damiette, n° 2.

PUBLIÉ PAR ERNEST BOURDIN

LES
MILLE ET UNE NUITS

CONTES ARABES

TRADUITS PAR GALLAND.

ÉDITION ILLUSTRÉE

PAR LES MEILLEURS ARTISTES FRANÇAIS ET ÉTRANGERS,

Revue et corrigée sur l'édition Princeps de 1704;

AUGMENTÉE D'UNE DISSERTATION SUR LES MILLE ET UNE NUITS,

Par M. le Baron SILVESTRE DE SACY,

Pair de France, membre de l'Académie des Inscriptions et Belles-Lettres, etc.

ERNEST BOURDIN ET Cie, ÉDITEURS,

16, RUE DE SEINE SAINT-GERMAIN.

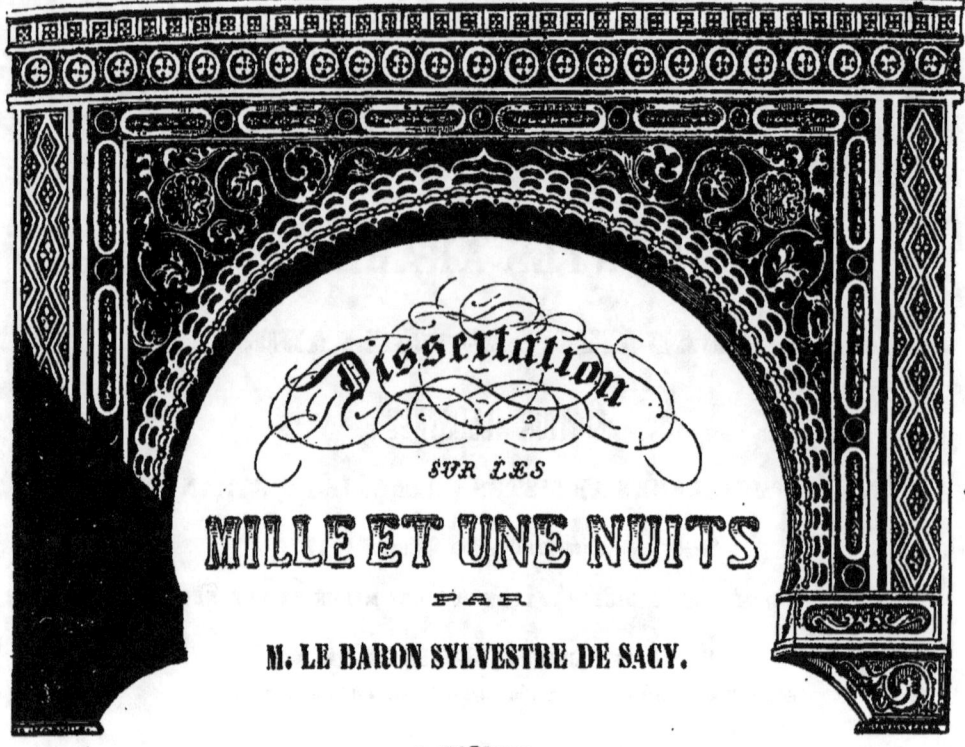

Dissertation sur les Mille et Une Nuits

par M. LE BARON SYLVESTRE DE SACY.

La littérature orientale n'offre assurément aucun ouvrage qui ait reçu en Europe un accueil plus favorable que les *Fables de Bidpai*, et les contes des *Mille et Une Nuits*. Quel est en effet le livre qui ait été traduit dans un plus grand nombre de langues, et qui ait eu plus de lecteurs que ces recueils de contes, et surtout le dernier, dont s'est amusée notre enfance, et qui, dans un âge plus grave et plus sérieux, nous offre encore bien souvent un délassement et un remède contre l'ennui? Que l'on nous vante l'antiquité et la sagesse des lois de Menou, la grave et sentencieuse obscurité des livres sacrés de la Chine, l'éloquence majestueuse et plus qu'humaine de l'Alcoran, la divine épopée de Valmiki, les chants sublimes d'Homère lui-même, ou les célestes méditations de Platon; aucun de ces monuments de l'esprit humain ne saurait rivaliser, sous le rapport dont il s'agit, avec deux livres qui pourtant n'ont produit dans le monde aucune révolution, et qui n'ont ni fait couler le sang, ni armé secte contre secte, nation contre nation.

La fortune de ces deux livres, semblable sous ce rapport général, offre pourtant des différences notables. Le premier, comme les Pyramides d'Égypte, semble avoir lassé les efforts destructifs des siècles : sa patrie primitive est connue, on pourrait croire que la date de sa composition remonte à l'origine des temps historiques. Il y a plus de douze siècles qu'un puissant monarque de la Perse prodiguait ses trésors pour le dérober à l'Inde, dont les souverains le conservaient avec une religieuse jalousie, comme l'un des plus précieux et des plus antiques joyaux de leur couronne. Et depuis ce temps, partout où la connaissance en est parvenue, dans l'Asie comme en Europe, il a été accueilli avec le même empressement par les savants et par le vulgaire, par les hommes de toutes les croyances, Hébreux, chrétiens ou musulmans. Dans les plus beaux siècles de la littérature de l'Europe, des écrivains célèbres n'ont point dédaigné de lui emprunter quelques apologues, et de s'enrichir de ses dépouilles. Ajoutons qu'à bien des égards, les Fables de Bidpai ne sont point indignes de l'attention du philosophe, du moraliste, et même de l'homme d'État.

L'autre livre, les *Mille et Une Nuits*, sans avoir jamais occupé une place distinguée dans la littérature de l'Orient; incapable même, par le style dans lequel il est écrit, de prendre rang entre les modèles de l'éloquence et du bon goût; inconnu parmi nous jusqu'au siècle qui a précédé celui où nous vivons; n'offrant aucun but moral ou philosophique; contant, enfin, uniquement pour le plaisir de conter, a, en quelques années, rempli l'Europe de sa renommée. Son succès, croissant de jour en jour, n'a rien souffert des caprices de la mode, ni du changement de nos habitudes. Le drame de Schiller a pu supplanter la tragédie surannée de Sophocle et de Corneille; un déluge d'indigestes souvenirs, ou frivoles, pour ne rien dire de plus, ou recueillis et rédigés sous l'influence des passions, imposer silence à l'impartiale et sévère muse de l'histoire; la science des Bodin et des Montesquieu, l'art des Sully et des Colbert, devenus le domaine de tous, et désormais sans mystères, remplacer, dans nos écrits comme dans nos salons, l'enjouement et la gaieté : les *Mille et Une Nuits* ont toujours eu des éditeurs et des lecteurs, et l'on n'a jamais cessé de redemander à l'Orient ce qui manquait à cette longue suite de contes. Bien plus, leur nom magique a servi d'escorte et de convoi à une prodigieuse importation de marchandises de contrebande, sans que les *Mille et Une Nuits* aient rien perdu de leur popularité et de leur faveur.

Cette haute réputation, et le nom des hommes qui n'ont point dédaigné de consacrer à ce recueil une partie de leurs savantes veilles, ont pu me servir d'excuses auprès de l'Académie, lorsque j'ai hasardé de lui soumettre quelques recherches sur l'histoire de ce livre. L'accueil que cette savante compagnie avait fait précédemment à mes recherches historiques et critiques sur les Fables de Bidpai, a aussi contribué à m'inspirer la hardiesse de lui présenter ce nouveau travail. Peut-être est-ce à la loi que je m'étais imposée d'en écarter tout ce qui n'aurait été qu'amusant ou frivole, que j'ai été redevable de la bonté avec laquelle elle a bien voulu m'entendre. Mais en sera-t-il de même de l'honorable assemblée devant laquelle je dois exposer aujourd'hui les résultats d'une discussion de pure critique littéraire? Ce qui m'a valu l'indulgence de l'Académie, n'est-ce pas précisément l'écueil que je devrais éviter avec le plus de soin? et un conte inédit des *Mille et Une Nuits*, si j'avais eu le bonheur d'en découvrir ou d'en improviser quelqu'un, ne vaudrait-il pas mieux que les conjectures les plus plausibles sur l'origine de ce recueil, la nation à laquelle l'honneur en est dû, le siècle auquel il appartient? Toutefois, je dois me soumettre aux ordres de l'Académie, et puisqu'il ne me reste que la ressource de ne point abuser de l'indulgence de l'assemblée, je vais me hâter d'entrer en matière.

L'Inde était incontestablement la patrie des Fables de Bidpaï : cette vérité était établie, et par des traditions historiques qu'une sage critique ne devait pas rejeter, et par un assez grand nombre de traits empreints dans le livre lui-même. Peut-être est-ce là, sans qu'on s'en soit bien rendu raison, le premier motif qui a suggéré l'idée de chercher aussi dans l'Inde l'origine des *Mille et Une Nuits*, et de leur attribuer, comme à cet autre recueil d'apologues, une haute antiquité. Cette opinion cependant n'a été mise en avant que depuis quelques années. Elle ne s'était présentée ni à Galland, qui le premier a fait connaître en Europe les *Mille et Une Nuits*, ni à celui des membres de cette Académie qui, pour se délasser de travaux plus sérieux, a enrichi de deux volumes de nouveaux contes l'édition qu'il en a donnée en 1806. Le premier traducteur, dans son épître dédicatoire à madame la marquise d'O, fille de M. de Guilleragues, avait attribué tout simplement ce recueil à *un auteur arabe inconnu*. M. Caussin de Perceval, bien éloigné d'en chercher l'origine dans des âges reculés, se croyait autorisé à leur donner tout au plus trois à quatre siècles d'antiquité. Et quoiqu'on puisse élever des doutes légitimes sur le fait qui sert de fondement à son opinion, il faut reconnaître qu'elle pourrait être justifiée, ne fût-ce que par le style vulgaire et nécessairement assez moderne dans lequel l'original de ce recueil est écrit. Ce n'est que depuis une vingtaine d'années que deux savants, l'un Français, l'autre Autrichien, ont prétendu avoir trouvé des preuves incontestables de la haute antiquité des *Mille et Une Nuits*, et en même temps se sont crus autorisés à en attribuer la première rédaction à l'Inde, ou du moins à la Perse, antérieurement à la soumission de cet empire aux successeurs de Mahomet. M. Langlès, dont les travaux ont eu le plus ordinairement pour objet l'Inde et les monuments de ses arts et de sa littérature, est le premier qui ait émis publiquement cette opinion; et le savant M. de Hammer, connu par un nombre presque infini d'ouvrages relatifs à l'histoire et à la poésie des Arabes, des Persans et des Turcs, qui, de son côté, avait conçu la même idée de la patrie primitive et de l'âge de ce recueil, n'a point cessé depuis ce temps, toutes les fois que ses travaux scientifiques lui en ont fourni l'occasion, de revenir sur cette question, et de développer les arguments sur lesquels il établit cette double assertion.

M. Langlès avait présenté d'une manière assez superficielle quelques-unes des raisons qu'il alléguait en faveur de son système, et avait répondu encore plus faiblement aux objections dont il sentait bien que ce système était susceptible. Un nouvel éditeur de la traduction des *Mille et Une Nuits*, entraîné sans doute par l'autorité de celui dont il était le disciple et l'admirateur, a voulu suppléer au silence de M. Langlès, et il a prétendu que ces contes mêmes fournissaient des preuves intrinsèques d'une origine étrangère aux Arabes. Et, d'un autre côté, M. de Hammer, qui ne pouvait ni ne voulait se dissimuler les objections qui naissaient en foule contre l'opinion qu'il défendait, s'est attaché à atténuer ces objections à force de concessions; mais, qu'il nous soit permis de le dire avec franchise, il nous semble qu'en abandonnant ainsi toutes les avenues et les ouvrages extérieurs de la place qu'il avait à défendre, il s'est mis hors d'état d'obtenir une capitulation honorable, telle qu'on aimerait à l'accorder à ses talents si distingués et à sa haute réputation.

Comme j'ai le plus grand intérêt à être court, et que d'ailleurs je n'ai affaire qu'aux opinions et non aux personnes, je vais présenter en un seul résumé les preuves qu'on fait valoir pour ôter aux Arabes l'honneur d'être les inventeurs de cette espèce de cycle mythologique ou plutôt romanesque, et pour en reporter l'origine à une époque antérieure à l'islamisme.

Le premier argument, et j'oserais dire le seul qui ait réellement quelque valeur, et qui mérite une réfutation sérieuse, se tire d'un passage remarquable d'un historien arabe justement célèbre, qui écrivait, comme on n'en peut douter, vers l'an 336 de l'ère mahométane, 947 de Jésus-Christ. Dans ce passage, dont il me suffit de donner ici la substance, Masoudi, c'est le nom de cet historien, parlant des récits merveilleux qui avaient cours de son temps sur certains monuments et certains personnages appartenant à l'histoire des Arabes avant Mahomet, assure que, dans l'opinion de quelques personnes, ce sont là autant de fables et de récits romanesques, *semblables à ceux qu'on nous a traduits*, dit-il, *des langues persane, indienne et grecque, tels, par exemple, que le livre intitulé* LES MILLE CONTES. *C'est*, ajoute-t-il, *le livre qu'on appelle communément* LES MILLE NUITS, *et qui contient l'histoire du roi, du vizir, de la fille du vizir, et de la nourrice de celle-ci; les noms de ces femmes sont Schirzad et Dinarzad.*

Il y a entre les divers manuscrits de l'ouvrage duquel ceci est tiré, quelques différences qu'il est nécessaire de faire observer.

Au lieu de : *c'est le livre qu'on appelle communément* LES MILLE NUITS, on lit dans quelques exemplaires : LES MILLE ET UNE NUITS ; et au lieu de *l'histoire du vizir, de sa fille et de la nourrice de celle-ci*, les autres exemplaires portent : *l'histoire du vizir et de ses deux filles.*

A l'appui de ce passage de Masoudi, on observe que, sous les khalifes Haroun-Alraschid et ses deux fils Amin et Mamoun, vers la fin du huitième et le commencement du neuvième siècle de notre ère, la littérature des Arabes s'enrichit de la traduction d'un grand nombre d'ouvrages étrangers, grecs, persans et indiens.

Passant aux preuves intrinsèques que fournissent, dit-on, les *Mille et Une Nuits* de leur origine indienne ou persane, on fait observer que l'intervention des génies, qui figurent si souvent dans ce recueil de contes, caractérise une source indienne. C'est, dit-on, au système théologique de l'Inde qu'appartiennent ces êtres fantastiques, inférieurs aux dieux, et sujets à toutes les fragilités de l'espèce humaine, sans toutefois avoir un corps capable de tomber sous nos sens. C'est dans l'Inde qu'il faut chercher ces êtres d'une nature mystérieuse, les sylphes malfaisants qui n'emploient leur pouvoir surnaturel qu'au détriment de l'homme, et les bonnes fées dont ils ne réclament point en vain l'assistance.

De plus, c'est encore à l'Inde qu'appartiennent certains usages sur lesquels se fonde l'intrigue de ces récits, et qu'en conséquence le traducteur arabe n'a pas pu totalement effacer, pour substituer les mœurs de son pays aux mœurs indiennes.

Les noms mêmes des principaux personnages qui figurent dans l'aventure qui sert de cadre à cette multitude de récits, s'ils ne sont pas indiens, ont pour patrie la Perse ancienne, et il est naturel d'en conclure que c'est par l'intermédiaire des Persans que la littérature arabe s'est enrichie de ce produit étranger.

Enfin, on assure que, si l'on voulait en prendre la peine, on ferait voir aisément que, malgré tous les efforts du traducteur arabe, il est encore resté dans ces contes une multitude de traits qui rappellent les productions, la topographie et la zoologie de l'Hindoustan, ou de l'île de Ceylan, ou des îles de l'archipel indien; mais il faut que le lecteur se contente de cette assertion générale, puisqu'on a cru inutile de la justifier par aucun exemple.

Ces arguments, malgré la confiance avec laquelle ils sont présentés, laissent cependant apercevoir l'endroit faible du système. On a prévu l'objection que ferait naître à chaque page le tableau de la religion, des coutumes, des lois, des mœurs, du luxe, de l'étiquette des cours de Bagdad ou du Caire, et au lieu de la discuter et de se mesurer corps à corps avec un adversaire si redoutable, on a espéré lui échapper, en mettant tout cela sur le compte du traducteur arabe. Cependant il ne fallait que lire quelques pages des *Mille et Une Nuits* pour sentir que l'objection n'était pas si méprisable que les auteurs de ce système feignaient de le croire. Aussi, le savant allemand, qui n'a point voulu devoir son triomphe à une retraite précipitée, a-t-il employé, pour arracher aux adversaires de son système une arme si formidable, d'adroites concessions. D'abord il a un peu rapproché la patrie de ces contes, qui furent, suivant lui, composés pour l'amusement d'un roi de la Perse orientale. Ensuite il admet que ce recueil, en passant d'âge en âge, par les mains de plusieurs écrivains arabes, a été surchargé d'un grand nombre de pièces d'origine arabe, et de toute sorte de formes et de couleurs. Au milieu de cet assemblage si hétérogène de nouvelles, de contes et d'anecdotes, de diverses époques et de différents styles, l'ancien fond des *Mille et Une Nuits* s'est trouvé réduit à n'être que la plus petite partie du recueil. Des ouvrages anciens, originaires de la Perse ou de l'Inde, mais tout à fait étrangers aux *Mille et Une Nuits*, y ont été intercalés. Ce n'est pas tout : ce qu'elles contiennent de matériaux plus récents et d'origine purement arabe, est encore incomparablement plus grand. Les nouvelles dans lesquelles le khalife Haroun, le contemporain de Charlemagne, joue un si grand rôle, ne peuvent y avoir été ajoutées que deux siècles au moins après la mort de ce prince, puisque le narrateur en parle comme d'une époque passée depuis longtemps. Ailleurs il est fait une mention expresse d'un sultan égyptien dont le règne répond à la seconde moitié du treizième siècle de l'ère chrétienne, d'où il résulte, toujours suivant M. de Hammer, que le dernier remaniement ou la dernière édition du recueil ne peut pas être portée à une époque plus reculée que le commencement du quatorzième siècle. Plusieurs anecdotes qui s'y trouvent mêlées sont même évidemment d'une époque encore plus rapprochée. « Si donc, conclut « ce savant, on ne saurait déterminer que d'une manière vague la date de la ré- « daction arabe des *Mille et Une Nuits*, on peut indiquer avec bien plus de préci- « sion l'Égypte comme la patrie de cette édition augmentée et retouchée, car les « mœurs, les usages, les circonstances locales, la langue, tout, en un mot, d'un « bout à l'autre de l'ouvrage, porte l'empreinte de ce pays. »

Après de tels aveux, est-il besoin de réfuter un système dont on a cherché à couvrir la faiblesse par de si larges concessions? Ne suis-je pas autorisé à demander ce que sont donc devenus ces contes indiens ou persans qui faisaient le fond de l'ouvrage original, et qui, pour remplir mille nuits, devaient nécessairement former un recueil au moins égal à celui que nous connaissons, surtout si, comme tous les critiques en tombent d'accord, les *Sept Voyages de Sindbad le marin*, et l'histoire du *Roi, de son Fils, de la Marâtre et des Sept Vizirs*, sont des interpolations tout à fait étrangères aux *Mille et Une Nuits*? Qu'on ait augmenté et même surchargé une pareille collection, où il y a bien des matières de mauvais aloi mêlées à des métaux précieux, on le conçoit facilement. Mais que d'un recueil qui, à la plus brillante époque de la littérature musulmane, aurait été jugé digne d'être traduit de l'indien ou du persan en arabe, on ait peu à peu éliminé tout ce qui faisait le fond de l'ouvrage, pour y substituer des contes souvent insipides, tels que celui de la *belle Teweddond*, et quelques autres dont les nouveaux éditeurs n'ont pas craint de se servir pour arriver au nombre indiqué par le titre du recueil, voilà ce qui est tout à fait paradoxal. Encore, du moins, si la peinture des mœurs, des opinions, des usages, nous ramenait de temps à autre à une époque antérieure à l'islamisme; si, comme on l'a avancé contre toute évidence et sans essayer de le prouver, les scènes de la nature, le règne animal ou végétal, les accidents géographiques ou atmosphériques, nous transportaient nécessairement hors des contrées musulmanes, nous pourrions croire que, par des altérations ou des interpolations maladroites, des plagiaires arabes se seraient fait honneur des fruits du génie persan ou indien. Mais on n'a pas cette ressource. On est contraint d'avouer que les mœurs, les usages, les circonstances locales, tout, d'un bout à l'autre de l'ouvrage, porte l'empreinte de l'Égypte. Enfin, peut-être le style, la pureté du langage, la richesse des figures, nous autoriseront-ils à rapporter la composition de ce recueil à une époque antérieure à la décadence de la littérature chez les Arabes. Rien de tout cela : l'ouvrage est écrit dans un langage vulgaire, dans un style qui montre toutes les traces de la décadence, et trahit une rédaction moderne dont l'Égypte est la patrie. Et, malgré tout cela, on persiste à soutenir que Masoudi, qui écrivait il y a près de neuf siècles, trente ou quarante ans avant la fondation du Caire, dont il est souvent fait mention dans ces contes, a connu ce recueil, et en a parlé. De bonne foi, que penser d'une semblable assertion?

Ne croyant pas devoir me contenter de l'argument tiré des aveux de ceux que je combats, j'ai recueilli et mis sous les yeux de l'Académie une multitude de passages que je dois supprimer aujourd'hui : il me suffit de dire qu'ils fournissent des preuves directes et en grand nombre, que presque tous les acteurs de ces contes sont des musulmans; que la scène des événements est le plus souvent sur les bords du Tigre, de l'Euphrate ou du Nil; que les sciences réelles ou fantastiques dont il y est question, sont celles dont les Arabes se font honneur; que les génies sont ceux de la mythologie arabe, modifiés par les préjugés musulmans, et toujours tremblants au seul nom de Salomon; que les religions connues de l'auteur ne sont jamais autres que l'islamisme, le christianisme, le judaïsme et le magisme; enfin, qu'on y parle de Moïse, de David, d'Asaf, personnages, certes, parfaitement inconnus aux sages de l'Inde et de la Perse avant l'introduction du mahométisme dans ces contrées. A-t-on recours à des opérations magiques? on y emploie *le nom ineffable*, emprunt évidemment fait aux Juifs, et des instruments sur lesquels sont gravés des caractères hébreux. En un mot, j'en ai conclu qu'il me suffisait de dire aux partisans du système que j'attaque : Prenez les *Mille et Une Nuits*, et tous les suppléments dont on les a dotées; si vous y trouvez seulement une dizaine de passages qui ne puissent appartenir qu'à l'Inde, ou bien à la Perse, telle qu'elle était avant l'islamisme, je consens à admettre tous les résultats que vous tirez du passage de Masoudi.

Voudrait-on faire valoir les mentions fréquentes de l'Inde, de la Chine, ou des contrées situées au-delà de l'Oxus, qui se rencontrent dans les *Mille et Une Nuits?* Mais c'est là précisément ce qui prouve que l'auteur n'était ni Indien, ni Persan, pas plus qu'il n'était Chinois. N'est-il pas évident qu'il n'a introduit, dans le conte qui sert de cadre à tous ses récits, quelques noms persans; qu'il n'a mis en scène des rois persans ou tartares, et des acteurs de ces mêmes nations; enfin, qu'il n'a placé quelquefois ses personnages dans la Chine, les Indes, Caschgar et Samarcande, que pour dépayser les lecteurs en les transportant loin des contrées qui leur étaient connues, et se donner ainsi plus de liberté de feindre et d'inventer à son gré, sans d'ailleurs se mettre en peine le moins du monde de ménager les vraisemblances? Pour en donner un exemple, l'ogresse de la quinzième nuit, qui veut s'emparer du jeune prince égaré dans le désert pour le dévorer, et qui n'est autre qu'un de ces êtres malfaisants que les Arabes nomment *goul*, se dit, pour tromper celui dont elle veut faire sa victime, *fille d'un roi des Indes*. Certes, si ce conte eût été écrit dans l'Inde, elle se serait dite princesse de la Chine, ou bien fille d'un scheikh arabe ou d'un roi de Syrie.

Maintenant il est naturel qu'on me demande ce que je fais du passage de Masoudi. J'observe d'abord que ce passage a été altéré, puisqu'il offre deux variantes assez graves. Je ne conteste point que cet historien n'ait connu un roman persan intitulé *les Mille Contes*, et que ce roman n'eût été traduit en arabe, peut-être comme les Fables de Bidpai, sous le khalifat de Mamoun. Je suis encore très-disposé à admettre que les premiers personnages de l'aventure principale du roman étaient un roi, son vizir, la fille du vizir et la nourrice de celle-ci, ou même, si l'on veut, *les deux filles du vizir*, quoique cette dernière leçon me paraisse très-suspecte. Quant à ces mots : *et c'est là le livre qu'on appelle* LES MILLE NUITS, peut-être bien ne sont-ils qu'une interpolation; toutefois je consens encore à les attribuer à Masoudi; mais ce que je regarde comme certain, c'est que Masoudi a écrit LES MILLE NUITS, et non LES MILLE ET UNE NUITS. Cette nuit de plus est assurément due aux copistes, qui ont cru que ce passage devait s'appliquer aux *Mille et Une Nuits* qu'ils connaissaient, et je pense que c'est par la même raison qu'ils auront substitué *les deux filles du vizir* à ce que Masoudi avait dit : *la fille du vizir et la nourrice de celle-ci*. Et, pour le dire en passant, il eût été bien plus convenable, surtout dans les mœurs de l'Orient, que la fille du vizir, tandis qu'elle partageait la couche du roi, eût auprès d'elle une duègne que sa sœur. Tout ce qu'on peut conclure du texte de Masoudi, c'est qu'il a existé sous le nom de *Mille Contes* un livre originairement persan ou indien, puis traduit en arabe, que nous ne connaissons pas, et duquel, peut-être, l'auteur des *Mille et Une Nuits* aura emprunté les noms de ses principaux personnages.

Je terminerai par un simple exposé, dégagé de toute discussion, de ce qu'on peut dire, suivant moi, de plus vraisemblable sur l'histoire du livre qui a été l'objet de ces recherches.

Il me paraît qu'il a été originairement écrit en Syrie, et dans le langage vulgaire; qu'il n'a jamais été achevé par son auteur, soit que la mort l'en ait empêché, ou par toute autre raison; que, dans la suite, les copistes ont cherché à le compléter, soit en y insérant des nouvelles qui étaient déjà connues, mais qui n'appartenaient pas à ce recueil, comme les *Voyages de Sindbad le marin*, et le *Livre des Sept Vizirs*, soit en en composant eux-mêmes avec plus ou moins de talent, et que de là naît l'extrême variété qu'on a observée entre les divers manuscrits de ce recueil; que telle est aussi la raison pour laquelle les manuscrits ne sont point d'accord sur le dénouement, dont il existe deux récits très-différents; que les contes ajoutés l'ont été à différentes époques et peut-être en diverses contrées, mais surtout en Égypte; enfin, que la seule chose qu'on puisse affirmer avec beaucoup de vraisemblance, sur l'époque de la composition de ce livre, c'est qu'il n'est pas fort ancien, comme le prouve le langage dans lequel il est écrit, mais que toutefois, lorsqu'il a été rédigé, on ne connaissait point encore l'usage du tabac et du café, puisqu'il n'y en est fait aucune mention : car l'auteur ne montre pas assez de respect pour les vraisemblances, pour qu'on puisse supposer qu'il aurait évité de faire présenter à ses personnages des pipes ou des tasses de café, afin de ne pas compromettre l'honneur de ses récits par quelques légers anachronismes. Cette observation reporterait la composition de ce recueil au moins au milieu du neuvième siècle de l'hégire, et il compterait ainsi environ quatre cents ans d'existence.

CONTES ARABES.

Les chroniques des Sassanides, anciens rois de Perse, qui avaient étendu leur empire dans les Indes, dans les grandes et petites îles qui en dépendent, et bien loin au delà du Gange, jusqu'à la Chine, rapportent qu'il y avait autrefois un roi de cette puissante maison, qui était le plus excellent prince de son temps. Il se faisait autant aimer de ses sujets par sa sagesse et sa prudence, qu'il s'était rendu redoutable à ses voisins par le bruit de sa valeur et par la réputation de ses troupes belliqueuses et bien disciplinées. Il avait deux fils : l'aîné, appelé Schahriar, digne héritier de son père, en possédait toutes les vertus ; et le cadet, nommé Schahzenan, n'avait pas moins de mérite que son frère.

Après un règne aussi long que glorieux, ce roi mourut, et Schahriar monta sur le trône. Schahzenan, exclu de tout partage par les lois de l'empire, et obligé de vivre comme un particulier, au lieu de souffrir impatiemment le bonheur de son aîné, mit toute son attention à lui plaire. Il eut peu de peine à y réussir. Schahriar, qui avait naturellement de l'inclination pour ce prince, fut charmé de sa complaisance ; et par un excès d'amitié, voulant partager avec lui ses états, il lui donna le royaume de la Grande Tartarie. Schahzenan en alla bientôt prendre possession, et il établit son séjour à Samarcande, qui en était la capitale.

Il y avait déjà dix ans que ces deux rois étaient séparés, lorsque Schahriar, souhaitant passionnément de revoir son frère, résolut de lui envoyer un ambassadeur pour l'inviter à venir à sa cour. Il choisit pour cette ambassade son premier vizir¹, qui partit avec une suite conforme à sa dignité, et fit toute la diligence possible. Quand il fut près de Samarcande, Schahzenan, averti de son arrivée, alla au-devant de lui avec les principaux seigneurs de sa cour, qui, pour faire plus d'honneur au ministre du sultan, s'étaient tous habillés magnifiquement. Le roi de Tartarie le reçut avec de grandes démonstrations de joie, et lui demanda d'abord des nouvelles du sultan son frère. Le vizir satisfit sa curiosité ; après quoi il exposa le sujet de son ambassade. Schahzenan en fut touché : « Sage vizir, dit-il, le sultan mon frère me fait trop d'honneur, et il ne pouvait rien me proposer qui me fût plus agréable. S'il souhaite de me voir, je suis pressé de la même envie : le temps, qui n'a point diminué son amitié, n'a point affaibli la mienne. Mon royaume est tranquille, et je ne veux que dix jours pour me mettre en état de partir avec vous. Ainsi il n'est pas nécessaire que vous entriez dans la ville pour si peu de temps. Je vous prie de vous arrêter dans cet endroit et d'y faire dresser vos tentes. Je vais ordonner qu'on vous apporte des rafraîchissements en abondance, pour vous et pour toutes les personnes de votre suite. » Cela fut exécuté sur-le-champ : le roi fut à peine rentré dans Samarcande, que le vizir vit arriver une prodigieuse quantité de toutes sortes de provisions, accompagnées de régals et de présents d'un très-grand prix.

Cependant Schahzenan, se disposant à partir, régla les affaires les plus pressantes, établit un conseil pour gouverner son royaume pendant son absence, et mit à la tête de ce conseil un ministre dont la sagesse lui était connue et en qui il avait une entière confiance. Au bout de dix jours, ses équipages étant prêts, il dit adieu à la reine sa femme, sortit sur le soir de Samarcande, et, suivi des officiers qui devaient être du voyage, il se rendit au pavillon royal qu'il avait fait dresser auprès des tentes du vizir. Il s'entretint avec cet ambassadeur jusqu'à minuit. Alors, voulant encore une fois embrasser la reine, qu'il aimait beaucoup, il retourna seul dans son palais. Il alla droit à l'appartement de cette princesse, qui, ne s'attendant pas à le revoir, avait reçu dans son lit un des derniers officiers de sa maison. Il y avait déjà longtemps qu'ils étaient couchés et ils dormaient d'un profond sommeil.

Le roi entra sans bruit, se faisant un plaisir de surprendre par son retour une épouse dont il se croyait tendrement aimé. Mais quelle fut sa surprise, lorsqu'à la clarté des flambeaux, qui ne s'éteignent jamais la nuit dans les appartements des princes et des princesses, il aperçut un homme dans ses bras ! Il demeura immobile durant quelques moments, ne sachant s'il devait croire ce qu'il voyait. Mais n'en pouvant douter : « Quoi ! dit-il en

---

¹ Premier ministre. La marque de sa dignité est le cachet de l'empire, que le sultan lui remet en l'investissant de sa charge.

lui-même, je suis à peine hors de mon palais, je suis encore sous les murs de Samarcande, et l'on m'ose outrager ! Ah ! perfide, votre crime ne sera pas impuni ! Comme roi, je dois punir les forfaits qui se commettent dans mes états ; comme époux offensé, il faut que je vous immole à mon juste ressentiment. » Enfin ce malheureux prince, cédant à son premier transport, tira son sabre, s'approcha du lit, et d'un seul coup fit passer les coupables du sommeil à la mort. Ensuite, les prenant l'un après l'autre, il les jeta par une fenêtre, dans le fossé dont le palais était environné.

S'étant vengé de cette sorte, il sortit de la ville, comme il y était venu, et se retira sous son pavillon. Il n'y fut pas plus tôt arrivé, que, sans parler à personne de ce qu'il venait de faire, il ordonna de plier les tentes et de partir. Tout fut bientôt prêt, et il n'était pas jour encore, qu'on se mit en marche au son des timbales et de plusieurs autres instruments qui inspiraient de la joie à tout le monde, hormis au roi. Ce prince, toujours occupé de l'infidélité de la reine, était en proie à une affreuse mélancolie, qui ne le quitta point pendant tout le voyage.

Lorsqu'il fut près de la capitale des Indes, il vit venir au-devant de lui le sultan [1] Schahriar avec toute sa cour. Quelle joie pour ces princes de se revoir ! Ils mirent tous deux pied à terre pour s'embrasser ; et, après s'être donné mille marques de tendresse, ils remontèrent à cheval, et entrèrent dans la ville aux acclamations d'une foule innombrable de peuple. Le sultan conduisit le roi son frère jusqu'au palais qu'il lui avait fait préparer : ce palais communiquait au sien par un même jardin ; il était d'autant plus magnifique, qu'il était consacré aux fêtes et aux divertissements de la cour ; et on en avait encore augmenté la magnificence par de nouveaux ameublements.

Schahriar quitta d'abord le roi de Tartarie, pour lui donner le temps d'entrer au bain et de changer d'habit ; mais dès qu'il sut qu'il en était sorti, il vint le retrouver. Ils s'assirent sur un sofa, et comme les courtisans se tenaient éloignés par respect, ces deux princes commencèrent à s'entretenir de tout ce que deux frères, encore plus unis par l'amitié que par le sang, ont à se dire après une longue absence. L'heure du souper étant venue, ils mangèrent ensemble ; et après le repas, ils reprirent leur entretien, qui dura jusqu'à ce que Schahriar, s'apercevant que la nuit était fort avancée, se retira pour laisser reposer son frère.

L'infortuné Schahzenan se coucha ; mais si la présence du sultan son frère avait été capable de suspendre pour quelque temps ses chagrins, ils se réveillèrent alors avec violence ; au lieu de goûter le repos dont il avait besoin, il ne fit que rappeler dans sa mémoire les plus cruelles réflexions ;

---

[1] Ce mot arabe signifie empereur ou seigneur ; on donne ce titre à presque tous les souverains de l'Orient.

toutes les circonstances de l'infidélité de la reine se présentaient si vivement à son imagination, qu'il en était hors de lui-même. Enfin, ne pouvant dormir, il se leva; et se livrant tout entier à des pensées si affligeantes, il parut sur son visage une impression de tristesse que le sultan ne manqua pas de remarquer : « Qu'a donc le roi de Tartarie? disait-il; qui peut causer ce chagrin que je lui vois? Aurait-il sujet de se plaindre de la réception que je lui ai faite? Non : je l'ai reçu comme un frère que j'aime, et je n'ai rien là-dessus à me reprocher. Peut-être se voit-il à regret éloigné de ses états ou de la reine sa femme. Ah! si c'est cela qui l'afflige, il faut que je lui fasse incessamment les présents que je lui destine, afin qu'il puisse partir quand il lui plaira, pour s'en retourner à Samarcande. » Effectivement, dès le lendemain il lui envoya une partie de ces présents, qui étaient composés de tout ce que les Indes produisent de plus rare, de plus riche et de plus singulier. Il ne laissait pas néanmoins d'essayer de le divertir tous les jours par de nouveaux plaisirs ; mais les fêtes les plus agréables, au lieu de le réjouir, ne faisaient qu'irriter ses chagrins.

Un jour Schahriar ayant ordonné une grande chasse à deux journées de sa capitale, dans un pays où il y avait particulièrement beaucoup de cerfs, Schahzenan le pria de le dispenser de l'accompagner, en lui disant que l'état de sa santé ne lui permettait pas d'être de la partie. Le sultan ne voulut pas le contraindre, le laissa en liberté et partit avec toute sa cour pour aller prendre ce divertissement. Après son départ, le roi de la Grande Tartarie, se voyant seul, s'enferma dans son appartement. Il s'assit à une fenêtre qui avait vue sur le jardin. Ce beau lieu et le ramage d'une infinité d'oiseaux qui y faisaient leur retraite, lui auraient donné du plaisir, s'il eût été capable d'en ressentir ; mais, toujours déchiré par le souvenir funeste de l'action infâme de la reine, il arrêtait moins souvent ses yeux sur le jardin, qu'il ne les levait au ciel pour se plaindre de son malheureux sort.

Néanmoins, quelque occupé qu'il fût de ses ennuis, il ne laissa pas d'apercevoir un objet qui attira toute son attention. Une porte secrète du palais du sultan s'ouvrit tout à coup, et il en sortit vingt femmes, au milieu desquelles marchait la sultane [1] d'un air qui la faisait aisément distinguer. Cette princesse, croyant que le roi de la Grande Tartarie était aussi à la chasse, s'avança avec fermeté jusque sous les fenêtres de l'appartement de ce prince, qui, voulant par curiosité l'observer, se plaça de manière qu'il pouvait tout voir sans être vu. Il remarqua que les personnes qui accompagnaient la sultane, pour bannir toute contrainte, se découvrirent le visage qu'elles avaient eu couvert jusqu'alors, et quittèrent de

---

[1] Le titre de sultane se donne à toutes les femmes des princes de l'Orient. Cependant le nom de sultane, tout court, désigne ordinairement la favorite.

longs habits qu'elles portaient par-dessus d'autres plus courts. Mais il fut dans un extrême étonnement de voir que dans cette compagnie, qui lui avait semblé toute composée de femmes, il y avait dix noirs, qui prirent chacun leur maîtresse. La sultane, de son côté, ne demeura pas longtemps sans amant ; elle frappa des mains en criant : Masoud ! Masoud ! et aussitôt un autre noir descendit du haut d'un arbre, et courut à elle avec beaucoup d'empressement.

La pudeur ne me permet pas de raconter tout ce qui se passa entre ces femmes et ces noirs, et c'est un détail qu'il n'est pas besoin de faire ; il suffit de dire que Schahzenan en vit assez pour juger que son frère n'était pas moins à plaindre que lui. Les plaisirs de cette troupe amoureuse durèrent jusqu'à minuit. Ils se baignèrent tous ensemble dans une grande pièce d'eau qui faisait un des plus beaux ornements du jardin ; après quoi, ayant repris leurs habits, ils rentrèrent par la porte secrète dans le palais du sultan ; et Masoud, qui était venu de dehors par-dessus la muraille du jardin, s'en retourna par le même endroit.

Comme toutes ces choses s'étaient passées sous les yeux du roi de la Grande Tartarie, elles lui donnèrent lieu de faire une infinité de réflexions : « Que j'avais peu raison, disait-il, de croire que mon malheur était si singulier ! C'est sans doute l'inévitable destinée de tous les maris, puisque le sultan mon frère, le souverain de tant d'états, le plus grand prince du monde, n'a pu l'éviter. Cela étant, quelle faiblesse de me laisser consumer de chagrin ! C'en est fait : le souvenir d'un malheur si commun ne troublera plus désormais le repos de ma vie. » En effet, dès ce moment il cessa de s'affliger ; et comme il n'avait pas voulu souper qu'il n'eût vu toute la scène qui venait de se jouer sous ses fenêtres, il fit servir alors, mangea de meilleur appétit qu'il n'avait fait depuis son départ de Samarcande, et entendit même avec quelque plaisir un concert agréable de voix et d'instruments dont on accompagna le repas.

Les jours suivants il fut de très-bonne humeur ; et lorsqu'il sut que le sultan était de retour, il alla au-devant de lui, et lui fit son compliment d'un air enjoué. Schahriar d'abord ne prit pas garde à ce changement ; il ne songea qu'à se plaindre obligeamment de ce que ce prince avait refusé de l'accompagner à la chasse ; et sans lui donner le temps de répondre à ses reproches, il lui parla du grand nombre de cerfs et d'autres animaux qu'il avait pris, et enfin du plaisir qu'il avait eu. Schahzenan, après l'avoir écouté avec attention, prit la parole à son tour. Comme il n'avait plus de chagrin qui l'empêchât de faire paraître combien il avait d'esprit, il dit mille choses agréables et plaisantes.

Le sultan, qui s'était attendu à le retrouver dans le même état où il l'avait laissé, fut ravi de le voir si gai : « Mon frère, lui dit-il, je rends grâces au ciel de l'heureux changement qu'il a produit en vous pendant mon absence : j'en ai une véritable joie ; mais j'ai une prière à vous faire, et je vous conjure de m'accorder ce que je vais vous demander. — Que pourrais-je vous refuser ? répondit le roi de Tartarie. Vous pouvez tout sur Schahzenan. Parlez ; je suis dans l'impatience de savoir ce que vous souhaitez de moi. — Depuis que vous êtes dans ma cour, reprit Schahriar, je vous ai vu plongé dans une noire mélancolie, que j'ai vainement tenté de dissiper par toutes sortes de divertissements. Je me suis imaginé que votre chagrin venait de ce que vous étiez éloigné de vos états ; j'ai cru même que l'amour y avait beaucoup de part, et que la reine de Samarcande, que vous avez dû choisir d'une beauté achevée, en était peut-être la cause. Je ne sais si je me suis trompé dans ma conjecture ; mais je vous avoue que c'est particulièrement pour cette raison que je n'ai pas voulu vous importuner là-dessus, de peur de vous déplaire. Cependant, sans que j'y aie contribué en aucune manière, je vous trouve à mon retour de la meilleure humeur du monde et l'esprit entièrement dégagé de cette noire vapeur qui en troublait tout l'enjouement : dites-moi, de grâce, pourquoi vous étiez si triste, et pourquoi vous ne l'êtes plus. »

A ce discours, le roi de la Grande Tartarie demeura quelque temps rêveur, comme s'il eût cherché ce qu'il avait à y répondre. Enfin il repartit dans ces termes : « Vous êtes mon sultan et mon maître ; mais dispensez-moi, je vous supplie, de vous donner la satisfaction que vous me demandez. — Non, mon frère, répliqua le sultan ; il faut que vous me l'accordiez : je la souhaite, ne me la refusez pas. » Schahzenan ne put résister aux instances de Schahriar : « Hé bien ! mon frère, lui dit-il, je vais vous satisfaire, puisque vous me le commandez. » Alors il lui raconta l'infidélité de la reine de Samarcande ; et lorsqu'il en eut achevé le récit : « Voilà, poursuivit-il, le sujet de ma tristesse ; jugez si j'avais tort de m'y abandonner. — O mon frère ! s'écria le sultan d'un ton qui marquait combien il entrait dans le ressentiment du roi de Tartarie, quelle horrible histoire venez-vous de me raconter ! Avec quelle impatience je l'ai écoutée jusqu'au bout ! Je vous loue d'avoir puni les traîtres qui vous ont fait un outrage si sensible. On ne saurait vous reprocher cette action : elle est juste ; et pour moi, j'avouerai qu'à votre place j'aurais eu peut-être moins de modération que vous : je ne me serais pas contenté d'ôter la vie à une seule femme ; je crois que j'en aurais sacrifié plus de mille à ma rage. Je ne suis pas étonné de vos chagrins : la cause en était trop vive et trop mortifiante pour n'y pas succomber. O ciel, quelle aventure ! Non, je crois qu'il n'en est jamais arrivé de semblable à personne qu'à vous. Mais enfin il faut louer Dieu de ce qu'il vous a donné de la consolation ; et comme je ne doute pas qu'elle ne soit bien fondée, ayez encore la complaisance de m'en instruire, et faites-moi la confidence entière. »

Schahzenan fit plus de difficulté sur ce point que sur le précédent, à cause de l'intérêt que son frère y avait; mais il fallut céder à ses nouvelles instances : « Je vais donc vous obéir, lui dit-il, puisque vous le voulez absolument. Je crains que mon obéissance ne vous cause plus de chagrins que je n'en ai eu; mais vous ne devez vous en prendre qu'à vous-même, puisque c'est vous qui me forcez à vous révéler une chose que je voudrais ensevelir dans un éternel oubli. — Ce que vous me dites, interrompit Schahriar, ne fait qu'irriter ma curiosité; hâtez-vous de me découvrir ce secret, de quelque nature qu'il puisse être. » Le roi de Tartarie, ne pouvant plus s'en défendre, fit alors le détail de tout ce qu'il avait vu du déguisement des noirs, de l'emportement de la sultane et de ses femmes, et il n'oublia pas Masoud : « Après avoir été témoin de ces infamies, continua-t-il, je pensai que toutes les femmes y étaient naturellement portées, et qu'elles ne pouvaient résister à leur penchant. Prévenu de cette opinion, il me parut que c'était une grande faiblesse à un homme d'attacher son repos à leur fidélité. Cette réflexion m'en fit faire beaucoup d'autres; et enfin je jugeai que je ne pouvais prendre un meilleur parti que de me consoler. Il m'en a coûté quelques efforts; mais j'en suis venu à bout; et si vous m'en croyez, vous suivrez mon exemple. »

Quoique ce conseil fût judicieux, le sultan ne put le goûter. Il entra même en fureur : « Quoi! dit-il, la sultane des Indes est capable de se prostituer d'une manière si indigne! Non, mon frère, ajouta-t-il, je ne puis croire ce que vous me dites, si je ne le vois de mes propres yeux. Il faut que les vôtres vous aient trompé; la chose est assez importante pour mériter que j'en sois assuré par moi-même. — Mon frère, répondit Schahzenan, si vous voulez en être témoin, cela n'est pas fort difficile : vous n'avez qu'à faire une nouvelle partie de chasse; quand nous serons hors de la ville avec votre cour et la mienne, nous nous arrêterons sous nos pavillons, et la nuit nous reviendrons tous deux seuls dans mon appartement. Je suis assuré que le lendemain vous verrez ce que j'ai vu. » Le sultan approuva le stratagème, et ordonna aussitôt une nouvelle chasse; de sorte que dès le même jour, les pavillons furent dressés au lieu désigné.

Le jour suivant les deux princes partirent avec toute leur suite. Ils arrivèrent où ils devaient camper, et ils y demeurèrent jusqu'à la nuit. Alors Schahriar appela son grand vizir, et, sans lui découvrir son dessein, lui commanda de tenir sa place pendant son absence, et de ne pas permettre que personne sortît du camp, pour quelque sujet que ce pût être. D'abord qu'il eut donné cet ordre, le roi de la Grande Tartarie et lui montèrent à cheval, passèrent incognito au travers du camp, rentrèrent dans la ville et se rendirent au palais qu'occupait Schahzenan. Ils se couchèrent; et le lendemain, de bon matin, ils s'allèrent placer à la fenêtre d'où le roi de Tartarie avait vu la scène des noirs. Ils jouirent quelque temps de la fraîcheur; car le soleil n'était pas encore levé; et en s'entretenant, ils jetaient souvent les yeux du côté de la porte secrète. Elle s'ouvrit enfin ; et, pour dire le reste en peu de mots, la sultane parut avec ses femmes et les dix noirs déguisés ; elle appela Masoud ; et le sultan en vit plus qu'il n'en fallait pour être pleinement convaincu de sa honte et de son malheur : « O Dieu ! s'écria-t-il, quelle indignité ! quelle horreur ! L'épouse d'un souverain tel que moi peut-elle être capable de cette infamie ? Après cela quel prince osera se vanter d'être parfaitement heureux ? Ah ! mon frère, poursuivit-il en embrassant le roi de Tartarie, renonçons tous deux au monde ; la bonne foi en est bannie : s'il flatte d'un côté, il trahit de l'autre. Abandonnons nos états et tout l'éclat qui nous environne. Allons dans des royaumes étrangers traîner une vie obscure et cacher notre infortune. » Schahzenan n'approuvait pas cette résolution ; mais il n'osa la combattre dans l'emportement où il voyait Schahriar. « Mon frère, lui dit-il, je n'ai pas d'autre volonté que la vôtre ; je suis prêt à vous suivre partout où il vous plaira ; mais promettez-moi que nous reviendrons, si nous pouvons rencontrer quelqu'un qui soit plus malheureux que nous. — Je vous le promets, répondit le sultan ; mais je doute fort que nous trouvions personne qui le puisse être. — Je ne suis pas de votre sentiment là-dessus, répliqua le roi de Tartarie ; peut-être même ne voyagerons-nous pas longtemps. » En disant cela, ils sortirent secrètement du palais, et prirent un autre chemin que celui par où ils étaient venus. Ils marchèrent tant qu'ils eurent du jour assez pour se conduire, et passèrent la première nuit sous des arbres. S'étant levés dès le point du jour, ils continuèrent leur marche jusqu'à ce qu'ils arrivèrent à une belle prairie sur le bord de la mer, où il y avait, d'espace en espace, de grands arbres fort touffus. Ils s'assirent sous un de ces arbres pour se délasser et pour y prendre le frais. L'infidélité des princesses leurs femmes fit le sujet de leur conversation.

Il n'y avait pas longtemps qu'ils s'entretenaient, lorsqu'ils entendirent assez près d'eux un bruit horrible du côté de la mer, et des cris effroyables qui les remplirent de crainte : alors la mer s'ouvrit, et il s'en éleva comme une grosse colonne noire qui semblait s'aller perdre dans les nues. Cet objet redoubla leur frayeur ; ils se levèrent promptement, et montèrent au haut de l'arbre qui leur parut le plus propre à les cacher. Ils y furent à peine montés, que, regardant vers l'endroit d'où le bruit partait et où la mer s'était entr'ouverte, ils remarquèrent que la colonne noire s'avançait vers le rivage en fendant l'eau. Ils ne purent dans le moment démêler ce que ce pouvait être ; mais ils en furent bientôt éclaircis.

C'était un de ces génies [1] qui sont malins, malfaisants, et ennemis mortels des hommes : il était noir et hideux, avait la forme d'un géant d'une

---

[1] Suivant les traditions des musulmans, il y a eu deux sortes de génies : les *péris* et les *dives*. Les premiers étaient bienfaisants ; les *dives*, féroces et ennemis de l'homme.

hauteur prodigieuse, et portait sur sa tête une grande caisse de verre, fermée à quatre serrures d'acier fin. Il entra dans la prairie avec cette charge, qu'il vint poser justement au pied de l'arbre où étaient les deux princes, qui, connaissant l'extrême péril où ils se trouvaient, se crurent perdus.

Cependant le génie s'assit auprès de la caisse; et l'ayant ouverte avec quatre clefs qui étaient attachées à sa ceinture, il en sortit aussitôt une dame très-richement habillée, d'une taille majestueuse et d'une beauté parfaite. Le monstre la fit asseoir à ses côtés; et la regardant amoureusement : « Dame, dit-il, la plus accomplie de toutes les dames qui sont admirées pour leur beauté, charmante personne, vous que j'ai enlevée le jour de vos noces, et que j'ai toujours aimée depuis si constamment, vous voudrez bien que je dorme quelques moments près de vous; le sommeil, dont je me sens accablé, m'a fait venir en cet endroit pour prendre un peu de repos. » En disant cela, il laissa tomber sa grosse tête sur les genoux de la dame; ensuite, ayant allongé ses pieds, qui s'étendaient jusqu'à la mer, il ne tarda pas à s'endormir, et il ronfla bientôt de manière qu'il fit retentir le rivage.

La dame alors leva la vue par hasard, et apercevant les princes au haut de l'arbre, elle leur fit signe de la main de descendre sans faire de bruit.

Leur frayeur fut extrême quand ils se virent découverts. Ils supplièrent la dame, par d'autres signes, de les dispenser de lui obéir ; mais elle, après avoir ôté doucement de dessus ses genoux la tête du génie, et l'avoir posée légèrement à terre, se leva et leur dit d'un ton de voix bas, mais animé : « Descendez, il faut absolument que vous veniez à moi. » Ils voulurent vainement lui faire comprendre encore par leurs gestes qu'ils craignaient le génie. « Descendez donc, leur répliqua-t-elle sur le même ton ; si vous ne vous hâtez de m'obéir, je vais l'éveiller, et je lui demanderai moi-même votre mort. »

Ces paroles intimidèrent tellement les princes, qu'ils commencèrent à descendre avec toutes les précautions possibles pour ne pas éveiller le génie. Lorsqu'ils furent en bas, la dame les prit par la main ; et, s'étant un peu éloignée avec eux sous les arbres, elle leur fit librement une proposition très-vive ; ils la rejetèrent d'abord ; mais elle les obligea, par de nouvelles menaces, à l'accepter. Après qu'elle eut obtenu d'eux ce qu'elle souhaitait, ayant remarqué qu'ils avaient chacun une bague au doigt, elle les leur demanda. Sitôt qu'elle les eut entre les mains, elle alla prendre une boîte du paquet où était sa toilette ; elle en tira un fil garni d'autres bagues de toutes sortes de façons, et le leur montrant : « Savez-vous bien, dit-elle, ce que signifient ces joyaux ? — Non, répondirent-ils ; mais il ne tiendra qu'à vous de nous l'apprendre. — Ce sont, reprit-elle, les bagues de tous les hommes à qui j'ai fait part de mes faveurs ; il y en a quatre-vingt-dix-huit bien comptées, que je garde pour me souvenir d'eux. Je vous ai demandé les vôtres pour la même raison, et afin d'avoir la centaine accomplie : voilà donc, continua-t-elle, cent amants que j'ai eus jusqu'à ce jour, malgré la vigilance et les précautions de ce vilain génie qui ne me quitte pas. Il a beau m'enfermer dans cette caisse de verre, et me tenir cachée au fond de la mer, je ne laisse pas de tromper ses soins. Vous voyez par là que quand une femme a formé un projet, il n'y a point de mari ni d'amant qui puisse en empêcher l'exécution. Les hommes feraient mieux de ne pas contraindre les femmes ; ce serait le moyen de les rendre sages. » La dame, leur ayant parlé de la sorte, passa leurs bagues dans le même fil où étaient enfilées les autres. Elle s'assit ensuite comme auparavant, souleva la tête du génie, qui ne se réveilla point, la remit sur ses genoux, et fit signe aux princes de se retirer.

Ils reprirent le chemin par où ils étaient venus ; et lorsqu'ils eurent perdu de vue la dame et le génie, Schahriar dit à Schahzenan : « Hé bien ! mon frère, que pensez-vous de l'aventure qui vient de nous arriver ? Le génie n'a-t-il pas une maîtresse bien fidèle ? Et ne convenez-vous pas que rien n'est égal à la malice des femmes ? — Oui, mon frère, répondit le roi de la Grande Tartarie. Et vous devez aussi demeurer d'accord que le génie est plus à plaindre et plus malheureux que nous. C'est pourquoi, puisque nous avons trouvé ce que nous cherchions, retournons dans nos états, et que cela ne nous empêche pas de nous marier. Pour moi, je sais par quel moyen je prétends que la foi qui m'est due me soit inviolablement conservée. Je ne veux pas m'expliquer présentement là-dessus; mais vous en apprendrez un jour des nouvelles, et je suis sûr que vous suivrez mon exemple. » Le sultan fut de l'avis de son frère; et continuant tous deux de marcher, ils arrivèrent au camp sur la fin de la nuit du troisième jour qu'ils étaient partis.

La nouvelle du retour du sultan s'y étant répandue, les courtisans se rendirent de grand matin devant son pavillon. Il les fit entrer, les reçut d'un air plus riant qu'à l'ordinaire, et leur fit à tous des gratifications. Après quoi, leur ayant déclaré qu'il ne voulait pas aller plus loin, il leur commanda de monter à cheval, et il retourna bientôt à son palais.

A peine fut-il arrivé, qu'il courut à l'appartement de la sultane. Il la fit lier devant lui, et la livra à son grand vizir, avec ordre de la faire étrangler; ce que ce ministre exécuta, sans s'informer quel crime elle avait commis. Le prince irrité n'en demeura pas là : il coupa la tête de sa propre main à toutes les femmes de la sultane. Après ce rigoureux châtiment, persuadé qu'il n'y avait pas une femme sage, pour prévenir les infidélités de celles qu'il prendrait à l'avenir, il résolut d'en épouser une chaque nuit, et de la faire étrangler le lendemain. S'étant imposé cette loi cruelle, il jura qu'il l'observerait immédiatement après le départ du roi de Tartarie, qui prit bientôt congé de lui, et se mit en chemin, chargé de présents magnifiques.

Schahzenan étant parti, Schahriar ne manqua pas d'ordonner à son grand vizir de lui amener la fille d'un de ses généraux d'armée. Le vizir obéit. Le sultan coucha avec elle; et le lendemain, en la lui remettant entre les mains pour la faire mourir, il lui commanda de lui en chercher une autre pour la nuit suivante. Quelque répugnance qu'eût le vizir à exécuter de semblables ordres, comme il devait au sultan son maître une obéissance aveugle, il était obligé de s'y soumettre. Il lui mena donc la fille d'un officier subalterne, qu'on fit aussi mourir le lendemain. Après celle-là, ce fut la fille d'un bourgeois de la capitale; et enfin, chaque jour c'était une fille mariée et une femme morte.

Le bruit de cette inhumanité sans exemple causa une consternation générale dans la ville. On n'y entendait que des cris et des lamentations : ici c'était un père en pleurs qui se désespérait de la perte de sa fille; et là c'étaient de tendres mères, qui, craignant pour les leurs la même destinée, faisaient par avance retentir l'air de leurs gémissements. Ainsi, au lieu des louanges et des bénédictions que le sultan s'était attirées jusqu'alors, tous ses sujets ne faisaient plus que des imprécations contre lui.

Le grand vizir, qui, comme on l'a déjà dit, était malgré lui le ministre d'une si horrible injustice, avait deux filles, dont l'aînée s'appelait Scheherazade, et la cadette Dinarzade.

Cette dernière ne manquait pas de mérite; mais l'autre avait un courage au-dessus de son sexe, de l'esprit infiniment, avec une pénétration admirable. Elle avait beaucoup de lecture et une mémoire si prodigieuse, que rien ne lui était échappé de tout ce qu'elle avait lu. Elle s'était heureusement appliquée à la philosophie, à la médecine, à l'histoire et aux arts; et elle faisait des vers mieux que les poètes les plus célèbres de son temps. Outre cela, elle était pourvue d'une beauté extraordinaire; et une vertu très-solide couronnait toutes ses belles qualités.

Le vizir aimait passionnément une fille si digne de sa tendresse. Un jour qu'ils s'entretenaient tous deux ensemble, elle lui dit : « Mon père, j'ai une grâce à vous demander; je vous supplie très-humblement de me l'accorder. — Je ne vous la refuse pas, répondit-il, pourvu qu'elle soit juste et raisonnable. — Pour juste, répliqua Scheherazade, elle ne peut l'être davantage, et vous en pouvez juger par le motif qui m'oblige à vous la demander. J'ai dessein d'arrêter le cours de cette barbarie que le sultan exerce sur les familles de cette ville. Je veux dissiper la juste crainte que tant de mères ont de perdre leurs filles d'une manière si funeste. — Votre intention est fort louable, ma fille, dit le vizir; mais le mal auquel vous voulez remédier me paraît sans remède. Comment prétendez-vous en venir à bout? — Mon père, repartit Scheherazade, puisque par votre entremise le sultan célèbre chaque jour un nouveau mariage, je vous conjure, par la tendre affection que vous avez pour moi, de me procurer l'honneur de sa couche. » Le vizir ne put entendre ce discours sans horreur : « O Dieu! interrompit-il avec transport. Avez-vous perdu l'esprit, ma fille? Pouvez-vous me faire une prière si dangereuse? Vous savez que le sultan a fait serment sur son âme de ne coucher qu'une seule nuit avec la même femme et de lui faire ôter la vie le lendemain, et vous voulez que je lui propose de vous épouser? Songez-vous bien à quoi vous expose votre zèle indiscret? — Oui, mon père, répondit cette vertueuse fille, je connais tout le danger que je cours, et il ne saurait m'épouvanter. Si je péris, ma mort sera glorieuse; et si je réussis dans mon entreprise, je rendrai à ma patrie un service important. — Non, dit le vizir, quoi que vous puissiez me représenter, pour m'intéresser à vous permettre de vous jeter dans cet affreux péril, ne vous imaginez pas que j'y consente. Quand le sultan m'ordonnera de vous enfoncer le poignard dans le sein, hélas! il faudra bien que je lui obéisse : quel triste emploi pour un père! Ah! si vous ne craignez point la mort, craignez du moins de me causer la douleur mortelle de voir ma main teinte de votre sang. — Encore une fois, mon père, dit Scheherazade, accordez-moi la grâce que je vous demande. — Votre opiniâtreté, repartit le vizir, excite ma colère. Pourquoi vouloir vous-même courir à votre perte? Qui ne prévoit pas la fin d'une entreprise dangereuse n'en saurait sortir heureusement. Je crains qu'il ne vous arrive ce qui arriva à l'âne, qui était bien, et qui ne put s'y tenir. — Quel malheur arriva-t-il à cet âne? reprit Scheherazade. — Je vais vous le dire, répondit le vizir; écoutez-moi :

FABLE.

L'ANE, LE BŒUF ET LE LABOUREUR.

« Un marchand très-riche avait plusieurs maisons à la campagne, où il faisait nourrir une grande quantité de toute sorte de bétail. Il se retira avec sa femme et ses enfants à une de ses terres, pour la faire valoir par lui-même. Il avait le don d'entendre le langage des bêtes; mais avec cette condition, qu'il ne pouvait l'interpréter à personne, sans s'exposer à perdre la vie; ce qui l'empêchait de communiquer les choses qu'il avait apprises par le moyen de ce don.

« Il y avait à une même auge un bœuf et un âne. Un jour qu'il était assis près d'eux, et qu'il se divertissait à voir jouer devant lui ses enfants, il entendit que le bœuf disait à l'âne : « L'Éveillé, que je te trouve heureux, quand je considère le repos dont tu jouis, et le peu de travail qu'on exige de toi ! Un homme te panse avec soin, te lave, te donne de l'orge bien criblée, et de l'eau fraîche et nette. Ta plus grande peine est de porter le marchand notre maître, lorsqu'il a quelque petit voyage à faire. Sans cela, toute ta vie se passerait dans l'oisiveté. La manière dont on me traite est bien différente, et ma condition est aussi malheureuse que la tienne est agréable : il est à peine minuit qu'on m'attache à une charrue que l'on me fait traîner tout le long du jour en fendant la terre ; ce qui me fatigue à un point, que les forces me manquent quelquefois. D'ailleurs, le laboureur, qui est toujours derrière moi, ne cesse de me frapper. A force de tirer la charrue, j'ai le cou tout écorché. Enfin, après avoir travaillé depuis le matin jusqu'au soir, quand je suis de retour, on me donne à manger de méchantes fèves sèches, dont on ne s'est pas mis en peine d'ôter la terre, ou d'autres choses qui ne valent pas mieux. Pour comble de misère, lorsque je me suis repu d'un mets si peu appétissant, je suis obligé de passer la nuit couché dans mon ordure. Tu vois donc que j'ai raison d'envier ton sort. »

« L'âne n'interrompit pas le bœuf; il lui laissa dire tout ce qu'il voulut; mais quand il eut achevé de parler : « Vous ne démentez pas, lui dit-il, le nom d'idiot qu'on vous a donné; vous êtes trop simple, vous vous laissez mener comme l'on veut, et vous ne pouvez prendre une bonne résolution. Cependant quel avantage vous revient-il de toutes les indignités que vous souffrez? Vous vous tuez vous-même pour le repos, le plaisir et le profit de ceux qui ne vous en savent point de gré : on ne vous traiterait pas de la sorte, si vous aviez autant de courage que de force. Lorsqu'on vient vous attacher à l'auge, que ne faites-vous résistance? Que ne donnez-vous de bons coups de cornes? Que ne marquez-vous votre colère en frappant du pied contre terre? Pourquoi enfin n'inspirez-vous pas la terreur par des beuglements effroyables? La nature vous a donné les moyens de vous faire respecter, et vous ne vous en servez pas. On vous apporte de mauvaises fèves et de mauvaise paille, n'en mangez point; flairez-les seulement et les laissez. Si vous suivez les conseils que je vous donne, vous verrez bientôt un changement dont vous me remercierez. »

« Le bœuf prit en fort bonne part les avis de l'âne, il lui témoigna combien il lui était obligé : « Cher l'Éveillé, ajouta-t-il, je ne manquerai pas de faire tout ce que tu m'as dit, et tu verras de quelle manière je m'en acquitterai. » Ils se turent après cet entretien, dont le marchand ne perdit pas une parole.

« Le lendemain de bon matin, le laboureur vint prendre le bœuf; il l'attacha à la charrue, et le mena au travail ordinaire. Le bœuf, qui n'avait pas oublié le conseil de l'âne, fit fort le méchant ce jour-là; et le soir, lorsque le laboureur, l'ayant ramené à l'auge, voulut l'attacher comme de coutume, le malicieux animal, au lieu de présenter ses cornes de lui-même, se mit à faire le rétif, et à reculer en beuglant; il baissa même ses cornes, comme pour en frapper le laboureur. Il fit enfin tout le manége que l'âne lui avait enseigné. Le jour suivant, le laboureur vint le reprendre pour le remener au labourage; mais trouvant l'auge encore remplie des fèves et de la paille qu'il y avait mises le soir, et le bœuf couché par terre, les pieds étendus, et haletant d'une étrange façon, il le crut malade; il en eut pitié, et, jugeant qu'il serait inutile de le mener au travail, il alla aussitôt en avertir le marchand.

« Le bon marchand vit bien que les mauvais conseils de l'Éveillé avaient été suivis; et pour le punir comme il le méritait : « Va, dit-il au laboureur, prends l'âne à la place du bœuf, et ne manque pas de lui donner bien de l'exercice. » Le laboureur obéit. L'âne fut obligé de tirer la charrue tout ce jour-là; ce qui le fatigua d'autant plus, qu'il était moins accoutumé à ce travail. Outre cela, il reçut tant de coups de bâton, qu'il ne pouvait se soutenir quand il fut de retour.

« Cependant le bœuf était très-content; il avait mangé tout ce qu'il y avait dans son auge, et s'était reposé toute la journée; il se réjouissait en lui-même d'avoir suivi les conseils de l'Éveillé; il lui donnait mille bénédictions pour le bien qu'il lui avait procuré, et il ne manqua pas de lui en faire un nouveau compliment lorsqu'il le vit arriver. L'âne ne répondit rien au bœuf, tant il avait de dépit d'avoir été si maltraité : « C'est par mon imprudence, se disait-il à lui-même, que je me suis attiré ce malheur; je vivais heureux; tout me riait; j'avais tout ce que je pouvais souhaiter : c'est ma faute si je suis dans ce déplorable état; et si je ne trouve quelque ruse en mon esprit pour m'en tirer, ma perte est certaine. » En disant cela, ses forces se trouvèrent tellement épuisées, qu'il se laissa tomber à demi mort au pied de son auge. »

En cet endroit le grand vizir s'adressant à Scheherazade, lui dit : « Ma fille, vous faites comme cet âne, vous vous exposez à vous perdre par votre fausse prudence. Croyez-moi, demeurez en repos, et ne cherchez point à prévenir votre mort. — Mon père, répondit Scheherazade, l'exemple que vous venez de rapporter n'est pas capable de me faire changer de résolution, et je ne cesserai point de vous importuner, que je n'aie obtenu de vous que vous me présenterez au sultan pour être son épouse. » Le vizir, voyant qu'elle persistait toujours dans sa demande, lui répliqua : « Hé bien! puisque vous ne voulez pas quitter votre obstination, je serai obligé de vous traiter de la même manière que le marchand dont je viens de parler traita sa femme peu de temps après, et voici comment :

« Ce marchand ayant appris que l'âne était dans un état pitoyable, fut curieux de savoir ce qui se passerait entre lui et le bœuf. C'est pourquoi, après le souper, il sortit au clair de la lune, et alla s'asseoir auprès d'eux, accompagné de sa femme. En arrivant, il entendit l'âne qui disait au bœuf : « Compère, dites-moi, je vous prie, ce que vous prétendez faire quand le laboureur vous apportera demain à manger. — Ce que je ferai, répondit le bœuf, je continuerai de faire ce que tu m'as enseigné. Je m'éloignerai d'abord; je présenterai mes cornes comme hier; je ferai le malade, et feindrai d'être aux abois. — Gardez-vous-en bien, interrompit l'âne, ce serait le moyen de vous perdre : car, en arrivant ce soir, j'ai ouï dire au marchand, notre maître, une chose qui m'a fait trembler pour vous. — Hé! qu'avez-vous entendu? dit le bœuf; ne me cachez rien, de grâce, mon cher l'Éveillé. — Notre maître, reprit l'âne, a dit au laboureur ces tristes paroles : « Puisque le bœuf ne mange pas, et qu'il ne peut se soutenir, je » veux qu'il soit tué dès demain. Nous ferons, pour l'amour de Dieu, une » aumône de sa chair aux pauvres; et quant à sa peau, qui pourra nous être » utile, tu la donneras au corroyeur; ne manque donc pas de faire venir le » boucher. » Voilà ce que j'avais à vous apprendre, ajouta l'âne; l'intérêt que je prends à votre conservation, et l'amitié que j'ai pour vous, m'obligent à vous en avertir et à vous donner un nouveau conseil : d'abord qu'on vous apportera vos fèves et votre paille, levez-vous, et vous jetez dessus avec avidité; le maître jugera par là que vous êtes guéri, et révoquera, sans doute, votre arrêt de mort; au lieu que si vous en usez autrement, c'est fait de vous. »

« Ce discours produisit l'effet qu'en avait attendu l'âne. Le bœuf en fut étrangement troublé et en beugla d'effroi. Le marchand, qui les avait écoutés tous deux avec beaucoup d'attention, fit alors un si grand éclat de rire, que sa femme en fut très-surprise : « Apprenez-moi, lui dit-elle, pourquoi vous riez si fort, afin que j'en rie avec vous. — Ma femme, lui répondit le marchand, contentez-vous de m'entendre rire. — Non, reprit-elle, j'en veux savoir le sujet. — Je ne puis vous donner cette satisfaction, repartit le mari; sachez seulement que je ris de ce que notre âne vient de dire à notre bœuf; le reste est un secret qu'il ne m'est pas permis de vous révéler. — Et qui vous empêche de me découvrir ce secret? répliqua-t-elle. — Si je vous le disais, répondit-il, apprenez qu'il m'en coûterait la vie. — Vous vous moquez de moi, s'écria la femme; ce que vous me dites ne peut pas être vrai. Si vous ne m'avouez tout à l'heure pourquoi vous avez ri, si vous refusez de m'instruire de ce que l'âne et le bœuf ont dit, je jure, par le grand Dieu qui est au ciel, que nous ne vivrons pas davantage ensemble. »

« En achevant ces mots, elle rentra dans la maison, et se mit dans un coin où elle passa la nuit à pleurer de toute sa force. Le mari coucha seul; et le lendemain, voyant qu'elle ne discontinuait pas de se lamenter : « Vous n'êtes pas sage, lui dit-il, de vous affliger de la sorte; la chose n'en vaut pas la peine; et il vous est aussi peu important de la savoir, qu'il m'importe beaucoup, à moi, de la tenir secrète. N'y pensez donc plus, je vous en conjure. — J'y pense si bien encore, répondit la femme, que je ne cesserai pas de pleurer, que vous n'ayez satisfait ma curiosité. — Mais je vous dis fort sérieusement, répliqua-t-il, qu'il m'en coûtera la vie si je cède à vos indiscrètes instances. — Qu'il en arrive tout ce qu'il plaira à Dieu, repartit-elle, je n'en démordrai pas. — Je vois bien, reprit le marchand, qu'il n'y a pas moyen de vous faire entendre raison; et comme je prévois que vous vous ferez mourir vous-même par votre opiniâtreté, je vais appeler vos enfants, afin qu'ils aient la consolation de vous voir avant que vous mouriez. » Il fit venir ses enfants, et envoya chercher aussi le père, la mère et les parents de la femme. Lorsqu'ils furent assemblés, et qu'il leur eut expliqué de quoi il était question, ils employèrent leur éloquence à faire comprendre à la femme qu'elle avait tort de ne vouloir pas revenir de son entêtement; mais elle les rebuta tous, et dit qu'elle mourrait plutôt que de céder en cela à son mari. Le père et la mère eurent beau lui parler en particulier, et lui représenter que la chose qu'elle souhaitait d'apprendre ne lui était d'aucune importance, ils ne gagnèrent rien sur son esprit, ni par leur autorité, ni par leurs discours. Quand ses enfants virent qu'elle s'obstinait à rejeter toujours les bonnes raisons dont on combattait son opiniâtreté, ils se mirent à pleurer amèrement. Le marchand lui-même ne savait plus où il en était. Assis seul auprès de la porte de sa maison, il délibérait déjà s'il sacrifierait sa vie pour sauver celle de sa femme qu'il aimait beaucoup.

« Or, ma fille, continua le vizir en parlant toujours à Scheherazade, ce marchand avait cinquante poules et un coq, avec un chien qui faisait bonne garde. Pendant qu'il était assis, comme je l'ai dit, et qu'il rêvait profondément au parti qu'il devait prendre, il vit le chien courir vers le coq qui s'était jeté sur une poule, et il entendit qu'il lui parla dans ces termes : « O coq ! Dieu ne permettra pas que tu vives encore long-temps ! N'as-tu « pas honte de faire aujourd'hui ce que tu fais ? » Le coq monta sur ses ergots, et se tournant du côté du chien : « Pourquoi, répondit-il fièrement, « cela me serait-il défendu aujourd'hui plutôt que les autres jours ? — « Puisque tu l'ignores, répliqua le chien, apprends que notre maître est « aujourd'hui dans un grand deuil. Sa femme veut qu'il lui révèle un secret « qui est de telle nature, qu'il perdra la vie s'il le lui découvre. Les choses « sont en cet état ; et il est à craindre qu'il n'ait pas assez de fermeté pour « résister à l'obstination de sa femme ; car il l'aime, et il est touché des « larmes qu'elle répand sans cesse. Il va peut-être périr ; nous en sommes « tous alarmés dans ce logis. Toi seul, insultant à notre tristesse, tu as l'im-« pudence de te divertir avec tes poules. »

« Le coq repartit de cette sorte à la réprimande du chien : « Que notre « maître est insensé ! il n'a qu'une femme, et il n'en peut venir à bout, « pendant que j'en ai cinquante qui ne font que ce que je veux. Qu'il rap-« pelle sa raison, il trouvera bientôt moyen de sortir de l'embarras où il « est. — Hé ! que veux-tu qu'il fasse ? dit le chien. — Qu'il entre dans la « chambre où est sa femme, répondit le coq ; et qu'après s'être enfermé « avec elle, il prenne un bon bâton, et lui en donne mille coups ; je mets « en fait qu'elle sera sage après cela, et qu'elle ne le pressera plus de lui « dire ce qu'il ne doit pas lui révéler. » Le marchand n'eut pas sitôt entendu ce que le coq venait de dire, qu'il se leva de sa place, prit un gros bâton, alla trouver sa femme qui pleurait encore, s'enferma avec elle, et la battit si bien, qu'elle ne put s'empêcher de crier : « C'est assez, mon mari, c'est assez, laissez-moi ; je ne vous demanderai plus rien. » A ces paroles, et voyant qu'elle se repentait d'avoir été curieuse si mal à propos, il cessa de la maltraiter ; il ouvrit la porte, toute la parenté entra, se réjouit de trouver la femme revenue de son entêtement, et fit compliment au mari sur l'heureux expédient dont il s'était servi pour la mettre à la raison. Ma fille, ajouta le grand vizir, vous mériteriez d'être traitée de la même manière que la femme de ce marchand. »

« Mon père, dit alors Scheherazade, de grâce, ne trouvez point mauvais que je persiste dans mes sentiments. L'histoire de cette femme ne saurait m'ébranler. Je pourrais vous en raconter beaucoup d'autres qui vous persuaderaient que vous ne devez pas vous opposer à mon dessein. D'ailleurs, pardonnez-moi si j'ose vous le déclarer, vous vous y opposeriez vainement : quand la tendresse paternelle refuserait de souscrire à la prière que je vous fais, j'irais me présenter moi-même au sultan. »

Enfin, le père, poussé à bout par la fermeté de sa fille, se rendit à ses importunités ; et quoique fort affligé de n'avoir pu la détourner d'une si funeste résolution, il alla dès ce moment trouver Schahriar, pour lui annoncer que la nuit prochaine il lui mènerait Scheherazade.

Le sultan fut fort étonné du sacrifice que son grand vizir lui faisait : « Comment avez-vous pu, lui dit-il, vous résoudre à me livrer votre propre fille ? — Sire, lui répondit le vizir, elle s'est offerte d'elle-même. La triste destinée qui l'attend n'a pu l'épouvanter, et elle préfère à sa vie l'honneur d'être une seule nuit l'épouse de votre majesté. — Mais ne vous trompez pas, vizir, reprit le sultan : demain, en vous remettant Scheherazade entre les mains, je prétends que vous lui ôtiez la vie. Si vous y manquez, je vous jure que je vous ferai mourir vous-même. — Sire, repartit le vizir, mon cœur gémira, sans doute, en vous obéissant ; mais la nature aura beau murmurer : quoique père, je vous réponds d'un bras fidèle. » Schahriar accepta l'offre de son ministre, et lui dit qu'il n'avait qu'à lui amener sa fille quand il lui plairait.

Le grand vizir alla porter cette nouvelle à Scheherazade, qui la reçut avec autant de joie que si elle eût été la plus agréable du monde. Elle remercia son père de l'avoir si sensiblement obligée ; et voyant qu'il était accablé de douleur, elle lui dit, pour le consoler, qu'elle espérait qu'il ne se repentirait pas de l'avoir mariée avec le sultan, et qu'au contraire il aurait sujet de s'en réjouir le reste de sa vie.

Elle ne songea plus qu'à se mettre en état de paraître devant le sultan ; mais avant que de partir, elle prit sa sœur Dinarzade en particulier, et lui dit : « Ma chère sœur, j'ai besoin de votre secours dans une affaire très-importante ; je vous prie de ne me le pas refuser. Mon père va me conduire chez le sultan pour être son épouse. Que cette nouvelle ne vous épouvante pas ; écoutez-moi seulement avec patience. Dès que je serai devant le sultan, je le supplierai de permettre que vous couchiez dans la chambre nuptiale, afin que je jouisse cette nuit encore de votre compagnie. Si j'obtiens cette grâce, comme je l'espère, souvenez-vous de m'éveiller demain matin une heure avant le jour, et de m'adresser ces paroles : « Ma « sœur, si vous ne dormez pas, je vous supplie, en attendant le jour qui « paraîtra bientôt, de me raconter un de ces beaux contes que vous savez. » Aussitôt je vous en conterai un, et je me flatte de délivrer, par ce moyen, tout le peuple de la consternation où il est. » Dinarzade répondit à sa sœur qu'elle ferait avec plaisir ce qu'elle exigeait d'elle.

L'heure de se coucher étant enfin venue, le grand vizir conduisit Scheherazade au palais, et se retira après l'avoir introduite dans l'appartement du sultan. Ce prince ne se vit pas plutôt avec elle, qu'il lui ordonna de se découvrir le visage. Il la trouva si belle, qu'il en fut charmé; mais s'apercevant qu'elle était en pleurs, il lui en demanda le sujet : « Sire, répondit Scheherazade, j'ai une sœur que j'aime aussi tendrement que j'en suis aimée. Je souhaiterais qu'elle passât la nuit dans cette chambre, pour la voir et lui dire adieu encore une fois. Voulez-vous bien que j'aie la consolation de lui donner ce dernier témoignage de mon amitié? » Schahriar y ayant consenti, on alla chercher Dinarzade, qui vint en diligence. Le sultan se coucha avec Scheherazade sur une estrade fort élevée, à la manière des monarques de l'Orient, et Dinarzade dans un lit qu'on lui avait préparé au bas de l'estrade.

Une heure avant le jour, Dinarzade, s'étant réveillée, ne manqua pas de faire ce que sa sœur lui avait recommandé : « Ma chère sœur, s'écria-t-elle, si vous ne dormez pas, je vous supplie, en attendant le jour qui paraîtra bientôt, de me raconter un de ces contes agréables que vous savez. Hélas! ce sera peut-être la dernière fois que j'aurai ce plaisir. »

Scheherazade, au lieu de répondre à sa sœur, s'adressa au sultan : « Sire, dit-elle, votre majesté veut-elle bien me permettre de donner cette satisfaction à ma sœur? — Très-volontiers, » répondit le sultan. Alors Scheherazade dit à sa sœur d'écouter; et puis, adressant la parole à Schahriar, elle commença de la sorte :

I NUIT.

LE MARCHAND ET LE GÉNIE.

Sire, il y avait autrefois un marchand qui possédait de grands biens, tant en fonds de terre qu'en marchandises et en argent comptant. Il avait beaucoup de commis, de facteurs et d'esclaves. Comme il était obligé de temps en temps de faire des voyages, pour s'aboucher avec ses correspondants, un jour qu'une affaire d'importance l'appelait assez loin du lieu qu'il habitait, il monta à cheval et partit avec une valise derrière lui, dans laquelle il avait mis une petite provision de biscuit et de dattes, parce qu'il avait un pays désert à passer, où il n'aurait pas trouvé de quoi vivre. Il arriva sans accident à l'endroit où il avait affaire, et quand il eut terminé la chose qui l'y avait appelé, il remonta à cheval pour s'en retourner chez lui.

Le quatrième jour de sa marche, il se sentit tellement incommodé de l'ardeur du soleil, et de la terre échauffée par ses rayons, qu'il se détourna de son chemin pour aller se rafraîchir sous des arbres qu'il aperçut dans la campagne. Il y trouva, au pied d'un grand noyer, une fontaine d'une eau très-claire et coulante. Il mit pied à terre, attacha son cheval à une branche d'arbre, et s'assit près de la fontaine, après avoir tiré de sa valise quelques dattes et du biscuit. En mangeant les dattes, il en jetait les noyaux à droite et à gauche. Lorsqu'il eut achevé ce repas frugal, comme il était bon musulman, il se lava les mains, le visage et les pieds[1], et fit sa prière.

Il ne l'avait pas finie, et il était encore à genoux, quand il vit paraître un génie tout blanc de vieillesse et d'une grandeur énorme, qui, s'avançant jusqu'à lui le sabre à la main, lui dit d'un ton de voix terrible : « Lève-toi, que je te tue avec ce sabre, comme tu as tué mon fils. » Il accompagna ces mots d'un cri effroyable. Le marchand, autant effrayé de la hideuse figure du monstre que des paroles qu'il lui avait adressées, lui répondit en tremblant : « Hélas! mon bon seigneur, de quel crime puis-je être coupable envers vous, pour mériter que vous m'ôtiez la vie? — Je veux, reprit le génie, te tuer de même que tu as tué mon fils. — Hé! bon Dieu, repartit le marchand, comment pourrais-je avoir tué votre fils? Je ne le connais point, et je ne l'ai jamais vu. — Ne t'es-tu pas assis en arrivant ici? répliqua le génie; n'as-tu pas tiré des dattes de ta valise, et, en les mangeant, n'en as-tu pas jeté les noyaux à droite et à gauche? — J'ai fait ce que vous dites, répondit le marchand; je ne puis le nier. — Cela étant, reprit le génie, je te dis que tu as tué mon fils, et voici comment : dans le temps que tu jetais tes noyaux, mon fils passait; il en a reçu un dans l'œil, et il en est mort : c'est pourquoi il faut que je te tue. — Ah! monseigneur, pardon, s'écria le marchand. — Point de pardon, répondit le génie, point de miséricorde. N'est-il pas juste de tuer celui qui a tué? — J'en demeure d'accord, dit le marchand; mais je n'ai assurément pas tué votre fils; et quand cela serait, je ne l'aurais fait que fort innocemment : par conséquent, je vous supplie de me pardonner et de me laisser la vie. — Non, non, dit le génie, en persistant dans sa résolution, il faut que je te tue de même que tu as tué mon fils. » A ces mots, il prit le marchand par le bras, le jeta la face contre terre, et leva le sabre pour lui couper la tête.

Cependant le marchand tout en pleurs, et protestant de son innocence, regrettait sa femme et ses enfants, et disait les choses du monde les plus touchantes. Le génie, toujours le sabre haut, eut la patience d'attendre

---

[1] L'ablution avant la prière est de précepte divin, dans la religion musulmane : « O vous, « croyants! lorsque vous vous disposez à la prière, lavez-vous le visage et les mains jusqu'aux « coudes; baignez-vous la tête, et les pieds jusqu'à la cheville. »

Un musulman doit faire sa prière cinq fois par jour : 1º Une heure avant le lever du soleil; 2º à midi; 3º à trois heures après midi; 4º au coucher du soleil; 5º une heure et demie après le coucher du soleil. En priant, le musulman se tourne toujours du côté de la Mekke.

que le malheureux eût achevé ses lamentations ; mais il n'en fut nullement attendri : « Tous ces regrets sont superflus, s'écria-t-il ; quand tes larmes seraient de sang, cela ne m'empêcherait pas de te tuer comme tu as tué mon fils. — Quoi ! répliqua le marchand, rien ne peut vous toucher ? Vous voulez absolument ôter la vie à un pauvre innocent ? — Oui, repartit le génie, j'y suis résolu. » En achevant ces paroles.......

Scheherazade, en cet endroit, s'apercevant qu'il était jour, et sachant que le sultan se levait de grand matin pour faire sa prière et tenir son conseil, cessa de parler. « Bon Dieu ! ma sœur, dit alors Dinarzade, que votre conte est merveilleux ! — La suite en est encore plus surprenante, répondit Scheherazade ; et vous en tomberiez d'accord, si le sultan voulait me laisser vivre encore aujourdhui, et me donner la permission de vous la raconter la nuit prochaine. » Schahriar, qui avait écouté Scheherazade avec plaisir, dit en lui-même : « J'attendrai jusqu'à demain ; je la ferai toujours bien mourir quand j'aurai entendu la fin de son conte. » Ayant donc pris la résolution de ne pas faire ôter la vie à Scheherazade ce jour-là, il se leva pour faire sa prière et aller au conseil.

Pendant ce temps-là, le grand vizir était dans une inquiétude cruelle : au lieu de goûter la douceur du sommeil, il avait passé la nuit à soupirer et à plaindre le sort de sa fille, dont il devait être le bourreau. Mais si dans cette triste attente il craignait la vue du sultan, il fut agréablement surpris, lorsqu'il vit que ce prince entrait au conseil sans lui donner l'ordre funeste qu'il en attendait.

Le sultan, selon sa coutume, passa la journée à régler les affaires de son empire, et quand la nuit fut venue, il coucha encore avec Scheherazade.

Le lendemain avant que le jour parût, Dinarzade ne manqua pas de s'adresser à sa sœur et de lui dire : « Ma sœur, si vous ne dormez pas, je vous supplie, en attendant le jour qui paraîtra bientôt, de continuer le conte d'hier. » Le sultan n'attendit pas que Scheherazade lui en demandât la permission : « Achevez, lui dit-il, le conte du génie et du marchand ; je suis curieux d'en entendre la fin. » Scheherazade prit alors la parole, et continua son conte dans ces termes :

II NUIT.

Sire, quand le marchand vit que le génie lui allait trancher la tête, il fit un grand cri, et lui dit : « Arrêtez ; encore un mot, de grâce ; ayez la bonté de m'accorder un délai : donnez-moi le temps d'aller dire adieu à ma femme et à mes enfants, et de leur partager mes biens par un testament que je n'ai pas encore fait, afin qu'ils n'aient point de procès après ma mort ; cela étant fini, je reviendrai aussitôt dans ce même lieu me soumettre à tout ce qu'il vous plaira d'ordonner de moi. — Mais, dit le génie, si je t'accorde le délai que tu demandes, j'ai peur que tu ne reviennes pas. — Si vous voulez croire à mon serment, répondit le marchand, je jure par le Dieu du ciel et de la terre que je viendrai vous retrouver ici sans y manquer. — De combien de temps souhaites-tu que soit ce délai? répliqua le génie. — Je vous demande une année, repartit le marchand : il ne me faut pas moins de temps pour donner ordre à mes affaires, et pour me disposer à renoncer sans regret au plaisir qu'il y a de vivre. Ainsi je vous promets que de demain en un an, sans faute, je me rendrai sous ces arbres, pour me remettre entre vos mains. — Prends-tu Dieu à témoin de la promesse que tu me fais? reprit le génie. — Oui, répondit le marchand, je le prends encore une fois à témoin, et vous pouvez vous reposer sur mon serment. » A ces paroles, le génie le laissa près de la fontaine et disparut.

Le marchand, s'étant remis de sa frayeur, remonta à cheval et reprit son chemin. Mais si d'un côté il avait de la joie de s'être tiré d'un si grand péril, de l'autre il était dans une tristesse mortelle, lorsqu'il songeait au serment fatal qu'il avait fait. Quand il arriva chez lui, sa femme et ses enfants le reçurent avec toutes les démonstrations d'une joie parfaite; mais au lieu de les embrasser de la même manière, il se mit à pleurer si amèrement, qu'ils jugèrent bien qu'il lui était arrivé quelque chose d'extraordinaire. Sa femme lui demanda la cause de ses larmes et de la vive douleur qu'il faisait éclater : « Nous nous réjouissons, disait-elle, de votre retour, et cependant vous nous alarmez tous par l'état où nous vous voyons. Expliquez-nous, je vous prie, le sujet de votre tristesse. — Hélas! répondit le mari, le moyen que je sois dans une autre situation? je n'ai plus qu'un an à vivre. » Alors il leur raconta ce qui s'était passé entre lui et le génie, et leur apprit qu'il lui avait donné parole de retourner au bout de l'année recevoir la mort de sa main.

Lorsqu'ils entendirent cette triste nouvelle, ils commencèrent tous à se désoler. La femme poussait des cris pitoyables en se frappant le visage et en s'arrachant les cheveux; les enfants, fondant en pleurs, faisaient retentir la maison de leurs gémissements; et le père, cédant à la force du sang, mêlait ses larmes à leurs plaintes. En un mot, c'était le spectacle du monde le plus touchant.

Dès le lendemain, le marchand songea à mettre ordre à ses affaires, et s'appliqua sur toutes choses à payer ses dettes. Il fit des présents à ses amis et de grandes aumônes aux pauvres, donna la liberté à ses esclaves de l'un et de l'autre sexe, partagea ses biens entre ses enfants, nomma des tuteurs pour ceux qui n'étaient pas encore en âge; et en rendant à sa femme tout ce qui lui appartenait, selon son contrat de mariage, il l'avantagea de tout ce qu'il put lui donner suivant les lois.

Enfin l'année s'écoula, et il fallut partir. Il fit sa valise, où il mit le drap dans lequel il devait être enseveli; mais lorsqu'il voulut dire adieu à sa femme et à ses enfants, on n'a jamais vu une douleur plus vive. Ils ne pouvaient se résoudre à le perdre; ils voulaient tous l'accompagner et aller mourir avec lui. Néanmoins, comme il fallait se faire violence, et quitter des objets si chers :

« Mes enfants, leur dit-il, j'obéis à l'ordre de Dieu en me séparant de vous. Imitez-moi : soumettez-vous courageusement à cette nécessité, et songez que la destinée de l'homme est de mourir. » Après avoir dit ces paroles, il s'arracha aux cris et aux regrets de sa famille, il partit et arriva au même endroit où il avait vu le génie, le propre jour qu'il avait promis de s'y rendre. Il mit aussitôt pied à terre, et s'assit au bord de la fontaine, où il attendit le génie avec toute la tristesse qu'on peut s'imaginer.

Pendant qu'il languissait dans une si cruelle attente, un bon vieillard qui menait une biche à l'attache parut et s'approcha de lui. Ils se saluèrent l'un l'autre; après quoi le vieillard lui dit : « Mon frère, peut-on savoir de vous pourquoi vous êtes venu dans ce lieu désert, où il n'y a que des esprits malins, et où l'on n'est pas en sûreté? A voir ces beaux arbres, on le croirait habité; mais c'est une véritable solitude, où il est dangereux de s'arrêter trop longtemps. »

Le marchand satisfit la curiosité du vieillard, et lui conta l'aventure qui l'obligeait à se trouver là. Le vieillard l'écouta avec étonnement; et prenant la parole : « Voilà, s'écria-t-il, la chose du monde la plus surprenante; et vous êtes lié par le serment le plus inviolable. Je veux, ajouta-t-il, être témoin de votre entrevue avec le génie. » En disant cela, il s'assit près du marchand, et tandis qu'ils s'entretenaient tous deux.........

« Mais voici le jour, dit Scheherazade en se reprenant; ce qui reste est le plus beau du conte. » Le sultan, résolu d'en entendre la fin, laissa vivre encore ce jour-là Scheherazade.

III NUIT.

La nuit suivante, Dinarzade fit à sa sœur la même prière que les deux précédentes : « Ma chère sœur, lui dit-elle, si vous ne dormez pas, je vous supplie de me raconter un de ces contes agréables que vous savez. » Mais le sultan dit qu'il voulait entendre la suite de celui du marchand et du génie : c'est pourquoi Scheherazade le reprit ainsi :

Sire, dans le temps que le marchand et le vieillard qui conduisait la biche s'entretenaient, il arriva un autre vieillard, suivi de deux chiens noirs. Il s'avança jusqu'à eux, et les salua, en leur demandant ce qu'ils faisaient en cet endroit. Le vieillard qui conduisait la biche lui apprit l'aventure du marchand et du génie, ce qui s'était passé entre eux, et le serment du marchand. Il ajouta que ce jour était celui de la parole donnée, et qu'il était résolu de demeurer là pour voir ce qui en arriverait.

Le second vieillard, trouvant aussi la chose digne de sa curiosité, prit la même résolution. Il s'assit auprès des autres ; et à peine se fut-il mêlé à leur conversation, qu'il survint un troisième vieillard, qui, s'adressant aux deux premiers, leur demanda pourquoi le marchand qui était avec eux paraissait si triste. On lui en dit le sujet, qui lui parut si extraordinaire, qu'il souhaita aussi d'être témoin de ce qui se passerait entre le génie et le marchand : pour cet effet, il se plaça parmi les autres.

Ils aperçurent bientôt dans la campagne une vapeur épaisse, comme un tourbillon de poussière élevé par le vent ; cette vapeur s'avança jusqu'à eux, et, se dissipant tout à coup, leur laissa voir le génie, qui, sans les saluer, s'approcha du marchand le sabre à la main, et le prenant par le bras : « Lève-toi, lui dit-il, que je te tue, comme tu as tué mon fils. » Le marchand et les trois vieillards, effrayés, se mirent à pleurer et à remplir l'air de cris.....

Scheherazade, en cet endroit apercevant le jour, cessa de poursuivre son conte, qui avait si bien piqué la curiosité du sultan, que ce prince, voulant absolument en savoir la fin, remit encore au lendemain la mort de la sultane.

On ne peut exprimer quelle fut la joie du grand vizir, lorsqu'il vit que le sultan ne lui ordonnait pas de faire mourir Scheherazade. Sa famille, la cour, tout le monde en fut généralement étonné.

IV NUIT.

Vers la fin de la nuit suivante, Dinarzade, avec la permission du sultan, parla dans ces termes :

Sire, quand le vieillard qui conduisait la biche vit que le génie s'était saisi du marchand et l'allait tuer impitoyablement, il se jeta aux pieds de ce monstre, et les lui baisant : « Prince des génies, lui dit-il, je vous supplie très-humblement de suspendre votre colère, et de me faire la grâce de m'écouter. Je vais vous raconter mon histoire et celle de cette biche que vous voyez ; mais si vous la trouvez plus merveilleuse et plus surprenante que l'aventure de ce marchand à qui vous voulez ôter la vie, puis-je espérer que vous voudrez bien remettre à ce pauvre malheureux le tiers de son crime ? » « Le génie fut quelque temps à se consulter là-dessus ; mais enfin il répondit : « Hé bien ! voyons, j'y consens. »

HISTOIRE

DU PREMIER VIEILLARD ET DE LA BICHE.

« Je vais donc, reprit le vieillard, commencer mon récit : écoutez-moi, je vous prie, avec attention. Cette biche que vous voyez est ma cousine, et de plus, ma femme. Elle n'avait que douze ans quand je l'épousai : ainsi je puis dire qu'elle ne devait pas moins me regarder comme son père, que comme son parent et son mari.

« Nous avons vécu ensemble trente années sans avoir eu d'enfants ; mais sa stérilité ne m'a point empêché d'avoir pour elle beaucoup de complaisance et d'amitié. Le seul désir d'avoir des enfants me fit acheter une esclave, dont j'eus un fils[1] qui promettait infiniment. Ma femme en conçut de la jalousie, prit en aversion la mère et l'enfant, et cacha si bien ses sentiments, que je ne les connus que trop tard.

« Cependant mon fils croissait, et il avait déjà dix ans, lorsque je fus obligé de faire un voyage. Avant mon départ, je recommandai à ma femme, dont je ne me défiais point, l'esclave et son fils, et je la priai d'en avoir soin pendant mon absence, qui dura une année entière.

« Elle profita de ce temps-là pour contenter sa haine. Elle s'attacha à la magie, et quand elle sut assez de cet art diabolique pour exécuter l'horrible dessein qu'elle méditait, la scélérate mena mon fils dans un lieu écarté.

Là, par ses enchantements, elle le changea en veau, et le donna à mon fermier, avec ordre de le nourrir, comme un veau, disait-elle, qu'elle avait acheté. Elle ne borna point sa fureur à cette action abominable : elle changea l'esclave en vache, et la donna aussi à mon fermier.

« A mon retour, je lui demandai des nouvelles de la mère et de l'enfant : « Votre esclave est morte, me dit-elle ; et pour votre fils, il y a deux mois que je ne l'ai vu, et que je ne sais ce qu'il est devenu. » Je fus touché de la mort de l'esclave ; mais comme mon fils n'avait fait que disparaître, je me flattai que je pourrais le revoir bientôt. Néanmoins huit mois se passèrent sans qu'il revînt, et je n'en avais aucune nouvelle, lorsque la fête du grand

[1] La loi civile chez les mahométans reconnaît pour également légitimes les enfants qui proviennent de trois espèces de mariages permises par leur religion, suivant laquelle on peut licitement acheter, louer ou épouser une ou plusieurs femmes ; de façon que si un homme a de son esclave un fils avant d'en avoir de son épouse, le fils de l'esclave est reconnu pour l'aîné, et jouit des droits d'aînesse à l'exclusion de celui de la femme légitime.

Baïram [1] arriva. Pour la célébrer, je mandai à mon fermier de m'amener une vache des plus grasses pour en faire un sacrifice. Il n'y manqua pas. La vache qu'il m'amena était l'esclave elle-même, la malheureuse mère de mon fils. Je la liai; mais dans le moment que je me préparais à la sacrifier, elle se mit à faire des beuglements pitoyables, et je m'aperçus qu'il coulait de ses yeux des ruisseaux de larmes. Cela me parut assez extraordinaire ; et me sentant, malgré moi, saisi d'un mouvement de pitié, je ne pus me résoudre à la frapper. J'ordonnai à mon fermier de m'en aller prendre une autre.

Ma femme, qui était présente, frémit de ma compassion; et s'opposant à un ordre qui rendait sa malice inutile : « Que faites-vous, mon ami? s'écria-t-elle. Immolez cette vache. Votre fermier n'en a pas de plus belle, ni qui soit plus propre à l'usage que nous en voulons faire. » Par complaisance pour ma femme, je m'approchai de la vache; et combattant la pitié qui en suspendait le sacrifice, j'allais porter le coup mortel, quand la victime, redoublant ses pleurs et ses beuglements, me désarma une seconde fois. Alors je mis le maillet entre les mains du fermier, en lui disant : « Prenez, et sacrifiez-la vous-même ; ses beuglements et ses larmes me fendent le cœur. »

« Le fermier, moins pitoyable que moi, la sacrifia. Mais en l'écorchant, il se trouva qu'elle n'avait que les os, quoiqu'elle nous eût paru très-grasse. J'en eus un véritable chagrin : « Prenez-la pour vous, dis-je au fermier, je vous l'abandonne; faites-en des régals et des aumônes à qui vous voudrez; et si vous avez un veau bien gras, amenez-le moi à sa place. » Je ne m'informai pas de ce qu'il fit de la vache ; mais peu de temps après qu'il l'eut fait enlever de devant mes yeux, je le vis arriver avec un veau fort gras. Quoique j'ignorasse que ce veau fût mon fils, je ne laissai pas de sentir émouvoir mes entrailles à sa vue. De son côté, dès qu'il m'aperçut, il fit un si grand effort pour venir à moi, qu'il en rompit sa corde. Il se jeta à mes pieds, la tête contre la terre, comme s'il eût voulu exciter ma compassion et me conjurer de n'avoir pas la cruauté de lui ôter la vie, en m'avertissant, autant qu'il lui était possible, qu'il était mon fils.

« Je fus encore plus surpris et plus touché de cette action, que je ne l'avais été des pleurs de la vache. Je sentis une tendre pitié qui m'intéressa

---

[1] Nom des deux seules fêtes d'obligation que les musulmans aient dans leur religion. Ce sont des fêtes mobiles, qui, dans l'espace de trente-trois ans, tombent dans tous les mois de l'année, parce que l'année musulmane est lunaire. La première de ces fêtes arrive le premier de la lune qui suit celle du Ramazan, ou carême des mahométans. Ce Baïram dure trois jours, et tient tout à la fois de la pâque des Juifs, de notre carnaval et de notre premier jour de l'an. On immole des agneaux ou des bœufs, et c'est à cette cérémonie que la fête doit le nom de *aïd el courbân* (fête des sacrifices).

Le petit Baïram *(aïd saghir)* est célébré le premier jour du mois de *chawal*, à l'occasion de la fin des jeûnes du Ramazan.

pour lui; ou, pour mieux dire, le sang fit en moi son devoir. « Allez, dis-je au fermier, ramenez ce veau chez vous. Ayez-en un grand soin; et à sa place, amenez-en un autre incessamment. »

« Dès que ma femme m'entendit parler ainsi, elle ne manqua pas de s'écrier encore : « Que faites-vous, mon mari ? Croyez-moi, ne sacrifiez pas un autre veau que celui-là. — Ma femme, lui répondis-je, je n'immolerai pas celui-ci. Je veux lui faire grâce; je vous prie de ne vous y point opposer. » Elle n'eut garde, la méchante femme, de se rendre à ma prière; elle haïssait trop mon fils, pour consentir que je le sauvasse. Elle m'en demanda le sacrifice avec tant d'opiniâtreté, que je fus obligé de le lui accorder. Je liai le veau, et prenant le couteau funeste.... « Scheherazade s'arrêta en cet endroit, parce qu'elle aperçut le jour : « Ma sœur, dit alors Dinarzade, je suis enchantée de ce conte, qui soutient si agréablement mon attention. — Si le sultan me laisse encore vivre aujourd'hui, repartit Scheherazade, vous verrez que ce que je vous raconterai demain vous divertira beaucoup davantage. » Schahriar, curieux de savoir ce que deviendrait le fils du vieillard qui conduisait la biche, dit à la sultane, qu'il serait bien aise d'entendre la nuit prochaine la fin de ce conte.

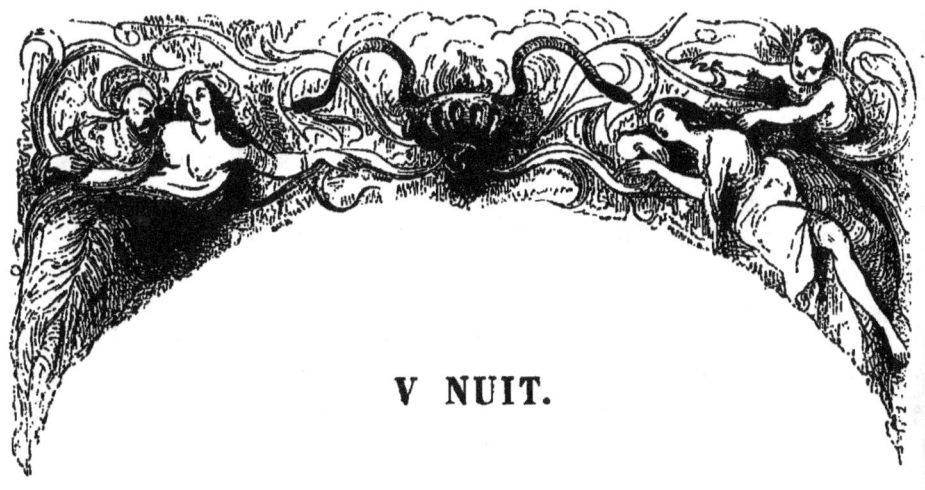

V NUIT.

Sur la fin de la cinquième nuit, Dinarzade appela la sultane et lui dit : « Ma chère sœur, si vous ne dormez pas, je vous supplie, en attendant le jour qui paraîtra bientôt, de reprendre la suite de ce beau conte que vous commençâtes hier. » Scheherazade, après en avoir obtenu la permission de Schahriar, poursuivit de cette manière :

Sire, le premier vieillard qui conduisait la biche, continuant de raconter son histoire au génie, aux deux autres vieillards et au marchand : « Je pris donc, leur dit-il, le couteau, et j'allais l'enfoncer dans la gorge de mon fils ; lorsque tournant vers moi languissamment ses yeux baignés de pleurs, il m'attendrit à un point que je n'eus pas la force de l'immoler. « Je lais-

sai tomber le couteau, et je dis à ma femme que je voulais absolument tuer un autre veau que celui-là. Elle n'épargna rien pour me faire changer de résolution; mais quoi qu'elle pût me représenter, je demeurai ferme, et lui promis, seulement pour l'apaiser, que je le sacrifierais au Baïram de l'année prochaine.

« Le lendemain matin, mon fermier demanda à me parler en particulier. « Je viens, me dit-il, vous apprendre une nouvelle dont j'espère que vous me saurez bon gré. J'ai une fille qui a quelque connaissance de la magie : Hier, comme je ramenais au logis le veau, dont vous n'aviez pas voulu faire le sacrifice, je remarquai qu'elle rit en le voyant, et qu'un moment après elle se mit à pleurer. Je lui demandai pourquoi elle faisait en même temps deux choses si contraires : « Mon père, me répondit-elle, ce veau que vous « ramenez est le fils de notre maître. J'ai ri de joie de le voir encore vivant; « et j'ai pleuré en me souvenant du sacrifice qu'on fit hier de sa mère, qui « était changée en vache. Ces deux métamorphoses ont été faites par les « enchantements de la femme de notre maître, laquelle haïssait la mère et « l'enfant. » Voilà ce que m'a dit ma fille, poursuivit le fermier, et je viens vous apporter cette nouvelle. »

« A ces paroles, ô génie, continua le vieillard, je vous laisse à juger quelle fut ma surprise. Je partis sur-le-champ avec mon fermier pour parler moi-même à sa fille. En arrivant, j'allai d'abord à l'étable où était mon fils. Il ne put répondre à mes embrassements, mais il les reçut d'une manière qui acheva de me persuader qu'il était mon fils.

« La fille du fermier arriva. « Ma bonne fille, lui dis-je, pouvez-vous rendre à mon fils sa première forme ? — Oui, je le puis, me répondit-elle. — Ah ! si vous en venez à bout, repris-je, je vous fais maîtresse de tous mes biens. » Alors elle me repartit en souriant : « Vous êtes notre maître, et je sais trop bien ce que je vous dois; mais je vous avertis que je ne puis remettre votre fils dans son premier état, qu'à deux conditions. La première, que vous me le donnerez pour époux, et la seconde, qu'il me sera permis de punir la personne qui l'a changé en veau. — Pour la première condition, lui dis-je, je l'accepte de bon cœur; je dis plus, je vous promets de vous donner beaucoup de bien pour vous en particulier, indépendamment de celui que je destine à mon fils. Enfin, vous verrez comment je reconnaîtrai le grand service que j'attends de vous. Pour la condition qui regarde ma femme, je veux bien l'accepter encore. Une personne qui a été capable de faire une action si criminelle, mérite bien d'en être punie; je vous l'abandonne; faites-en ce qu'il vous plaira; je vous prie seulement de ne lui pas ôter la vie. — Je vais donc, répliqua-t-elle, la traiter de la même manière qu'elle a traité votre fils. — J'y consens, lui repartis-je, mais rendez-moi mon fils auparavant. »

« Alors cette fille prit un vase plein d'eau, prononça dessus des paroles que je n'entendis pas, et s'adressant au veau : « O veau ! dit-elle, si tu

« as été créé par le Tout-Puissant et souverain maître du monde tel
« que tu parais en ce moment, demeure sous cette forme; mais si tu es
« homme et que tu sois changé en veau par enchantement, reprends
« ta figure naturelle par la permission du souverain Créateur. » En achevant ces mots, elle jeta l'eau sur lui, et à l'instant il reprit sa première forme.

« Mon fils, mon cher fils! m'écriai-je aussitôt en l'embrassant avec un transport dont je ne fus pas le maître! c'est Dieu qui nous a envoyé cette jeune fille pour détruire l'horrible charme dont vous étiez environné, et vous venger du mal qui vous a été fait, à vous et à votre mère. Je ne doute pas que, par reconnaissance, vous ne vouliez bien la prendre pour votre femme, comme je m'y suis engagé. » Il y consentit avec joie; mais avant qu'ils se mariassent, la jeune fille changea ma femme en biche, et c'est elle que vous voyez ici. Je souhaitai qu'elle eût cette forme, plutôt qu'une autre moins agréable, afin que nous la vissions sans répugnance dans la famille.

« Depuis ce temps-là, mon fils est devenu veuf, et est allé voyager. Comme il y a plusieurs années que je n'ai eu de ses nouvelles, je me suis mis en chemin pour tâcher d'en apprendre; et n'ayant pas voulu confier à personne le soin de ma femme, pendant que je ferais enquête de lui, j'ai jugé à propos de la mener partout avec moi. Voilà donc mon histoire, et celle de cette biche : n'est-elle pas des plus surprenantes et des plus merveilleuses? — J'en demeure d'accord, dit le génie; et en sa faveur, je t'accorde le tiers de la grâce de ce marchand. »

Quand le premier vieillard, sire, continua la sultane, eut achevé son histoire, le second qui conduisait les deux chiens noirs, s'adressa au génie, et lui dit : « Je vais vous raconter ce qui m'est arrivé à moi et à ces deux chiens noirs que voici, et je suis sûr que vous trouverez mon histoire encore plus étonnante que celle que vous venez d'entendre. Mais quand je vous l'aurai contée, m'accorderez-vous le second tiers de la grâce de ce marchand? — Oui, répondit le génie, pourvu que ton histoire surpasse celle de la biche. » Après ce consentement, le second vieillard commença de cette manière.... Mais Scheherazade en prononçant ces dernières paroles, ayant vu le jour, cessa de parler.

« Bon Dieu! ma sœur, dit Dinarzade, que ces aventures sont singulières. — Ma sœur, répondit la sultane, elles ne sont pas comparables à celles que j'aurais à vous raconter la nuit prochaine, si le sultan, mon seigneur et mon maître avait la bonté de me laisser vivre. » Schahriar ne répondit rien à cela; mais il se leva, fit sa prière et alla au conseil, sans donner aucun ordre contre la vie de la charmante Scheherazade.

VI NUIT.

La sixième nuit étant venue, le sultan et son épouse se couchèrent. Dinarzade se réveilla à l'heure ordinaire, et appela la sultane. « Ma chère sœur, lui dit-elle, si vous ne dormez pas, je vous supplie en attendant le jour qui paraîtra bientôt, de me raconter quelqu'un de ces beaux contes que vous savez. » Schahriar prit alors la parole; « Je souhaiterais, dit-il, entendre l'histoire du second vieillard et des deux chiens noirs. — Je vais contenter votre curiosité, sire, répondit Scheherazade. » Le second vieillard, poursuivit-elle, s'adressant au génie, commença ainsi son histoire :

HISTOIRE

DU SECOND VIEILLARD ET DES DEUX CHIENS NOIRS.

« Grand prince des génies, vous saurez que nous sommes trois frères, ces deux chiens noirs que vous voyez, et moi qui suis le troisième. Notre père nous avait laissé, en mourant, à chacun mille sequins. Avec cette somme, nous embrassâmes tous trois la même profession : nous nous fîmes marchands. Peu de temps après que nous eûmes ouvert boutique, mon frère aîné, l'un de ces deux chiens, résolut de voyager et d'aller négocier dans les pays étrangers. Dans ce dessein, il vendit tout son fonds, et en acheta des marchandises propres au négoce qu'il voulait faire.

« Il partit, et fut absent une année entière. Au bout de ce temps-là, un pauvre qui me parut demander l'aumône se présenta à ma boutique. Je lui dis : Dieu vous assiste; — Dieu vous assiste aussi ! me répondit-il; est-il possible que vous ne me reconnaissiez pas? » Alors l'envisageant avec attention, je le reconnus : « Ah! mon frère, m'écriai-je en l'embrassant, comment vous aurais-je pu reconnaître en cet état? » Je le fis entrer dans ma maison, je lui demandai des nouvelles de sa santé et du succès de son voyage. « Ne me faites pas cette question, me dit-il; en me voyant, vous voyez tout. Ce serait renouveler mon affliction, que de vous faire le détail de tous les malheurs qui me sont arrivés depuis un an, et qui m'ont réduit à l'état où je suis. »

« Je fis fermer aussitôt ma boutique, et abandonnant tout autre soin, je le menai au bain, et lui donnai les plus beaux habits de ma garde-robe. J'examinai mes registres de vente et d'achat, et trouvant que j'avais doublé mon fonds, c'est-à-dire, que j'étais riche de deux mille sequins, je lui en donnai la moitié, « avec cela, mon frère, lui dis-je, vous pourrez oublier la perte que vous avez faite. » Il accepta les mille sequins avec joie, rétablit ses affaires, et nous vécûmes ensemble comme nous avions vécu auparavant.

« Quelque temps après, mon second frère, qui est l'autre de ces deux chiens, voulut aussi vendre son fonds. Nous fîmes, son aîné et moi tout ce que nous pûmes pour l'en détourner; mais il n'y eut pas moyen. Il le vendit, et de l'argent qu'il en fit, il acheta des marchandises propres au négoce étranger qu'il voulait entreprendre. Il se joignit à une caravane, et partit. Il revint au bout de l'an dans le même état que son frère aîné; je le fis habiller; et comme j'avais encore mille sequins par-dessus mon fonds, je les lui donnai. Il releva boutique, et continua d'exercer sa profession.

« Un jour mes deux frères vinrent me trouver pour me proposer de faire un voyage, et d'aller trafiquer avec eux. Je rejetai d'abord leur proposition; « Vous avez voyagé, leur dis-je, qu'y avez-vous gagné? Qui m'assurera que je serai plus heureux que vous? » En vain ils me représentèrent là-dessus tout ce qui leur sembla devoir m'éblouir et m'encourager à tenter la fortune; je refusai d'entrer dans leur dessein. Mais ils revinrent tant de fois à la charge, qu'après avoir pendant cinq ans résisté constamment à leurs sollicitations, je m'y rendis enfin. Mais quand il fallut faire les préparatifs du voyage, et qu'il fut question d'acheter les marchandises dont nous avions besoin, il se trouva qu'ils avaient tout mangé, et qu'il ne leur restait rien des mille sequins que je leur avais donnés à chacun. Je ne leur en fis pas le moindre reproche; au contraire, comme mon fonds était de six mille sequins, j'en partageai la moitié avec eux, en leur disant : « Mes frères, il faut risquer ces trois mille sequins, et cacher les autres en quelque endroit sûr, afin que si notre voyage n'est pas plus heureux que ceux que vous avez déjà faits, nous ayons de quoi nous en consoler, et reprendre notre ancienne profession. » Je donnai donc mille sequins à chacun, j'en gardai autant pour moi, et j'enterrai les trois mille autres dans un coin de ma maison. Nous achetâmes des marchandises, et après les avoir embarquées sur

un vaisseau que nous frétâmes entre nous trois, nous fîmes mettre à la voile avec un vent favorable. Après un mois de navigation... »

Mais je vois le jour, poursuivit Scheherazade, il faut que j'en demeure-là. « Ma sœur, dit Dinarzade, voilà un conte qui promet beaucoup, je m'imagine que la suite en est fort extraordinaire. — Vous ne vous trompez pas, répondit la sultane; et si le sultan me permet de vous la conter, je suis persuadée qu'elle vous divertira fort. » Schahriar se leva comme le jour précédent, sans s'expliquer là-dessus; et ne donna point ordre au grand vizir de faire mourir sa fille.

VII NUIT.

Sur la fin de la septième nuit, Dinarzade ne manqua pas de réveiller la sultane : « Ma chère sœur, lui dit-elle, si vous ne dormez pas, je vous supplie en attendant le jour qui paraîtra bientôt, de me conter la suite de ce beau conte que vous ne pûtes achever hier.

— « Je le veux bien, répondit Scheherazade; et pour en reprendre le fil, je vous dirai que le vieillard qui menait les deux chiens noirs continuant de raconter son histoire au génie, aux deux autres vieillards et au marchand : « Enfin, leur dit-il, après deux mois de navigation, nous arrivâmes heureusement à un port de mer, où nous débarquâmes, et fîmes un très-grand débit de nos marchandises. Moi surtout, je vendis si bien les miennes, que je gagnai dix pour un. Nous achetâmes des marchandises du pays, pour les transporter et les négocier au nôtre.

« Dans le temps que nous étions prêts à nous rembarquer pour notre retour, je rencontrai sur le bord de la mer une dame assez bien faite; mais fort pauvrement habillée. Elle m'aborda, me baisa la main, et me pria, avec les dernières instances, de la prendre pour femme, et de l'embarquer avec moi. Je fis difficulté de lui accorder ce qu'elle demandait, mais elle me dit tant de choses pour me persuader que je ne devais pas prendre garde à sa pauvreté, et que j'aurais lieu d'être content de sa conduite, que je me laissai vaincre. Je lui fis faire des habits propres, et après l'avoir épousée par un contrat de mariage en bonne forme, je l'embarquai avec moi, et nous mîmes à la voile.

« Pendant notre navigation, je trouvai de si belles qualités dans la femme que je venais de prendre, que je l'aimais tous les jours de plus en plus. Cependant mes deux frères, qui n'avaient pas si bien fait leurs affaires que moi, et qui étaient jaloux de ma prospérité, me portaient envie : leur fureur alla même jusqu'à conspirer contre ma vie : Une nuit, dans le temps que ma femme et moi nous dormions, ils nous jetèrent à la mer.

« Ma femme était fée, et par conséquent génie, vous jugez bien qu'elle ne se noya pas. Pour moi, il est certain que je serais mort sans son secours. Mais je fus à peine tombé dans l'eau, qu'elle m'enleva, et me transporta dans une île. Quand il fut jour, la fée me dit : « Vous voyez, mon mari, qu'en vous sauvant la vie, je ne vous ai pas mal récompensé du bien que vous m'avait fait. Vous saurez que je suis fée, et que me trouvant sur le bord de la mer, lorsque vous alliez vous embarquer, je me sentis une forte inclination pour vous. Je voulus éprouver la bonté de votre cœur; je me présentai devant vous déguisée comme vous m'avez vue. Vous en avez usé avec moi généreusement. Je suis ravie d'avoir trouvé l'occasion de vous en marquer ma reconnaissance. Mais je suis irritée contre vos frères, et je ne serai pas satisfaite que je ne leur aie ôté la vie. »

« J'écoutai avec admiration le discours de la fée; je la remerciai le mieux qu'il me fut possible de la grande obligation que je lui avais : « Mais, Madame, lui dis-je, pour ce qui est de mes frères, je vous supplie de leur pardonner. Quelque sujet que j'aie de me plaindre d'eux, je ne suis pas assez cruel pour vouloir leur perte. » Je lui racontai ce que j'avais fait pour l'un et pour l'autre; et mon récit augmentant son indignation contre eux : « Il faut, s'écria-t-elle, que je vole tout à l'heure après ces traîtres et ces ingrats, et que j'en tire une prompte vengeance. Je vais submerger leur vaisseau, et les précipiter dans le fond de la mer. —Non, ma belle dame, repris-je, au nom de Dieu, n'en faites rien, modérez votre courroux, songez que ce sont mes frères; et qu'il faut faire le bien pour le mal. »

« J'apaisai la fée par ces paroles, et lorsque je les eus prononcées, elle me transporta en un instant de l'île où nous étions sur le toit de mon logis, qui était en terrasse, et elle disparut un moment après. Je descendis, j'ouvris les portes, et je déterrai les trois mille sequins que j'avais cachés. J'allai ensuite à la place où était ma boutique; je l'ouvris, et je reçus des marchands mes voisins des compliments sur mon retour. Quand je rentrai chez moi, j'aperçus ces deux chiens noirs, qui vinrent m'aborder d'un air soumis. Je ne savais ce que cela signifiait, et j'en étais fort étonné; mais la fée, qui parut bientôt, m'en éclaircit. « Mon mari, me dit-elle, ne soyez pas surpris de voir ces deux chiens chez vous; ce sont vos deux frères. » Je frémis à ces mots, et je lui demandai par quelle puissance ils se trouvaient en cet état : « C'est moi qui les y ai mis, me répondit-elle, au moins, c'est une de mes sœurs, à qui j'en ai donné la commission, et qui en même temps a coulé à fond leur vaisseau. Vous y perdez les marchandises que vous y aviez; mais je vous récompenserai d'ailleurs. A l'égard de vos frères, je les ai condamnés à demeurer dix ans sous cette forme; leur perfidie ne les rend que trop dignes de cette pénitence. » Enfin, après m'avoir enseigné où je pourrais avoir de ses nouvelles, elle disparut.

« Présentement que les dix années sont accomplies, je suis en chemin pour l'aller chercher, et comme en passant par ici j'ai rencontré ce marchand et le bon vieillard qui mène sa biche, je me suis arrêté avec eux : voilà quelle est mon histoire, ô prince des génies : ne vous paraît-elle pas

des plus extraordinaires? — J'en conviens, répondit le génie, et je remets aussi en sa faveur le second tiers du crime dont ce marchand est coupable envers moi. »

Aussitôt que le second vieillard eut achevé son histoire, le troisième prit la parole, et fit au génie la même demande que les deux premiers, c'est-à-dire, de remettre au marchand le troisième tiers de son crime, supposé que l'histoire qu'il avait à lui raconter surpassât, en événements singuliers, les deux qu'il venait d'entendre. Le génie lui fit la même promesse qu'aux autres. « Écoutez donc, lui dit alors le vieillard.... » Mais le jour paraît, dit Scheherazade en se reprenant; il faut que je m'arrête en cet endroit.

« Je ne puis assez admirer, ma sœur, dit alors Dinarzade, les aventures que vous venez de raconter : — J'en sais une infinité d'autres, répondit la sultane, qui sont encore plus belles. » Schahriar, voulant savoir si le conte du troisième vieillard, serait aussi agréable que celui du second, différa jusqu'au lendemain la mort de Scheherazade.

VIII NUIT.

Dès que Dinarzade s'aperçut qu'il était temps d'appeler la sultane; elle lui dit : « Ma sœur, si vous ne dormez pas, je vous supplie, en attendant le jour, qui paraîtra bientôt, de me conter un de ces beaux contes que vous savez. — Racontez-nous celui du troisième vieillard, dit le sultan à Scheherazade; j'ai bien de la peine à croire qu'il soit plus merveilleux que celui du vieillard et des deux chiens noirs.

— Sire, répondit la sultane, le troisième vieillard raconta son histoire au génie : je ne vous la dirai point; car elle n'est point venue à ma connaissance, mais je sais qu'elle se trouva si fort au-dessus des deux précédentes, par la diversité des aventures merveilleuses qu'elle contenait, que le génie en fut étonné. Il n'en eut pas plus tôt ouï la fin, qu'il dit au troisième vieillard : « Je t'accorde le dernier tiers de la grâce du marchand; il doit bien vous remercier tous trois de l'avoir tiré d'embarras par vos histoires. Sans vous il ne serait plus au monde. » En achevant ces mots, il disparut, au grand contentement de la compagnie.

Le marchand ne manqua pas de rendre à ses trois libérateurs toutes les grâces qu'il leur devait. Ils se réjouirent avec lui de le voir hors de péril; après quoi ils se dirent adieu, et chacun reprit son chemin. Le marchand s'en retourna auprès de sa femme et de ses enfants, et passa tranquillement avec eux le reste de ses jours. Mais, sire, ajouta Scheherazade, quelque beaux que soient les contes que j'ai racontés jusqu'ici à votre majesté, ils n'approchent pas de celui du pêcheur. Dinarzade, voyant que la sultane s'arrêtait, lui dit : « Ma sœur; puisqu'il nous reste encore du temps, de grâce, racontez-nous l'histoire de ce pêcheur; le sultan le voudra bien. » Schahriar y consentit, et Scheherazade reprenant son discours, poursuivit de cette manière :

HISTOIRE

DU PÊCHEUR.

Sire, il y avait autrefois un pêcheur fort âgé, et si pauvre, qu'à peine pouvait-il gagner de quoi faire subsister sa femme et trois enfants, dont sa famille était composée. Il allait tous les jours à la pêche de grand matin, et chaque jour il s'était fait une loi de ne jeter ses filets que quatre fois seulement.

Il partit un matin au clair de la lune, et se rendit au bord de la mer. Il se déshabilla et jeta ses filets; et comme il les tirait vers le rivage, il sentit d'abord de la résistance : Il crut avoir fait une bonne pêche, et s'en réjouissait déjà en lui-même; mais un moment après, s'apercevant qu'au lieu de poisson il n'y avait dans ses filets que la carcasse d'un âne, il en eut beaucoup de chagrin.... Scheherazade, en cet endroit, cessa de parler, parce qu'elle vit paraître le jour :

« Ma sœur, lui dit Dinarzade, je vous avoue que ce commencement me charme, et je prévois que la suite sera fort agréable. — Rien n'est plus surprenant que l'histoire du pêcheur, répondit la sultane; et vous en conviendrez la nuit prochaine, si le sultan me fait la grâce de me laisser vivre. » Schahriar, curieux d'apprendre le succès de la pêche du pêcheur, ne voulut pas faire mourir ce jour-là Scheherazade. C'est pourquoi il se leva, et ne donna point encore ce cruel ordre.

IX NUIT.

« Ma chère sœur, s'écria Dinarzade, le lendemain à l'heure ordinaire, je vous supplie en attendant le jour, qui paraîtra bientôt, de me raconter la suite du conte du pêcheur. Je meurs d'envie de l'entendre. — Je vais vous donner cette satisfaction, » répondit la sultane. En même temps elle demanda la permission au sultan, et lorsqu'elle l'eut obtenue, elle reprit en ces termes le conte du pêcheur :

Sire, quand le pêcheur affligé d'avoir fait une si mauvaise pêche, eut raccommodé ses filets, que la carcasse de l'âne avait rompus en plusieurs endroits, il les jeta une seconde fois. En les tirant, il sentit encore beaucoup de résistance, ce qui lui fit croire qu'ils étaient remplis de poissons ; mais il n'y trouva qu'un grand panier plein de gravier et de fange. Il en fut dans une extrême affliction. « O fortune! s'écria-t-il d'une voix pitoyable, cesse d'être en colère contre moi, et ne persécute point un malheureux qui te prie de l'épargner! Je suis parti de ma maison pour venir ici chercher ma vie, et tu m'annonces ma mort. Je n'ai pas d'autre métier que celui-ci pour subsister, et malgré tous les soins que j'y apporte, je puis à peine fournir aux plus pressants besoins de ma famille. Mais j'ai tort de me plaindre de toi, tu prends plaisir à maltraiter les honnêtes gens, et à laisser de grands hommes dans l'obscurité, tandis que tu favorises les méchants, et que tu élèves ceux qui n'ont aucune vertu qui les rende recommandables. »

En achevant ces plaintes, il jeta brusquement le panier, et après avoir bien lavé ses filets que la fange avait gâtés, il les jeta pour la troisième fois. Mais il n'amena que des pierres, des coquilles et de l'ordure. On ne saurait expliquer quel fut son désespoir : peu s'en fallut qu'il ne perdît l'esprit. Cependant, comme le jour commençait à paraître, il n'oublia pas de faire sa prière en bon musulman [1], ensuite il ajouta celle-ci : « Seigneur, vous « savez que je ne jette mes filets que quatre fois chaque jour. Je les ai déjà « jetés trois fois sans avoir tiré le moindre fruit de mon travail. Il ne m'en « reste plus qu'une; je vous supplie de me rendre la mer favorable, comme « vous l'avez rendue à Moïse [2]. »

Le pêcheur, ayant fini cette prière, jeta ses filets pour la quatrième fois. Quand il jugea qu'il devait y avoir du poisson, il les tira comme auparavant avec assez de peine. Il n'y en avait pas pourtant; mais il y trouva un vase de cuivre jaune, qui, à sa pesanteur, lui parut plein de quelque chose; et il remarqua qu'il était fermé et scellé de plomb, avec l'empreinte d'un sceau. Cela le réjouit : « Je le vendrai au fondeur, disait-il, et de l'argent que j'en ferai, j'en acheterai une mesure de blé. »

Il examina le vase de tous côtés, il le secoua pour voir si ce qui était dedans ne ferait pas de bruit. Il n'entendit rien, et cette circonstance, avec l'empreinte du sceau sur le couvercle de plomb, lui fit penser qu'il devait être rempli de quelque chose de précieux. Pour s'en éclaircir, il prit son couteau, et, avec un peu de peine, il l'ouvrit. Il en pencha aussitôt l'ouverture contre terre, mais il n'en sortit rien, ce qui le surprit extrêmement. Il le posa devant lui; et pendant qu'il le considérait attentivement, il en sortit une fumée fort épaisse qui l'obligea de reculer deux ou trois pas en arrière.

Cette fumée s'éleva jusqu'aux nues et s'étendant sur la mer et sur le rivage, forma un gros brouillard. Spectacle qui causa, comme on peut se l'imaginer, un étonnement extraordinaire au pêcheur. Lorsque la fumée fut toute hors du vase, elle se réunit et devint un corps solide, dont il se forma un génie deux fois aussi haut que le plus grand de tous les géants. A l'aspect d'un monstre d'une grandeur si démesurée, le pêcheur

---

[1] La prière est un des quatre grands préceptes de l'Alcoran.

[2] Les musulmans reconnaissent quatre grands prophètes ou législateurs: Moïse, David, Jésus-Christ et Mahomet.

voulut prendre la fuite; mais il se trouva si troublé et si effrayé, qu'il ne put marcher.

« Salomon[1], s'écria d'abord le génie, Salomon, grand prophète de Dieu, pardon, pardon, jamais je ne m'opposerai à vos volontés. J'obéirai à tous vos commandements.... » Scheherazade, apercevant le jour, interrompit là son conte.

Dinarzade prit alors la parole : « Ma sœur, dit-elle, on ne peut mieux tenir sa promesse que vous tenez la vôtre. Ce conte est assurément plus surprenant que les autres. — Ma sœur, répondit la sultane, vous entendrez des choses qui vous causeront encore plus d'admiration, si le sultan, mon seigneur, me permet de vous les raconter. » Schahriar avait trop d'envie d'entendre le reste de l'histoire du pêcheur, pour vouloir se priver de ce plaisir. Il remit donc encore au lendemain la mort de la sultane.

[1] Les mahométans croient que Dieu donna à Salomon le don des miracles plus abondamment qu'à aucun autre avant lui : suivant eux, il commandait aux anges et aux démons; il était porté par les vents dans toutes les sphères et au-dessus des astres; les animaux, les végétaux et les minéraux lui parlaient et lui obéissaient; il se faisait enseigner par chaque plante quelle était sa propre vertu, et par chaque minéral à quoi il était bon de l'employer; il s'entretenait avec les oiseaux, et c'était d'eux dont il se servait pour faire l'amour à la reine de Saba, et pour lui persuader de le venir trouver. Toutes ces fables de l'Alcoran sont prises dans les Commentaires des Juifs.

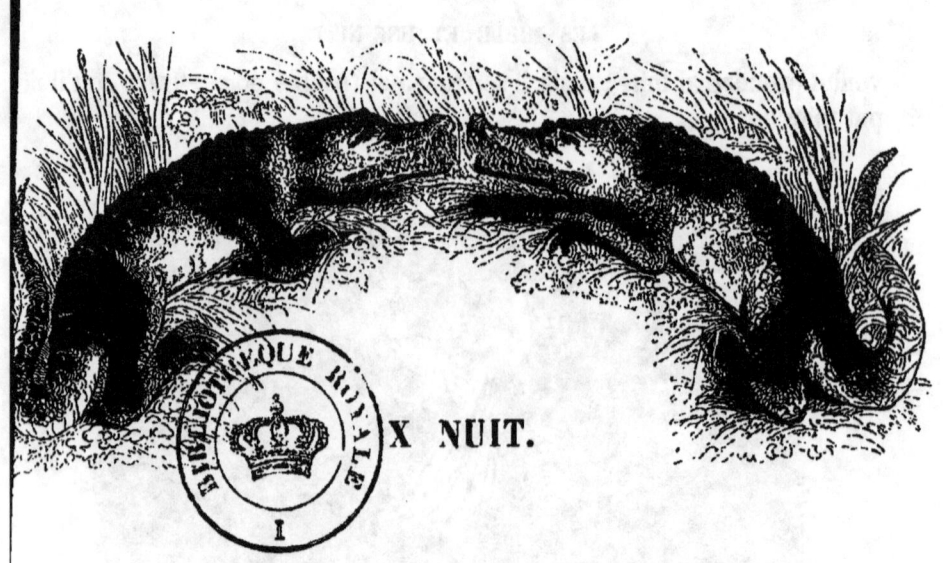

X NUIT.

Dinarzade, la nuit suivante, appela sa sœur quand il en fut temps : « Si vous ne dormez pas, ma sœur, lui dit-elle, je vous prie, en attendant le jour qui paraîtra bientôt, de continuer le conte du pêcheur. » Le sultan, de son côté, témoigna de l'impatience d'apprendre quel démêlé le génie avait eu avec Salomon. C'est pourquoi Scheherazade poursuivit ainsi le conte du pêcheur.

Sire, le pêcheur n'eut pas sitôt entendu les paroles que le génie avait prononcées, qu'il se rassura et lui dit : « Esprit superbe, que dites-vous ? Il y a plus de dix-huit cents ans que Salomon, le prophète de Dieu, est mort, et nous sommes présentement à la fin des siècles. Apprenez-moi votre histoire, et pour quel sujet vous étiez renfermé dans ce vase. »

A ce discours, le génie, regardant le pêcheur d'un air fier, lui répondit : « Parle-moi plus civilement : tu es bien hardi de m'appeler esprit superbe. — Hé bien! repartit le pêcheur, vous parlerai-je avec plus de civilité en vous appelant hibou du bonheur? — Je te dis, repartit le génie, de me parler plus civilement avant que je te tue. — Hé! pourquoi me tueriez-vous? répliqua le pêcheur. Je viens de vous mettre en liberté; l'avez-vous déjà oublié? — Non, je m'en souviens, repartit le génie; mais cela ne m'empêchera pas de te faire mourir; et je n'ai qu'une seule grâce à t'accorder. — Et quelle est cette grâce? dit le pêcheur. — C'est, répondit le génie, de te laisser choisir de quelle manière tu veux que je te tue. — Mais en quoi vous ai-je offensé? reprit le pêcheur. Est-ce ainsi que vous voulez me récompenser du bien que je vous ai fait? — Je ne puis te traiter autrement, dit le génie; et afin que tu en sois persuadé, écoute mon histoire :

« Je suis un de ces esprits rebelles qui se sont opposés à la volonté de Dieu. Tous les autres génies reconnurent le grand Salomon, prophète de Dieu, et se soumirent à lui. Nous fûmes les seuls, Sacar et moi, qui ne voulûmes pas faire cette bassesse. Pour s'en venger, ce puissant monarque chargea Assaf, fils de Barakhia[1], son premier ministre, de me venir prendre. Cela fut exécuté. Assaf vint se saisir de ma personne, et me mena malgré moi devant le trône du roi son maître. Salomon, fils de David, me com-

manda de quitter mon genre de vie, de reconnaître son pouvoir, et de me soumettre à ses commandements. Je refusai hautement de lui obéir; et j'aimai mieux m'exposer à tout son ressentiment, que de lui prêter le serment de fidélité et de soumission qu'il exigeait de moi. Pour me punir, il m'enferma dans ce vase de cuivre; et afin de s'assurer de moi, et que je ne pusse pas forcer ma prison, il imprima lui-même sur le couvercle de plomb, son sceau, où le grand nom de Dieu était gravé. Cela fait, il mit le vase entre les mains d'un des génies qui lui obéissaient, avec ordre de me jeter à la mer; ce qui fut exécuté à mon grand regret. Durant le premier siècle de ma prison, je jurai que si quelqu'un m'en délivrait avant les cent ans achevés, je le rendrais riche, même après sa mort. Mais le siècle s'écoula, et personne ne me rendit ce bon office. Pendant le second siècle, je fis serment d'ouvrir tous les trésors de la terre à quiconque me mettrait en liberté; mais je ne fus pas plus heureux. Dans le troisième, je promis de faire puissant monarque mon libérateur, d'être toujours près de lui en esprit, et de lui accorder chaque jour trois demandes, de quelque nature qu'elles pussent être; mais ce siècle se passa comme les deux autres, et je demeurai toujours dans le même état. Enfin, désolé, ou plutôt enragé de me voir

---

[1] Assaf, fils de Barakhia ou de Beloukia, ministre de Salomon.

prisonnier si longtemps, je jurai que si quelqu'un me délivrait dans la suite, je le tuerais impitoyablement et ne lui accorderais point d'autre grâce que de lui laisser le choix du genre de mort dont il voudrait que je le fisse mourir : c'est pourquoi, puisque tu es venu ici aujourd'hui, et que tu m'as délivré, choisis comment tu veux que je te tue. »

Ce discours affligea fort le pêcheur : « Je suis bien malheureux, s'écria-t-il, d'être venu en cet endroit rendre un si grand service à un ingrat! Considérez, de grâce, votre injustice, et révoquez un serment si peu raisonnable. Pardonnez-moi, Dieu vous pardonnera de même : si vous me donnez généreusement la vie, il vous mettra à couvert de tous les complots qui se formeront contre vos jours. — Non, ta mort est certaine, dit le génie; choisis seulement de quelle sorte tu veux que je te fasse mourir. » Le pêcheur, le voyant dans la résolution de le tuer, en eut une douleur extrême, non pas tant pour l'amour de lui, qu'à cause de ses trois enfants dont il plaignait la misère où ils allaient être réduits par sa mort. Il tâcha encore d'apaiser le génie : « Hélas! reprit-il, daignez avoir pitié de moi, en considération de ce que j'ai fait pour vous. — Je te l'ai déjà dit, repartit le génie, c'est justement pour cette raison que je suis obligé de t'ôter la vie. — Cela est étrange répliqua le pêcheur, que vous vouliez absolument rendre le mal pour le bien. Le proverbe dit, que qui fait du bien à celui qui ne le mérite pas en est toujours mal payé. Je croyais, je l'avoue, que cela était faux : en effet, rien ne choque davantage la raison et les droits de la société; néanmoins j'éprouve cruellement que cela n'est que trop véritable. — Ne perdons pas le temps, interrompit le génie; tous tes raisonnements ne sauraient me détourner de mon dessein. Hâte-toi de dire comment tu souhaites que je te tue. »

La nécessité donne de l'esprit. Le pêcheur s'avisa d'un stratagème : « Puisque je ne saurais éviter la mort, dit-il au génie, je me soumets donc à la volonté de Dieu. Mais avant que je choisisse un genre de mort, je vous conjure, par le grand nom de Dieu, qui était gravé sur le sceau du prophète Salomon, fils de David, de me dire la vérité sur une question que j'ai à vous faire. »

Quand le génie vit qu'on lui faisait une adjuration qui le contraignait de répondre positivement, il trembla en lui-même, et dit au pêcheur : « Demande-moi ce que tu voudras, et hâte-toi... »

Le jour venant à paraître, Scheherazade se tut en cet endroit de son discours : « Ma sœur, lui dit Dinarzade, il faut convenir que plus vous parlez, et plus vous faites de plaisir. J'espère que le sultan, notre seigneur, ne vous fera pas mourir qu'il n'ait entendu le reste du beau conte du pêcheur. — Le sultan est le maître, reprit Scheherazade; il faut vouloir tout ce qui lui plaira. » Le sultan, qui n'avait pas moins d'envie que Dinarzade d'entendre la fin de ce conte, différa encore la mort de la sultane.

XI NUIT.

Schahriar et la princesse son épouse passèrent cette nuit de la même manière que les précédentes, et avant que le jour parût, Dinarzade les réveilla par ces paroles, qu'elle adressa à la sultane : « Ma sœur, je vous prie de reprendre le conte du pêcheur. — Très-volontiers, répondit Scheherazade, je vais vous satisfaire, avec la permission du sultan. »

Le génie, poursuivit-elle, ayant promis de dire la vérité, le pêcheur lui dit : « Je voudrais savoir si effectivement vous étiez dans ce vase ; oseriez-vous en jurer par le grand nom de Dieu ? — Oui, répondit le génie, je jure par ce grand nom que j'y étais ; et cela est très-véritable. — En bonne foi, répliqua le pêcheur, je ne puis vous croire. Ce vase ne pourrait pas seulement contenir un de vos pieds : comment se peut-il que votre corps y ait été renfermé tout entier ? — Je te jure pourtant, repartit le génie, que j'y étais tel que tu me vois. Est-ce que tu ne me crois pas, après le grand serment que je t'ai fait ? — Non, vraiment, dit le pêcheur ; et je ne vous croirai point, à moins que vous ne me fassiez voir la chose. »

Alors il se fit une dissolution du corps du génie, qui, se changeant en fumée, s'étendit comme auparavant sur la mer et sur le rivage, et qui, se rassemblant ensuite, commença de rentrer dans le vase, et continua de même par une succession lente et égale, jusqu'à ce qu'il n'en restât plus rien au dehors. Aussitôt il en sortit une voix qui dit au pêcheur : « Hé bien ! incrédule pêcheur, me voici dans le vase : me crois-tu présentement ? »

Le pêcheur, au lieu de répondre au génie, prit le couvercle de plomb ; et ayant fermé promptement le vase : « Génie, lui cria-t-il, demande-moi grâce à ton tour, et choisis de quelle mort tu veux que je te fasse mourir.

Mais non, il vaut mieux que je te rejette à la mer, dans le même endroit d'où je t'ai tiré; puis je ferai bâtir une maison sur ce rivage, où je demeu-

rerai, pour avertir tous les pêcheurs qui viendront y jeter leurs filets de bien prendre garde de repêcher un méchant génie comme toi, qui as fait serment de tuer celui qui te mettra en liberté. »

A ces paroles offensantes, le génie, irrité, fit tous ses efforts pour sortir du vase; mais c'est ce qui ne lui fut pas possible : car l'empreinte du sceau du prophète Salomon, fils de David, l'en empêchait. Ainsi, voyant que le pêcheur avait alors l'avantage sur lui, il prit le parti de dissimuler sa colère : « Pêcheur, lui dit-il, d'un ton radouci, garde-toi bien de faire ce que tu dis. Ce que j'en ai fait n'a été que par plaisanterie, et tu ne dois pas prendre la chose sérieusement. — O génie, répondit le pêcheur, toi qui étais, il n'y a qu'un moment, le plus grand, et qui es à cette heure le plus petit de tous les génies, apprends que tes artificieux discours ne te serviront de rien. Tu retourneras à la mer. Si tu y as demeuré tout le temps que tu m'as dit, tu pourras bien y demeurer jusqu'au jour du jugement. Je t'ai prié, au nom de Dieu, de ne me pas ôter la vie, tu as rejeté mes prières; je dois te rendre la pareille. »

Le génie n'épargna rien pour tâcher de toucher le pêcheur : « Ouvre le vase, lui dit-il, donne-moi la liberté, je t'en supplie; je te promets que tu seras content de moi. — Tu n'es qu'un traître, repartit le pêcheur. Je mériterais de perdre la vie si j'avais l'imprudence de me fier à toi. Tu ne manquerais pas de me traiter de la même façon qu'un certain roi grec traita le médecin Douban. C'est une histoire que je te veux raconter; écoute.

HISTOIRE

DU ROI GREC ET DU MÉDECIN DOUBAN.

« Il y avait au pays de Zouman, dans la Perse, un roi dont les sujets étaient grecs originairement : ce roi était couvert de lèpre; et ses médecins, après

avoir inutilement employé tous leurs remèdes pour le guérir, ne savaient plus que lui ordonner, lorsqu'un très-habile médecin, nommé Douban, arriva dans sa cour.

« Ce médecin avait puisé sa science dans les livres grecs, persans, turcs, arabes, latins, syriaques et hébreux; et outre qu'il était consommé dans la philosphie, il connaissait parfaitement les bonnes et mauvaises qualités de toutes sortes de plantes et de drogues. Dès qu'il fut informé de la maladie du roi, qu'il eut appris que ses médecins l'avaient abandonné, il s'habilla le plus proprement qu'il lui fut possible, et trouva moyen de se faire présenter au roi : « Sire, lui dit-il, je sais que tous les médecins dont votre majesté s'est servie n'ont pu la guérir de sa lèpre; mais si vous voulez bien me faire l'honneur d'agréer mes services, je m'engage à vous guérir sans breuvage et sans topiques. » Le roi écouta cette proposition : « Si vous êtes assez habile homme, répondit-il, pour faire ce que vous dites, je promets de vous enrichir, vous et votre postérité; et sans compter les présents que je vous ferai, vous serez mon plus cher favori. Vous m'assurez donc que vous m'ôterez ma lèpre, sans me faire prendre aucune potion, et sans m'appliquer aucun remède extérieur? — Oui, sire, repartit le médecin, je me flatte d'y réussir, avec l'aide de Dieu; et dès demain j'en ferai l'épreuve. »

« En effet, le médecin Douban se retira chez lui, et fit un mail qu'il creusa en dedans par le manche, où il mit la drogue dont il prétendait se servir. Cela étant fait, il prépara aussi une boule de la manière qu'il la voulait, avec quoi il alla le lendemain se présenter devant le roi; et se prosternant à ses pieds, il baisa la terre... »

En cet endroit, Scheherazade, remarquant qu'il était jour, en avertit Schahriar, et se tut : « En vérité, ma sœur, dit alors Dinarzade, je ne sais où vous allez prendre tant de belles choses. — Vous en entendrez bien d'autres demain, répondit Scheherazade, si le sultan, mon maître, a la bonté de me prolonger encore la vie. » Schahriar, qui ne désirait pas moins ardemment que Dinarzade d'entendre la suite de l'histoire du médecin Douban, n'eut garde de faire mourir la sultane ce jour-là.

XII NUIT.

La douzième nuit était déjà fort avancée, lorsque Dinarzade, s'étant réveillée, s'écria : « Ma sœur, si vous ne dormez pas, je vous supplie de continuer l'agréable histoire du roi grec et du médecin Douban. — Je le veux bien, répondit Scheherazade. » En même temps, elle en reprit le fil de cette sorte :

Sire, le pêcheur, parlant toujours au génie qu'il tenait enfermé dans le vase, poursuivit ainsi : « Le médecin Douban se leva, et, après avoir fait une profonde révérence, dit au roi qu'il jugeait à propos que sa majesté montât à cheval, et se rendît à la place pour jouer au mail. Le roi fit ce qu'on lui disait ; et lorsqu'il fut dans le lieu destiné à jouer au mail[1] à cheval, le médecin s'approcha de lui avec le mail qu'il avait préparé, et le lui présentant : « Tenez, sire, lui dit-il, exercez-vous avec ce mail, en poussant
« cette boule avec, par la place, jusqu'à ce que vous sentiez votre main et
« votre corps en sueur. Quand le remède que j'ai enfermé dans le manche
« de ce mail sera échauffé par votre main, il vous pénètrera par tout le
« corps ; et sitôt que vous suerez, vous n'aurez qu'à quitter cet exercice :
« car le remède aura fait son effet. Dès que vous serez de retour en vo-

---

[1] Le mail ou jeu de paume à cheval, appelé *tchogan* par les Persans, se joue de la manière suivante : La balle est jetée au milieu de la place, et les joueurs, partagés en deux troupes, le mail à la main, courent après au galop pour la frapper.

« tre palais, vous entrerez au bain, et vous vous ferez bien laver et frotter;
« vous vous coucherez ensuite ; et en vous levant demain matin, vous se-
« rez guéri. »

« Le roi prit le mail, et poussa son cheval après la boule qu'il avait jetée.
Il la frappa; et elle lui fut renvoyée par les officiers qui jouaient avec lui;

il la refrappa, et enfin le jeu dura si longtemps, que sa main en sua, aussi
bien que tout son corps. Ainsi, le remède enfermé dans le manche du mail
opéra comme le médecin l'avait dit. Alors, le roi cessa de jouer, s'en retourna dans son palais, entra au bain, et observa très-exactement ce qui
lui avait été prescrit. Il s'en trouva fort bien : car le lendemain, en se levant, il s'aperçut, avec autant d'étonnement que de joie, que sa lèpre
était guérie, et qu'il avait le corps aussi net que s'il n'eût jamais été attaqué
de cette maladie. D'abord qu'il fut habillé, il entra dans la salle d'audience
publique, où il monta sur son trône, et se fit voir à tous ses courtisans,
que l'empressement d'apprendre le succès du nouveau remède y avait fait
aller de bonne heure. Quand ils virent le roi parfaitement guéri, ils en
firent tous paraître une extrême joie.

« Le médecin Douban entra dans la salle, et s'alla prosterner au pied du
trône, la face contre terre. Le roi l'ayant aperçu, l'appela, le fit asseoir
à son côté, et le montra à l'assemblée, en lui donnant publiquement

toutes les louanges qu'il méritait. Ce prince n'en demeura pas là; comme il régalait ce jour-là toute sa cour, il le fit manger à sa table, seul avec lui.... » A ces mots, Scheherazade, remarquant qu'il était jour, cessa de poursuivre son conte :

« Ma sœur, dit Dinarzade, je ne sais quelle sera la fin de cette histoire, mais j'en trouve le commencement admirable. — Ce qui reste à raconter en est le meilleur, répondit la sultane; et je suis assurée que vous n'en disconviendrez pas, si le sultan veut bien me permettre de l'achever la nuit prochaine. » Schahriar y consentit, et se leva fort satisfait de ce qu'il avait entendu.

XIII NUIT.

Sur la fin de la nuit suivante, Dinarzade dit encore à la sultane : « Ma chère sœur, si vous ne dormez pas, je vous supplie de continuer l'histoire du roi grec et du médecin Douban. — Je vais contenter votre curiosité, ma sœur, reprit Scheherazade, avec la permission du sultan, mon seigneur. » Alors elle reprit ainsi son conte :

« Le roi grec, poursuivit le pêcheur, ne se contenta pas de recevoir à sa table le médecin Douban : vers la fin du jour, lorsqu'il voulut congédier l'assemblée, il le fit revêtir d'une longue robe fort riche, et semblable à celle que portaient ordinairement ses courtisans en sa présence ; outre cela, il lui fit donner deux mille sequins. Le lendemain et les jours suivants, il ne cessa de le caresser. Enfin, ce prince, croyant ne pouvoir jamais assez reconnaître les obligations qu'il avait à un médecin si habile, répandait sur lui, tous les jours, de nouveaux bienfaits.

« Or, ce roi avait un grand vizir qui était avare, envieux et naturellement capable de toutes sortes de crimes. Il n'avait pu voir sans peine les présents qui avaient été faits au médecin, dont le mérite d'ailleurs commençait à lui faire ombrage : il résolut de le perdre dans l'esprit du roi. Pour y réussir, il alla trouver ce prince, et lui dit en particulier, qu'il avait un avis de la dernière importance à lui donner. Le roi lui ayant demandé ce que c'était : « Sire, lui dit-il, il est bien dangereux à un monarque d'avoir de la confiance en un homme dont il n'a point éprouvé la fidélité. En comblant de bienfaits le médecin Douban, en lui faisant toutes les caresses que votre majesté lui fait, vous ne savez pas que c'est un traître qui ne s'est introduit dans cette cour que pour vous assassiner. — De qui tenez-vous ce que vous m'osez dire ? répondit le roi. Songez-vous que c'est à moi que vous parlez, et que vous avancez une chose que je ne croirai pas légèrement ? — Sire, répliqua le vizir, je suis parfaitement instruit de ce que j'ai l'honneur de vous représenter. Ne vous reposez donc plus sur une confiance dangereuse. Si votre majesté dort, qu'elle se réveille : car enfin, je le répète encore, le médecin Douban n'est parti du fond de la Grèce, son pays, il n'est venu s'établir dans votre cour, que pour exécuter l'horrible dessein dont j'ai parlé. — Non, non, vizir, interrompit le roi ; je suis

sûr que cet homme, que vous traitez de perfide et de traître, est le plus vertueux et le meilleur de tous les hommes; il n'y a personne au monde que j'aime autant que lui. Vous savez par quel remède, ou plutôt par quel miracle il m'a guéri de ma lèpre; s'il en veut à ma vie, pourquoi me l'a-t-il sauvée? Il n'avait qu'à m'abandonner à mon mal; je n'en pouvais échapper; ma vie était déjà à moitié consumée. Cessez donc de vouloir m'inspirer d'injustes soupçons; au lieu de les écouter, je vous avertis que je fais dès ce jour à ce grand homme, pour toute sa vie, une pension de mille sequins par mois. Quand je partagerais avec lui toutes mes richesses et mes états mêmes, je ne le paierais pas assez de ce qu'il a fait pour moi. Je vois ce que c'est, sa vertu excite votre envie; mais ne croyez pas que je me laisse injustement prévenir contre lui; je me souviens trop bien de ce qu'un vizir dit au roi Sindbad son maître, pour l'empêcher de faire mourir le prince son fils.... »

Mais, sire, ajouta Scheherazade, le jour qui paraît me défend de poursuivre. « Je sais bon gré au roi grec, dit Dinarzade, d'avoir eu la fermeté de rejeter la fausse accusation de son vizir. — Si vous louez aujourd'hui la fermeté de ce prince, interrompit Scheherazade, vous condamnerez demain sa faiblesse, si le sultan veut bien que j'achève de raconter cette histoire. » Le sultan, curieux d'apprendre en quoi le roi grec avait eu de la faiblesse, différa encore la mort de la sultane.

XIV NUIT.

« Ma sœur, s'écria Dinarzade sur la fin de la quatorzième nuit, si vous ne dormez pas, je vous supplie, en attendant le jour qui paraîtra bientôt, de reprendre l'histoire du pêcheur; vous en êtes demeurée à l'endroit où le roi grec soutient l'innocence du médecin Douban, et prend si fortement son parti. — Je m'en souviens, répondit Scheherazade; vous allez entendre la suite : »

Sire, continua-t-elle, en adressant toujours la parole à Schahriar, ce que le roi grec venait de dire touchant le roi Sindbad piqua la curiosité du vizir, qui lui dit : « Sire, je supplie votre majesté de me pardonner si j'ai la hardiesse de lui demander ce que le vizir du roi Sindbad dit à son maître pour le détourner de faire mourir le prince son fils. » Le roi grec eut la complaisance de le satisfaire : « Ce vizir, répondit-il, après avoir représenté au roi Sindbad que sur l'accusation d'une belle-mère, il devait craindre de faire une action dont il pût se repentir, lui conta cette histoire :

HISTOIRE

DU MARI ET DU PERROQUET[1].

« Un bonhomme avait une belle femme qu'il aimait avec tant de passion, qu'il ne la perdait de vue que le moins qu'il pouvait. Un jour que des affaires pressantes l'obligeaient à s'éloigner d'elle, il alla dans un endroit où

---

[1] Cette histoire et la suivante sont tirées du roman de *Sendabad* ou *Syntipas*.

l'on vendait toutes sortes d'oiseaux; il y acheta un perroquet, qui non-seulement parlait fort bien, mais qui avait même le don de rendre compte de tout ce qui avait été fait devant lui. Il l'apporta dans une cage au logis, pria sa femme de le mettre dans sa chambre et d'en prendre soin pendant le voyage qu'il allait faire; après quoi il partit.

« A son retour, il ne manqua pas d'interroger le perroquet sur ce qui s'était passé durant son absence; et là-dessus, l'oiseau lui apprit des choses qui lui donnèrent lieu de faire de grands reproches à sa femme. Elle

crut que quelqu'une de ses esclaves l'avait trahie; elles jurèrent toutes qu'elles lui avaient été fidèles, et convinrent qu'il fallait que ce fût le perroquet qui eût fait ces mauvais rapports.

« Prévenue de cette opinion, la femme chercha dans son esprit un moyen de détruire les soupçons de son mari, et de se venger en même temps du perroquet; elle le trouva. Son mari étant parti pour faire un voyage d'une journée, elle commanda à une esclave de tourner pendant la nuit, sous la cage de l'oiseau, un moulin à bras; à une autre de jeter de l'eau en forme de pluie par le haut de la cage; et à une troisième, de prendre un miroir et de le tourner devant les yeux du perroquet, à droite et à gauche, à la clarté d'une chandelle. Les esclaves employèrent une grande partie de la nuit à faire ce que leur avait ordonné leur maîtresse, et elles s'en acquittèrent fort adroitement.

« Le lendemain, le mari étant de retour, fit encore des questions au perroquet sur ce qui s'était passé chez lui; l'oiseau lui répondit : « Mon maître, les éclairs, le tonnerre et la pluie m'ont tellement incommodé toute la nuit, que je ne puis vous dire ce que j'en ai souffert. » Le mari, qui savait fort bien qu'il n'avait ni plu ni tonné cette nuit-là, demeura persuadé que le perroquet ne disant pas la vérité en cela, ne la lui avait pas dite aussi au sujet de sa femme. C'est pourquoi, de dépit, l'ayant tiré de sa cage, il le jeta si rudement contre terre, qu'il le tua. Néanmoins, dans la suite, il apprit de ses voisins que le pauvre perroquet ne lui avait pas menti en lui parlant de la conduite de sa femme, ce qui fut cause qu'il se repentit de l'avoir tué.... »

Là s'arrêta Scheherazade, parce qu'elle s'aperçut qu'il était jour : « Tout ce que vous nous racontez, ma sœur, dit Dinarzade, est si varié, que rien ne me paraît plus agréable. — Je voudrais continuer de vous divertir, répondit Scheherazade; mais je ne sais si le sultan, mon maître, m'en donnera le temps. » Schahriar, qui ne prenait pas moins de plaisir que Dinarzade à entendre la sultane, se leva, et passa la journée sans ordonner au vizir de la faire mourir.

XV NUIT.

Dinarzade ne fut pas moins exacte cette nuit que les précédentes à réveiller Scheherazade : Ma chère sœur, lui dit-elle; si vous ne dormez pas, je vous supplie, en attendant le jour qui paraîtra bientôt, de me conter un de ces beaux contes que vous savez : — « Ma sœur, répondit la sultane, je vais vous donner cette satisfaction. — Attendez, interrompit le sultan, achevez l'entretien du roi grec avec son vizir, au sujet du médecin Douban, et puis vous continuerez l'histoire du pêcheur et du génie. — Sire, repartit Scheherazade, vous allez être obéi. » En même temps elle poursuivit de cette manière :

« Quand le roi grec, dit le pêcheur au génie, eut achevé l'histoire du perroquet : Et vous, vizir, ajouta-t-il, par l'envie que vous avez conçue contre le médecin Douban, qui ne vous a fait aucun mal, vous voulez que je le fasse mourir; mais je m'en garderai bien, de peur de m'en repentir, comme ce mari d'avoir tué son perroquet.

Le pernicieux vizir était trop intéressé à la perte du médecin Douban pour en demeurer là : « Sire, répliqua-t-il, la mort du perroquet était peu importante, et je ne crois pas que son maître l'ait regretté longtemps. Mais pourquoi faut-il que la crainte d'opprimer l'innocence vous empêche de faire mourir ce médecin! Ne suffit-il pas qu'on l'accuse de vouloir attenter à votre vie, pour vous autoriser à lui faire perdre la sienne? Quand il s'agit d'assurer les jours d'un roi, un simple soupçon doit passer pour une certitude, et il vaut mieux sacrifier l'innocent que sauver le coupable. Mais, sire, ce n'est point ici une chose incertaine : le médecin Douban veut vous assassiner. Ce n'est point l'envie qui m'arme contre lui, c'est l'intérêt seul que je prends à la conservation de votre majesté; c'est mon zèle qui me porte à vous donner un avis d'une si grande importance. S'il est faux, je mérite qu'on me punisse de la même manière qu'on punit autrefois un vizir. — Qu'avait fait ce vizir, dit le roi grec, pour être digne de ce châtiment ? — Je vais l'apprendre à votre majesté sire, répondit le vizir ; qu'elle ait, s'il lui plaît, la bonté de m'écouter. »

HISTOIRE

DU VIZIR PUNI.

« Il était autrefois un roi, poursuivit-il, qui avait un fils qui aimait passionnément la chasse. Il lui permettait de prendre souvent ce divertisse-

ment ; mais il avait donné ordre à son grand vizir de l'accompagner toujours et de ne le perdre jamais de vue. Un jour de chasse, les piqueurs ayant lancé un cerf, le prince, qui crut que le vizir le suivait, se mit après la bête. Il courut si longtemps, et son ardeur l'emporta si loin, qu'il se trouva seul. Il s'arrêta, et remarquant qu'il avait perdu la voie, il voulut retourner sur ses pas pour aller rejoindre le vizir, qui n'avait pas été assez diligent pour le suivre de près ; mais il s'égara. Pendant qu'il courait de tous côtés sans tenir de route assurée, il rencontra au bord d'un chemin une dame assez bien faite, qui pleurait amèrement. Il retint la bride de son cheval, demanda à cette femme qui elle était, ce qu'elle faisait seule en cet endroit, et si elle avait besoin de secours : « Je suis, lui répondit-elle, la fille d'un roi des Indes. En me promenant à cheval dans la campagne, je me suis endormie, et je suis tombée. Mon cheval s'est échappé, et je ne sais ce qu'il est devenu. » Le jeune prince eut pitié d'elle, et lui proposa de la prendre en croupe ; ce qu'elle accepta.

« Comme ils passaient près d'une masure, la dame ayant témoigné qu'elle serait bien aise de mettre pied à terre pour quelque nécessité, le prince s'arrêta et la laissa descendre. Il descendit aussi, et s'approcha de la masure en tenant son cheval par la bride. Jugez qu'elle fut sa surprise, lorsqu'il entendit la dame en dedans prononcer ces paroles : « Réjouissez-vous, mes enfants, je vous amène un garçon bien fait et fort gras ; » et que d'autres voix lui répondirent aussitôt : « Maman, où est-il, que nous le mangions tout à l'heure ; car nous avons bon appétit ? »

« Le prince n'eut pas besoin d'en entendre davantage pour concevoir le danger où il se trouvait. Il vit bien que la dame qui se disait fille d'un roi des Indes, était une ogresse, femme d'un de ces démons sauvages appelés ogres, qui se retirent dans des lieux abandonnés, et se servent de mille ruses pour surprendre et dévorer les passants. Il fut saisi de frayeur, et se jeta au plus vite sur son cheval. La prétendue princesse parut dans le moment ; et voyant qu'elle avait manqué son coup : « Ne craignez rien, cria-t-elle au prince. Qui êtes-vous ? Que cherchez-vous ? — Je suis égaré, répondit-il, et je cherche mon chemin. — Si vous êtes égaré, dit-elle, recommandez-vous à Dieu, il vous délivrera de l'embarras où vous vous trouvez. » Alors le prince leva les yeux au ciel....... » Mais, sire, dit Scheherazade en cet endroit, je suis obligée d'interrompre mon discours ; le jour, qui paraît, m'impose silence. — Je suis fort en peine, ma sœur, dit Dinarzade, de savoir ce que deviendra ce jeune prince ; je tremble pour lui.

— Je vous tirerai demain d'inquiétude, répondit la sultane, si le sultan veut bien que je vive jusqu'à ce temps-là. Schahriar, curieux d'apprendre le dénouement de cette histoire, prolongea encore la vie de Scheherazade.

XVI NUIT.

Dinarzade avait tant d'envie d'entendre la fin de l'histoire du jeune prince, qu'elle se réveilla cette nuit plus tôt qu'à l'ordinaire : « Ma sœur, dit-elle, si vous ne dormez pas, je vous prie d'achever l'histoire que vous commençâtes hier; je m'intéresse au sort du jeune prince, et je meurs de peur qu'il ne soit mangé par l'ogresse et ses enfants. » Schahriar ayant marqué qu'il était dans la même crainte : « Hé bien ! sire, dit la sultane, je vais vous tirer de peine.

« Après que la fausse princesse des Indes eut dit au jeune prince de se recommander à Dieu, comme il crut qu'elle ne lui parlait pas sincèrement et qu'elle comptait sur lui comme s'il eût déjà été sa proie, il leva les mains au ciel, et dit : « Seigneur, qui êtes tout-puissant, jetez les yeux sur moi, et me délivrez de cette ennemie. » A cette prière, la femme de l'ogre rentra dans la masure, et le prince s'en éloigna avec précipitation. Heureusement il retrouva son chemin, et arriva sain et sauf auprès du roi son père, auquel il raconta de point en point le danger qu'il venait de courir par la faute du grand vizir. Le roi, irrité contre ce ministre, le fit étrangler à l'heure même.

« Sire, poursuivit le vizir du roi grec, pour revenir au médecin Douban, si vous n'y prenez garde, la confiance que vous avez en lui vous sera funeste; je sais de bonne part que c'est un espion envoyé par vos ennemis pour attenter à la vie de votre majesté. Il vous a guéri, dites-vous; hé! qui peut vous en assurer? Il ne vous a peut-être guéri qu'en apparence, et non radicalement. Que sait-on si ce remède, avec le temps, ne produira pas un effet pernicieux? »

« Le roi grec, qui avait naturellement fort peu d'esprit, n'eut pas assez de pénétration pour s'apercevoir de la méchante intention de son vizir, ni assez de fermeté pour persister dans son premier sentiment. Ce discours l'ébranla : « Vizir, dit-il, tu as raison; il peut être venu exprès pour m'ôter la vie; ce qu'il peut fort bien exécuter par la seule odeur de quelqu'une de ses drogues. Il faut voir ce qu'il est à propos de faire dans cette conjoncture. »

« Quand le vizir vit le roi dans la disposition où il le voulait : « Sire, lui dit-il, le moyen le plus sûr et le plus prompt pour assurer votre repos et mettre votre vie en sûreté, c'est d'envoyer chercher tout à l'heure le médecin Douban, et de lui faire couper la tête dès qu'il sera arrivé. — Véritablement, reprit le roi, je crois que c'est par là que je dois prévenir son dessein. » En achevant ces paroles, il appela un de ses officiers, et lui ordonna d'aller chercher le médecin, qui, sans savoir ce que le roi lui voulait, courut au palais en diligence. « Sais-tu bien, dit le roi en le voyant, pourquoi je te demande ici? — Non, sire, répondit-il, et j'attends que votre majesté daigne m'en instruire. — Je t'ai fait venir, reprit le roi, pour me délivrer de toi en te faisant ôter la vie. »

« Il n'est pas possible d'exprimer quel fut l'étonnement du médecin, lorsqu'il entendit prononcer l'arrêt de sa mort : « Sire, dit-il, quel sujet peut avoir votre majesté de me faire mourir? Quel crime ai-je commis? — J'ai appris de bonne part, répliqua le roi, que tu es un espion, et que tu n'es venu dans ma cour que pour attenter à ma vie; mais pour te prévenir, je veux te ravir la tienne. Frappe, ajouta-t-il au bourreau qui était présent, et me délivre d'un perfide qui ne s'est introduit ici que pour m'assassiner. »

« A cet ordre cruel, le médecin jugea bien que les honneurs et les bienfaits qu'il avait reçus lui avaient suscité des ennemis, et que le faible roi s'était laissé surprendre à leurs impostures. Il se repentait de l'avoir guéri de sa lèpre; mais c'était un repentir hors de saison : « Est-ce ainsi, lui disait-il, que vous me récompensez du bien que je vous ai fait? » Le roi ne l'écouta pas, et ordonna une seconde fois au bourreau de porter le coup mortel. Le médecin eut recours aux prières : « Hélas! sire, s'écria-t-il, prolongez-moi la vie, Dieu prolongera la vôtre; ne me faites pas mourir, de crainte que Dieu ne vous traite de la même manière! »

Le pêcheur interrompit son discours en cet endroit, pour adresser la parole au génie : « Hé bien! génie, lui dit-il, tu vois que ce qui se passa alors entre le roi grec et le médecin Douban, vient tout à l'heure de se passer entre nous deux. »

« Le roi grec, continua-t-il, au lieu d'avoir égard à la prière que le médecin venait de lui faire, en le conjurant au nom de Dieu, lui repartit avec dureté : « Non, non, c'est une nécessité absolue que je te fasse périr : aussi bien pourrais-tu m'ôter la vie plus subtilement encore que tu ne m'as guéri. » Cependant le médecin, fondant en pleurs, et se plaignant pitoyablement de se voir si mal payé du service qu'il avait rendu au roi, se prépara à recevoir le coup de la mort. Le bourreau lui banda les yeux, lui lia les mains, et se mit en devoir de tirer son sabre.

« Alors les courtisans qui étaient présents, émus de compassion, supplièrent le roi de lui faire grâce, assurant qu'il n'était pas coupable, et répondant de son innocence. Mais le roi fut inflexible, et leur parla de sorte qu'ils n'osèrent lui répliquer.

« Le médecin étant à genoux, les yeux bandés, et prêt à recevoir le coup qui devait terminer son sort, s'adressa encore une fois au roi : « Sire, lui dit-il, puisque votre majesté ne veut point révoquer l'arrêt de ma mort, je la supplie du moins de m'accorder la liberté d'aller jusque chez moi donner ordre à ma sépulture, dire le dernier adieu à ma famille, faire des aumônes, et léguer mes livres à des personnes capables d'en faire un bon usage. J'en ai un, entre autres, dont je veux faire présent à votre majesté : c'est un livre fort précieux et très-digne d'être soigneusement gardé dans votre trésor. — Hé! pourquoi ce livre est-il aussi précieux que tu le dis? répliqua le roi. — Sire, repartit le médecin, c'est qu'il contient une infinité de choses curieuses, dont la principale est que, quand on m'aura coupé la tête, si votre majesté veut bien se donner la peine d'ouvrir le livre au sixième feuillet et lire la troisième ligne de la page à main gauche, ma tête répondra à toutes les questions que vous voudrez lui faire. » Le roi, curieux de voir une chose si merveilleuse, remit sa mort au lendemain, et l'envoya chez lui sous bonne garde.

« Le médecin, pendant ce temps-là, mit ordre à ses affaires; et comme le bruit s'était répandu qu'il devait arriver un prodige inouï après son trépas, les vizirs, les émirs[1], les officiers de la garde, enfin toute la cour se rendit le jour suivant dans la salle d'audience pour en être témoin.

« On vit bientôt paraître le médecin Douban, qui s'avança jusqu'au pied du trône royal avec un gros livre à la main. Là, il se fit apporter un bassin, sur lequel il étendit la couverture dont le livre était enveloppé; et présentant le livre au roi : « Sire, lui dit-il, prenez s'il vous plaît, ce livre; et d'abord que ma tête sera coupée, commandez qu'on la pose dans le bassin sur la couverture du livre; dès qu'elle y sera, le sang cessera d'en couler : alors vous ouvrirez le livre, et ma tête répondra à toutes vos demandes. Mais, sire, ajouta-t-il, permettez-moi d'implorer encore une fois la clémence de votre majesté; au nom de Dieu, laissez-vous fléchir :

---

[1] *Émir* signifie *chef, commandant.*

je vous proteste que je suis innocent. — Tes prières, répondit le roi, sont inutiles; et quand ce ne serait que pour entendre parler ta tête après ta mort, je veux que tu meures. » En disant cela, il prit le livre des mains du médecin, et ordonna au bourreau de faire son devoir.

« La tête fut coupée si adroitement, qu'elle tomba dans le bassin; et elle fut à peine posée sur la couverture, que le sang s'arrêta. Alors, au grand étonnement du roi et de tous les spectateurs, elle ouvrit les yeux,

et, prenant la parole : « Sire, dit-elle, que votre majesté ouvre le livre. » Le roi l'ouvrit, et trouvant que le premier feuillet était comme collé contre le second, pour le tourner avec plus de facilité, il porta le doigt à sa bouche et le mouilla de sa salive. Il fit la même chose jusqu'au sixième feuillet; et ne voyant pas d'écriture à la page indiquée : « Médecin, dit-il à la tête, il n'y a rien d'écrit. — Tournez encore quelques feuillets, » repartit la tête. Le roi continua d'en tourner, en portant toujours le doigt à sa bouche, jusqu'à ce que le poison, dont chaque feuillait était imbu, venant à faire son effet, ce prince se sentit tout à coup agité d'un transport extraordinaire; sa vue se troubla, et il se laissa tomber au pied de son trône avec de grandes convulsions.... »

A ces mots, Scheherazade apercevant le jour, en avertit le sultan, et cessa de parler : « Ah ! ma chère sœur, dit alors Dinarzade, que je suis fâchée que vous n'ayez pas le temps d'achever cette histoire ! Je serais inconsolable si vous perdiez la vie aujourd'hui. — Ma sœur, répondit la sultane, il en sera ce qu'il plaira au sultan; mais il faut espérer qu'il aura la bonté de suspendre ma mort jusqu'à demain. » Effectivement, Schahriar, loin d'ordonner son trépas ce jour-là, attendit la nuit prochaine avec impatience, tant il avait d'envie d'apprendre la fin de l'histoire du roi grec, et la suite de celle du pêcheur et du génie.

XVII NUIT.

Quelque curiosité qu'eût Dinarzade d'entendre le reste de l'histoire du roi grec, elle ne se réveilla pas cette nuit de si bonne heure qu'à l'ordinaire; il était même presque jour lorsqu'elle dit à la sultane : « Ma chère sœur, je vous prie de continuer la merveilleuse histoire du roi grec; mais hâtez-vous, de grâce, car le jour paraîtra bientôt. »

Scheherazade reprit aussitôt cette histoire à l'endroit où elle l'avait laissée le jour précédent : Sire, dit-elle, quand le médecin Douban, ou, pour mieux dire, sa tête, vit que le poison faisait son effet, et que le roi n'avait plus que quelques moments à vivre : « Tyran, s'écria-« t-elle, voilà de quelle manière sont traités les princes qui, abusant « de leur autorité, font périr les innocents. Dieu punit tôt ou tard leurs « injustices et leurs cruautés. » La tête eut à peine achevé ces paroles, que le roi tomba mort, et qu'elle perdit elle-même aussi le peu de vie qui lui restait.

Sire, poursuivit Scheherazade, telle fut la fin du roi grec et du médecin Douban. Il faut présentement revenir à l'histoire du pêcheur et du génie; mais ce n'est pas la peine de commencer, car il est jour. Le sultan, de qui toutes les heures étaient réglées, ne pouvant l'écouter plus longtemps, se leva, et comme il voulait absolument entendre la suite de l'histoire du génie et du pêcheur, il avertit la sultane de se préparer à la lui raconter la nuit suivante.

XVIII NUIT.

Dinarzade se dédommagea cette nuit de la précédente : elle se réveilla longtemps avant le jour, et appelant Scheherazade : « Ma sœur, lui dit-elle, si vous ne dormez pas, je vous supplie de nous raconter la suite de l'histoire du pêcheur et du génie ; vous savez que le sultan souhaite autant que moi de l'entendre. — Je vais, répondit la sultane, contenter sa curiosité et la vôtre. » Alors, s'adressant à Schahriar : Sire, poursuivit-elle, sitôt que le pêcheur eut fini l'histoire du roi grec et du médecin Douban, il en fit l'application au génie qu'il tenait toujours enfermé dans le vase.

« Si le roi grec, lui dit-il, eût voulu laisser vivre le médecin, Dieu l'aurait aussi laissé vivre lui-même ; mais il rejeta ses plus humbles prières, et Dieu l'en punit. Il en est de même de toi, ô génie ! si j'avais pu te fléchir et obtenir de toi la grâce que je te demandais, j'aurais présentement pitié de l'état où tu es ; mais puisque, malgré l'extrême obligation que tu m'avais de t'avoir mis en liberté, tu as persisté dans la volonté de me tuer, je dois, à mon tour, être impitoyable. Je vais, en te laissant dans ce vase et en te rejetant à la mer, t'ôter l'usage de la vie jusqu'à la fin des temps : c'est la vengeance que je prétends tirer de toi. »

« — Pêcheur, mon ami, répondit le génie, je te conjure encore une fois de ne pas faire une si cruelle action. Songe qu'il n'est pas honnête de se venger, et qu'au contraire il est louable de rendre le bien pour le mal ; ne me traite pas comme Imama traita autrefois Ateca. — Et que fit Imama à

Ateca? répliqua le pêcheur. — Oh! si tu souhaites de le savoir, repartit le génie, ouvre-moi ce vase; crois-tu que je sois en humeur de faire des contes dans une prison si étroite? Je t'en ferai tant que tu voudras quand tu m'auras tiré d'ici. — Non, dit le pêcheur, je ne te délivrerai pas; c'est trop raisonner: je vais te précipiter au fond de la mer. — Encore un mot, pêcheur, s'écria le génie; je te promets de ne te faire aucun mal; bien éloigné de cela, je t'enseignerai un moyen de devenir puissamment riche. »

L'espérance de se tirer de la pauvreté désarma le pêcheur: « Je pourrais t'écouter, dit-il, s'il y avait quelque fonds à faire sur ta parole. Jure-moi par le grand nom de Dieu que tu feras de bonne foi ce que tu dis, et je vais t'ouvrir le vase; je ne crois pas que tu sois assez hardi pour violer un pareil serment. » Le génie le fit, et le pêcheur ôta aussitôt le couvercle du vase. Il en sortit à l'instant de la fumée, et le génie ayant repris sa forme de la même manière qu'auparavant, la première chose qu'il fit fut de jeter, d'un coup de pied, le vase dans la mer. Cette action effraya le pêcheur: « Génie, dit-il, qu'est-ce que cela signifie? Ne voulez-vous pas garder le serment que vous venez de faire? Et dois-je vous dire ce que le médecin Douban disait au roi grec : « Laissez-moi vivre, et Dieu prolongera « vos jours? »

La crainte du pêcheur fit rire le génie, qui lui répondit : « Non, pêcheur, rassure-toi; je n'ai jeté le vase que pour me divertir et voir si tu en serais alarmé; et pour te persuader que je te veux tenir parole, prends tes filets et me suis. » En prononçant ces mots, il se mit à marcher devant le pêcheur, qui, chargé de ses filets, le suivit avec quelque sorte de défiance. Ils passèrent devant la ville, et montèrent au haut d'une montagne, d'où ils descendirent dans une vaste plaine qui les conduisit à un grand étang situé entre quatre collines.

Lorsqu'ils furent arrivés au bord de l'étang, le génie dit au pêcheur : « Jette tes filets, et prends du poisson. » Le pêcheur ne douta pas qu'il

n'en prît : car il en vit une grande quantité dans l'étang; mais ce qui le surprit extrêmement, c'est qu'il remarqua qu'il y en avait de quatre couleurs différentes, c'est-à-dire, de blancs, de rouges, de bleus et de jaunes. Il jeta ses filets, et en amena quatre, dont chacun était d'une de ces couleurs. Comme il n'en avait jamais vu de pareils, il ne pouvait se lasser de les admirer; et jugeant qu'il en pourrait tirer une somme assez considérable, il en avait beaucoup de joie : « Emporte ces poissons, lui dit le génie, et va les présenter à ton sultan; il t'en donnera plus d'argent que tu n'en as manié en toute ta vie. Tu pourras venir tous les jours pêcher en cet étang; mais je t'avertis de ne jeter tes filets qu'une fois chaque jour; autrement il t'en arrivera du mal, prends-y garde; c'est l'avis que je te donne : si tu le suis exactement, tu t'en trouveras bien. » En disant cela, il frappa du pied la terre, qui s'ouvrit, et se referma après l'avoir englouti.

Le pêcheur, résolu de suivre de point en point les conseils du génie, se garda bien de jeter une seconde fois ses filets. Il reprit le chemin de la ville, fort content de sa pêche et faisant mille réflexions sur son aventure. Il alla droit au palais du sultan pour lui présenter ses poissons...

Mais, sire, dit Scheherazade, j'aperçois le jour; il faut que je m'arrête en cet endroit : — Ma sœur, dit alors Dinarzade, que les derniers événements que vous venez de raconter sont surprenants! J'ai de la peine à croire que vous puissiez désormais nous en apprendre d'autres qui le soient davantage. — Ma chère sœur, répondit la sultane, si le sultan mon maître me laisse vivre jusqu'à demain, je suis persuadée que vous trouverez la suite de l'histoire du pêcheur encore plus merveilleuse que le commencement, et incomparablement plus agréable. Schahriar, curieux de voir si le reste de l'histoire du pêcheur était tel que la sultane le promettait, différa encore l'exécution de la loi cruelle qu'il s'était faite.

XIX NUIT.

Vers la fin de la dix-neuvième nuit, Dinarzade appela la sultane, et lui dit : Ma sœur, si vous ne dormez pas, je vous supplie, en attendant le jour qui va paraître bientôt, de me raconter l'histoire du pêcheur ; je suis dans une extrême impatience de l'entendre. Scheherazade, avec la permission du sultan, la reprit aussitôt de cette sorte :

Sire, je laisse à penser à votre majesté quelle fut la surprise du sultan lorsqu'il vit les quatre poissons que le pêcheur lui présenta. Il les prit l'un après l'autre pour les considérer avec attention, et après les avoir admirés assez longtemps : « Prenez ces poissons, dit-il à son premier vizir, et les portez à l'habile cuisinière que l'empereur des Grecs m'a envoyée ; je m'imagine qu'ils ne seront pas moins bons qu'ils sont beaux. » Le vizir les porta lui-même à la cuisinière, et les lui remettant entre les mains : « Voilà,

lui dit-il, quatre poissons qu'on vient d'apporter au sultan, il vous ordonne de les lui apprêter. » Après s'être acquitté de sa commission, il retourna vers le sultan son maître, qui le chargea de donner au pêcheur quatre cents pièces d'or de sa monnaie; ce qu'il exécuta très-fidèlement. Le pêcheur, qui n'avait jamais possédé une si grosse somme à la fois, concevait à peine son bonheur, et le regardait comme un songe. Mais il connut dans la suite qu'il était réel, par le bon usage qu'il en fit en l'employant aux besoins de sa famille.

Mais, sire, poursuivit Scheherazade, après vous avoir parlé du pêcheur, il faut vous parler aussi de la cuisinière du sultan, que nous allons trouver dans un grand embarras. D'abord qu'elle eut nettoyé les poissons que le vizir lui avait donnés, elle les mit sur le feu dans une casserole, avec de l'huile pour les frire; lorsqu'elle les crut assez cuits d'un côté, elle les tourna de l'autre. Mais, ô prodige inouï! à peine furent-ils tournés, que le mur de la cuisine s'entr'ouvrit. Il en sortit une jeune dame d'une beauté admirable, et d'une taille avantageuse; elle était habillée d'une étoffe de satin à fleurs, façon d'Égypte, avec des pendants d'oreille, un collier de grosses perles, et des bracelets d'or garnis de rubis; et elle tenait une baguette de myrte à la main. Elle s'approcha de la casserole, au grand étonnement de la cuisinière, qui demeura immobile à cette vue ; et, frappant un des poissons du bout de sa baguette : « Poisson, poisson, lui dit-elle,

es-tu dans ton devoir? » Le poisson n'ayant rien répondu, elle répéta les mêmes paroles, et alors les quatre poissons levèrent la tête tous ensemble.

et lui dirent très-distinctement : « Oui, oui, si vous comptez, nous comp-
« tons ; si vous payez vos dettes, nous payons les nôtres ; si vous fuyez,
« nous vainquons et nous sommes contents. » Dès qu'ils eurent achevé
ces mots, la jeune dame renversa la casserole, et rentra dans l'ouverture
du mur, qui se referma aussitôt et se remit dans le même état où il était
auparavant.

La cuisinière, que toutes ces merveilles avaient épouvantée, étant revenue de sa frayeur, alla relever les poissons qui étaient tombés sur la braise ; mais elle les trouva plus noirs que du charbon, et hors d'état d'être servis au sultan. Elle en eut une vive douleur, et se mettant à pleurer de toute sa force : « Hélas ! disait-elle, que vais-je devenir ? Quand je conterai au sultan ce que j'ai vu, je suis assurée qu'il ne me croira point ; dans quelle colère ne sera-t-il pas contre moi ? »

Pendant qu'elle s'affligeait ainsi, le grand vizir entra, et lui demanda si les poissons étaient prêts. Elle lui raconta tout ce qui lui était arrivé, et ce récit, comme on le peut penser, l'étonna fort ; mais, sans en parler au sultan, il inventa une fable qui le contenta. Cependant il envoya chercher le pêcheur à l'heure même, et quand il fut arrivé : « Pêcheur, lui dit-il, apporte-moi quatre autres poissons qui soient semblables à ceux que tu as déjà apportés : car il est survenu certain malheur qui a empêché qu'on ne les ait servis au sultan. » Le pêcheur ne lui dit pas ce que le génie lui avait recommandé ; mais, pour se dispenser de fournir ce jour-là les poissons qu'on lui demandait, il s'excusa sur la longueur du chemin, et promit de les apporter le lendemain matin.

Effectivement, le pêcheur partit durant la nuit, et se rendit à l'étang. Il y jeta ses filets, et les ayant retirés, il y trouva quatre poissons qui étaient, comme les autres, chacun d'une couleur différente. Il s'en retourna aussitôt, et les porta au grand vizir dans le temps qu'il les lui avait promis. Ce ministre les prit et les emporta lui-même encore dans la cuisine, où il s'enferma seul avec la cuisinière, qui commença de les habiller devant lui, et qui les mit sur le feu, comme elle avait fait pour les quatre autres le jour précédent. Lorsqu'ils furent cuits d'un côté, et qu'elle les eut tournés de l'autre, le mur de la cuisine s'entr'ouvrit encore, et la même dame parut avec sa baguette à la main ; elle s'approcha de la casserole, frappa un des poissons, lui adressa les mêmes paroles, et ils lui firent tous la même réponse en levant la tête.

Mais, sire, ajouta Scheherazade en se reprenant, voilà le jour qui paraît, et qui m'empêche de continuer cette histoire. Les choses que je viens de vous dire sont, à la vérité, très-singulières ; mais si je suis en vie demain, je vous en dirai d'autres qui sont encore plus dignes de votre attention. Schahriar, jugeant bien que la suite devait être fort curieuse, résolut de l'entendre la nuit suivante.

XX NUIT.

Ma chère sœur, s'écria Dinarzade, suivant sa coutume, si vous ne dormez pas, je vous prie de poursuivre et d'achever le beau conte du pêcheur. La sultane prit aussitôt la parole, et parla en ces termes :

Sire, après que les quatre poissons eurent répondu à la jeune dame, elle renversa encore la casserole d'un coup de baguette, et se retira dans le même endroit de la muraille d'où elle était sortie. Le grand vizir ayant été témoin de ce qui s'était passé : « Cela est trop surprenant, dit-il, et trop extraordinaire, pour en faire un mystère au sultan; je vais de ce pas l'informer de ce prodige. » En effet, il l'alla trouver, et lui fit un rapport fidèle.

Le sultan, fort surpris, marqua beaucoup d'empressement de voir cette merveille. Pour cet effet, il envoya chercher le pêcheur : « Mon ami, lui dit-il, ne pourrais-tu pas m'apporter encore quatre poissons de différentes couleurs ? » Le pêcheur répondit au sultan que si sa majesté voulait lui accorder trois jours pour faire ce qu'elle désirait, il se promettait de la contenter. Les ayant obtenus, il alla à l'étang pour la troisième fois, et il ne fut pas moins heureux que les deux autres : car, du premier coup de filet, il prit quatre poissons de couleurs différentes. Il ne manqua pas de les porter à l'heure même au sultan, qui en eut d'autant plus de joie, qu'il ne s'attendait pas à les avoir si tôt, et qui lui fit donner encore quatre cents pièces d'or de sa monnaie.

D'abord que le sultan eut les poissons, il les fit porter dans son cabinet avec tout ce qui était nécessaire pour les faire cuire. Là, s'étant enfermé avec son grand vizir, ce ministre les habilla, les mit ensuite sur le feu dans une casserole, et quand ils furent cuits d'un côté, il les retourna de l'autre. Alors le mur du cabinet s'entr'ouvrit; mais au lieu de la jeune dame, ce fut un noir qui en sortit. Ce noir avait un habillement d'esclave; il était d'une grosseur et d'une grandeur gigantesques, et tenait un gros bâton vert à la main. Il s'avança jusqu'à la casserole, et touchant de son bâton un des poissons, il lui dit d'une voix terrible : « Poisson, poison, es-tu dans « ton devoir? » A ces mots, les poissons levèrent la tête, et répondirent : « Oui, oui, nous y sommes; si vous comptez, nous comptons; si vous « payez vos dettes, nous payons les nôtres; si vous fuyez, nous vainquons « et nous sommes contents. »

Les poissons eurent à peine achevé ces paroles, que le noir renversa la casserole au milieu du cabinet et réduisit les poissons en charbon. Cela étant fait, il se retira fièrement, et rentra dans l'ouverture du mur, qui se referma et qui parut dans le même état qu'auparavant : « Après ce que je viens de voir, dit le sultan à son grand vizir, il ne me sera pas possible d'avoir l'esprit en repos. Ces poissons, sans doute, signifient quelque chose d'extraordinaire dont je veux être éclairci. » Il envoya chercher le pêcheur; on le lui amena : « Pêcheur, lui dit-il, les poissons que tu nous as apportés me causent bien de l'inquiétude. En quel endroit les as-tu pêchés? — Sire, répondit-il, je les ai pêchés dans un étang qui est situé entre quatre collines, au delà de la montagne que l'on voit d'ici. — Connaissez-vous cet étang? dit le sultan au vizir. — Non, sire, répondit le vizir, je n'en ai même jamais ouï parler; il y a pourtant soixante ans que je chasse aux environs et au delà de cette montagne. » Le sultan demanda au pêcheur à quelle distance de son palais était l'étang; le pêcheur assura qu'il n'y avait pas plus de trois heures de chemin. Sur cette assurance, et comme il restait encore assez de jour pour y arriver avant la nuit, le sultan commanda à toute sa cour de monter à cheval, et le pêcheur leur servit de guide.

Ils montèrent tous la montagne; et à la descente, ils virent avec beaucoup de surprise une vaste plaine que personne n'avait remarquée jusqu'alors. Enfin ils arrivèrent à l'étang, qu'ils trouvèrent effectivement situé entre quatre collines, comme le pêcheur l'avait rapporté. L'eau en était si transparente, qu'ils remarquèrent que tous les poissons étaient semblables à ceux que le pêcheur avait apportés au palais.

Le sultan s'arrêta sur le bord de l'étang, et après avoir quelque temps regardé les poissons avec admiration, il demanda à ses émirs et à tous ses courtisans s'il était possible qu'ils n'eussent pas encore vu cet étang, qui était si peu éloigné de la ville. Ils lui répondirent qu'ils n'en avaient jamais entendu parler : « Puisque vous convenez tous, leur dit-il, que vous n'en avez jamais ouï parler, et que je ne suis pas moins étonné que vous de cette nouveauté, je suis résolu de ne pas rentrer dans mon palais que je n'aie su pour quelle raison cet étang se trouve ici, et pourquoi il n'y a dedans que des poissons de quatre couleurs. » Après avoir dit ces paroles, il ordonna de camper, et aussitôt son pavillon et les tentes de sa maison furent dressés sur les bords de l'étang.

A l'entrée de la nuit, le sultan, retiré sous son pavillon, parla en particulier à son grand vizir, et lui dit : « Vizir, j'ai l'esprit dans une étrange inquiétude : cet étang transporté dans ces lieux, ce noir qui nous est apparu dans mon cabinet, ces poissons que nous avons entendus parler, tout cela irrite tellement ma curiosité, que je ne puis résister à l'impatience de la satisfaire. Pour cet effet, je médite un dessein que je veux absolument exécuter. Je vais seul m'éloigner de ce camp; je vous ordonne de tenir mon absence secrète; demeurez sous mon pavillon; et demain matin, quand mes émirs et mes courtisans se présenteront à l'entrée, renvoyez-les, en leur disant que j'ai une légère indisposition, et que je veux être seul. Les jours suivants vous continuerez de leur dire la même chose, jusqu'à ce que je sois de retour. »

Le grand vizir dit plusieurs choses au sultan, pour tâcher de le détourner de son dessein : il lui représenta le danger auquel il s'exposait, et la peine qu'il allait prendre peut-être inutilement. Mais il eut beau épuiser toute son éloquence, le sultan ne quitta point sa résolution, et se prépara à l'exécuter. Il prit un habillement commode pour marcher à pied, il se munit d'un sabre, et dès qu'il vit que tout était tranquille dans son camp, il partit sans être accompagné de personne.

Il tourna ses pas vers une des collines, qu'il monta sans beaucoup de peine. Il en trouva la descente encore plus aisée; et lorsqu'il fut dans la plaine, il marcha jusqu'au lever du soleil. Alors apercevant de loin devant lui un grand édifice, il s'en réjouit, dans l'espérance d'y pouvoir apprendre ce qu'il voulait savoir. Quand il en fut près, il remarqua que c'était un palais magnifique, ou plutôt un château très-fort, d'un beau marbre noir poli, et couvert d'un acier fin et uni comme une glace de miroir. Ravi de n'avoir pas été longtemps sans rencontrer quelque chose digne au moins de sa curiosité, il s'arrêta devant la façade du château et la considéra avec beaucoup d'attention.

Il s'avança ensuite jusqu'à la porte, qui était à deux battants, dont l'un était ouvert. Quoiqu'il fût libre d'entrer, il crut néanmoins devoir frapper. Il frappa un coup assez légèrement et attendit quelque temps; mais ne voyant venir personne, il s'imagina qu'on ne l'avait point entendu : c'est pourquoi il frappa un second coup plus fort; mais ne voyant ni n'entendant venir personne, il redoubla : personne ne parut encore. Cela le surprit extrêmement, car il ne pouvait penser qu'un château si bien entretenu fût abandonné : « S'il n'y a personne, disait-il en lui-même, je n'ai rien à craindre; et s'il y a quelqu'un, j'ai de quoi me défendre. »

Enfin le sultan entra, et s'avançant sous le vestibule : « N'y a-t-il personne ici, s'écria-t-il, pour recevoir un étranger qui aurait besoin de se rafraîchir en passant ? » Il répéta la même chose deux ou trois fois; mais, quoiqu'il parlât fort haut, personne ne lui répondit. Ce silence augmenta son étonnement. Il passa dans une cour très-spacieuse, et regardant de tous côtés pour voir s'il ne découvrirait point quelqu'un, il n'aperçut pas le moindre être vivant...

Mais, sire, dit Scheherazade en cet endroit, le jour, qui paraît, vient m'imposer silence. — Ah! ma sœur, dit Dinarzade, vous nous laissez au plus bel endroit! —Il est vrai, répondit la sultane; mais, ma sœur, vous en voyez la nécessité. Il ne tiendra qu'au sultan mon seigneur que vous n'entendiez le reste demain. Ce ne fut pas tant pour faire plaisir à Dinarzade que Schahriar laissa vivre encore la sultane, que pour contenter la curiosité qu'il avait d'apprendre ce qui se passerait dans ce château.

XXI NUIT.

Dinarzade ne fut pas paresseuse à réveiller la sultane sur la fin de cette nuit. Ma chère sœur, lui dit-elle, si vous ne dormez pas, je vous prie, en attendant le jour, qui va paraître bientôt, de nous raconter ce qui se passa dans ce beau château où vous nous laissâtes hier. Scheherazade reprit aussitôt le conte du jour précédent; et s'adressant toujours à Schahriar : Sire, dit-elle, le sultan ne voyant donc personne dans la cour où il était, entra dans de grandes salles, dont les tapis de pied étaient de soie, les estrades et les sofas couverts d'étoffe de la Mecque, et les portières, des plus riches étoffes des Indes, relevées d'or et d'argent. Il passa ensuite dans un salon merveilleux, au milieu duquel il y avait un grand bassin avec un lion d'or massif à chaque coin. Les quatre lions jetaient de l'eau par la gueule, et cette eau, en tombant, formait des diamants et des perles; ce qui n'accompagnait pas mal un jet d'eau qui, s'élançant du milieu du bassin, allait presque frapper le fond d'un dôme peint à l'arabesque.

Le château, de trois côtés, était environné d'un jardin, que les parterres, les pièces d'eau, les bosquets et mille autres agréments concouraient à embellir; et ce qui achevait de rendre ce lieu admirable, c'était une infinité d'oiseaux, qui y remplissaient l'air de leurs chants harmonieux, et qui y faisaient toujours leur demeure, parce que des filets tendus au-dessus des arbres et du palais les empêchaient d'en sortir.

Le sultan se promena longtemps d'appartement en appartement, où tout lui parut grand et magnifique. Lorsqu'il fut las de marcher, il s'assit dans un cabinet ouvert qui avait vue sur le jardin; et là, rempli de tout ce

qu'il avait déjà vu et de tout ce qu'il voyait encore, il faisait des réflexions sur tous ces différents objets, quand tout à coup une voix plaintive, accompagnée de cris lamentables, vint frapper son oreille. Il écouta avec attention, et il entendit distinctement ces tristes paroles : « O fortune ! qui n'as « pu me laisser jouir longtemps d'un heureux sort, et qui m'as rendu le « plus infortuné de tous les hommes, cesse de me persécuter, et viens, « par une prompte mort, mettre fin à mes douleurs. Hélas ! est-il possible « que je sois encore en vie après tous les tourments que j'ai soufferts ? »

Le sultan, touché de ces pitoyables plaintes, se leva pour aller du côté d'où elles étaient parties. Lorsqu'il fut à la porte d'une grande salle, il ouvrit la portière, et vit un jeune homme bien fait et très-richement vêtu, qui était assis sur un trône un peu élevé de terre. La tristesse était peinte sur son visage. Le sultan s'approcha de lui et le salua. Le jeune homme lui rendit son salut, en lui faisant une inclination de tête fort basse; et comme il ne se levait pas : « Seigneur, dit-il au sultan, je juge bien que vous méritez que je me lève pour vous recevoir et vous rendre tous les honneurs possibles ; mais une raison si forte s'y oppose, que vous ne devez pas m'en savoir mauvais gré. — Seigneur, lui répondit le sultan, je vous suis fort obligé de la bonne opinion que vous avez de moi. Quant au sujet que vous avez de

ne vous pas lever, quelle que puisse être votre excuse, je la reçois de fort bon cœur. Attiré par vos plaintes, pénétré de vos peines, je viens vous offrir mon secours. Plût à Dieu qu'il dépendît de moi d'apporter du soulagement à vos maux, je m'y emploierais de tout mon pouvoir! Je me flatte que vous voudrez bien me raconter l'histoire de vos malheurs; mais, de grâce, apprenez-moi auparavant ce que signifie cet étang qui est près d'ici, et où l'on voit des poissons de quatre couleurs différentes; ce que c'est que ce château; pourquoi vous vous y trouvez, et d'où vient que vous y êtes seul. » Au lieu de répondre à ces questions, le jeune homme se mit à pleurer amèrement : « Que la fortune est inconstante! s'écria-t-il; elle se plaît à abais-
« ser les hommes qu'elle a élevés. Où sont ceux qui jouissent tranquillement
« d'un bonheur qu'ils tiennent d'elle, et dont les jours sont toujours purs
« et sereins? »

Le sultan, touché de compassion de le voir en cet état, le pria très-instamment de lui dire le sujet d'une si grande douleur : « Hélas! seigneur, lui répondit le jeune homme, comment pourrais-je n'être pas affligé? et le moyen que mes yeux ne soient pas des sources intarissables de larmes? » A ces mots; ayant levé sa robe, il fit voir au sultan qu'il n'était homme que depuis la tête jusqu'à la ceinture, et que l'autre moitié de son corps était de marbre noir....

En cet endroit, Scheherazade interrompit son discours pour faire remarquer au sultan des Indes que le jour paraissait. Schahriar fut tellement charmé de ce qu'il venait d'entendre, et il se sentit si fort attendri en faveur de Scheherazade, qu'il résolut de la laisser vivre pendant un mois. Il se leva néanmoins à son ordinaire, sans lui parler de sa résolution.

XXII NUIT.

Dinarzade avait tant d'impatience d'entendre la suite du conte de la nuit précédente, qu'elle appela sa sœur de fort bonne heure : Ma chère sœur, lui dit-elle, si vous ne dormez pas, je vous supplie de continuer le merveilleux conte que vous ne pûtes achever hier. — J'y consens, répondit la sultane; écoutez-moi :

Vous jugez bien, poursuivit-elle, que le sultan fut étrangement étonné quand il vit l'état déplorable où était le jeune homme : « Ce que vous me montrez là, lui dit-il, en me donnant de l'horreur, irrite ma curiosité; je brûle d'apprendre votre histoire, qui doit être, sans doute, fort étrange; et je suis persuadé que l'étang et les poissons y ont quelque part : ainsi, je vous conjure de me la raconter; vous y trouverez quelque sorte de consolation, puisqu'il est certain que les malheureux trouvent une espèce de soulagement à conter leurs malheurs. — Je ne veux pas vous refuser cette satisfaction, repartit le jeune homme, quoique je ne puisse vous la donner sans renouveler mes vives douleurs; mais je vous avertis par avance de préparer vos oreilles, votre esprit et vos yeux même à des choses qui surpassent tout ce que l'imagination peut concevoir de plus extraordinaire. »

HISTOIRE

DU JEUNE ROI DES ILES NOIRES.

« Vous saurez, seigneur, continua-t-il, que mon père, qui s'appelait Mahmoud, était roi de cet état. C'est le royaume des Iles Noires, qui prend son nom des quatre petites montagnes voisines : car ces montagnes étaient ci-devant des îles ; et la capitale, où le roi mon père faisait son séjour, était dans l'endroit où est présentement cet étang que vous avez vu. La suite de mon histoire vous instruira de tous ces changements.

« Le roi mon père mourut à l'âge de soixante-dix ans. Je n'eus pas plus tôt pris sa place, que je me mariai ; et la personne que je choisis pour partager la dignité royale avec moi, était ma cousine. J'eus tout lieu d'être content des marques d'amour qu'elle me donna ; et, de mon côté, je conçus pour elle tant de tendresse, que rien n'était comparable à notre union, qui dura cinq années. Au bout de ce temps-là, je m'aperçus que la reine ma cousine n'avait plus de goût pour moi.

« Un jour qu'elle était au bain l'après-dînée, je me sentis une envie de dormir, et je me jetai sur un sofa. Deux de ses femmes qui se trouvèrent alors dans ma chambre, vinrent s'asseoir, l'une à ma tête, et l'autre à mes pieds, avec un éventail à la main, tant pour modérer la cha-

leur, que pour me garantir des mouches qui auraient pu troubler mon sommeil. Elles me croyaient endormi, et elles s'entretenaient tout bas ; mais j'avais seulement les yeux fermés, et je ne perdis pas une parole de leur conversation.

« Une de ces femmes dit à l'autre : « N'est-il pas vrai que la reine a grand tort de ne pas aimer un prince aussi aimable que le nôtre? — Assurément, répondit la seconde. Pour moi, je n'y comprends rien, et je ne sais pourquoi elle sort toutes les nuits, et le laisse seul. Est-ce qu'il ne s'en aperçoit pas? — Hé! comment voudrais-tu qu'il s'en aperçût? reprit la première : elle mêle tous les soirs dans sa boisson un certain suc d'herbe qui le fait dormir toute la nuit d'un sommeil si profond, qu'elle a le temps d'aller où il lui plaît; et à la pointe du jour, elle vient se recoucher auprès de lui; alors elle le réveille, en lui passant sous le nez une certaine odeur. »

« Jugez, seigneur, de ma surprise à ce discours, et des sentiments qu'il m'inspira. Néanmoins, quelque émotion qu'il me pût causer, j'eus assez d'empire sur moi pour dissimuler : je fis semblant de m'éveiller et de n'avoir rien entendu.

« La reine revint du bain; nous soupâmes ensemble, et, avant que de nous coucher, elle me présenta elle-même la tasse pleine d'eau que j'avais coutume de boire; mais au lieu de la porter à ma bouche, je m'approchai d'une fenêtre qui était ouverte, et je jetai l'eau si adroitement, qu'elle ne s'en aperçut pas. Je lui remis ensuite la tasse entre les mains, afin qu'elle ne doutât point que je n'eusse bu.

« Nous nous couchâmes ensuite, et bientôt après, croyant que j'étais endormi, quoique je ne le fusse pas, elle se leva avec si peu de précaution, qu'elle dit assez haut : « Dors, et puisses-tu ne te réveiller jamais! » Elle s'habilla promptement, et sortit de la chambre.... »

En achevant ces mots, Scheherazade, s'étant aperçu qu'il était jour, cessa de parler. Dinarzade avait écouté sa sœur avec beaucoup de plaisir. Schahriar trouvait l'histoire du roi des Iles Noires si digne de sa curiosité, qu'il se leva fort impatient d'en apprendre la suite la nuit suivante.....

XXIII NUIT.

Une heure avant le jour, Dinarzade, s'étant réveillée, ne manqua pas de dire à la sultane : Ma chère sœur, si vous ne dormez pas, je vous prie de continuer l'histoire du jeune roi des quatre Iles Noires. Scheherazade, rappelant aussitôt dans sa mémoire l'endroit où elle en était demeurée, la reprit dans ces termes :

« D'abord que la reine ma femme fut sortie, poursuivit le roi des Iles Noires, je me levai et m'habillai à la hâte; je pris mon sabre, et la suivis de si près, que je l'entendis bientôt marcher devant moi. Alors, réglant mes pas sur les siens, je marchai doucement de peur d'en être entendu. Elle passa par plusieurs portes, qui s'ouvrirent par la vertu de certaines paroles magiques qu'elle prononça; et la dernière qui s'ouvrit fut celle du jardin où elle entra. Je m'arrêtai à cette porte, afin qu'elle ne pût m'apercevoir pendant qu'elle traversait un parterre; et, la conduisant des yeux autant que l'obscurité me le permettait, je remarquai qu'elle entra dans un petit bois dont les allées étaient bordées de palissades fort épaisses. Je m'y rendis par un autre chemin; et, me glissant derrière la palissade d'une allée assez longue, je la vis qui se promenait avec un homme.

« Je ne manquai pas de prêter une oreille attentive à leurs discours, et voici ce que j'entendis : « Je ne mérite pas, disait la reine à son amant, « le reproche que vous me faites de n'être pas assez diligente : vous savez « bien la raison qui m'en empêche. Mais si toutes les marques d'amour « que je vous ai données jusqu'à présent ne suffisent pas pour vous persua- « der de ma sincérité, je suis prête à vous en donner de plus éclatantes : « vous n'avez qu'à commander; vous savez quel est mon pouvoir. Je vais, « si vous le souhaitez, avant que le soleil se lève, changer cette grande « ville et ce beau palais en des ruines affreuses, qui ne seront habitées que « par des loups, des hiboux et des corbeaux. Voulez-vous que je transporte « toutes les pierres de ces murailles, si solidement bâties, au delà du mont « Caucase, et hors des bornes du monde habitable? Vous n'avez qu'à dire « un mot, et tous ces lieux vont changer de face. »

« Comme la reine achevait ces paroles, son amant et elle, se trou- vant au bout de l'allée, tournèrent pour entrer dans une autre, et pas- sèrent devant moi. J'avais déjà tiré mon sabre, et comme l'amant était de mon côté, je le frappai sur le cou et le renversai par terre. Je crus l'avoir tué, et, dans cette opinion, je me retirai brusquement sans me faire connaître à la reine, que je voulus épargner, à cause qu'elle était ma parente.

« Cependant le coup que j'avais porté à son amant était mortel ; mais elle lui conserva la vie par la force de ses enchantements, d'une manière, toutefois, qu'on peut dire de lui qu'il n'est ni mort ni vivant. Comme je traversais le jardin pour regagner le palais, j'entendis la reine qui poussait de grands cris, et, jugeant par là de sa douleur, je me sus bon gré de lui avoir laissé la vie.

« Lorsque je fus rentré dans mon appartement, je me recouchai, et, satisfait d'avoir puni le téméraire qui m'avait offensé, je m'endormis. En me réveillant le lendemain, je trouvai la reine couchée auprès de moi...... »

Scheherazade fut obligée de s'arrêter en cet endroit parce qu'elle vit paraître le jour : Bon Dieu, ma sœur, dit alors Dinarzade, je suis bien fâchée que vous n'en puissiez pas dire davantage. — Ma sœur, répondit la sultane, vous deviez me réveiller de meilleure heure ; c'est votre faute. — Je la réparerai, s'il plaît à Dieu, cette nuit, répliqua Dinarzade : car je ne doute pas que le sultan n'ait autant d'envie que moi de savoir la fin de cette histoire, et j'espère qu'il aura la bonté de vous laisser vivre encore jusqu'à demain.

XXIV NUIT.

Effectivement, Dinarzade, comme elle se l'était proposé, appela de très-bonne heure la sultane : Ma chère sœur, lui dit-elle, si vous ne dormez pas, je vous supplie de nous achever l'agréable histoire du roi des Iles Noires ; je meurs d'impatience de savoir comment il fut changé en marbre. — Vous l'allez apprendre, répondit Scheherazade, avec la permission du sultan.

« Je trouvai donc la reine couchée auprès de moi, continua le roi des quatre Iles Noires. Je ne vous dirai point si elle dormait ou non ; mais je me levai sans faire de bruit, et je passai dans mon cabinet, où j'achevai de m'habiller. J'allai ensuite tenir mon conseil, et, à mon retour, la reine, habillée de deuil, les cheveux épars et en partie arrachés, vint se présenter devant moi : « Sire, me dit-elle, je viens supplier votre majesté de ne pas trouver étrange que je sois dans l'état où je suis : trois nouvelles affligeantes que je viens de recevoir en même temps, sont la juste cause de la vive douleur dont vous ne voyez que les faibles marques. — Et quelles sont ces nouvelles, madame? lui dis-je. — La mort de la reine ma chère mère, me répondit-elle, celle du roi mon père, tué dans une bataille, et celle d'un de mes frères, qui est tombé dans un précipice. »

« Je ne fus pas fâché qu'elle prît ce prétexte pour cacher le véritable sujet de son affliction, et je jugeai qu'elle ne me soupçonnait pas d'avoir tué son amant : « Madame, lui dis-je, loin de blâmer votre douleur, je vous assure que j'y prends toute la part que je dois. Je serais extrêmement surpris que vous fussiez insensible à la perte que vous avez faite. Pleurez ; vos larmes sont d'infaillibles marques de votre excellent naturel. J'espère néanmoins que le temps et la raison pourront apporter de la modération à vos déplaisirs. »

« Elle se retira dans son appartement, où, se livrant sans réserve à ses chagrins, elle passa une année entière à pleurer et à s'affliger. Au bout de ce temps-là, elle me demanda la permission de faire bâtir le lieu de sa sépulture dans l'enceinte du palais, où elle voulait, disait-elle, demeurer jusqu'à la fin de ses jours. Je le lui permis, et elle fit bâtir un palais superbe, avec un dôme qu'on peut voir d'ici, et elle l'appela le Palais des Larmes.

« Quand il fut achevé, elle y fit porter son amant, qu'elle avait fait transporter où elle avait jugé à propos, la même nuit que je l'avais blessé. Elle l'avait empêché de mourir jusqu'alors par des breuvages qu'elle lui avait fait prendre, et elle continua de lui en donner et de les lui porter elle-même tous les jours, dès qu'il fut au Palais des Larmes.

« Cependant, avec tous ses enchantements, elle ne pouvait guérir ce malheureux : il était non-seulement hors d'état de marcher et de se soutenir, mais il avait encore perdu l'usage de la parole, et il ne donnait aucun signe de vie que par ses regards. Quoique la reine n'eût que la consolation de le voir et de lui dire tout ce que son fol amour pouvait lui inspirer de plus tendre et de plus passionné, elle ne laissait pas de lui rendre chaque jour deux visites assez longues. J'étais bien informé de tout cela, mais je feignais de l'ignorer.

« Un jour j'allai par curiosité au Palais des Larmes, pour savoir quelle y était l'occupation de cette princesse, et, d'un endroit où je ne pouvais être vu, je l'entendis parler dans ces termes à son amant : « Je suis dans « la dernière affliction de vous voir en l'état où vous êtes; je ne sens pas

« moins vivement que vous-même les maux cuisants que vous souffrez ;
« mais, chère âme, je vous parle toujours, et vous ne me répondez pas.
« Jusques à quand garderez-vous le silence ? Dites un mot seulement. Hé-
« las ! les plus doux moments de ma vie sont ceux que je passe ici à parta-
« ger vos douleurs. Je ne puis vivre éloignée de vous, et je préférerais le
« plaisir de vous voir sans cesse à l'empire de l'univers. »

« A ce discours, qui fut plus d'une fois interrompu par ses soupirs et ses
sanglots, je perdis enfin patience : je me montrai, et m'approchant d'elle :
« Madame, lui dis-je, c'est assez pleurer ; il est temps de mettre fin à une
douleur qui nous déshonore tous deux ; c'est trop oublier ce que vous me
devez et ce que vous vous devez à vous-même. — Sire, me répondit-elle,
s'il vous reste quelque considération, ou plutôt quelque complaisance
pour moi, je vous supplie de ne me pas contraindre. Laissez-moi m'a-
bandonner à mes chagrins mortels ; il est impossible que le temps les
diminue. »

« Quand je vis que mes discours, au lieu de la faire rentrer dans son
devoir, ne servaient qu'à irriter sa fureur, je cessai de lui parler, et me retirai. Elle continua de visiter tous les jours son amant, et durant deux années entières elle ne fit que se désespérer.

« J'allai une seconde fois au Palais des Larmes pendant qu'elle y était.
Je me cachai encore, et j'entendis qu'elle disait à son amant : « Il y a trois
« ans que vous ne m'avez dit une seule parole, et que vous ne répondez
« point aux marques d'amour que je vous donne par mes discours et mes
« gémissements ; est-ce par insensibilité ou par mépris ? O tombeau ! aurais-
« tu détruit cet excès de tendresse qu'il avait pour moi ? aurais-tu fermé
« ces yeux qui me montraient tant d'amour et qui faisaient toute ma joie ?
« Non, non, je n'en crois rien. Dis-moi plutôt par quel miracle tu es de-
« venu le dépositaire du plus rare trésor qui fut jamais. »

« Je vous avoue, seigneur, que je fus indigné de ces paroles : car enfin,
cet amant chéri, ce mortel adoré, n'était pas tel que vous pourriez vous
l'imaginer : c'était un Indien noir, originaire de ces pays. Je fus, dis-je, tel-

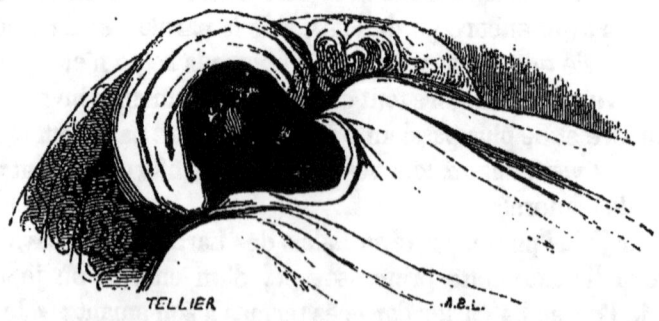

lement indigné de ce discours, que je me montrai brusquement ; et apostrophant le même tombeau, à mon tour : « O tombeau ! m'écriai-je, que n'engloutis-tu ce monstre qui fait horreur à la nature ! ou plutôt, que ne consumes-tu l'amant et la maîtresse ! »

« J'eus à peine achevé ces mots, que la reine, qui était assise auprès du noir, se leva comme une furie : « Ah ! cruel, me dit-elle, c'est toi qui causes ma douleur. Ne pense pas que je l'ignore, je ne l'ai que trop longtemps dissimulé : c'est ta barbare main qui a mis l'objet de mon amour dans l'état pitoyable où il est ; et tu as la dureté de venir insulter une amante au désespoir ! — Oui, c'est moi, interrompis-je, transporté de colère, c'est moi qui ai châtié ce monstre comme il le méritait ; je devais te traiter de la même manière ; je me repens de ne l'avoir pas fait, et il y a trop longtemps que tu abuses de ma bonté. » En disant cela je tirai mon sabre et je levai le bras pour la punir. Mais regardant tranquillement mon action : « Modère ton courroux, » me dit-elle avec un sourire moqueur. En même temps elle prononça des paroles que je n'entendis point, et puis elle ajouta : « Par la vertu de mes enchantements, je te commande de devenir tout « à l'heure moitié marbre et moitié homme. » Aussitôt, seigneur, je devins tel que vous me voyez, déjà mort parmi les vivants, et vivant parmi les morts.... »

Scheherazade, en cet endroit, ayant remarqué qu'il était jour, cessa de poursuivre son conte.

Ma chère sœur, dit alors Dinarzade, je suis bien obligée au sultan ; c'est à sa bonté que je dois l'extrême plaisir que je prends à vous écouter. — Ma sœur, lui répondit la sultane, si cette même bonté veut bien encore me laisser vivre jusqu'à demain, vous entendrez des choses qui ne vous feront pas moins de plaisir que celles que je viens de vous raconter. Quand Schahriar n'aurait pas résolu de différer d'un mois la mort de Scheherazade, il ne l'aurait pas fait mourir ce jour-là.

XXV NUIT.

Sur la fin de la nuit, Dinarzade s'écria : Ma sœur, si vous ne dormez pas, je vous prie d'achever l'histoire du roi des Iles Noires. Scheherazade, s'étant réveillée à la voix de sa sœur, se prépara à lui donner la satisfaction qu'elle demandait; elle commença de cette sorte : Le roi demi-marbre et demi-homme continua de raconter son histoire au sultan :

« Après, dit-il, que la cruelle magicienne, indigne de porter le nom de reine, m'eut ainsi métamorphosé et fait passer dans cette salle par un autre enchantement, elle détruisit ma capitale, qui était très-florissante et fort peuplée; elle anéantit les maisons, les places publiques et les marchés, et en fit l'étang et la campagne déserte que vous avez pu voir. Les poissons de quatre couleurs qui sont dans l'étang, sont les quatre sortes d'habitants de différentes religions qui la composaient : les blancs étaient les Musulmans; les rouges, les Perses, adorateurs du feu; les bleus, les Chrétiens; et les jaunes, les Juifs. Les quatre collines étaient les quatre îles qui donnaient le nom à ce royaume. J'appris tout cela de la magicienne, qui, pour comble d'affliction, m'annonça elle-même ces effets de sa rage. Ce n'est pas tout encore; elle n'a point borné sa fureur à la destruction de mon empire et à ma métamorphose : elle vient chaque jour me donner, sur mes épaules nues, cent coups de nerf de bœuf, qui me mettent tout en sang. Quand ce supplice est achevé, elle me couvre d'une grosse étoffe de poil de chèvre, et met par-dessus cette robe de brocard que vous voyez, non pour me faire honneur, mais pour se moquer de moi. »

En cet endroit de son discours, le jeune roi des Iles Noires ne put retenir ses larmes, et le sultan en eut le cœur si serré, qu'il ne put prononcer une parole pour le consoler. Peu de temps après, le jeune roi, levant les yeux au ciel, s'écria : « Puissant créateur de toutes choses, je me soumets « à vos jugements et aux décrets de votre Providence! Je souffre patiem- « ment tous mes maux, puisque telle est votre volonté; mais j'espère que « votre bonté infinie m'en récompensera. »

Le sultan, attendri par le récit d'une histoire si étrange, et animé à la vengeance de ce malheureux prince, lui dit : « Apprenez-moi où se retire cette perfide magicienne, et où peut être cet indigne amant qui est enseveli avant sa mort. — Seigneur, répondit le prince, l'amant, comme je vous l'ai déjà dit, est au Palais des Larmes, dans un tombeau en forme de

dôme, et ce palais communique à ce château du côté de la porte. Pour ce qui est de la magicienne, je ne puis vous dire précisément où elle se retire; mais tous les jours, au lever du soleil, elle va visiter son amant, après avoir fait sur moi la sanglante exécution dont je vous ai parlé ; et vous jugez bien que je ne puis me défendre d'une si grande cruauté. Elle lui porte le breuvage qui est le seul aliment avec quoi, jusqu'à présent, elle l'a empêché de mourir, et elle ne cesse de lui faire des plaintes sur le silence qu'il a toujours gardé depuis qu'il est blessé.

« — Prince qu'on ne peut assez plaindre, repartit le sultan, on ne saurait être plus vivement touché de votre malheur que je le suis. Jamais rien de si extraordinaire n'est arrivé à personne, et les auteurs qui feront votre histoire auront l'avantage de rapporter un fait qui surpasse tout ce qu'on a jamais écrit de plus surprenant. Il n'y manque qu'une chose : c'est la vengeance qui vous est due ; mais je n'oublierai rien pour vous la procurer. »

En effet, le sultan, en s'entretenant sur ce sujet avec le jeune prince, après lui avoir déclaré qui il était et pourquoi il était entré dans ce château, imagina un moyen de le venger, qu'il lui communiqua.

Ils convinrent des mesures qu'il y avait à prendre pour faire réussir ce projet, dont l'exécution fut remise au jour suivant. Cependant, la nuit étant fort avancée, le sultan prit quelque repos. Pour le jeune prince, il la passa, à son ordinaire, dans une insomnie continuelle (car il ne pouvait dormir depuis qu'il était enchanté), avec quelque espérance, néanmoins, d'être bientôt délivré de ses souffrances.

Le lendemain, le sultan se leva dès qu'il fut jour ; et pour commencer à exécuter son dessein, il cacha dans un endroit son habillement de dessus, qui l'aurait embarrassé, et s'en alla au Palais des Larmes. Il le trouva éclairé d'une infinité de flambeaux de cire blanche, et il sentit une odeur délicieuse qui sortait de plusieurs cassolettes de fin or, d'un ouvrage admirable, toutes rangées dans un fort bel ordre. D'abord qu'il aperçut le lit où le noir était couché, il tira son sabre et ôta, sans résistance, la vie à ce misérable, dont il traîna le corps dans la cour du château, et le jeta dans un puits. Après cette expédition, il alla se coucher dans le lit du noir, mit son sabre près de lui sous la couverture, et y demeura pour achever ce qu'il avait projeté.

La magicienne arriva bientôt. Son premier soin fut d'aller dans la chambre où était le roi des Iles Noires, son mari. Elle le dépouilla, et commença de lui donner sur les épaules les cent coups de nerf de bœuf, avec une bar-

barie qui n'a pas d'exemple. Le pauvre prince avait beau remplir le palais de ses cris et la conjurer de la manière du monde la plus touchante d'avoir pitié de lui, la cruelle ne cessa de le frapper qu'après lui avoir donné les cent coups : « Tu n'as pas eu compassion de mon amant, lui disait-elle, tu n'en dois point attendre de moi... »

Scheherazade aperçut le jour en cet endroit, ce qui l'empêcha de continuer son récit : Bon Dieu! ma sœur, dit Dinarzade, voilà une magicienne bien barbare! Mais en demeurerons-nous là, et ne nous apprendrez-vous pas si elle reçut le châtiment qu'elle méritait? — Ma chère sœur, répondit la sultane, je ne demande pas mieux que de vous l'apprendre demain; mais vous savez que cela dépend de la volonté du sultan. Après ce que Schahriar venait d'entendre, il était bien éloigné de vouloir faire mourir Scheherazade; au contraire : Je ne veux pas lui ôter la vie, disait-il en lui-même, qu'elle n'ait achevé cette histoire étonnante, quand le récit en devrait durer deux mois : il sera toujours en mon pouvoir de garder le serment que j'ai fait. »

XXVI NUIT.

Dinarzade n'eut pas plus tôt jugé qu'il était temps d'appeler la sultane, qu'elle lui dit : Ma chère sœur, si vous ne dormez pas, je vous supplie de nous raconter ce qui se passa dans le Palais des Larmes. Schahriar ayant témoigné qu'il avait la même curiosité que Dinarzade, la sultane prit la parole, et reprit ainsi l'histoire du jeune prince enchanté.

Sire, après que la magicienne eut donné cent coups de nerf de bœuf au roi son mari, elle le revêtit du gros habillement de poil de chèvre et de la robe de brocart par-dessus. Elle alla ensuite au Palais des Larmes, et en y entrant elle renouvela ses pleurs, ses cris et ses lamentations; puis, s'approchant du lit où elle croyait que son amant était toujours : « Quelle cruauté, s'écria-t-elle, d'avoir ainsi troublé les contentements d'une amante aussi tendre et aussi passionnée que je le suis! O toi qui me reproches que je suis trop inhumaine quand je te fais sentir les effets de mon ressentiment, cruel prince, ta barbarie ne surpasse-t-elle pas celle de ma vengeance? Ah! traître, en attentant à la vie de l'objet que j'adore, ne m'as-tu pas ravi la mienne? Hélas! ajouta-t-elle en adressant la parole au sultan, croyant parler au noir, mon soleil, ma vie, garderez-vous toujours le silence? Êtes-vous résolu de me laisser mourir sans me donner la consolation de me dire encore que vous m'aimez? Mon âme, dites-moi au moins un mot, je vous en conjure. »

Alors le sultan, feignant de sortir d'un profond sommeil, et contrefaisant le langage des noirs, répondit à la reine d'un ton grave : « Il n'y a de force et de pouvoir qu'en Dieu seul, qui est tout-puissant. » A ces paroles, la magicienne, qui ne s'y attendait pas, fit un grand cri pour marquer l'excès de sa joie : « Mon cher seigneur, s'écria-t-elle, ne me trompé-je pas ? est-il bien vrai que je vous entende et que vous me parliez ? — Malheureuse ! reprit le sultan, es-tu digne que je réponde à tes discours ? — Hé ! pourquoi, répliqua la reine, me faites-vous ce reproche ? — Les cris, repartit-il, les pleurs et les gémissements de ton mari, que tu traites tous les jours avec tant d'indignité et de barbarie, m'empêchent de dormir nuit et jour. Il y a longtemps que je serais guéri et que j'aurais recouvré l'usage de la parole si tu l'avais désenchanté. Voilà la cause de ce silence que je garde, et dont tu te plains. — Eh bien ! dit la magicienne, pour vous apaiser, je suis prête à faire ce que vous me commanderez. Voulez-vous que je lui rende sa première forme ? — Oui, répondit le sultan, et hâte-toi de le mettre en liberté, afin que je ne sois plus incommodé de ses cris. »

La magicienne sortit aussitôt du Palais des Larmes. Elle prit une tasse d'eau, et prononça dessus des paroles qui la firent bouillir comme si elle eût été sur le feu. Elle alla ensuite à la salle où était le jeune roi son mari; elle jeta de cette eau sur lui, en disant : « Si le Créateur de toutes choses « t'a formé tel que tu es présentement, ou s'il est en colère contre toi, ne « change pas; mais si tu n'es dans cet état que par la vertu de mon enchan- « tement, reprends ta forme naturelle, et redeviens tel que tu étais aupa- « ravant. » A peine eut-elle achevé ces mots, que le prince, se retrouvant en son premier état, se leva librement avec toute la joie qu'on peut s'i- maginer, et il en rendit grâce à Dieu. La magicienne reprenant la parole : « Va, lui dit-elle, éloigne-toi de ce château, et n'y reviens jamais, ou bien il t'en coûtera la vie. »

Le jeune roi, cédant à la nécessité, s'éloigna de la magicienne sans répliquer, et se retira dans un lieu écarté, où il attendit impatiemment le succès du dessein dont le sultan venait de commencer l'exécution avec tant de bonheur.

Cependant la magicienne retourna au Palais des Larmes, et en entrant, comme elle croyait toujours parler au noir : « Cher amant, lui dit-elle, j'ai fait ce que vous m'avez ordonné : rien ne vous empêche de vous lever et de me donner par là une satisfaction dont je suis privée depuis si longtemps. »

Le sultan continua de contrefaire le langage des noirs : « Ce que tu viens de faire, répondit-il d'un ton brusque, ne suffit pas pour me guérir: tu n'as ôté qu'une partie du mal, il en faut couper jusqu'à la racine. — Mon aimable noiraud, reprit-elle, qu'entendez-vous par la racine ? — Malheureuse, repartit le sultan, ne comprends-tu pas que je veux parler de cette ville et de ses habitants, et des quatre îles que tu as détruites par tes enchantements? Tous les jours, à minuit, les poissons ne manquent pas de lever la tête hors de l'étang, et de crier vengeance contre moi et contre toi : voilà le véritable sujet du retardement de ma guérison. Va promptement rétablir les choses en leur premier état, et, à ton retour, je te donnerai la main, et tu m'aideras à me lever. »

La magicienne, remplie de l'espérance que ces paroles lui firent concevoir, s'écria, transportée de joie : « Mon cœur, mon âme, vous aurez bientôt recouvré votre santé : car je vais faire tout ce que vous me commandez. » En effet, elle partit dans le moment, et lorsqu'elle fut arrivée sur le bord de l'étang, elle prit un peu d'eau dans sa main et en fit une aspersion dessus....

Scheherazade, en cet endroit, voyant qu'il était jour, n'en voulut pas dire davantage. Dinarzade dit à la sultane : Ma sœur, j'ai bien de la joie de savoir le jeune roi des quatre Iles Noires désenchanté, et je regarde déjà la ville et les habitants comme rétablis en leur premier état; mais je suis en peine d'apprendre ce que deviendra la magicienne. — Donnez-vous un peu de patience, répondit la sultane ; vous aurez demain la satisfaction que vous désirez, si le sultan, mon seigneur, veut bien y consentir. » Schahriar, qui, comme on l'a déjà dit, avait pris son parti là-dessus, se leva pour aller remplir ses devoirs.

XXVII NUIT.

Dinarzade, à l'heure ordinaire, ne manqua pas d'appeler la sultane : Ma chère sœur, dit-elle, si vous ne dormez pas, je vous prie de nous raconter quel fut le sort de la reine magicienne, comme vous me l'avez promis. Scheherazade tint aussitôt sa promesse et parla de cette sorte :

La magicienne, ayant fait l'aspersion, n'eut pas plus tôt prononcé quelques paroles sur les poissons et sur l'étang, que la ville reparut à l'heure même. Les poissons redevinrent hommes, femmes ou enfants, mahométans, chrétiens, persans ou juifs, gens libres ou esclaves : chacun reprit sa forme naturelle. Les maisons et les boutiques furent bientôt remplies de leurs habitants, qui y trouvèrent toutes choses dans la même situation et dans le même ordre où elles étaient avant l'enchantement. La suite nombreuse du sultan, qui se trouva campée dans la plus grande place, ne fut pas peu étonnée de se voir en un instant au milieu d'une ville belle, vaste et bien peuplée.

Pour revenir à la magicienne, dès qu'elle eut fait ce changement merveilleux, elle se rendit en diligence au Palais des Larmes, pour en recueillir le fruit : « Mon cher seigneur, s'écria-t-elle en entrant, je viens me réjouir avec vous du retour de votre santé ; j'ai fait tout ce que vous avez exigé de moi : levez-vous donc, et me donnez la main. — Approche, » lui dit le sultan en contrefaisant toujours le langage des noirs. Elle s'approcha. « Ce n'est pas assez, reprit-il, approche-toi davantage. » Elle obéit. Alors il se leva, et la saisit par le bras si brusquement, qu'elle n'eut pas le temps de se reconnaître; et, d'un coup de sabre, il sépara son corps en deux parties, qui tombèrent l'une d'un côté, et l'autre de l'autre. Cela étant fait, il laissa le cadavre sur la place, et sortant du Palais des Larmes, il alla trouver le jeune prince des Iles Noires, qui l'attendait avec impatience : « Prince, lui dit-il en l'embrassant, réjouissez-vous, vous n'avez plus rien à craindre : votre cruelle ennemie n'est plus. »

Le jeune prince remercia le sultan d'une manière qui marquait que son cœur était pénétré de reconnaissance, et pour prix de lui avoir rendu un service si important, il lui souhaita une longue vie avec toutes sortes de prospérités : « Vous pouvez désormais, lui dit le sultan, demeurer paisible dans votre capitale, à moins que vous ne vouliez venir dans la mienne, qui en est si voisine; je vous y recevrai avec plaisir, et vous n'y serez pas moins honoré et respecté que chez vous. — Puissant monarque à qui je suis si redevable, répondit le roi, vous croyez donc être fort près de votre capitale? — Oui, répliqua le sultan, je le crois; il n'y a pas plus de quatre ou cinq heures de chemin. — Il y a une année entière de voyage, reprit le jeune prince. Je veux bien croire que vous êtes venu ici de votre capitale dans le peu de temps que vous dites, parce que la mienne était enchantée; mais depuis qu'elle ne l'est plus, les choses ont bien changé. Cela ne m'empêchera pas de vous suivre, quand ce serait pour aller aux extrémités de la terre. Vous êtes mon libérateur, et, pour vous donner toute ma vie des marques de ma reconnaissance, je prétends vous accompagner, et j'abandonne sans regret mon royaume. »

Le sultan fut extraordinairement surpris d'apprendre qu'il était si loin de ses états, et il ne comprenait pas comment cela se pouvait faire. Mais le jeune roi des Iles Noires le convainquit si bien de cette possibilité, qu'il n'en douta plus : « Il n'importe, reprit alors le sultan, la peine de m'en retourner dans mes états est suffisamment récompensée par la satisfaction de vous avoir obligé et d'avoir acquis un fils en votre personne : car, puisque vous voulez bien me faire l'honneur de m'accompagner, et que je n'ai point d'enfant, je vous regarde comme tel, et je vous fais dès à présent mon héritier et mon successeur. »

L'entretien du sultan et du roi des Iles Noires se termina par les plus tendres embrassements. Après quoi, le jeune prince ne songea qu'aux préparatifs de son voyage. Ils furent achevés en trois semaines, au grand regret de toute sa cour et de ses sujets, qui reçurent de sa main un de ses proches parents pour leur roi.

Enfin, le sultan et le jeune prince se mirent en chemin avec cent chameaux chargés de richesses inestimables, tirées des trésors du jeune roi, qui se fit suivre par cinquante cavaliers bien faits, parfaitement bien montés et équipés. Leur voyage fut heureux; et lorsque le sultan, qui avait envoyé des courriers pour donner avis de son retardement et de l'aventure qui en était la cause, fut près de sa capitale, les principaux officiers qu'il y avait laissés vinrent le recevoir, et l'assurèrent que sa longue absence n'avait apporté aucun changement dans son empire. Les habitants sortirent aussi en foule, le reçurent avec de grandes acclamations, et firent des réjouissances qui durèrent plusieurs jours.

Le lendemain de son arrivée, le sultan fit à tous ses courtisans assemblés un détail fort ample des choses qui, contre son attente, avaient rendu son absence si longue. Il leur déclara ensuite l'adoption qu'il avait faite du roi des quatre Iles Noires, qui avait bien voulu abandonner un grand royaume pour l'accompagner et vivre avec lui. Enfin, pour reconnaître la fidélité qu'ils lui avaient tous gardée, il leur fit des largesses proportionnées au rang que chacun tenait à sa cour.

Pour le pêcheur, comme il était la première cause de la délivrance du jeune prince, le sultan le combla de biens, et le rendit, lui et sa famille, très-heureux le reste de leurs jours.

Scheherazade finit là le conte du pêcheur et du génie. Dinarzade lui marqua qu'elle y avait pris un plaisir infini, et Schahriar lui ayant témoigné la même chose, elle leur dit qu'elle en savait un autre plus beau que celui-là, et que si le sultan le lui voulait permettre, elle le raconterait le lendemain, car le jour commençait à paraître. Schahriar, se souvenant du délai d'un mois qu'il avait accordé à la sultane, et curieux d'ailleurs de savoir si ce nouveau conte serait aussi agréable qu'elle le promettait, se leva dans le dessein de l'entendre la nuit suivante.

XXVIII NUIT.

Dinarzade, suivant sa coutume, n'oublia pas d'appeler la sultane lorsqu'il en fut temps : Ma chère sœur, lui dit-elle, si vous ne dormez pas, je vous supplie, en attendant le jour, de me raconter un de ces beaux contes que vous savez. Scheherazade, sans lui répondre, commença d'abord, et adressant la parole au sultan :

HISTOIRE

DE TROIS CALENDERS, FILS DE ROIS, ET DE CINQ DAMES DE BAGDAD.

Sire, dit-elle, en adressant la parole au sultan, sous le règne du calife [1] Haroun Alraschid, il y avait à Bagdad, où il faisait sa résidence, un porteur qui, malgré sa profession basse et pénible, ne laissait pas d'être homme d'esprit et de bonne humeur. Un matin qu'il était, à son ordinaire, avec un grand panier à jour près de lui, dans une place où il attendait que quelqu'un eût besoin de son ministère, une jeune dame de belle taille, couverte d'un grand voile de mousseline, l'aborda, et lui dit d'un air gracieux : « Écoutez, porteur, prenez votre panier, et suivez-moi. » Le porteur, enchanté de ce peu de paroles prononcées si agréablement, prit aussitôt son panier, le mit sur sa tête, et suivit la dame en disant : « O jour heureux ! ô jour de bonne rencontre ! »

---

[1] Calife ou khalife (khalifah) est un mot arabe qui signifie vicaire, et sous lequel sont désignés les souverains de l'empire des Arabes, successeurs de Mahomet.

T. 1.

D'abord la dame s'arrêta devant une porte fermée, et frappa. Un chrétien, vénérable par une longue barbe blanche, ouvrit, et elle lui mit de l'argent dans la main, sans lui dire un seul mot. Mais le chrétien, qui savait ce qu'elle demandait, rentra, et peu de temps après apporta une grosse cruche d'un vin excellent : « Prenez cette cruche, dit la dame au

porteur, et la mettez dans votre panier. » Cela étant fait, elle lui commanda de la suivre, puis elle continua de marcher, et le porteur continua de dire : « O jour de félicité ! ô jour d'agréable surprise et de joie ! »

La dame s'arrêta à la boutique d'un vendeur de fruits et de fleurs, où elle choisit de plusieurs sortes de pommes, des abricots, des pêches, des coings, des limons, des citrons, des oranges, du myrte, du basilic, des lis, du jasmin, et de quelques autres sortes de fleurs et de plantes de bonne odeur. Elle dit au porteur de mettre tout cela dans son panier, et de la suivre. En passant devant l'étalage d'un boucher, elle se fit peser vingt-cinq livres de la plus belle viande qu'il eût; ce que le porteur mit encore dans son panier, par son ordre. A une autre boutique, elle prit des câpres, de l'estragon, de petits concombres, de la percepierre et autres herbes, le tout confit dans le vinaigre; à une autre, des pistaches, des noix, des noisettes, des pignons, des amandes, et d'autres fruits semblables; à une autre encore, elle acheta toutes sortes de pâtes d'amande. Le porteur, en mettant toutes ces choses dans son panier, remarquant qu'il se remplissait, dit à la dame : « Ma bonne dame, il fallait m'avertir que vous feriez tant de provisions : j'aurais pris un cheval, ou plutôt un chameau pour les porter. J'en aurai beaucoup plus que ma charge pour peu que vous en achetiez d'autres. » La dame rit de cette plaisanterie, et ordonna de nouveau au porteur de la suivre.

Elle entra chez un droguiste, où elle se fournit de toutes sortes d'eaux de senteur, de clous de girofle, de muscade, de poivre, de gingembre, d'un gros morceau d'ambre gris, et de plusieurs autres épiceries des Indes; ce qui acheva de remplir le panier du porteur, auquel elle dit encore de la suivre. Alors ils marchèrent tous deux jusqu'à ce qu'ils arrivèrent à un hôtel magnifique dont la façade était ornée de belles colonnes, et qui avait une porte d'ivoire. Ils s'y arrêtèrent, et la dame frappa un petit coup....

En cet endroit, Scheherazade aperçut qu'il était jour, et cessa de parler. Franchement, ma sœur, dit Dinarzade, voilà un commencement qui donne beaucoup de curiosité : je crois que le sultan ne voudra pas se priver du plaisir d'entendre la suite. Effectivement, Schahriar, loin d'ordonner la mort de la sultane, attendit impatiemment la nuit suivante, pour apprendre ce qui se passerait dans l'hôtel dont elle avait parlé.

XXIX NUIT.

Dinarzade, réveillée avant le jour, adressa ces paroles à la sultane : Ma sœur, si vous ne dormez pas, je vous prie de poursuivre l'histoire que vous commençâtes hier. Scheherazade aussitôt la continua de cette manière :

Pendant que la jeune dame et le porteur attendaient que l'on ouvrît la porte de l'hôtel, le porteur faisait mille réflexions. Il était étonné qu'une dame, faite comme celle qu'il voyait, fît l'office de pourvoyeur : car enfin il jugeait bien que ce n'était pas une esclave : il lui trouvait l'air trop noble pour penser qu'elle ne fût pas libre, et même une personne de distinction. Il lui aurait volontiers fait des questions pour s'éclaircir de sa qualité; mais dans le temps qu'il se préparait à lui parler, une autre dame, qui vint ouvrir la porte, lui parut si belle, qu'il en demeura tout surpris; ou plutôt il fut si vivement frappé de l'éclat de ses charmes, qu'il en pensa laisser tomber son panier avec tout ce qui était dedans, tant cet objet le mit hors de lui-même. Il n'avait jamais vu de beauté qui approchât de celle qu'il avait devant les yeux.

La dame qui avait amené le porteur s'aperçut du désordre qui se passait dans son âme et du sujet qui le causait. Cette découverte la divertit, et elle prenait tant de plaisir à examiner la contenance du porteur, qu'elle ne songeait pas que la porte était ouverte : « Entrez donc, ma sœur, lui dit la belle portière ; qu'attendez-vous ? Ne voyez-vous pas que ce pauvre homme est si chargé qu'il n'en peut plus ? »

Lorsqu'elle fut entrée avec le porteur, la dame qui avait ouvert la porte la ferma, et tous trois, après avoir traversé un beau vestibule, passèrent dans une cour très-spacieuse et environnée d'une galerie à jour, qui communiquait à plusieurs appartements de plain-pied, de la dernière magnificence. Il y avait dans le fond de cette cour un sofa richement garni, avec un trône d'ambre au milieu, soutenu de quatre colonnes d'ébène, enrichies de diamants et de perles d'une grosseur extraordinaire, et garnies d'un satin rouge relevé d'une broderie d'or des Indes, d'un travail admirable. Au milieu de la cour, il y avait un grand bassin bordé de marbre blanc, et plein d'une eau très-claire qui y tombait abondamment par un mufle de lion de bronze doré.

Le porteur, tout chargé qu'il était, ne laissait pas d'admirer la magnificence de cette maison et la propreté qui y régnait partout; mais ce qui attira particulièrement son attention fut une troisième dame, qui lui parut encore plus belle que la seconde, et qui était assise sur le trône dont j'ai parlé. Elle en descendit dès qu'elle aperçut les deux premières dames, et s'avança au-devant d'elles. Il jugea par les égards que les autres avaient pour celle-là, que c'était la principale, en quoi il ne se trompait pas. Cette dame se nommait Zobéide; celle qui avait ouvert la porte s'appelait Safie; et Amine était le nom de celle qui avait été aux provisions.

Zobéide dit aux deux dames en les abordant : « Mes sœurs, ne voyez-vous pas que ce bon homme succombe sous le fardeau qu'il porte? Qu'attendez-vous pour le décharger? » Alors Amine et Safie prirent le panier, l'une par-devant, l'autre par-derrière. Zobéide y mit aussi la main, et toutes trois le posèrent à terre. Elles commencèrent à le vider; et quand cela fut fait, l'agréable Amine tira de l'argent, et paya libéralement le porteur...

Le jour, venant à paraître en cet endroit, imposa silence à Scheherazade, et laissa non-seulement à Dinarzade, mais encore à Schahriar, un grand désir d'entendre la suite; ce que ce prince remit à la nuit suivante.

XXX NUIT.

Le lendemain, Dinarzade, réveillée par l'impatience d'entendre la suite de l'histoire commencée, dit à la sultane : Au nom de Dieu, ma sœur, si vous ne dormez pas, je vous prie de nous conter ce que firent ces trois belles dames de toutes les provisions qu'Amine avait achetées. — Vous l'allez savoir, répondit Scheherazade, si vous voulez m'écouter avec attention. En même temps elle reprit ce conte dans ces termes :

Le porteur, très-satisfait de l'argent qu'on lui avait donné, devait prendre son panier et se retirer ; mais il ne put s'y résoudre : il se sentait malgré lui arrêter par le plaisir de voir trois beautés si rares, et qui lui paraissaient également charmantes ; car Amine avait aussi ôté son voile, et il ne la trouvait pas moins belle que les autres. Ce qu'il ne pouvait comprendre, c'est qu'il ne voyait aucun homme dans cette maison. Néanmoins la plupart des provisions qu'il avait apportées, comme les fruits secs et les différentes sortes de gâteaux et de confitures, ne convenaient proprement qu'à des gens qui voulaient boire et se réjouir.

Zobéide crut d'abord que le porteur s'arrêtait pour prendre haleine ; mais voyant qu'il demeurait trop longtemps : « Qu'attendez-vous ? lui dit-elle ; n'êtes-vous pas payé suffisamment ? Ma sœur, ajouta-t-elle, en s'adressant à Amine, donnez-lui encore quelque chose : qu'il s'en aille content. — Madame, répondit le porteur, ce n'est pas cela qui me retient ; je ne suis que trop payé de ma peine. Je vois bien que j'ai commis une incivilité en demeurant ici plus que je ne devais ; mais j'espère que vous aurez la bonté de la pardonner à l'étonnement où je suis de ne voir aucun homme avec trois dames d'une beauté si peu commune. Une compagnie de femmes sans hommes est pourtant une chose aussi triste qu'une compagnie d'hommes sans femmes. » Il ajouta à ce discours plusieurs choses fort plaisantes pour prouver ce qu'il avançait. Il n'oublia pas de citer ce qu'on disait à Bagdad : qu'on n'est pas bien à table, si l'on n'y est quatre ; et enfin il finit en concluant que puisqu'elles étaient trois, elles avaient besoin d'un quatrième.

Les dames se prirent à rire du raisonnement du porteur. Après cela, Zobéide lui dit d'un air sérieux : « Mon ami, vous poussez un peu trop loin votre indiscrétion; mais, quoique vous ne méritiez pas que j'entre dans aucun détail avec vous, je veux bien, toutefois, vous dire que nous sommes trois sœurs, qui faisons si secrètement nos affaires que personne n'en sait rien : nous avons un trop grand sujet de craindre d'en faire part à des indiscrets; et un bon auteur que nous avons lu, dit : « Garde ton secret, « et ne le révèle à personne : qui le révèle n'en est plus le maître. Si ton « sein ne peut contenir ton secret, comment le sein de celui à qui tu l'auras confié pourra-t-il le contenir ? »

« — Mesdames, reprit le porteur, à votre air seulement, j'ai jugé d'abord que vous étiez des personnes d'un mérite très-rare; et je m'aperçois que je ne me suis pas trompé. Quoique la fortune ne m'ait pas donné assez de biens pour m'élever à une profession au-dessus de la mienne, je n'ai pas laissé de cultiver mon esprit autant que je l'ai pu, par la lecture des livres de science et d'histoire; et vous me permettrez, s'il vous plaît, de vous dire que j'ai lu aussi dans un autre auteur une maxime que j'ai toujours heureusement pratiquée : « Nous ne cachons notre secret, dit-il, qu'à « des gens reconnus de tout le monde pour des indiscrets qui abuse-« raient de notre confiance ; mais nous ne faisons nulle difficulté de le « découvrir aux sages, parce que nous sommes persuadés qu'ils sau-« ront le garder. » Le secret, chez moi, est dans une aussi grande sûreté que s'il était dans un cabinet dont la clef fût perdue et la porte bien scellée. »

Zobéide connut que le porteur ne manquait pas d'esprit; mais jugeant qu'il avait envie d'être du régal qu'elles voulaient se donner, elle lui repartit en souriant : « Vous savez que nous nous préparons à nous régaler; mais vous savez en même temps que nous avons fait une dépense considérable, et il ne serait pas juste que, sans y contribuer, vous fussiez de la partie. » La belle Safie appuya le sentiment de sa sœur : « Mon ami, dit-elle au porteur, n'avez-vous jamais ouï dire ce que l'on dit assez communément : « Si vous apportez quelque chose, vous serez quelque « chose avec nous; si vous n'apportez rien, retirez-vous avec rien ? »

Le porteur, malgré sa rhétorique, aurait peut-être été obligé de se retirer avec confusion, si Amine, prenant fortement son parti, n'eût dit à Zobéide et à Safie : « Mes chères sœurs, je vous conjure de permettre qu'il demeure avec nous : il n'est pas besoin de vous dire qu'il nous divertira; vous voyez bien qu'il en est capable. Je vous assure que sans sa bonne volonté, sa légèreté et son courage à me suivre, je n'aurais pu venir à bout de faire tant d'emplettes en si peu de temps. D'ailleurs, si je vous répétais toutes les douceurs qu'il m'a dites en chemin, vous seriez peu surprises de la protection que je lui donne. »

A ces paroles d'Amine, le porteur, transporté de joie, se laissa tomber sur les genoux, et baisa la terre aux pieds de cette charmante personne; et

en se relevant : « Mon aimable dame, lui dit-il, vous avez commencé aujourd'hui mon bonheur, vous y mettez le comble par une action si généreuse; je ne puis assez vous témoigner ma reconnaissance. Au reste, mesdames, ajouta-t-il en s'adressant aux trois sœurs ensemble, puisque vous me faites un si grand honneur, ne croyez pas que j'en abuse, et que je me considère comme un homme qui le mérite; non, je me regarderai toujours comme le plus humble de vos esclaves. » En achevant ces mots, il voulut rendre l'argent qu'il avait reçu; mais la grave Zobéide lui ordonna de le garder : « Ce qui est une fois sorti de nos mains, dit-elle, pour récompenser ceux qui nous ont rendu service, n'y retourne plus... »

L'aurore, qui parut, vint en cet endroit imposer silence à Scheherazade.

Dinarzade, qui l'écoutait avec beaucoup d'attention, en fut fort fâchée ; mais elle eut sujet de s'en consoler, parce que le sultan, curieux de savoir ce qui se passerait entre les trois belles dames et le porteur, remit la suite de cette histoire à la nuit suivante, et se leva pour aller s'acquitter de ses fonctions ordinaires.

XXXI NUIT.

Dinarzade, le lendemain, ne manqua pas de réveiller la sultane à l'heure ordinaire et de lui dire : Ma chère sœur, si vous ne dormez pas, je vous prie, en attendant le jour, qui paraîtra bientôt, de poursuivre le merveilleux conte que vous avez commencé. Scheherazade prit alors la parole, et s'adressant au sultan : Sire, dit-elle, je vais, avec votre permission, contenter la curiosité de ma sœur. En même temps elle reprit ainsi l'histoire des trois calenders :

Zobéide ne voulut donc point reprendre l'argent du porteur : « Mais mon ami, lui dit-elle, en consentant que vous demeuriez avec nous, je vous avertis que ce n'est pas seulement à condition que vous garderez le secret que nous avons exigé de vous; nous prétendons encore que vous observiez exactement les règles de la bienséance et de l'honnêteté. » Pendant qu'elle tenait ce discours, la charmante Amine quitta son habillement de ville, attacha sa robe à sa ceinture pour agir avec plus de liberté, et prépara la table. Elle servit plusieurs sortes de mets, et mit sur un buffet des bouteilles de vin[1] et des tasses d'or. Après cela, les dames se placèrent et firent asseoir à leurs côtés le porteur, qui était satisfait au delà de tout ce qu'on peut dire, de se voir à table avec trois personnes d'une beauté si extraordinaire.

Après les premiers morceaux, Amine, qui s'était placée près du buffet, prit une bouteille et une tasse, se versa à boire, et but la première, suivant la coutume des Arabes. Elle versa ensuite à ses sœurs, qui burent l'une après l'autre; puis remplissant pour la quatrième fois la même tasse, elle la présenta au porteur, lequel, en la recevant, baisa la main d'Amine,

---

[1] L'usage du vin est interdit par la religion musulmane.

et chanta, avant que de boire, une chanson dont le sens était que, comme le vent emporte avec lui la bonne odeur des lieux parfumés par où il passe, de même le vin qu'il allait boire, venant de sa main, en recevait un goût plus exquis que celui qu'il avait naturellement. Cette chanson réjouit les dames, qui chantèrent à leur tour. Enfin, la compagnie fut de très-bonne humeur pendant le repas, qui dura fort longtemps, et fut accompagné de tout ce qui pouvait le rendre agréable.

Le jour allait bientôt finir, lorsque Safie, prenant la parole au nom des trois dames, dit au porteur : « Levez-vous, partez : il est temps de vous retirer. » Le porteur, ne pouvant se résoudre à les quitter, répondit : « Eh ! mesdames, où me commandez-vous d'aller en l'état où je me trouve ? je suis hors de moi-même à force de vous voir et de boire ; je ne retrouverais jamais le chemin de ma maison. Donnez-moi la nuit pour me reconnaître ; je la passerai où il vous plaira ; mais il ne me faut pas moins de temps pour me remettre dans le même état où j'étais lorsque je suis entré chez vous : avec cela, je doute encore que je n'y laisse la meilleure partie de moi-même. »

Amine prit une seconde fois le parti du porteur : « Mes sœurs, dit-elle, il a raison ; je lui sais bon gré de la demande qu'il nous fait. Il nous a assez bien diverties ; si vous voulez m'en croire, ou plutôt si vous m'aimez autant que j'en suis persuadée, nous le retiendrons pour passer la soirée avec nous. — Ma sœur, dit Zobéide, nous ne pouvons rien refuser à votre prière. Porteur, continua-t-elle en s'adressant à lui, nous voulons bien encore vous faire cette grâce ; mais nous y mettons une nouvelle condition. Quoi que nous puissions faire en votre présence, par rapport à nous ou à autre chose, gardez-vous bien d'ouvrir seulement la bouche pour nous en demander la raison : car en nous faisant des questions sur des choses qui ne vous regardent nullement, vous pourriez entendre ce qui ne vous plairait pas : prenez-y garde, et ne vous avisez pas d'être trop curieux en voulant trop approfondir les motifs de nos actions.

« — Madame, repartit le porteur, je vous promets d'observer cette condition avec tant d'exactitude que vous n'aurez pas lieu de me reprocher d'y avoir contrevenu, et encore moins de punir mon indiscrétion : ma langue, en cette occasion, sera immobile, et mes yeux seront comme un miroir qui ne conserve rien des objets qu'il a reçus. — Pour vous faire voir, reprit Zobéide d'un air très-sérieux, que ce que nous vous demandons n'est pas nouvellement établi parmi nous, levez-vous et allez lire ce qui est écrit au-dessus de notre porte en dedans. »

Le porteur alla jusque là, et y lut ces mots, qui étaient écrits en gros caractères d'or : Qui parle de choses qui ne le regardent point entend ce qui ne lui plaît pas. Il revint ensuite trouver les trois sœurs : « Mesdames, leur dit-il, je vous jure que vous ne m'entendrez parler d'aucune chose qui ne me regardera pas et où vous puissiez avoir intérêt. »

Cette convention faite, Amine apporta le souper, et quand elle eut éclairé la salle d'un grand nombre de bougies préparées avec le bois d'aloès et l'ambre gris, qui répandirent une odeur agréable et firent une belle illumination, elle s'assit à table avec ses sœurs et le porteur. Ils recommencèrent à manger, à boire, à chanter et à réciter des vers. Les dames prenaient plaisir à enivrer le porteur, sous prétexte de le faire boire à leur santé. Les bons mots ne furent point épargnés : enfin ils étaient tous dans la meilleure humeur du monde lorsqu'ils ouïrent frapper à la porte... Scheherazade fut obligée en cet endroit d'interrompre son récit, parce qu'elle vit paraître le jour.

Le sultan, ne doutant point que la suite de cette histoire ne méritât d'être entendue, la remit au lendemain, et se leva.

XXXII NUIT.

Sur la fin de la nuit suivante, Dinarzade appela la sultane : Au nom de Dieu, ma sœur, lui dit-elle, si vous ne dormez pas, je vous supplie de continuer le conte de ces trois belles filles; je suis dans une extrême impatience de savoir qui frappait à leur porte. — Vous l'allez apprendre, répondit Scheherazade; je vous assure que ce que je vais vous raconter n'est pas indigne du sultan mon seigneur.

Dès que les dames, poursuivit-elle, entendirent frapper à la porte, elles se levèrent toutes trois en même temps pour aller ouvrir; mais Safie, à qui cette fonction appartenait particulièrement, fut la plus diligente; les deux autres, se voyant prévenues, demeurèrent et attendirent qu'elle vînt leur apprendre qui pouvait avoir affaire chez elles si tard. Safie revint : « Mes sœurs, dit-elle, il se présente une belle occasion de passer une bonne partie de la nuit fort agréablement, et si vous êtes de même sentiment que moi, nous ne la laisserons point échapper. Il y a à notre porte trois calenders[1], au moins ils me paraissent tels à leur habillement; mais ce qui va sans doute vous surprendre, ils sont tous trois borgnes de l'œil droit, et ont la tête, la barbe et les sourcils ras. Ils ne font, disent-ils, que d'arriver tout présentement à Bagdad, où ils ne sont jamais venus; et comme il est nuit et qu'ils ne savent où aller loger, ils ont frappé par hasard à notre

---

[1] Les calenders, ou kalenderis, sont des derviches dont la vie religieuse n'est généralement pas approuvée des musulmans.

porte, et ils nous prient, pour l'amour de Dieu, d'avoir la charité de les recevoir. Ils se contenteront d'une écurie. Ils sont jeunes et assez bien faits : ils paraissent même avoir beaucoup d'esprit ; mais je ne puis penser sans rire à leur figure plaisante et uniforme. » En cet endroit, Safie s'interrompit elle-même et se mit à rire de si bon cœur, que les deux autres dames et le porteur ne purent s'empêcher de rire aussi. « Mes bonnes sœurs, reprit-elle, ne voulez-vous pas bien que nous les fassions entrer ? Il est impossible qu'avec des gens tels que je viens de vous les dépeindre, nous n'achevions la journée encore mieux que nous ne l'avons commencée. Ils nous divertiront fort et ne nous seront point à charge, puisqu'ils ne nous demandent une retraite que pour cette nuit seulement, et que leur intention est de nous quitter d'abord qu'il sera jour. »

Zobéide et Amine firent difficulté d'accorder à Safie ce qu'elle demandait, et elle en savait bien la raison elle-même. Mais elle leur témoigna une si grande envie d'obtenir d'elles cette faveur, qu'elles ne purent la lui refuser. « Allez, lui dit Zobéide, faites-les donc entrer ; mais n'oubliez pas de les avertir de ne point parler de ce qui ne les regardera pas, et de leur faire lire ce qui est écrit au-dessus de la porte. » A ces mots, Safie courut ouvrir avec joie, et peu de temps après, elle revint accompagnée des trois calenders.

Les trois calenders firent, en entrant, une profonde révérence aux dames qui s'étaient levées pour les recevoir, et qui leur dirent obligeamment qu'ils étaient les bienvenus; qu'elles étaient bien aises de trouver l'occasion de les obliger et de contribuer à les remettre de la fatigue de leur voyage, et enfin elles les invitèrent à s'asseoir auprès d'elles. La magnificence du lieu et l'honnêteté des dames firent concevoir aux calenders une haute idée de ces belles hôtesses; mais avant que de prendre place, ayant par hasard jeté les yeux sur le porteur, et le voyant habillé à peu près comme d'autres calenders avec lesquels ils étaient en différend sur plusieurs points de discipline, et qui ne se rasaient pas la barbe et les sourcils, un d'entre eux prit la parole : « Voilà, dit-il, apparemment, un de nos frères arabes les révoltés. »

Le porteur, à moitié endormi et la tête échauffée du vin qu'il avait bu, se trouva choqué de ces paroles, et, sans se lever de sa place, répondit aux calenders, en les regardant fièrement : « Asseyez-vous et ne vous mêlez pas de ce que vous n'avez que faire. N'avez-vous pas lu au-dessus de la porte l'inscription qui y est ? Ne prétendez pas obliger le monde à vivre à votre mode; vivez à la nôtre. »

« —Bonhomme, reprit le calender qui avait parlé, ne vous mettez point en colère; nous serions bien fâchés de vous en avoir donné le moindre sujet, et nous sommes, au contraire, prêts à recevoir vos commandements. » La querelle aurait pu avoir de la suite; mais les dames s'en mêlèrent et pacifièrent toutes choses.

Quand les calenders se furent assis à table, les dames leur servirent à manger, et l'enjouée Safie particulièrement prit soin de leur verser à boire... Scheherazade s'arrêta en cet endroit, parce qu'elle remarqua qu'il était jour. Le sultan se leva pour aller remplir ses devoirs, se promettant bien d'entendre la suite de ce conte le lendemain, car il avait grande envie d'apprendre pourquoi les calenders étaient borgnes et tous trois du même œil.

XXXIII NUIT.

Une heure avant le jour, Dinarzade, s'étant éveillée, dit à la sultane : Ma chère sœur, si vous ne dormez pas, contez-moi, je vous prie, ce qui se passa entre les dames et les calenders. — Très-volontiers, répondit Scheherazade. En même temps elle continua de cette manière le conte de la nuit précédente.

Après que les calenders eurent bu et mangé à discrétion, ils témoignèrent aux dames qu'ils se feraient un grand plaisir de leur donner un concert, si elles avaient des instruments et qu'elles voulussent leur en faire apporter. Elles acceptèrent l'offre avec joie. La belle Safie se leva pour en aller quérir. Elle revint un moment ensuite et leur présenta une flûte du pays, une autre à la persienne et un tambour de basque. Chaque calender reçut de sa main l'instrument qu'il voulut choisir, et ils commencèrent tous trois à jouer un air. Les dames, qui savaient des paroles sur cet air, qui était des plus gais, l'accompagnèrent de leurs voix ; mais elles s'interrompaient de temps en temps par de grands éclats de rire que leur faisaient faire les paroles.

Au plus fort de ce divertissement et lorsque la compagnie était le plus en joie, on frappa à la porte. Safie cessa de chanter et alla voir ce que c'était. Mais, sire, dit en cet endroit Scheherazade au sultan, il est bon que votre majesté sache pourquoi l'on frappait si tard à la porte des dames, et en voici la raison. Le calife Haroun Alraschid[1] avait coutume de marcher très-souvent la nuit incognito, pour savoir par lui-même si tout était tranquille dans la ville et s'il ne s'y commettait pas de désordres.

Cette nuit-là, le calife était sorti de bonne heure, accompagné de Gia-

---

[1] Haroun, surnommé Alraschid, *le Juste*, est un des plus célèbres princes de la dynastie des Abbassides, dont il est le cinquième calife.

far[1] son grand vizir, et de Mesrour, chef des eunuques de son palais, tous trois déguisés en marchands. En passant par la rue des trois dames, ce prince, entendant le son des instruments et des voix, et le bruit des éclats de rire, dit au visir : « Allez, frappez à la porte de cette maison où l'on fait tant de bruit; je veux y entrer et en apprendre la cause. » Le vizir eut beau lui représenter que c'étaient des femmes qui se régalaient ce soir-là, et que le vin apparemment leur avait échauffé la tête, et qu'il ne devait pas s'exposer à recevoir d'elles quelque insulte; qu'il n'était pas encore heure indue, et qu'il ne fallait pas troubler leur divertissement. « Il n'importe, repartit le calife, frappez, je vous l'ordonne. »

C'était donc le grand vizir Giafar qui avait frappé à la porte des dames par ordre du calife, qui ne voulait pas être connu. Safie ouvrit, et le vizir, remarquant, à la clarté d'une bougie qu'elle tenait, que c'était une dame d'une

[1] Giafar, l'un des membres les plus célèbres de la famille des Barmécides, était le favori de Haroun Alraschid, et portait, comme son père Yahya, le titre de vizir.

grande beauté, joua parfaitement bien son personnage. Il lui fit une profonde révérence et lui dit d'un air respectueux : « Madame, nous sommes trois marchands de Moussoul[1], arrivés depuis environ dix jours avec de riches marchandises que nous avons en magasin dans un khan[2], où nous avons pris logement. Nous avons été aujourd'hui chez un marchand de cette ville, qui nous avait invités à l'aller voir. Il nous a régalés d'une collation, et comme le vin nous avait mis de belle humeur, il a fait venir une troupe de danseuses. Il était déjà nuit, et dans le temps que l'on jouait des instruments, que les danseuses dansaient et que la compagnie faisait grand bruit, le guet a passé et s'est fait ouvrir. Quelques-uns de la compagnie ont été arrêtés : pour nous, nous avons été assez heureux pour nous sauver par-dessus une muraille. Mais, ajouta le vizir, comme nous sommes étrangers, et avec cela un peu pris de vin, nous craignons de rencontrer une autre escouade du guet, ou la même, avant que d'arriver à notre khan, qui est éloigné d'ici. Nous arriverions même inutilement, car la porte est fermée, et ne sera ouverte que demain matin, quelque chose qu'il puisse arriver. C'est pourquoi, madame, ayant ouï en passant des instruments et des voix, nous avons jugé que l'on n'était pas encore retiré chez vous, et nous avons pris la liberté de frapper pour vous supplier de nous donner retraite jusqu'au jour. Si nous vous paraissons dignes de prendre part à votre divertissement, nous tâcherons d'y contribuer en ce que nous pourrons, pour réparer l'interruption que nous y avons causée. Sinon, faites-nous seulement la grâce de souffrir que nous passions la nuit à couvert sous votre vestibule. »

Pendant ce discours de Giafar, la belle Safie eut le temps d'examiner ce visir et les deux personnes qu'il disait marchands comme lui, et jugeant à leurs physionomies que ce n'étaient pas des gens du commun, elle leur dit qu'elle n'était pas la maîtresse, et que s'ils voulaient se donner un moment de patience, elle reviendrait leur apporter la réponse.

Safie alla faire ce rapport à ses sœurs, qui balancèrent quelque temps sur le parti qu'elles devaient prendre. Mais elles étaient naturellement bienfaisantes, et elles avaient déjà fait la même grâce aux trois calenders. Ainsi elles résolurent de les laisser entrer... Scheherazade se préparait à poursuivre son conte; mais s'étant aperçue qu'il était jour, elle interrompit là son récit. La quantité de nouveaux acteurs que la sultane venait d'introduire sur la scène, piquant la curiosité de Schahriar et le laissant dans l'attente de quelque événement singulier, ce prince attendit la nuit suivante avec impatience.

---

[1] Moussoul, ville de la Mésopotamie qui fait aujourd'hui partie des possessions du grand-seigneur. Elle possède des fabriques de toile de coton qui, de son nom, ont pris celui de mousseline.

[2] Khan, ou caravanserail, bâtiment qui sert d'hôtellerie en Orient, et où les caravanes sont reçues gratuitement ou pour un prix modique.

XXXIV NUIT.

Dinarzade, aussi curieuse que le sultan d'apprendre ce que produirait l'arrivée du calife chez les trois dames, n'oublia pas de réveiller la sultane de fort bonne heure. Si vous ne dormez pas, ma sœur, lui dit-elle, je vous supplie de reprendre l'histoire des calenders. Scheherazade aussitôt la poursuivit de cette sorte avec la permission du sultan.

Le calife, son grand vizir et le chef de ses eunuques, ayant été introduits par la belle Safie, saluèrent les dames et les calenders avec beaucoup de civilité. Les dames les reçurent de même, les croyant marchands, et Zobéide, comme la principale, leur dit d'un air grave et sérieux qui lui convenait : « Vous êtes les bienvenus; mais, avant toutes choses, ne trouvez pas mauvais que nous vous demandions une grâce. — Hé! quelle grâce, madame? répondit le vizir; peut-on refuser quelque chose à de si belles dames? — C'est, reprit Zobéide, de n'avoir que des yeux et point de langue; de ne nous pas faire des questions sur quoi que vous puissiez voir, pour en apprendre la cause, et de ne point parler de ce qui ne vous regardera pas, de crainte que vous n'entendiez ce qui ne vous serait pas agréable. — Vous serez obéie, madame, repartit le vizir. Nous ne sommes ni censeurs, ni curieux indiscrets : c'est bien assez que nous ayons attention à ce qui nous regarde, sans nous mêler de ce qui ne nous regarde pas. » A ces mots chacun s'assit, la conversation se lia et l'on recommença de boire en faveur des nouveaux venus.

Pendant que le vizir Giafar entretenait les dames, le calife ne pouvait cesser d'admirer leur beauté extraordinaire, leur bonne grâce, leur humeur enjouée et leur esprit. D'un autre côté, rien ne lui paraissait plus surprenant que les calenders, tous trois borgnes de l'œil droit. Il se serait volontiers informé de cette singularité; mais la condition qu'on venait d'imposer à lui et à sa compagnie l'empêcha d'en parler. Avec cela, quand il faisait réflexion à la richesse des meubles, à leur arrangement bien entendu et à la propreté de cette maison, il ne pouvait se persuader qu'il n'y eût pas de l'enchantement.

L'entretien étant tombé sur les divertissements et les différentes manières de se réjouir, les calenders se levèrent et dansèrent à leur mode une danse qui augmenta la bonne opinion que les dames avaient déjà conçue d'eux, et qui leur attira l'estime du calife et de sa compagnie.

Quand les trois calenders eurent achevé leur danse, Zobéide se leva, et prenant Amine par la main : « Ma sœur, lui dit-elle, levez-vous; la compagnie ne trouvera pas mauvais que nous ne nous contraignions point, et leur présence n'empêchera pas que nous ne fassions ce que nous avons coutume de faire. » Amine, qui comprit ce que sa sœur voulait dire, se leva et emporta les plats, la table, les flacons, les tasses et les instruments dont les calenders avaient joué.

Safie ne demeura pas à rien faire : elle balaya la salle, mit à sa place tout ce qui était dérangé, moucha les bougies et y appliqua d'autres bois d'aloès et d'autre ambre gris. Cela étant fait, elle pria les trois calenders de s'asseoir sur le sofa d'un côté, et le calife de l'autre avec sa compagnie. A l'égard du porteur, elle lui dit : « Levez-vous, et vous préparez à nous prêter la main à ce que nous allons faire; un homme tel que vous, qui est comme de la maison, ne doit pas demeurer dans l'inaction. »

Le porteur avait un peu cuvé son vin : il se leva promptement, et après avoir attaché le bas de sa robe à sa ceinture : « Me voilà prêt, dit-il; de quoi s'agit-il? — Cela va bien, répondit Safie, attendez que l'on vous parle; vous ne serez pas longtemps les bras croisés. » Peu de temps après, on vit paraître Amine avec un siége, qu'elle posa au milieu de la salle. Elle alla ensuite à la porte d'un cabinet, et l'ayant ouverte, elle fit signe au porteur de s'approcher. « Venez, lui dit-elle, et m'aidez. » Il obéit, et y étant entré avec elle, il en sortit un moment après suivi de deux chiennes noires, dont chacune avait un collier attaché à une chaîne qu'il tenait, et qui paraissaient avoir été maltraitées à coups de fouet. Il s'avança avec elles au milieu de la salle.

Alors Zobéide, qui s'était assise entre les calenders et le calife, se leva et marcha gravement jusqu'où était le porteur. « Ça, dit-elle en poussant un grand soupir, faisons notre devoir. » Elle se retroussa les bras jusqu'au coude, et après avoir pris un fouet que Safie lui présenta : « Porteur, dit-elle, remettez une de ces deux chiennes à ma sœur Amine, et approchez-vous de moi avec l'autre. »

Le porteur fit ce qu'on lui commandait, et quand il se fut approché de Zobéide, la chienne qu'il tenait commença de faire des cris et se tourna vers Zobéide en levant la tête d'une manière suppliante. Mais Zobéide, sans avoir égard à la triste contenance de la chienne, qui faisait pitié, ni à ses cris, qui remplissaient toute la maison, lui donna des coups de fouet à perte d'haleine, et lorsqu'elle n'eut plus la force de lui en donner davantage, elle jeta le fouet par terre; puis, prenant la chaîne de la main du porteur, elle leva la chienne par les pattes, et, se mettant toutes deux à se regarder d'un air triste et touchant, elles pleurèrent l'une et l'autre.

Enfin Zobéide tira son mouchoir, essuya les larmes de la chienne, la baisa, et remettant la chaîne au porteur : « Allez, lui dit-elle, remenez-la où vous l'avez prise, et amenez-moi l'autre. »

Le porteur remena la chienne fouettée au cabinet, et en revenant il prit l'autre des mains d'Amine et l'alla présenter à Zobéide, qui l'attendait. « Tenez-la comme la première, » lui dit-elle; puis ayant repris le fouet, elle la maltraita de la même manière. Elle pleura ensuite avec elle, essuya ses pleurs, la baisa et la remit au porteur, à qui l'agréable Amine épargna la peine de la remettre au cabinet, car elle s'en chargea elle-même.

Cependant les trois calenders, le calife et sa compagnie furent extraordinairement étonnés de cette exécution. Ils ne pouvaient comprendre comment Zobéide, après avoir fouetté avec tant de furie les deux chiennes, animaux immondes, selon la religion musulmane, pleurait ensuite avec elles, leur essuyait les larmes et les baisait. Ils en murmuraient en eux-mêmes. Le calife surtout, plus impatient que les autres, mourait d'envie de savoir le sujet d'une action qui lui paraissait si étrange, et ne cessait de faire signe au vizir de parler pour s'en informer. Mais le vizir tournait la tête d'un autre côté, jusqu'à ce que, pressé par des signes si souvent réitérés, il répondit par d'autres signes que ce n'était pas le temps de satisfaire sa curiosité.

Zobéide demeura quelque temps à la même place au milieu de la salle, comme pour se remettre de la fatigue qu'elle venait de se donner en fouettant les deux chiennes. « Ma chère sœur, lui dit la belle Safie, ne vous plaît-il pas de retourner à votre place, afin qu'à mon tour je fasse aussi mon personnage? — Oui, répondit Zobéide. » En disant cela, elle alla s'asseoir sur le sofa, ayant à sa droite le calife, Giafar et Mesrour, et à sa gauche les trois calenders et le porteur.... Sire, dit en cet endroit Scheherazade, ce que votre majesté vient d'entendre doit sans doute lui paraître merveilleux; mais ce qui reste à raconter l'est encore bien davantage. Je suis persuadée que vous en conviendrez la nuit prochaine, si vous voulez bien me permettre de vous achever cette histoire. Le sultan y consentit, et se leva parce qu'il était jour.

XXXV NUIT.

Dinarzade ne fut pas plus tôt éveillée le lendemain qu'elle s'écria : Ma sœur, si vous ne dormez pas, je vous prie de reprendre le beau conte d'hier. La sultane, se souvenant de l'endroit où elle en était demeurée, parla aussitôt de cette sorte, en adressant la parole au sultan :

Sire, après que Zobéide eut repris sa place, toute la compagnie garda quelque temps le silence. Enfin Safie, qui était assise sur le siége au milieu de la salle, dit à sa sœur Amine : « Ma chère sœur, levez-vous, je vous en conjure ; vous comprenez bien ce que je veux dire. » Amine se leva et alla dans un autre cabinet que celui d'où les deux chiennes avaient été amenées. Elle en revint tenant un étui garni de satin jaune, relevé d'une riche broderie d'or et de soie verte. Elle s'approcha de Safie et ouvrit l'étui, d'où elle tira un luth, qu'elle lui présenta. Elle le prit, et après avoir mis quelque temps à l'accorder, elle commença de le toucher, et, l'accompagnant de sa voix, elle chanta une chanson sur les tourments de l'absence, avec tant d'agrément, que le calife et tous les autres en furent charmés. Lorsqu'elle eut achevé, comme elle avait chanté avec beaucoup de passion et d'action en même temps : « Tenez, ma sœur, dit-elle à l'agréable Amine, je n'en puis plus et la voix me manque ; obligez la compagnie en jouant et en chantant à ma place. — Très-volontiers, » répondit Amine en s'approchant de Safie, qui lui remit le luth entre les mains et lui céda sa place.

Amine ayant un peu préludé pour voir si l'instrument était d'accord, joua et chanta presque aussi longtemps sur le même sujet, mais avec tant de véhémence, et elle était si touchée, ou, pour mieux dire, si pénétrée

du sens des paroles qu'elle chantait, que ses forces lui manquèrent en achevant.

Zobéide voulut lui marquer sa satisfaction : « Ma sœur, dit-elle, vous avez fait des merveilles ; on voit bien que vous sentez le mal que vous exprimez si vivement. » Amine n'eut pas le temps de répondre à cette honnêteté. Elle se sentit le cœur si pressé en ce moment, qu'elle ne songea qu'à se donner de l'air en laissant voir à toute la compagnie sa gorge et un sein, non pas blanc tel qu'une dame comme Amine devait l'avoir, mais tout meurtri de cicatrices ; ce qui fit une espèce d'horreur aux spectateurs. Néanmoins cela ne lui donna pas de soulagement et ne l'empêcha pas de s'évanouir... Mais, sire, dit Scheherazade, je ne m'aperçois pas que voilà le jour. A ces mots, elle cessa de parler, et le sultan se leva. Quand ce prince n'aurait pas résolu de différer la mort de la sultane, il n'aurait pu encore se résoudre à lui ôter la vie. Sa curiosité était trop intéressée à entendre jusqu'à la fin un conte rempli d'événements si peu attendus.

XXXVI NUIT.

Dinarzade, suivant sa coutume, dit à la sultane : Ma chère sœur, si vous ne dormez pas, je vous supplie de continuer l'histoire des dames et des calenders. Scheherazade la reprit ainsi :

Pendant que Zobéide et Safie coururent au secours de leur sœur, un des calenders ne put s'empêcher de dire : « Nous aurions mieux aimé coucher à l'air que d'entrer ici, si nous avions cru y voir de pareils spectacles. » Le calife, qui l'entendit, s'approcha de lui et des autres calenders, et s'adressant à eux : « Que signifie tout ceci ? dit-il. » Celui qui venait de parler lui répondit : « Seigneur, nous ne le savons pas plus que vous. — Quoi ! reprit le calife, vous n'êtes pas de la maison, ni vous ne pouvez rien nous apprendre de ces deux chiennes noires, et de cette dame évanouie et si indignement maltraitée ? — Seigneur, repartirent les calenders, de notre vie nous ne sommes venus en cette maison, et nous n'y sommes entrés que quelques moments avant vous. »

Cela augmenta l'étonnement du calife. « Peut-être, répliqua-t-il, que cet homme qui est avec vous en sait quelque chose. » L'un des calenders fit signe au porteur de s'approcher, et lui demanda s'il ne savait pas pourquoi les chiennes noires avaient été fouettées et pourquoi le sein d'Amine paraissait meurtri. « Seigneur, répondit le porteur, je puis jurer par le grand Dieu vivant que si vous ne savez rien de tout cela, nous n'en savons pas plus les uns que les autres. Il est bien vrai que je suis de cette ville; mais je ne suis jamais entré qu'aujourd'hui dans cette maison, et si vous êtes surpris de m'y voir, je ne le suis pas moins de m'y trouver en votre compagnie. Ce qui redouble ma surprise, ajouta-t-il, c'est de ne voir ici aucun homme avec ces dames. »

Le calife, sa compagnie et les calenders avaient cru que le porteur était du logis, et qu'il pourrait les informer de ce qu'ils désiraient savoir. Le calife, résolu de satisfaire sa curiosité à quelque prix que ce fût, dit aux autres : « Écoutez, puisque nous voilà sept hommes et que nous n'avons affaire qu'à trois dames, obligeons-les à nous donner l'éclaircissement que nous souhaitons. Si elles refusent de nous le donner de bon gré, nous sommes en état de les y contraindre. »

Le grand vizir Giafar s'opposa à cet avis et en fit voir les conséquences au calife, sans toutefois faire connaître ce prince aux calenders, et lui adressant la parole, comme s'il eût été marchand : « Seigneur, dit-il, considérez, je vous prie, que nous avons notre réputation à conserver. Vous savez à quelle condition ces dames ont bien voulu nous recevoir chez elles : nous l'avons acceptée. Que dirait-on de nous si nous y contrevenions? Nous serions encore plus blâmables s'il nous arrivait quelque malheur. Il n'y a pas d'apparence qu'elles aient exigé de nous cette promesse sans être en état de nous faire repentir si nous ne la tenons pas. »

En cet endroit, le vizir tira le calife à part, et lui parlant tout bas : « Seigneur, poursuivit-il, la nuit ne durera pas encore longtemps; que votre majesté se donne un peu de patience. Je viendrai prendre ces dames demain matin, je les amènerai devant votre trône, et vous apprendrez d'elles tout ce que vous voulez savoir. » Quoique ce conseil fût très-judicieux, le calife le rejeta, imposa silence au vizir, en lui disant qu'il prétendait avoir à l'heure même l'éclaircissement qu'il désirait.

Il ne s'agissait plus que de savoir qui porterait la parole. Le calife tâcha d'engager les calenders à parler les premiers; mais ils s'en excusèrent. A la fin, ils convinrent tous ensemble que ce serait le porteur. Il se préparait à faire la question fatale, lorsque Zobéide, après avoir secouru Amine, qui était revenue de son évanouissement, s'approcha d'eux. Comme elle les avait ouïs parler haut et avec chaleur, elle leur dit : « Seigneurs, de quoi parlez-vous? quelle est votre contestation? »

Le porteur prit alors la parole : « Madame, dit-il, ces seigneurs vous supplient de vouloir bien leur expliquer pourquoi, après avoir maltraité vos deux chiennes, vous avez pleuré avec elles, et d'où vient que la dame qui s'est évanouie a le sein couvert de cicatrices. C'est, madame, ce que je suis chargé de vous demander de leur part. »

Zobéide, à ces mots, prit un air fier, et se tournant du côté du calife, de sa compagnie et des calenders : « Est-il vrai, seigneurs, leur dit-elle, que vous l'ayez chargé de me faire cette demande? » Ils répondirent tous qu'oui, excepté le vizir Giafar, qui ne dit mot. Sur cet aveu, elle leur dit, d'un ton qui marquait combien elle se tenait offensée : « Avant que de vous accorder la grâce que vous nous avez demandée de vous recevoir, afin de prévenir tout sujet d'être mécontentes de vous, parce que nous sommes seules, nous l'avons fait sous la condition que nous vous avons imposée de ne pas parler de ce qui ne vous regarderait point, de peur d'entendre ce qui ne vous plairait pas. Après vous avoir reçus et régalés du mieux qu'il nous a été possible, vous ne laissez pas toutefois de manquer de parole. Il est vrai que cela arrive par la facilité que nous avons eue; mais c'est ce qui ne vous excuse point, et votre procédé n'est pas honnête. » En achevant ces paroles elle frappa fortement des pieds et des mains par trois fois, et cria : Venez vite. Aussitôt une porte s'ouvrit, et sept esclaves noirs, puissants et robustes, entrèrent le sabre à la main, se saisirent chacun d'un des sept hommes

de la compagnie, les jetèrent par terre, les traînèrent au milieu de la salle, et se préparèrent à leur couper la tête.

Il est aisé de se représenter quelle fut la frayeur du calife. Il se repentit alors, mais trop tard, de n'avoir pas voulu suivre le conseil de son vizir. Cependant ce malheureux prince, Giafar, Mesrour, le porteur et les calenders étaient près de payer de leurs vies leur indiscrète curiosité; mais avant qu'ils reçussent le coup de la mort, un des esclaves dit à Zobéide et à ses sœurs : « Hautes, puissantes et respectables maîtresses, nous commandez-vous de leur couper le cou ? — Attendez, lui répondit Zobéide ; il faut que je les interroge auparavant. — Madame, interrompit le porteur effrayé, au nom de Dieu, ne me faites pas mourir pour le crime d'autrui. Je suis innocent, ce sont eux qui sont les coupables. Hélas ! continua-t-il en pleurant, nous passions le temps si agréablement ! ces calenders borgnes sont la cause de ce malheur ; il n'y a pas de ville qui ne tombe en ruine devant des gens de si mauvais augure. Madame, je vous supplie de ne pas confondre le premier avec le dernier, et songez qu'il est plus beau de pardonner à un misérable comme moi, dépourvu de tout secours, que de l'accabler de votre pouvoir et le sacrifier à votre ressentiment. »

Zobéide, malgré sa colère, ne put s'empêcher de rire en elle-même des lamentations du porteur. Mais, sans s'arrêter à lui, elle adressa la parole aux autres une seconde fois. « Répondez-moi, dit-elle, et m'apprenez qui vous êtes : autrement vous n'avez plus qu'un moment à vivre. Je ne puis croire que vous soyez d'honnêtes gens ni des personnes d'autorité ou de distinction dans votre pays, quel qu'il puisse être. Si cela était, vous auriez eu plus de retenue et plus d'égards pour nous. »

Le calife, impatient de son naturel, souffrait infiniment plus que les autres de voir que sa vie dépendait du commandement d'une dame offensée et justement irritée ; mais il commença de concevoir quelque espérance quand il vit qu'elle voulait savoir qui ils étaient tous, car il s'imagina qu'elle ne lui ferait pas ôter la vie lorsqu'elle serait informée de son rang. C'est pourquoi il dit tout bas au vizir, qui était près de lui, de déclarer promptement qui il était. Mais le vizir, prudent et sage, voulant sauver l'honneur de son maître et ne pas rendre public le grand affront qu'il s'était attiré lui-même, répondit seulement : « Nous n'avons que ce que nous méritons. » Mais, quand pour obéir au calife, il aurait voulu parler, Zobéide ne lui en aurait pas donné le temps. Elle s'était déjà adressée aux calenders, et les voyant tous trois borgnes, elle leur demanda s'ils étaient frères. Un d'entre eux lui répondit pour les autres : « Non, madame, nous ne sommes pas frères par le sang ; nous ne le sommes qu'en qualité de calenders, c'est-à-dire en observant le même genre de vie. — Vous, reprit-elle en parlant à un seul en particulier, êtes-vous borgne de naissance ? — Non, madame, répondit-il, je le suis par une aventure si surprenante qu'il n'y a personne qui n'en profitât si elle était écrite. Après ce malheur, je me fis raser la barbe et les sourcils, et me fis calender, en prenant l'habit que je porte. »

Zobéide fit la même question aux deux autres calenders, qui lui firent la même réponse que le premier. Mais le dernier qui parla ajouta : « Pour vous faire connaître, madame, que nous ne sommes pas des personnes du commun, et afin que vous ayez quelque considération pour nous, apprenez que nous sommes tous trois fils de rois. Quoique nous ne nous soyons jamais vus que ce soir, nous avons eu toutefois le temps de nous faire connaître les uns aux autres pour ce que nous sommes, et j'ose vous assurer que les rois de qui nous tenons le jour font quelque bruit dans le monde. »

A ce discours, Zobéide modéra son courroux et dit aux esclaves : « Donnez-leur un peu de liberté, mais demeurez ici. Ceux qui nous raconteront leur histoire et le sujet qui les a amenés en cette maison, ne leur faites point de mal, laissez-les aller où il leur plaira ; mais n'épargnez pas ceux qui refuseront de nous donner cette satisfaction.... » A ces mots, Sheherazade se tut, et son silence, aussi bien que le jour qui paraissait, faisant connaître à Schahriar qu'il était temps qu'il se levât, ce prince le fit, se proposant d'entendre le lendemain Scheherazade, parce qu'il souhaitait de savoir qui étaient les trois calenders borgnes.

XXXVII NUIT.

Dinarzade, qui prenait toujours un plaisir extrême aux contes de la sultane, la réveilla vers la fin de la nuit suivante. Ma chère sœur, lui dit-elle, si vous ne dormez pas, poursuivez, je vous en conjure, l'agréable histoire des calenders.

Scheherazade en demanda la permission au sultan, et l'ayant obtenue : Sire, continua-t-elle, les trois calenders, le calife, le grand vizir Giafar, l'eunuque Mesrour et le porteur étaient tous au milieu de la salle, assis sur le tapis de pied, en présence des trois dames, qui étaient sur le sofa, et des esclaves prêts à exécuter tous les ordres qu'elles voudraient leur donner.

Le porteur ayant compris qu'il ne s'agissait que de raconter son histoire pour se délivrer d'un si grand danger, prit la parole le premier, et dit : « Madame, vous savez déjà mon histoire et le sujet qui m'a amené chez vous. Ainsi ce que j'ai à vous raconter sera bientôt achevé. Madame votre sœur que voilà m'a pris ce matin à la place, où, en qualité de porteur, j'attendais que quelqu'un m'employât et me fît gagner ma vie. Je l'ai suivie chez un marchand de vin, chez un vendeur d'herbes, chez un vendeur d'oranges, de limons et de citrons, puis chez un vendeur d'amandes, de noix, de noisettes et d'autres fruits ; ensuite chez un autre confiturier et chez un droguiste ; de chez le droguiste, mon panier sur la tête et chargé autant que je le pouvais être, je suis venu jusque chez vous, où vous avez eu la bonté de me souffrir jusqu'à présent. C'est une grâce dont je me souviendrai éternellement. Voilà mon histoire. »

Quand le porteur eut achevé, Zobéide, satisfaite, lui dit :

« Sauve-toi, marche, que nous ne te voyons plus. — Madame, reprit le porteur, je vous supplie de me permettre encore de demeurer. Il ne serait pas juste qu'après avoir donné aux autres le plaisir d'entendre mon histoire, je n'eusse pas aussi celui d'écouter la leur. « En disant cela, il prit place sur un bout du sofa, fort joyeux de se voir hors d'un péril qui l'avait tant alarmé. Après lui, un des trois calenders prenant la parole et s'adressant à Zobéide comme à la principale des trois dames et comme à celle qui lui avait commandé de parler, commença ainsi son histoire.

HISTOIRE

DU PREMIER CALENDER, FILS DE ROI.

« Madame, pour vous apprendre pourquoi j'ai perdu mon œil droit, et la raison qui m'a obligé de prendre l'habit de calender, je vous dirai que je suis né fils de roi. Le roi mon père avait un frère qui régnait comme lui dans un état voisin. Ce frère eut deux enfants, un prince et une princesse, et le prince et moi nous étions à peu près de même âge.

« Lorsque j'eus fait tous mes exercices et que le roi mon père m'eut donné une liberté honnête, j'allais régulièrement chaque année voir le roi mon oncle, et je demeurais à sa cour un mois ou deux; après quoi je me rendais auprès du roi mon père. Ces voyages nous donnèrent occasion, au prince mon cousin et à moi, de contracter ensemble une amitié très-forte et très-particulière. La dernière fois que je le vis, il me reçut avec de plus grandes démonstrations de tendresse qu'il n'avait fait encore, et voulant un jour me régaler, il fit pour cela des préparatifs extraordinaires. Nous fûmes longtemps à table, et après que nous eûmes bien soupé tous deux : « Mon cousin, me dit-il, vous ne devineriez jamais à quoi je me suis occupé depuis votre dernier voyage. Il y a un an qu'après votre départ, je mis un grand nombre d'ouvriers en besogne pour un dessein que je médite. J'ai fait faire un édifice qui est achevé, et on y peut loger présentement; vous ne serez pas fâché de le voir, mais il faut auparavant que vous fassiez serment de me garder le secret et la fidélité : ce sont deux choses que j'exige de vous. »

« L'amitié et la familiarité qui étaient entre nous ne me permettant pas de lui rien refuser, je fis sans hésiter un serment tel qu'il le souhaitait, et alors il me dit : « Attendez-moi ici, je suis à vous dans un moment. » En effet, il ne tarda pas à revenir, et je le vis rentrer avec une dame d'une beauté singulière et magnifiquement habillée. Il ne me dit pas qui elle était, et je ne crus pas devoir m'en informer. Nous nous remîmes à table avec la dame, et nous y demeurâmes encore quelque temps en nous entretenant de choses indifférentes et en buvant des rasades à la santé l'un de l'autre. Après cela, le prince me dit : « Mon cousin, nous n'avons pas de temps à perdre ; obligez-moi d'emmener avec vous cette dame et de la conduire d'un tel côté, à un endroit où vous verrez un tombeau en dôme nouvellement bâti. Vous le reconnaîtrez aisément ; la porte est ouverte : entrez-y ensemble, et m'attendez. Je m'y rendrai bientôt. »

Fidèle à mon serment, je n'en voulus pas savoir davantage ; je présentai la main à la dame, et aux enseignes que le prince mon cousin m'avait données, je la conduisis heureusement au clair de la lune sans m'égarer. A peine fûmes-nous arrivés au tombeau, que nous vîmes paraître le prince, qui nous suivait, chargé d'une petite cruche pleine d'eau, d'une houe et d'un petit sac où il y avait du plâtre.

La houe lui servit à démolir le sépulcre vide qui était au milieu du tombeau ; il ôta les pierres l'une après l'autre, et les rangea dans un coin. Quand il les eut toutes ôtées, il creusa la terre, et je vis une trappe qui était sous le sépulcre. Il la leva, et au-dessous j'aperçus le haut d'un escalier en limaçon. Alors mon cousin, s'adressant à la dame, lui dit : « Madame, voilà par où l'on se rend au lieu dont je vous ai parlé. » La dame, à ces mots, s'approcha et descendit, et le prince se mit en devoir de la suivre ;

mais se tournant auparavant de mon côté : «Mon cousin, me dit-il, je vous suis infiniment obligé de la peine que vous avez prise; je vous en remercie. Adieu. — Mon cher cousin, m'écriai-je, qu'est-ce que cela signifie? — Que cela vous suffise, me répondit-il; vous pouvez reprendre le chemin par où vous êtes venu. »

Scheherazade en était là lorsque le jour, venant à paraître, l'empêcha de passer outre. Le sultan se leva, fort en peine de savoir le dessein du prince et de la dame, qui semblaient vouloir s'enterrer tout vifs. Il attendit impatiemment la nuit suivante pour en être éclairci.

XXXVIII NUIT.

Si vous ne dormez pas, ma sœur, s'écria Dinarzade le lendemain avant le jour, je vous supplie de continuer l'histoire du premier calender. Schahriar ayant aussi témoigné à la sultane qu'elle lui ferait plaisir de poursuivre ce conte, elle en reprit le fil dans ces termes :

« Madame, dit le calender à Zobéide, je ne pus tirer autre chose du prince mon cousin, et je fus obligé de prendre congé de lui. En m'en retournant au palais du roi mon oncle, les vapeurs du vin me montaient à la tête. Je ne laissai pas néanmoins de gagner mon appartement et de me coucher. Le lendemain à mon réveil, faisant réflexion sur ce qui m'était arrivé la nuit, et après avoir rappelé toutes les circonstances d'une aventure si singulière, il me sembla que c'était un songe. Prévenu de cette pensée, j'envoyai savoir si le prince mon cousin était en état d'être vu. Mais lorsqu'on me rapporta qu'il n'avait pas couché chez lui, qu'on ne savait ce qu'il était devenu, et qu'on en était fort en peine, je jugeai bien que l'étrange événement du tombeau n'était que trop véritable. J'en fus vivement affligé, et, me dérobant à tout le monde, je me rendis secrètement au cimetière public, où il y avait une infinité de tombeaux semblables à celui que j'avais vu. Je passai la journée à les considérer l'un après l'autre; mais je ne pus démêler celui que je cherchais, et je fis durant quatre jours la même recherche inutilement.

« Il faut savoir que pendant ce temps-là le roi mon oncle était absent. Il y avait plusieurs jours qu'il était à la chasse. Je m'ennuyai de l'attendre, et après avoir prié ses ministres de lui faire mes excuses à son retour, je partis de son palais pour me rendre à la cour de mon père, dont je n'avais pas coutume d'être éloigné si longtemps. Je laissai les ministres du roi mon oncle fort en peine d'apprendre ce qu'était devenu le prince mon cousin. Mais pour ne pas violer le serment que j'avais fait de lui garder le secret, je n'osai les tirer d'inquiétude et ne voulus rien leur communiquer de ce que je savais.

« J'arrivai à la capitale, où le roi mon père faisait sa résidence, et, contre l'ordinaire, je trouvai à la porte de son palais une grosse garde dont je fus environné en entrant. J'en demandai la raison, et l'officier, prenant la parole, me répondit : « Prince, l'armée a reconnu le grand vizir à la place du roi votre père, qui n'est plus, et je vous arrête prisonnier, de la part du nouveau roi. » A ces mots, les gardes se saisirent de moi et me conduisirent devant le tyran. Jugez, madame, de ma surprise et de ma douleur.

« Ce rebelle vizir avait conçu pour moi une forte haine, qu'il nourrissait depuis longtemps. En voici le sujet. Dans ma plus tendre jeunesse, j'aimais à tirer de l'arbalète : j'en tenais une un jour au haut du palais, sur la terrasse, et je me divertissais à en tirer. Il se présenta un oiseau devant moi, je mirai à lui, mais je le manquai, et la balle, par hasard, alla donner droit contre l'œil du vizir, qui prenait l'air sur la terrasse de sa maison, et le creva. Lorsque j'appris ce malheur, j'en fis faire des excuses au vizir, et je lui en fis moi-même; mais il ne laissa pas d'en conserver un vif ressentiment, dont il me donnait des marques quand l'occasion s'en présentait. Il le fit éclater d'une manière barbare quand il me vit en son pouvoir. Il vint à moi comme un furieux d'abord qu'il m'aperçut, et, enfonçant ses doigts dans mon œil droit, il l'arracha lui-même. Voilà par quelle aventure je suis borgne.

« Mais l'usurpateur ne borna pas là sa cruauté. Il me fit enfermer dans une caisse et ordonna au bourreau de me porter en cet état fort loin du palais, et de m'abandonner aux oiseaux de proie après m'avoir coupé la tête. Le bourreau, accompagné d'un autre homme, monta à cheval, chargé de la caisse, et s'arrêta dans la campagne pour exécuter son ordre.

Mais je fis si bien par mes prières et par mes larmes, que j'excitai sa compassion. « Allez, me dit-il, sortez promptement du royaume et gardez-vous bien d'y revenir, car vous y rencontreriez votre perte et vous seriez cause de la mienne. » Je le remerciai de la grâce qu'il me faisait, et je ne fus pas plus tôt seul, que je me consolai d'avoir perdu mon œil en songeant que j'avais évité un plus grand malheur.

« Dans l'état où j'étais, je ne faisais pas beaucoup de chemin. Je me retirais en des lieux écartés pendant le jour, et je marchais la nuit autant que mes forces me le pouvaient permettre. J'arrivai enfin dans les états du roi mon oncle, et je me rendis à sa capitale.

« Je lui fis un long détail de la cause tragique de mon retour et du triste état où il me voyait. « Hélas ! s'écria-t-il, n'était-ce pas assez d'avoir perdu mon fils ! fallait-il que j'apprisse encore la mort d'un frère qui m'était cher, et que je vous visse dans le déplorable état où vous êtes réduit ! » Il me marqua l'inquiétude où il était de n'avoir reçu aucune nouvelle du prince son fils, quelques perquisitions qu'il en eût fait faire et quelque diligence qu'il y eût apportée. Ce malheureux père pleurait à chaudes larmes en me parlant, et il me parut tellement affligé que je ne pus résister à sa douleur. Quelque serment que j'eusse fait au prince mon cousin, il me fut impossible de le garder. Je racontai au roi son père tout ce que je savais.

« Le roi m'écouta avec quelque sorte de consolation, et quand j'eus achevé : « Mon neveu, me dit-il, le récit que vous venez de me faire me donne quelque espérance. J'ai su que mon fils faisait bâtir ce tombeau, et je sais à peu près en quel endroit. Avec l'idée qui vous en est restée, je me flatte que nous le trouverons. Mais puisqu'il l'a fait faire secrètement et qu'il a exigé de vous le secret, je suis d'avis que nous l'allions chercher tous deux seuls, pour éviter l'éclat. Il avait une autre raison, qu'il ne disait pas, d'en vouloir dérober la connaissance à tout le monde. C'était une raison très-importante, comme la suite de mon discours le fera connaître.

« Nous nous déguisâmes l'un et l'autre, et nous sortîmes par une porte du jardin qui ouvrait sur la campagne. Nous fûmes assez heureux pour trouver bientôt ce que nous cherchions. Je reconnus le tombeau et j'en eus d'autant plus de joie que je l'avais en vain cherché longtemps. Nous y entrâmes, et nous trouvâmes la trappe de fer abattue sur l'entrée de l'escalier. Nous eûmes de la peine à la lever, parce que le prince l'avait scellée en dedans avec le plâtre et l'eau dont j'ai parlé; mais enfin nous la levâmes.

« Le roi mon oncle descendit le premier. Je le suivis, et nous descendîmes environ cinquante degrés. Quand nous fûmes au bas de l'escalier, nous nous trouvâmes dans une espèce d'antichambre remplie d'une fumée épaisse et de mauvaise odeur, dont la lumière que rendait un très-beau lustre était obscurcie.

« De cette antichambre nous passâmes dans une chambre fort grande, soutenue de grosses colonnes et éclairée de plusieurs autres lustres. Il y avait une citerne au milieu, et l'on voyait plusieurs sortes de provisions de bouche rangées d'un côté. Nous fûmes assez surpris de n'y voir personne. Il y avait en face un sopha assez élevé, où l'on montait par quelques degrés, et au-dessus duquel paraissait un lit fort large dont les rideaux étaient fermés. Le roi monta, et les ayant ouverts, il aperçut le prince son fils et la dame couchés ensemble, mais brûlés et changés en charbon, comme si on les eût jetés dans un grand feu et qu'on les en eût retirés avant que d'être consumés.

Ce qui me surprit plus que toute autre chose, c'est qu'à ce spectacle, qui faisait horreur, le roi mon oncle, au lieu de témoigner de l'affliction en voyant son fils dans un état si affreux, lui cracha au visage, en lui disant d'un air indigné : « Voilà quel est le châtiment de ce monde; mais celui de l'autre durera éternellement. » Il ne se contenta pas d'avoir prononcé ces paroles, il se déchaussa et donna sur la joue de son fils un grand coup de sa pabouche [1]. »

Mais, sire, dit Scheherazade, il est jour; je suis fâchée que votre majesté n'ait pas le loisir de m'écouter davantage. Comme cette histoire du premier calender n'était pas encore finie et qu'elle paraissait étrange au sultan, il se leva dans la résolution d'en entendre le reste la nuit suivante.

[1] Frapper quelqu'un sur la bouche avec un soulier, c'est lui infliger un châtiment ignominieux. Cet usage, qui subsiste encore aujourd'hui, paraît fort ancien dans l'Orient.

XXXIX NUIT.

Le lendemain, Dinarzade s'étant encore éveillée de meilleure heure qu'à son ordinaire, elle appela sa sœur Scheherazade. Ma bonne sultane, lui dit-elle, si vous ne dormez pas, je vous prie d'achever l'histoire du premier calender, car je meurs d'impatience d'en savoir la fin.

Hé bien! dit Scheherazade, vous saurez donc que le premier calender continua de raconter son histoire à Zobéide : « Je ne puis vous exprimer, madame, poursuivit-il, quel fut mon étonnement lorsque je vis le roi mon oncle maltraiter ainsi le prince son fils après sa mort. «Sire, lui dis-je, quelque douleur qu'un objet si funeste soit capable de me causer, je ne laisse pas de la suspendre pour demander à votre majesté quel crime peut avoir commis, le prince mon cousin pour mériter que vous traitiez ainsi son cadavre. — Mon neveu, me répondit le roi, je vous dirai que mon fils, indigne de porter ce nom, aima sa sœur dès ses premières années et que sa sœur l'aima de même. Je ne m'opposai point à leur amitié naissante parce que je ne prévoyais pas le mal qui en pouvait arriver : et qui aurait pu le prévoir? Cette tendresse augmenta avec l'âge, et parvint à un point que j'en craignis enfin la suite. J'y apportai alors le remède qui était en mon pouvoir. Je ne me contentai pas de prendre mon fils en particulier et de lui faire une forte réprimande, en lui représentant l'horreur de la passion dans laquelle il s'engageait, et la honte éternelle dont il allait couvrir ma famille s'il persistait dans des sentiments si criminels; je représentai les mêmes choses à ma fille, et je la renfermai de sorte qu'elle n'eût plus de communication avec son frère. Mais la malheureuse avait avalé le poison, et tous les obstacles que put mettre ma prudence à leur amour ne servirent qu'à l'irriter.

« Mon fils, persuadé que sa sœur était toujours la même pour lui, sous prétexte de se faire bâtir un tombeau, fit préparer cette demeure souterraine, dans l'espérance de trouver un jour l'occasion d'enlever le coupable objet de sa flamme, et de l'amener ici. Il a choisi le temps de mon absence pour forcer la retraite où était sa sœur, et c'est une circonstance que mon honneur ne m'a pas permis de publier. Après une action si condamnable, il s'est venu renfermer avec elle dans ce lieu, qu'il a muni, comme vous voyez, de toutes sortes de provisions, afin d'y pouvoir jouir longtemps de ses détestables amours, qui doivent faire horreur à tout le monde. Mais Dieu n'a pas voulu souffrir cette abomination et les a justement châtiés l'un et l'autre. » Il fondit en pleurs en achevant ces paroles, et je mêlai mes larmes avec les siennes.

« Quelque temps après, il jeta les yeux sur moi. « Mais, mon cher neveu, reprit-il en m'embrassant, si je perds un indigne fils, je retrouve heureusement en vous de quoi mieux remplir la place qu'il occupait. » Les réflexions qu'il fit encore sur la triste fin du prince et de la princesse sa fille nous arrachèrent de nouvelles larmes.

« Nous remontâmes par le même escalier et sortîmes enfin de ce lieu funeste. Nous abaissâmes la trappe de fer et la couvrîmes de terre et des matériaux dont le sépulcre avait été bâti, afin de cacher autant qu'il nous était possible un effet si terrible de la colère de Dieu.

« Il n'y avait pas longtemps que nous étions de retour au palais, sans que personne se fût aperçu de notre absence, lorsque nous entendîmes un bruit confus de trompettes, de timbales, de tambours et d'autres instruments de guerre. Une poussière épaisse dont l'air était obscurci nous apprit bientôt ce que c'était, et nous annonça l'arrivée d'une armée formidable. C'était le même vizir qui avait détrôné mon père et usurpé ses états, qui venait pour s'emparer aussi de ceux du roi mon oncle, avec des troupes innombrables.

« Ce prince, qui n'avait alors que sa garde ordinaire, ne put résister à tant d'ennemis. Ils investirent la ville, et comme les portes leur furent ouvertes sans résistance, ils eurent peu de peine à s'en rendre maîtres. Ils n'en eurent pas davantage à pénétrer jusqu'au palais du roi mon oncle, qui se mit en défense; mais il fut tué après avoir vendu chèrement sa vie. De mon côté, je combattis quelque temps; mais voyant qu'il fallait céder à la force, je songeai à me retirer, et j'eus le bonheur de me sauver par des détours et de me rendre chez un officier du roi dont la fidélité m'était connue.

« Accablé de douleur, persécuté par la fortune, j'eus recours à un stratagème, qui était la seule ressource qui me restait pour me conserver la vie. Je me fis raser la barbe et les sourcils, et ayant pris l'habit de calender, je sortis de la ville sans que personne me reconnût. Après cela il me fut aisé de m'éloigner du royaume du roi mon oncle, en marchant par des chemins écartés. J'évitai de passer par les villes, jusqu'à ce qu'étant arrivé dans l'empire du puissant commandeur des croyants [1], le glorieux et renommé calife Haroun Alraschid, je cessai de craindre. Alors, me consultant sur ce que j'avais à faire, je pris la résolution de venir à Bagdad [2] me jeter aux pieds de ce grand monarque, dont on vante partout la générosité. Je le toucherai, disais-je, par le récit d'une histoire aussi surprenante que la mienne; il aura pitié sans doute d'un malheureux prince, et je n'implorerai pas vainement son appui.

« Enfin, après un voyage de plusieurs mois, je suis arrivé aujourd'hui à la porte de cette ville : j'y suis entré sur la fin du jour, et m'étant un peu arrêté pour reprendre mes esprits et délibérer de quel côté je tournerais mes pas, cet autre calender que voici près de moi arriva aussi en voyageur. Il me salue, je le salue de même. « A vous voir, lui dis-je, vous êtes étranger comme moi. » Il me répond que je ne me trompe pas. Dans le moment qu'il me fait cette réponse, le troisième calender que vous voyez survient. Il nous salue et fait connaître qu'il est aussi étranger et nouveau venu à Bagdad. Comme frères nous nous joignons ensemble, et nous résolvons de ne nous pas séparer.

« Cependant il était tard, et nous ne savions où aller loger dans une ville où nous n'avions aucune habitude, et où nous n'étions jamais venus. Mais notre bonne fortune nous ayant conduits devant votre porte, nous avons pris la liberté de frapper; vous nous avez reçus avec tant de charité et de bonté que nous ne pouvons assez vous en remercier. Voilà, madame, ajouta-t-il, ce que vous m'avez commandé de vous raconter : pourquoi

---

[1] Commandeur des croyants, ou prince des fidèles, en arabe *Émir-almoumenin*; c'est de ce nom que nos anciens historiens ont fait celui de *Miramolin*.

[2] Bagdad, ville fondée par Almansour, second calife de la dynastie des Abbassides. Ce prince, dégoûté du séjour de la ville de Haschemiah près de Coufah, où des rebelles étaient venus l'assiéger dans son château, résolut de bâtir une ville où il fût plus en sûreté. Après avoir choisi, d'après le conseil de ses astrologues, un jour et un moment heureux, il jeta les fondements de sa capitale dans une campagne située sur les bords du Tigre, et que Chosroès-Nourschirvan avait donnée autrefois en apanage à une de ses femmes. Cette princesse y avait fait bâtir une chapelle dédiée à une idole nommée Bag, et avait en même temps donné à cette campagne le nom de Bagdad, ce qui signifie en persan le *don de Bag*. Bagdad, comme toute la province de l'Irac-Araby, dont elle est la principale ville, appartient aujourd'hui au Grand-Seigneur.

j'ai perdu mon œil droit, pourquoi j'ai la barbe et les sourcils ras et pourquoi je suis en ce moment chez vous.

« — C'est assez, dit Zobéide, nous sommes contentes; retirez-vous où il vous plaira. Le calender s'en excusa et supplia la dame de lui permettre de demeurer, pour avoir la satisfaction d'entendre l'histoire de ses deux confrères, qu'il ne pouvait, disait-il, abandonner honnêtement, et celle des trois autres personnes de la compagnie. »

Sire, dit en cet endroit Scheherazade, le jour, que je vois, m'empêche de passer à l'histoire du second calender; mais si votre majesté veut l'entendre demain, elle n'en sera pas moins satisfaite que de celle du premier. Le sultan y consentit, et se leva pour aller tenir son conseil.

XL NUIT.

Dinarzade, ne doutant point qu'elle ne prît autant de plaisir à l'histoire du second calender qu'elle en avait pris à l'autre, ne manqua pas d'éveiller la sultane avant le jour : Si vous ne dormez pas, ma sœur, lui dit-elle, je vous prie de commencer l'histoire que vous nous avez promise. Scheherazade aussitôt adressa la parole au sultan, et parla dans ces termes :

Sire, l'histoire du premier calender parut étrange à toute la compagnie et particulièrement au calife. La présence des esclaves avec leurs sabres à la main ne l'empêcha pas de dire tout bas au vizir : « Depuis que je me connais, j'ai bien entendu des histoires, mais je n'ai jamais rien ouï qui approchât de celle de ce calender. » Pendant qu'il parlait ainsi, le second calender prit la parole, et l'adressant à Zobéide :

HISTOIRE

DU SECOND CALENDER, FILS DE ROI.

« Madame, dit-il, pour obéir à votre commandement et vous apprendre par quelle étrange aventure je suis devenu borgne de l'œil droit, il faut que je vous conte toute l'histoire de ma vie.

« J'étais à peine hors de l'enfance, que le roi mon père, car vous saurez, madame, que je suis né prince, remarquant en moi beaucoup d'esprit, n'épargna rien pour le cultiver. Il appela auprès de moi tout ce qu'il y avait dans ses états de gens qui excellaient dans les sciences et dans les beaux-arts.

« Je ne sus pas plus tôt lire et écrire que j'appris par cœur l'Alcoran [1] tout entier, ce livre admirable qui contient le fondement, les préceptes et la règle de notre religion [2]. Et afin de m'en instruire à fond, je lus les ouvrages des auteurs les plus approuvés et qui l'ont éclairci par leurs commentaires. J'ajoutai à cette lecture la connaissance de toutes les traditions recueillies de la bouche de notre prophète par les grands hommes ses contemporains. Je ne me contentai pas de ne rien ignorer de tout ce qui regardait notre religion : je me fis une étude particulière de nos histoires ; je me perfectionnai dans les belles-lettres, dans la lecture de nos poètes, dans la versification ; je m'attachai à la géographie, à la chronologie et à parler purement notre langue, sans toutefois négliger aucun des exercices qui conviennent à un prince. Mais une chose que j'aimais beaucoup et à quoi je réussissais principalement, c'était à former les caractères de notre langue arabe. J'y fis tant de progrès que je surpassai tous les maîtres écrivains de notre royaume qui s'étaient acquis le plus de réputation.

« La renommée me fit plus d'honneur que je ne méritais. Elle ne se contenta pas de semer le bruit de mes talents dans les états du roi mon père, elle le porta jusqu'à la cour des Indes, dont le puissant monarque, curieux de me voir, envoya un ambassadeur avec de riches présents pour me demander à mon père, qui fut ravi de cette ambassade pour plusieurs raisons. Il était persuadé que rien ne convenait mieux à un prince de mon âge que de voyager dans les cours étrangères, et d'ailleurs il était bien aise de s'attirer l'amitié du sultan des Indes. Je partis donc avec l'ambassadeur, mais avec peu d'équipage, à cause de la longueur et de la difficulté des chemins.

« Il y avait un mois que nous étions en marche lorsque nous découvrîmes de loin un gros nuage de poussière, sous lequel nous vîmes bientôt paraî-

---

[1] L'Alcoran, ou, plus exactement, le *Coran*, mot arabe qui signifie *lecture*, est le recueil des prétendues révélations faites à Mahomet par le Très-Haut au moyen de l'entremise de l'ange Gabriel. Il se compose de cent quatorze chapitres, ou *surates*, que le prophète des Arabes publia successivement, faisant croire à ses disciples que l'ange Gabriel lui remettait par portions ce livre qui était sorti complet des mains de Dieu. La première révélation est séparée de la dernière par un espace de vingt-trois ans. Le prophète avait quarante ans lorsqu'il annonça avoir reçu la première visite de l'ange Gabriel ; ces prétendues visites continuèrent jusqu'à la mort de Mahomet, et il dictait à un secrétaire les différents chapitres du saint livre à mesure que l'envoyé de Dieu les lui apportait. L'art de l'écriture était encore rare à cette époque, et il ne paraît pas que Mahomet ait su écrire.

[2] La religion musulmane est fondée sur le pur déisme ; ses sectateurs la divisent en deux branches, dont l'une est appelée *la foi*, et l'autre *le culte* ou *la pratique*. La foi consiste dans la croyance au symbole suivant : *Il n'y a qu'un Dieu, et Mahomet est le prophète de Dieu.*

tre cinquante cavaliers bien armés. C'étaient des voleurs, qui venaient à

nous au grand galop... » Scheherazade étant en cet endroit, aperçut le jour et en avertit le sultan, qui se leva ; mais voulant savoir ce qui se passerait entre les cinquante cavaliers et l'ambassadeur des Indes, ce prince attendit la nuit suivante impatiemment.

XLI NUIT.

Il était presque jour lorsque Dinarzade se réveilla le lendemain. Ma chère sœur, s'écria-t-elle, si vous ne dormez pas, je vous supplie de continuer l'histoire du second calender. Scheherazade la reprit de cette manière :

« Madame, poursuivit le calender, en parlant toujours à Zobéide, comme nous avions dix chevaux chargés de notre bagage et des présents que je devais faire au sultan des Indes, de la part du roi mon père, et que nous étions peu de monde, vous jugez bien que ces voleurs ne manquèrent pas de venir à nous hardiment. N'étant pas en état de repousser la force par la force, nous leur dîmes que nous étions des ambassadeurs du sultan des Indes et que nous espérions qu'ils ne feraient rien contre le respect qu'ils lui devaient. Nous crûmes sauver par-là notre équipage et nos vies ; mais les voleurs nous répondirent insolemment : « Pourquoi voulez-vous que nous respections le sultan votre maître ? nous ne sommes pas ses sujets et nous ne sommes pas même sur ses terres. » En achevant ces paroles, ils nous enveloppèrent et nous attaquèrent. Je me défendis le plus longtemps qu'il me fut possible ; mais me sentant blessé et voyant que l'ambassadeur, ses gens et les miens avaient tous été jetés par terre, je profitai du reste des forces de mon cheval, qui avait aussi été fort blessé, et je m'éloignai d'eux. Je le poussai tant qu'il put me porter ; mais venant tout à coup à manquer sous moi, il tomba raide mort de lassitude et du sang qu'il avait perdu. Je me débarrassai de lui assez vite, et remarquant que personne ne me poursuivait, je jugeai que les voleurs n'avaient pas voulu s'écarter du butin qu'ils avaient fait. »

En cet endroit, Scheherazade, s'apercevant qu'il était jour, fut obligée de s'arrêter. Ah! ma sœur, dit Dinarzade, je suis bien fâchée que vous ne puissiez pas continuer cette histoire. — Si vous n'aviez pas été paresseuse aujourd'hui, répondit la sultane, j'en aurais dit davantage. — Hé bien! reprit Dinarzade, je serai demain plus diligente, et j'espère que vous dédommagerez la curiosité du sultan de ce que ma négligence lui a fait perdre. Schahriar se leva sans rien dire, et alla à ses occupations ordinaires.

XLII NUIT.

Dinarzade ne manqua pas d'appeler la sultane de meilleure heure que le jour précédent. Ma chère sœur, lui dit-elle, si vous ne dormez pas, reprenez, je vous prie, le conte du second calender. — J'y consens, répondit Scheherazade. En même temps elle le continua dans ces termes :

« Me voilà donc, madame, dit le calender, seul, blessé, destitué de tout secours, dans un pays qui m'était inconnu. Je n'osai reprendre le grand chemin, de peur de retomber entre les mains de ces voleurs. Après avoir bandé ma plaie, qui n'était pas dangereuse, je marchai le reste du jour et j'arrivai au pied d'une montagne, où j'aperçus à demi-côte l'ouverture d'une grotte : j'y entrai et j'y passai la nuit peu tranquillement, après avoir mangé quelques fruits que j'avais cueillis en mon chemin.

« Je continuai de marcher le lendemain et les jours suivants, sans trouver d'endroit où m'arrêter. Mais au bout d'un mois je découvris une grande ville très-peuplée et située d'autant plus avantageusement qu'elle était arrosée, aux environs, de plusieurs rivières, et qu'il y régnait un printemps perpétuel.

« Les objets agréables qui se présentèrent alors à mes yeux me causèrent de la joie, et suspendirent pour quelques moments la tristesse mortelle où j'étais de me voir en l'état où je me trouvais. J'avais le visage, les mains et les pieds d'une couleur basanée, car le soleil me les avait brûlés, et à force de marcher, ma chaussure s'était usée, et j'avais été réduit à marcher nu-pieds : outre cela, mes habits étaient tout en lambeaux.

« J'entrai dans la ville pour prendre langue et m'informer du lieu où j'étais ; je m'adressai à un tailleur qui travaillait à sa boutique. A ma jeunesse et à mon air qui marquait autre chose que ce que je paraissais, il me fit asseoir près de lui. Il me demanda qui j'étais, d'où je venais et ce qui m'avait amené. Je ne lui déguisai rien de tout ce qui m'était arrivé, et je ne fis pas même difficulté de lui découvrir ma condition.

« Le tailleur m'écouta avec attention, mais lorsque j'eus achevé de parler, au lieu de me donner de la consolation, il augmenta mes chagrins. « Gardez-vous bien, me dit-il, de faire confidence à personne de ce que vous venez de m'apprendre, car le prince qui règne en ces lieux est le plus grand ennemi qu'ait le roi votre père, et il vous ferait sans doute quelque outrage, s'il était informé de votre arrivée en cette ville. Je ne doutai point de la sincérité du tailleur quand il m'eut nommé le prince. Mais comme l'inimitié qui est entre mon père et lui n'a pas de rapport avec mes aventures, vous trouverez bon, madame, que je la passe sous silence.

« Je remerciai le tailleur de l'avis qu'il me donnait, et lui témoignai que je me remettais entièrement à ses bons conseils et que je n'oublierais jamais le plaisir qu'il me ferait. Comme il jugea que je ne devais pas manquer d'appétit, il me fit apporter à manger et m'offrit même un logement chez lui, ce que j'acceptai.

« Quelques jours après mon arrivée, remarquant que j'étais assez remis de la fatigue du long et pénible voyage que je venais de faire, et n'ignorant pas que la plupart des princes de notre religion, par précaution contre les revers de la fortune, apprennent quelque art ou quelque métier, pour s'en servir en cas de besoin, il me demanda si j'en savais quelqu'un dont je pusse vivre sans être à charge à personne. Je lui répondis que je savais l'un et l'autre droits, que j'étais grammairien, poète, etc., et surtout que j'écrivais parfaitement bien. « Avec tout ce que vous venez de dire, répliqua-t-il, vous ne gagnerez pas dans ce pays-ci de quoi vous avoir un morceau de pain : rien n'est ici plus inutile que ces sortes de connaissances. Si vous voulez suivre mon conseil, ajouta-t-il, vous prendrez un habit court, et comme vous me paraissez robuste et d'une bonne constitution, vous irez dans la forêt prochaine faire du bois à brûler : vous viendrez l'exposer en vente à la place, et je vous assure que vous vous ferez un petit revenu dont vous vivrez indépendamment de personne. Par ce moyen, vous vous mettrez en état d'attendre que le ciel vous soit favorable et qu'il dissipe le nuage de mauvaise fortune qui traverse le bonheur de votre vie et vous oblige à cacher votre naissance. Je me charge de vous faire trouver une corde et une cognée. »

« La crainte d'être reconnu et la nécessité de vivre me déterminèrent à prendre ce parti, malgré la bassesse et la peine qui y étaient attachées.

« Dès le jour suivant, le tailleur m'acheta une cognée et une corde avec un habit court, et me recommandant à de pauvres habitants qui gagnaient leur vie de la même manière, il les pria de me mener avec eux. Ils me conduisirent à la forêt, et dès le premier jour, j'en rapportai sur ma tête une grosse charge de bois, que je vendis une demi-pièce de monnaie d'or du pays, car, quoique la forêt ne fût pas éloignée, le bois ne laissait pas d'être cher en cette ville, à cause du peu de gens qui se donnaient la peine d'en aller couper. En peu de temps je gagnai beaucoup, et je rendis au tailleur l'argent qu'il avait avancé pour moi.

« Il y avait plus d'une année que je vivais de cette sorte lorsqu'un jour, ayant pénétré dans la forêt plus avant que de coutume, j'arrivai dans un endroit fort agréable, où je me mis à couper du bois. En arrachant une racine d'arbre, j'aperçus un anneau de fer attaché à une trappe de même métal; j'ôtai aussitôt la terre qui la couvrait, je la levai, et je vis un escalier par où je descendis avec ma cognée.

« Quand je fus au bas de l'escalier, je me trouvai dans un vaste palais, qui me causa une grande admiration par la lumière qui l'éclairait, comme s'il eût été sur la terre dans l'endroit le mieux exposé. Je m'avançai par une galerie soutenue de colonnes de jaspe, avec des bases et des chapiteaux d'or massif; mais voyant venir au-devant de moi une dame, elle me parut avoir un air si noble, si aisé, et une beauté si extraordinaire, que, détournant mes yeux de tout autre objet, je m'attachai uniquement à la regarder. »

Là, Scheherazade cessa de parler, parce qu'elle vit qu'il était jour. Ma chère sœur, dit alors Dinarzade, je vous avoue que je suis fort contente de ce que vous avez raconté aujourd'hui, et je m'imagine que ce qui vous reste à raconter n'est pas moins merveilleux. — Vous ne vous trompez pas, répondit la sultane, car la suite de l'histoire de ce second calender est plus digne de l'attention du sultan mon seigneur que tout ce qu'il a entendu jusqu'à présent. — J'en doute, dit Schahriar en se levant; mais nous verrons cela demain.

XLIIIe NUIT.

Dinarzade fut encore très-diligente cette nuit. Si vous ne dormez pas, ma sœur, dit-elle à la sultane, je vous prie de nous raconter ce qui se passa dans ce palais souterrain entre la dame et le prince. — Vous l'allez entendre, répondit Scheherazade. Écoutez-moi :

Le second calender, continua-t-elle, poursuivant son histoire : « Pour épargner à la belle dame, dit-il, la peine de venir jusqu'à moi, je me hâtai de la joindre, et dans le temps que je lui faisais une profonde révérence, elle me dit : « Qui êtes-vous ? êtes-vous homme ou génie ? — Je suis homme, madame, lui répondis-je en me relevant, et je n'ai point de commerce avec les génies. — Par quelle aventure, reprit-elle avec un grand soupir, vous trouvez-vous ici ? Il y a vingt-cinq ans que j'y demeure, et pendant tout ce temps-là je n'y ai pas vu d'autre homme que vous. »

« Sa grande beauté, qui m'avait déjà donné dans la vue, sa douceur et l'honnêteté avec laquelle elle me recevait, me donnèrent la hardiesse de lui dire : « Madame, avant que j'aie l'honneur de satisfaire votre curiosité, permettez-moi de vous dire que je me sais un gré infini de cette rencontre imprévue, qui m'offre l'occasion de me consoler dans l'affliction où je suis et peut-être celle de vous rendre plus heureuse que vous n'êtes. » Je lui racontai fidèlement par quel étrange accident elle voyait en ma personne le fils d'un roi dans l'état où je paraissais en sa présence, et comment le hasard avait voulu que je découvrisse l'entrée de la prison magnifique où je la trouvais, mais ennuyeuse selon toutes les apparences.

« — Hélas ! prince, dit-elle en soupirant encore, vous avez bien raison de croire que cette prison si riche et si pompeuse ne laisse pas d'être un séjour fort ennuyeux. Les lieux les plus charmants ne sauraient plaire lorsqu'on y est contre sa volonté. Il n'est pas possible que vous n'ayez jamais entendu parler du grand Epitimarus, roi de l'île d'Ébène, ainsi nommée à cause de ce bois précieux qu'elle produit si abondamment. Je suis la princesse sa fille.

« Le roi mon père m'avait choisi pour époux un prince qui était mon cousin; mais la première nuit de mes noces, au milieu des réjouissances de la cour et de la capitale du royaume de l'île d'Ébène, avant que je fusse livrée à mon mari, un génie m'enleva. Je m'évanouis en ce moment, je perdis toute connaissance, et lorsque j'eus repris mes esprits, je me trouvai dans ce palais. J'ai été longtemps inconsolable; mais le temps et la nécessité m'ont accoutumée à voir et à souffrir le génie. Il y a vingt-cinq ans, comme je vous l'ai déjà dit, que je suis dans ce lieu, où je puis dire que j'ai à souhait tout ce qui est nécessaire à la vie et tout ce qui peut contenter une princesse qui n'aimerait que les parures et les ajustements.

« De dix en dix jours, continua la princesse, le génie vient coucher une nuit avec moi; il n'y couche pas plus souvent, et l'excuse qu'il en apporte est qu'il est marié à une autre femme, qui aurait de la jalousie si l'infidélité qu'il lui fait venait à sa connaissance. Cependant si j'ai besoin de lui, soit de jour, soit de nuit, je n'ai pas plus tôt touché un talisman qui est à l'entrée de ma chambre, que le génie paraît[1]. Il y a aujourd'hui quatre

[1] Talisman ou *thelesmân*, nom que les Orientaux donnent à toute pierre précieuse gravée sous l'influence d'une constellation, et portant des caractères et des emblèmes empruntés aux sciences occultes.

jours qu'il est venu : ainsi, je ne l'attends que dans six. C'est pourquoi vous en pourrez demeurer cinq avec moi, pour me tenir compagnie, si vous le voulez bien, et je tâcherai de vous régaler selon votre qualité et votre mérite. »

« Je me serais estimé trop heureux d'obtenir une si grande faveur en la demandant, pour la refuser après une offre si obligeante. La princesse me fit entrer dans un bain le plus propre, le plus commode et le plus somptueux que l'on puisse s'imaginer, et lorsque j'en sortis, à la place de mon habit, j'en trouvai un autre très-riche, que je pris moins pour sa richesse que pour me rendre plus digne d'être avec elle.

« Nous nous assîmes sur un sofa garni d'un superbe tapis et de coussins d'appui du plus beau brocart des Indes, et quelque temps après, elle mit sur une table des mets très-délicats. Nous mangeâmes ensemble, nous passâmes le reste de la journée très-agréablement, et la nuit elle me reçut dans son lit.

« Le lendemain, comme elle cherchait tous les moyens de me faire plaisir, elle servit au dîner une bouteille de vin vieux, le plus excellent que l'on puisse goûter, et elle voulut bien par complaisance en boire quelques coups avec moi. Quand j'eus la tête un peu échauffée de cette liqueur agréable : « Belle princesse, lui dis-je, il y a trop longtemps que vous êtes enterrée toute vive. Suivez-moi, venez jouir de la clarté du véritable jour, dont vous êtes privée depuis tant d'années. Abandonnez la fausse lumière dont vous jouissez ici. »

« — Prince, me répondit-elle en souriant, laissez là ce discours. Je compte pour rien le plus beau jour du monde pourvu que de dix vous m'en donniez neuf et que vous cédiez le dixième au génie. — Princesse, repris-je, je vois bien que la crainte du génie vous fait tenir ce langage. Pour moi, je le redoute si peu que je vais mettre son talisman en pièces avec le grimoire qui est écrit dessus. Qu'il vienne alors, je l'attends. Quelque brave, quelque redoutable qu'il puisse être, je lui ferai sentir le poids de mon bras. Je fais serment d'exterminer tout ce qu'il y a de génies au monde, et lui le premier. » La princesse, qui en savait la conséquence, me conjura de ne pas toucher au talisman. « Ce serait, me dit-elle, le moyen de nous perdre vous et moi. Je connais les génies mieux que vous ne les connaissez. » Les vapeurs du vin ne me permirent pas de goûter les raisons de la princesse : je donnai du pied dans le talisman et le mis en plusieurs morceaux. »

En achevant ces paroles, Scheherazade, remarquant qu'il était jour, se tut, et le sultan se leva. Mais comme il ne douta point que le talisman brisé ne fût suivi de quelque événement remarquable, il résolut d'entendre le reste de l'histoire.

XLIV NUIT.

Quelque temps avant le jour, Dinarzade s'étant réveillée, dit à la sultane : Ma sœur, si vous ne dormez pas, apprenez-nous, je vous en supplie, ce qui arriva dans le palais souterrain après que le prince eut brisé le talisman. — Je vais vous le dire, répondit Scheherazade. Et aussitôt reprenant sa narration, elle continua de parler ainsi sous la personne du second calender.

« Le talisman ne fut pas si tôt rompu que le palais s'ébranla, prêt à s'écrouler, avec un bruit effroyable et pareil à celui du tonnerre, accompagné d'éclairs redoublés et d'une grande obscurité. Ce fracas épouvantable dissipa en un moment les fumées du vin et me fit connaître, mais trop tard, la faute que j'avais faite. « Princesse, m'écriai-je, que signifie ceci?» Elle me répondit, tout effrayée et sans penser à son propre malheur : « Hélas! c'est fait de vous si vous ne vous sauvez. »

« Je suivis son conseil, et mon épouvante fut si grande que j'oubliai ma cognée et mes pabouches¹. J'avais à peine gagné l'escalier par où j'étais descendu, que le palais enchanté s'entr'ouvrit et fit un passage au génie. Il demanda en colère à la princesse : « Que vous est-il arrivé et pourquoi m'appelez-vous? — Un mal de cœur, lui répondit la princesse, m'a obligée d'aller chercher la bouteille que vous voyez : j'en ai bu deux ou trois coups; par malheur, j'ai fait un faux pas et je suis tombée sur le talisman, qui s'est brisé. Il n'y a pas autre chose. »

« A cette réponse, le génie, furieux, lui dit : «Vous êtes une impudente, une menteuse : la cognée et les pabouches que voilà, pourquoi se trou-

---

¹ Pabouche ou babouche, mot qui n'est qu'une légère altération du persan *patpousche*, qui signifie soulier. Les babouches sont des espèces de mules.

vont-elles ici? — Je ne les ai jamais vues qu'en ce moment, reprit la princesse. De l'impétuosité dont vous êtes venu, vous les avez peut-être enlevées avec vous en passant par quelque endroit, et vous les avez apportées sans y prendre garde. »

« Le génie ne repartit que par des injures et par des coups, dont j'entendis le bruit. Je n'eus pas la fermeté d'ouïr les pleurs et les cris pitoyables de la princesse maltraitée d'une manière si cruelle. J'avais déjà quitté l'habit qu'elle m'avait fait prendre, et repris le mien, que j'avais porté sur l'escalier le jour précédent à la sortie du bain. Ainsi j'achevai de monter, d'autant plus pénétré de douleur et de compassion que j'étais la cause d'un si grand malheur, et qu'en sacrifiant la plus belle princesse de la terre à la barbarie d'un génie implacable, je m'étais rendu criminel et le plus ingrat de tous les hommes.

« Il est vrai, disais-je, qu'elle est prisonnière depuis vingt-cinq ans; mais, la liberté à part, elle n'avait rien à désirer pour être heureuse. Mon comportement met fin à son bonheur et la soumet à la cruauté d'un démon impitoyable. J'abaissai la trappe, la recouvris de terre et retournai à la ville, avec une charge de bois, que j'accommodai sans savoir ce que je faisais, tant j'étais troublé et affligé.

« Le tailleur mon hôte marqua une grande joie de me revoir. « Votre absence, me dit-il, m'a causé beaucoup d'inquiétude à cause du secret de votre naissance que vous m'avez confié. Je ne savais ce que je devais penser, et je craignais que quelqu'un ne vous eût reconnu. Dieu soit loué de votre retour. » Je le remerciai de son zèle et de son affection; mais je ne lui communiquai rien de ce qui m'était arrivé, ni de la raison pourquoi je retournais sans cognée et sans pabouches. Je me retirai dans ma chambre, où je me reprochai mille fois l'excès de mon imprudence. Rien, disais-je, n'aurait égalé le bonheur de la princesse et le mien si j'eusse pu me contenir et que je n'eusse pas brisé le talisman.

« Pendant que je m'abandonnais à ces pensées affligeantes, le tailleur entra et me dit : « Un vieillard que je ne connais pas vient d'arriver avec votre cognée et vos pabouches, qu'il a trouvées en son chemin, à ce qu'il dit. Il a appris de vos camarades qui vont au bois avec vous que vous demeuriez ici. Venez lui parler, il veut vous les rendre en main propre. »

« A ce discours je changeai de couleur et tout le corps me trembla. Le tailleur m'en demandait le sujet, lorsque le pavé de ma chambre s'entr'ouvrit. Le vieillard, qui n'avait pas eu la patience d'attendre, parut et se présenta à nous avec la cognée et les pabouches. C'était le génie ravisseur

de la belle princesse de l'île d'Ébène, qui s'était ainsi déguisé, après l'avoir traitée avec la dernière barbarie. « Je suis génie, nous dit-il, fils de la fille d'Eblis, prince des génies. N'est-ce pas là ta cognée? ajouta-t-il en s'adressant à moi. Ne sont-ce pas là tes pabouches? »

Scheherazade, en cet endroit, aperçut le jour et cessa de parler. Le sultan trouvait l'histoire du second calender trop belle pour ne pas vouloir en entendre davantage. C'est pourquoi il se leva dans l'intention d'en apprendre la suite le lendemain.

XLV NUIT.

Le jour suivant, Dinarzade appela la sultane. Ma chère sœur, lui dit-elle, je vous prie de nous raconter de quelle manière le génie traita le prince. — Je vais satisfaire votre curiosité, répondit Scheherazade. Alors elle reprit de cette sorte l'histoire du second calender.

Le calender continuant de parler à Zobéide : « Madame, dit-il, le génie m'ayant fait cette question, ne me donna pas le temps de lui répondre, et je ne l'aurais pu faire, tant sa présence affreuse m'avait mis hors de moi-même. Il me prit par le milieu du corps, me traîna hors de la chambre, et, s'élançant dans l'air, m'enleva jusqu'au ciel avec tant de force et de vitesse, que je m'aperçus plutôt que j'étais monté si haut que du chemin qu'il m'avait fait faire en peu de moments. Il fondit de même vers la terre, et l'ayant fait entr'ouvrir en frappant du pied, il s'y enfonça, et aussitôt je me trouvai dans le palais enchanté, devant la belle princesse de l'île d'Ébène. Mais, hélas! quel spectacle! je vis une chose qui me perça le cœur. Cette princesse était nue et tout en sang, étendue sur la terre, plus morte que vive, et les joues baignées de larmes.

« Perfide, lui dit le génie en me montrant à elle, n'est-ce pas là ton amant?» Elle jeta sur moi ses yeux languissants et répondit tristement : « Je ne le connais pas, jamais je ne l'ai vu qu'en ce moment. — Quoi! reprit le génie, il est cause que tu es dans l'état où te voilà si justement, et tu oses dire que tu ne le connais pas? — Si je ne le connais pas, repartit la princesse, voulez-vous que je fasse un mensonge qui soit cause de sa perte? — Eh bien, dit le génie en tirant un sabre et le présentant à la princesse, si tu ne l'as jamais vu, prends ce sabre et lui coupe la tête. — Hélas! dit

la princesse, comment pourrais-je exécuter ce que vous exigez de moi? Mes forces sont tellement épuisées que je ne saurais lever le bras, et quand je le pourrais, aurais-je le courage de donner la mort à une personne que je ne connais point, à un innocent? — Ce refus, dit alors le génie à la princesse, me fait connaître tout ton crime. » Ensuite, se tournant de mon côté : « Et toi, me dit-il, ne la connais-tu pas? »

« J'aurais été le plus ingrat et le plus perfide de tous les hommes si je n'eusse pas eu pour la princesse la même fidélité qu'elle avait pour moi, qui étais la cause de son malheur. C'est pourquoi je répondis au génie : « Comment la connaîtrais-je, moi qui ne l'ai jamais vue que cette seule fois? — Si cela est, reprit-il, prends donc ce sabre et coupe-lui la tête. C'est à ce prix que je te mettrai en liberté, et que je serai convaincu que tu ne l'as jamais vue qu'à présent, comme tu le dis. — Très-volontiers, lui repartis-je. Je pris le sabre de sa main.... » Mais, sire, dit Scheherazade en s'interrompant en cet endroit, il est jour, et je ne dois point abuser de la patience de votre majesté. — Voilà des événements merveilleux, dit le sultan en lui-même : nous verrons demain si le prince eut la cruauté d'obéir au génie.

XLVI NUIT.

Sur la fin de la nuit, Dinarzade ayant appelé la sultane, lui dit : Ma sœur, si vous ne dormez pas, je vous prie de continuer l'histoire que vous ne pûtes achever hier. — Je le veux, répondit Scheherazade ; et, sans perdre de temps, vous saurez que le second calender poursuivit ainsi :

« Ne croyez pas, madame, que je m'approchai de la belle princesse de l'île d'Ébène pour être le ministre de la barbarie du génie ; je le fis seulement pour lui marquer par mes gestes, autant qu'il me l'était permis, que comme elle avait la fermeté de sacrifier sa vie pour l'amour de moi, je ne refusais pas d'immoler aussi la mienne pour l'amour d'elle. La princesse comprit mon dessein. Malgré ses douleurs et son affliction, elle me le témoigna par un regard obligeant, et me fit entendre qu'elle mourait volontiers et qu'elle était contente de voir que je voulais aussi mourir pour elle. Je reculai alors, et jetant le sabre par terre : « Je serais, dis-je au génie, éternellement blâmable devant tous les hommes si j'avais la lâcheté de massacrer, je ne dis pas une personne que je ne connais point, mais même une dame comme celle que je vois, dans l'état où elle est, près de rendre l'âme. Vous ferez de moi ce qu'il vous plaira, puisque je suis à votre discrétion ; mais je ne puis obéir à votre commandement barbare.

« — Je vois bien, dit le génie, que vous me bravez l'un et l'autre, et que vous insultez à ma jalousie. Mais par le traitement que je vous ferai, vous connaîtrez tous deux de quoi je suis capable. » A ces mots le monstre reprit le sabre, et coupa une des mains de la princesse, qui n'eut que le temps de me faire un signe de l'autre, pour me dire un éternel adieu, car le sang qu'elle avait déjà perdu et celui qu'elle perdit alors ne lui permirent pas de vivre plus d'un moment ou deux après cette dernière cruauté, dont le spectacle me fit évanouir.

« Lorsque je fus revenu à moi, je me plaignis au génie de ce qu'il me faisait languir dans l'attente de la mort. « Frappez, lui dis-je, je suis prêt à recevoir le coup mortel; je l'attends de vous comme la plus grande grâce que vous me puissiez faire. » Mais au lieu de me l'accorder : « Voilà, me dit-il, de quelle sorte les génies traitent les femmes qu'ils soupçonnent d'infidélité. Elle t'a reçu ici; si j'étais assuré qu'elle m'eût fait un plus grand outrage, je te ferais périr dans ce moment; mais je me contenterai de te changer en chien, en âne, en lion ou en oiseau : choisis un de ces changements; je veux bien te laisser maître du choix. »

« Ces paroles me donnèrent quelque espérance de le fléchir. « O génie! lui dis-je, modérez votre colère, et puisque vous ne voulez pas m'ôter la vie, accordez-la-moi généreusement. Je me souviendrai toujours de votre clémence si vous me pardonnez, de même que le meilleur homme du monde pardonna à un de ses voisins qui lui portait une envie mortelle. » Le génie me demanda ce qui s'était passé entre ces deux voisins, en disant qu'il voulait bien avoir la patience d'écouter cette histoire. Voici de quelle manière je lui en fis le récit. Je crois, madame, que vous ne serez pas fâchée que je vous la raconte aussi.

HISTOIRE

DE L'ENVIEUX ET DE L'ENVIÉ.

« Dans une ville assez considérable, deux hommes demeuraient porte à porte. L'un conçut contre l'autre une envie si violente, que celui qui en était l'objet résolut de changer de demeure et de s'éloigner, persuadé que le voisinage seul lui avait attiré l'animosité de son voisin, car, quoiqu'il lui eût rendu de bons offices, il s'était aperçu qu'il n'en était pas moins haï. C'est pourquoi il vendit sa maison avec le peu de bien qu'il avait, et se retirant à la capitale du pays, qui n'était pas bien éloignée, il acheta une petite terre environ à une demi-lieue de la ville. Il y avait une maison assez commode, un beau jardin et une cour raisonnablement grande, dans laquelle était une citerne profonde dont on ne se servait plus.

« Le bon homme, ayant fait cette acquisition, prit l'habit de derviche, pour mener une vie plus retirée, et fit faire plusieurs cellules dans la maison, où il établit en peu de temps une communauté nombreuse de derviches. Sa vertu le fit bientôt connaître et ne manqua pas de lui attirer une infinité de monde, tant du peuple que des principaux de la ville. Enfin chacun l'honorait et le chérissait extrêmement. On venait aussi de bien loin se recommander à ses prières, et tous ceux qui se retiraient d'auprès de lui publiaient les bénédictions qu'ils croyaient avoir reçues du ciel par son moyen.

« La grande réputation du personnage s'étant répandue dans la ville d'où il était sorti, l'envieux en eut un chagrin si vif qu'il abandonna sa maison et ses affaires, dans la résolution de l'aller perdre. Pour cet effet, il se rendit au nouveau couvent de derviches, dont le chef, ci-devant son voisin, le reçut avec toutes les marques d'amitié imaginables. L'envieux lui dit qu'il était venu exprès pour lui communiquer une affaire importante, dont il ne pouvait l'entretenir qu'en particulier. « Afin, ajouta-t-il, que personne ne nous entende, promenons-nous, je vous prie, dans votre cour, et puisque la nuit approche, commandez à vos derviches de se retirer dans leurs cellules. » Le chef des derviches fit ce qu'il souhaitait.

« Lorsque l'envieux se vit seul avec ce bon homme, il commença de lui raconter ce qui lui plut, en marchant l'un à côté de l'autre dans la cour, jusqu'à ce que se trouvant sur le bord de la citerne, il le poussa et le jeta dedans sans que personne fût témoin d'une si méchante action. Cela étant

fait, il s'éloigna promptement, gagna la porte du couvent, d'où il sortit sans être vu, et retourna chez lui, fort content de son voyage et persuadé que l'objet de son envie n'était plus au monde. Mais il se trompait fort. »

Scheherazade n'en put dire davantage, car le jour paraissait. Le sultan fut indigné de la malice de l'envieux. Je souhaite fort, dit-il en lui-même, qu'il n'arrive point de mal au bon derviche. J'espère que j'apprendrai demain que le ciel ne l'abandonna point dans cette occasion.

XLVII NUIT.

Si vous ne dormez pas, ma sœur, s'écria Dinarzade à son réveil, apprenez-nous, je vous en conjure, si le bon derviche sortit sain et sauf de la citerne.

— Oui, répondit Scheherazade; et le second calender poursuivant son histoire : « La vieille citerne, dit-il, était habitée par des fées et par des génies, qui se trouvèrent si à propos pour secourir le chef des derviches, qu'ils le reçurent et le soutinrent jusqu'au bas, de manière qu'il ne se fit aucun mal. Il s'aperçut bien qu'il y avait quelque chose d'extraordinaire dans une chute dont il devait perdre la vie; mais il ne voyait ni ne sentait rien. Néanmoins il entendit bientôt une voix qui dit : « Savez-vous qui est ce bon homme à qui nous venons de rendre ce bon office? » Et d'autres voix ayant répondu que non, la première reprit : « Je vais vous le dire. Cet homme, par la plus grande charité du monde, a abandonné la ville où il demeurait et est venu s'établir en ce lieu dans l'espérance de guérir un de ses voisins de l'envie qu'il avait contre lui. Il s'est attiré ici une estime si générale que l'envieux, ne pouvant le souffrir, est venu dans le dessein de le faire périr, ce qu'il aurait exécuté sans le secours que nous avons prêté à ce bon homme, dont la réputation est si grande, que le sultan qui fait son séjour dans la ville voisine, doit venir demain le visiter, pour recommander la princesse sa fille à ses prières. »

« Une autre voix demanda quel besoin la princesse avait des prières du derviche. A quoi la première repartit : « Vous ne savez donc pas qu'elle est possédée du génie Maimoun, fils de Dimdim, qui est devenu amoureux d'elle? Mais je sais bien comment ce bon chef des derviches pourrait la guérir : la chose est très-aisée, et je vais vous la dire. Il a dans son couvent un chat noir ¹, qui a une tache blanche au bout de la queue, environ

de la grandeur d'une petite pièce de monnaie d'argent. Il n'a qu'à arracher sept brins de poil de cette tache blanche, les brûler et parfumer la tête de la princesse de leur fumée. A l'instant elle sera si bien guérie et si bien délivrée de Maimoun, fils de Dimdim, que jamais il ne s'avisera d'approcher d'elle une seconde fois. »

« Le chef des derviches ne perdit pas un mot de cet entretien des fées et des génies, qui gardèrent un grand silence toute la nuit après avoir dit ces paroles. Le lendemain au commencement du jour, dès qu'il put distinguer les objets, comme la citerne était démolie en plusieurs endroits, il aperçut un trou par où il sortit sans peine.

« Les derviches, qui le cherchaient, furent ravis de le revoir. Il leur raconta en peu de mots la méchanceté de l'hôte qu'il avait si bien reçu le jour précédent, et se retira dans sa cellule. Le chat noir dont il avait ouï parler la nuit dans l'entretien des fées et des génies ne fut pas longtemps à venir lui faire des caresses à son ordinaire. Il lui arracha sept brins de poil de la tache blanche qu'il avait à la queue, et les mit à part pour s'en servir quand il en aurait besoin.

« Il n'y avait pas longtemps que le soleil était levé lorsque le sultan, qui ne voulait rien négliger de ce qu'il croyait pouvoir apporter une prompte guérison à la princesse, arriva à la porte du couvent. Il ordonna à sa garde de s'y arrêter, et entra avec les principaux officiers qui l'accompagnaient. Les derviches le reçurent avec un profond respect.

¹ Les chats ne sont point regardés par les musulmans comme des animaux immondes. « On assure même, dit M. Marcel, que Mahomet aimait beaucoup les chats, et on raconte qu'un jour une chatte favorite s'étant endormie sur un pan de la robe du prophète, lorsque l'heure de la prière fut annoncée, il se décida à couper le morceau d'étoffe sur lequel l'animal s'était endormi, afin de ne point interrompre ce sommeil paisible en se levant pour vaquer à ses fonctions religieuses. » (*Contes du Cheikh Élmohdy*, t. III, p. 452, note.)

Le sultan tira leur chef à l'écart : « Bon scheikh [1], lui dit-il, vous savez peut-être déjà le sujet qui m'amène. — Oui, sire, répondit modestement le derviche : c'est, si je ne me trompe, la maladie de la princesse qui m'attire cet honneur que je ne mérite pas. — C'est cela même, répliqua le sultan. Vous me rendriez la vie si, comme je l'espère, vos prières obtenaient la guérison de ma fille. — Sire, repartit le bon homme, si votre majesté veut bien la faire venir ici, je me flatte, par l'aide et faveur de Dieu, qu'elle retournera en parfaite santé. »

« Le prince, transporté de joie, envoya sur-le-champ chercher sa fille, qui parut bientôt accompagnée d'une nombreuse suite de femmes et d'eunuques, et voilée de manière qu'on ne lui voyait pas le visage. Le chef des derviches fit tenir un poêle au-dessus de la tête de la princesse, et il n'eut pas si tôt posé les sept brins de poil sur les charbons allumés qu'il avait fait apporter, que le génie Maimoun, fils de Dimdim, fit un grand cri, sans que l'on vît rien, et laissa la princesse libre.

« Elle porta d'abord la main au voile qui lui couvrait le visage, et le leva

[1] Le mot *scheikh* signifie *vieillard*, mais il a pris la même extension que le mot latin *senior*, dont on a fait *seigneur*. Le titre de *vieux de la montagne*, donné par nos historiens des croisades

pour voir où elle était. « Où suis-je? s'écria-t-elle, qui m'a amenée ici? » A ces paroles, le sultan ne put cacher l'excès de sa joie; il embrassa sa fille et la baisa aux yeux. Il baisa aussi la main du chef des derviches, et dit aux officiers qui l'accompagnaient : « Dites-moi votre sentiment. Quelle récompense mérite celui qui a ainsi guéri ma fille? » Ils répondirent tous qu'il méritait de l'épouser. « C'est ce que j'avais dans la pensée, reprit le sultan, et je le fais mon gendre dès ce moment. »

« Peu de temps après, le premier vizir mourut. Le sultan mit le derviche à sa place. Et le sultan étant mort lui-même sans enfants mâles, les ordres de religion et de milice assemblés, le bon homme fut déclaré et reconnu sultan d'un commun consentement. »

Le jour, qui paraissait, obligea Scheherazade à s'arrêter en cet endroit. Le derviche parut à Schahriar digne de la couronne qu'il venait d'obtenir; mais ce prince était en peine de savoir si l'envieux n'en serait pas mort de chagrin, et il se leva dans la résolution de l'apprendre la nuit suivante.

aux chefs des Ismaéliens, ou assassins, dérive tout simplement d'une traduction trop littérale des mots *scheikh al gebel*, qui signifient *seigneur de la montagne*. Le chef des Ismaéliens était ainsi nommé parce qu'il habitait le château d'Alamout, situé au sommet d'une montagne.

XLVIII NUIT.

Dinarzade, quand il en fût temps, adressa ces paroles à la sultane : Ma chère sœur, si vous ne dormez pas, je vous prie de nous raconter la fin de l'histoire de l'envié et de l'envieux. — Très-volontiers, répondit Scheherazade. Voici comment le second calender la poursuivit :

« Le bon derviche, dit-il, étant donc monté sur le trône de son beau-père, un jour qu'il était au milieu de sa cour dans une marche, il aperçut l'envieux parmi la foule du monde qui était sur son passage. Il fit approcher un des vizirs qui l'accompagnaient, et lui dit tout bas : « Allez et amenez-moi cet homme que voilà, et prenez bien garde de l'épouvanter. » Le vizir obéit, et quand l'envieux fut en présence du sultan, le sultan lui dit : « Mon ami, je suis ravi de vous voir; » et alors, s'adressant à un officier : « Qu'on lui compte, dit-il, tout à l'heure, mille pièces d'or de mon trésor. De plus, qu'on lui livre vingt charges de marchandises les plus précieuses de mes magasins, et qu'une garde suffisante le conduise et l'escorte jusque chez lui. » Après avoir chargé l'officier de cette commission, il dit adieu à l'envieux et continua sa marche.

« Lorsque j'eus achevé de conter cette histoire au génie assassin de la princesse de l'île d'Ébène, je lui en fis l'application. « O génie ! lui dis-je, vous voyez que ce sultan bienfaisant ne se contenta pas d'oublier qu'il n'avait pas tenu à l'envieux qu'il n'eût perdu la vie ; il le traita encore et le renvoya avec toute la bonté que je viens de vous dire. » Enfin j'employai toute mon éloquence à le prier d'imiter un si bel exemple et de me pardonner ; mais il ne me fut pas possible de le fléchir.

« Tout ce que je puis faire pour toi, me dit-il, c'est de ne te pas ôter la vie; ne te flatte pas que je te renvoie sain et sauf; il faut que je te fasse sentir ce que je puis par mes enchantements. » A ces mots, il se saisit de moi avec violence, et, m'emportant au travers de la voûte du palais souterrain, qui s'entr'ouvrit pour lui faire un passage, il m'enleva si haut que la terre ne me parut qu'un petit nuage blanc. De cette hauteur, il se lança vers la terre comme la foudre, et prit pied sur la cime d'une montagne.

« Là, il amassa une poignée de terre, prononça ou plutôt marmotta dessus certaines paroles auxquelles je ne compris rien, et la jetant sur moi : « Quitte, me dit-il, la figure d'homme, et prends celle de singe. » Il disparut aussitôt, et je demeurai seul, changé en singe, accablé de dou-

leur, dans un pays inconnu, ne sachant si j'étais près ou éloigné des états du roi mon père.

« Je descendis du haut de la montagne, j'entrai dans un plat pays, dont je ne trouvai l'extrémité qu'au bout d'un mois, que j'arrivai au bord de la mer. Elle était alors dans un grand calme, et j'aperçus un vaisseau à une demi-lieue de terre. Pour ne pas perdre une si belle occasion, je rompis une grosse branche d'arbre, je la tirai après moi dans la mer et me mis dessus, jambe deçà, jambe delà, avec un bâton à chaque main pour me servir de rames.

« Je voguai dans cet état et m'avançai vers le vaisseau. Quand je fus assez près pour être reconnu, je donnai un spectacle fort extraordinaire aux matelots et aux passagers qui parurent sur le tillac. Ils me regardaient tous avec une grande admiration. Cependant j'arrivai à bord, et, me prenant à un cordage, je grimpai jusque sur le tillac; mais comme je ne pouvais parler, je me trouvai dans un terrible embarras. En effet, le danger que je courus alors ne fut pas moins grand que celui d'avoir été à la discrétion du génie.

« Les marchands, superstitieux et scrupuleux, crurent que je porterais malheur à leur navigation si l'on me recevait. C'est pourquoi l'un dit : « Je vais l'assommer d'un coup de maillet; » un autre : « Je veux lui passer une flèche au travers du corps; » un autre : « Il faut le jeter à la mer. » Quelqu'un n'aurait pas manqué de faire ce qu'il disait, si, me rangeant du côté du capitaine, je ne m'étais pas prosterné à ses pieds; mais le prenant par son habit, dans la posture de suppliant, il fut tellement touché de cette action et des larmes qu'il vit couler de mes yeux, qu'il me prit sous sa protection, en menaçant de faire repentir celui qui me ferait le moindre mal. Il me fit même mille caresses. De mon côté, au défaut de la parole, je lui donnai par mes gestes toutes les marques de reconnaissance qu'il me fut possible.

« Le vent qui succéda au calme ne fut pas fort, mais il fut durable : il ne changea point durant cinquante jours, et il nous fit heureusement aborder au port d'une belle ville très-peuplée et d'un grand commerce, où nous jetâmes l'ancre. Elle était d'autant plus considérable, que c'était la capitale d'un puissant état.

« Notre vaisseau fut bientôt environné d'une infinité de petits bateaux, remplis de gens qui venaient pour féliciter leurs amis sur leur arrivée, ou s'informer de ceux qu'ils avaient vus au pays d'où ils arrivaient, ou simplement par la curiosité de voir un vaisseau qui venait de loin.

« Il arriva entre autres quelques officiers qui demandèrent à parler de la part du sultan aux marchands de notre bord. Les marchands se présentèrent à eux, et l'un des officiers prenant la parole, leur dit : « Le sultan notre maître nous a chargés de vous témoigner qu'il a bien de la joie de votre arrivée, et de vous prier de prendre la peine d'écrire, sur le rouleau de papier que voici, chacun quelques lignes de votre écriture.

« Pour vous apprendre quel est son dessein, vous saurez qu'il avait un premier vizir qui, avec une très-grande capacité dans le maniement des affaires, écrivait dans la dernière perfection. Ce ministre est mort depuis peu de jours. Le sultan en est fort affligé, et comme il ne regardait jamais les écritures de sa main sans admiration, il a fait un serment solennel de ne donner sa place qu'à un homme qui écrira aussi bien qu'il écrivait. Beaucoup de gens ont présenté de leurs écritures, mais jusqu'à présent il ne s'est trouvé personne dans l'étendue de cet empire qui ait été jugé digne d'occuper la place du vizir. »

« Ceux des marchands qui crurent assez bien écrire pour prétendre à cette haute dignité, écrivirent l'un après l'autre ce qu'ils voulurent. Lorsqu'ils eurent achevé, je m'avançai et enlevai le rouleau de la main de celui qui le tenait. Tout le monde, et particulièrement les marchands qui venaient d'écrire, s'imaginant que je voulais le déchirer ou le jeter à la mer, firent de grands cris; mais ils se rassurèrent quand ils virent que je tenais le rouleau fort proprement et que je faisais signe de vouloir écrire à mon tour. Cela fit changer leur crainte en admiration. Néanmoins, comme ils n'avaient jamais vu de singe qui sût écrire, et qu'ils ne pouvaient se persuader que je fusse plus habile que les autres, ils voulaient m'arracher le rouleau des mains; mais le capitaine prit encore mon parti.

« Laissez-le faire, dit-il, qu'il écrive. S'il ne fait que barbouiller le papier, je vous promets que je le punirai sur-le-champ. Si au contraire il écrit bien, comme je l'espère, car je n'ai vu de ma vie un singe plus adroit et plus ingénieux, ni qui comprît mieux toutes choses, je déclare que je le reconnaîtrai pour mon fils. J'en avais un qui n'avait pas, à beaucoup près, tant d'esprit que lui. »

« Voyant que personne ne s'opposait plus à mon dessein, je pris la plume et ne la quittai qu'après avoir écrit six sortes d'écritures usitées chez les Arabes, et chaque essai d'écriture contenait un distique ou un quatrain impromptu à la louange du sultan. Mon écriture n'effaçait pas seulement celle des marchands, j'ose dire qu'on n'en avait point vu de si belle jusqu'alors en ce pays-là. Quand j'eus achevé, les officiers prirent le rouleau et le portèrent au sultan. »

Scheherazade en était là lorsqu'elle aperçut le jour. Sire, dit-elle à Schahriar, si j'avais le temps de continuer, je raconterais à votre majesté des choses encore plus surprenantes que celles que je viens de raconter. Le sultan, qui s'était proposé d'entendre toute cette histoire, se leva sans dire ce qu'il pensait.

XLIX NUIT.

Le lendemain, Dinarzade, éveillée avant le jour, appela la sultane et lui dit : Ma sœur, si vous ne dormez pas, je vous supplie de nous apprendre la suite des aventures du singe. Je crois que le sultan mon seigneur n'a pas moins de curiosité que moi de l'entendre. — Vous allez être satisfaits l'un et l'autre, répondit Scheherazade, et pour ne vous pas faire languir, je vous dirai que le second calender continua ainsi son histoire :

« Le sultan ne fit aucune attention aux autres écritures; il ne regarda que la mienne, qui lui plut tellement qu'il dit aux officiers : « Prenez le cheval de mon écurie le plus beau et le plus richement enharnaché, et une robe de brocart des plus magnifiques, pour revêtir la personne de qui sont ces six sortes d'écritures, et amenez-la-moi. »

« A cet ordre du sultan, les officiers se mirent à rire. Ce prince, irrité de leur hardiesse, était prêt à les punir; mais ils lui dirent : « Sire, nous supplions votre majesté de nous pardonner; ces écritures ne sont pas d'un homme, elles sont d'un singe. — Que dites-vous? s'écria le sultan; ces écritures merveilleuses ne sont pas de la main d'un homme? — Non, sire, répondit un des officiers; nous assurons votre majesté qu'elles sont d'un singe, qui les a faites devant nous. » Le sultan trouva la chose trop surprenante pour n'être pas curieux de me voir. « Faites ce que je vous ai commandé, leur dit-il, amenez-moi promptement un singe si rare. »

« Les officiers revinrent au vaisseau et exposèrent leur ordre au capitaine, qui leur dit que le sultan était le maître. Aussitôt ils me revêtirent

d'une robe de brocart très-riche, et me portèrent à terre, où ils me mirent sur le cheval du sultan, qui m'attendait dans son palais avec un grand nombre de personnes de sa cour, qu'il avait assemblées pour me faire plus d'honneur.

« La marche commença; le port, les rues, les places publiques, les fenêtres, les terrasses des palais et des maisons, tout était rempli d'une multitude innombrable de monde de l'un et de l'autre sexes et de tous les âges, que la curiosité avait fait venir de tous les endroits de la ville pour me voir, car le bruit s'était répandu en un moment que le sultan venait de choisir un singe pour son grand vizir. Après avoir donné un spectacle si nouveau à tout ce peuple qui, par des cris redoublés, ne cessait de marquer sa surprise, j'arrivai au palais du sultan.

« Je trouvai ce prince assis sur son trône au milieu des grands de sa cour. Je lui fis trois révérences profondes, et, à la dernière, je me prosternai et baisai la terre devant lui. Je me mis ensuite sur mon séant en posture de singe. Toute l'assemblée ne pouvait se lasser de m'admirer, et ne comprenait pas comment il était possible qu'un singe sût si bien rendre aux sultans le respect qui leur est dû, et le sultan en était plus étonné que personne. Enfin la cérémonie de l'audience eût été complète si j'eusse pu ajouter la harangue à mes gestes; mais les singes ne parlèrent jamais, et l'avantage d'avoir été homme ne me donnait pas ce privilége.

178 LES MILLE ET UNE NUITS,

« Le sultan congédia ses courtisans, et il ne resta auprès de lui que le chef de ses eunuques, un petit esclave fort jeune, et moi. Il passa de la salle d'audience dans son appartement, où il se fit apporter à manger. Lorsqu'il fut à table, il me fit signe d'approcher et de manger avec lui. Pour lui marquer mon obéissance, je baisai la terre, je me levai et me mis à table. Je mangeai avec beaucoup de retenue et de modestie.

« Avant que l'on desservît, j'aperçus une écritoire; je fis signe qu'on me l'apportât, et quand je l'eus, j'écrivis sur une grosse pêche des vers de ma façon, qui marquaient ma reconnaissance au sultan, et la lecture qu'il en fit, après que je lui eus présenté la pêche, augmenta son étonnement. La table levée, on lui apporta d'une boisson particulière dont il me fit présenter un verre. Je bus, et j'écrivis dessus de nouveaux vers, qui expliquaient l'état où je me trouvais après de grandes souffrances. Le sultan les lut encore et dit : « Un homme qui serait capable d'en faire autant serait au-dessus des plus grands hommes. »

« Ce prince, s'étant fait apporter un jeu d'échecs [1], me demanda par

signe si j'y savais jouer et si je voulais jouer avec lui. Je baisai la terre, et, en portant la main sur ma tête, je marquai que j'étais prêt à recevoir cet honneur. Il me gagna la première partie; mais je gagnai la seconde et la troisième, et m'apercevant que cela lui faisait quelque peine, pour le

---

[1] Le jeu des échecs est une invention indienne. Les Persans conviennent que ce jeu leur fut apporté de l'Inde dans le sixième siècle de notre ère. Il est probable que le mot échecs vient du persan *schah*, qui signifie *roi*; les Persans, pour dire *échec et mat*, se servent de l'expression *schah mât*, le roi est mort.

consoler, je fis un quatrain que je lui présentai. Je lui disais que deux puissantes armées s'étaient battues tout le jour avec beaucoup d'ardeur ; mais qu'elles avaient fait la paix sur le soir, et qu'elles avaient passé la nuit ensemble fort tranquillement sur le champ de bataille.

« Tant de choses paraissant au sultan fort au-delà de tout ce qu'on avait jamais vu ou entendu de l'adresse et de l'esprit des singes, il ne voulait pas être le seul témoin de ces prodiges. Il avait une fille qu'on appelait Dame de beauté. « Allez, dit-il au chef des eunuques, qui était présent et attaché à cette princesse, allez, faites venir ici votre dame : je suis bien aise qu'elle ait part au plaisir que je prends. »

« Le chef des eunuques partit et amena bientôt la princesse. Elle avait le visage découvert ; mais elle ne fut pas plus tôt dans la chambre, qu'elle se le couvrit promptement de son voile, en disant au sultan : « Sire, il faut que votre majesté se soit oubliée. Je suis fort surprise qu'elle me fasse venir pour paraître devant les hommes. — Comment donc, ma fille, répondit le sultan, vous n'y pensez pas vous-même : il n'y a ici que le petit esclave, l'eunuque votre gouverneur, et moi, qui avons la liberté de vous voir le visage ; néanmoins vous baissez votre voile et vous me faites un crime de vous avoir fait venir ici. — Sire, répliqua la princesse, votre majesté va connaître que je n'ai pas tort. Le singe que vous voyez, quoiqu'il ait la forme d'un singe, est un jeune prince, fils d'un grand roi. Il a été métamorphosé en singe par enchantement. Un génie, fils de la fille d'Eblis, lui a fait cette malice après avoir cruellement ôté la vie à la princesse de l'île d'Ébène, fille du roi Epitimarus. »

« Le sultan, étonné de ce discours, se tourna de mon côté, et ne me parlant plus par signe, me demanda si ce que sa fille venait de dire était véritable. Comme je ne pouvais parler, je mis la main sur ma tête pour lui témoigner que la princesse avait dit la vérité. « Ma fille, reprit alors le sultan, comment savez-vous que ce prince a été transformé en singe par enchantement ? — Sire, repartit la princesse Dame de beauté, votre majesté peut se souvenir qu'au sortir de mon enfance, j'ai eu près de moi une vieille dame. C'était une magicienne très-habile. Elle m'a enseigné soixante règles de sa science, par la vertu de laquelle je pourrais en un clin d'œil faire transporter votre capitale au milieu de l'Océan, au-delà du mont Caucase. Par cette science je connais toutes les personnes qui sont enchantées, seulement à les voir ; je sais qui elles sont et par qui elles ont été enchantées. Ainsi ne soyez pas surpris si j'ai d'abord démêlé ce prince au travers du charme qui l'empêche de paraître à vos yeux tel qu'il est naturellement. — Ma fille, dit le sultan, je ne vous croyais pas si habile. — Sire, répondit la princesse, ce sont des choses curieuses qu'il est bon de savoir ; mais il m'a semblé que je ne devais pas m'en vanter. — Puisque cela est ainsi, re-

prit le sultan, vous pourrez donc dissiper l'enchantement du prince?
— Oui, sire, repartit la princesse, je puis lui rendre sa première forme.
— Rendez-la-lui donc, interrompit le sultan, vous ne sauriez me faire un plus grand plaisir, car je veux qu'il soit mon grand vizir et qu'il vous épouse.
— Sire, dit la princesse, je suis prête à vous obéir en tout ce qu'il vous plaira de m'ordonner. »

Scheherazade, en achevant ces derniers mots, s'aperçut qu'il était jour et cessa de poursuivre l'histoire du second calender. Schahriar, jugeant que la suite ne serait pas moins agréable que ce qu'il avait entendu, résolut de l'écouter le lendemain.

L NUIT.

Dinarzade, appelant la sultane à l'heure ordinaire, lui dit : Ma sœur, si vous ne dormez pas, racontez-nous, de grâce, comment la Dame de beauté remit le second calender dans son premier état. — Vous allez le savoir, répondit Scheherazade. Le calender reprit ainsi son discours :

« La princesse Dame de beauté alla dans son appartement, d'où elle apporta un couteau qui avait des mots hébreux gravés sur la lame. Elle nous fit descendre ensuite, le sultan, le chef des eunuques, le petit esclave et moi, dans une cour secrète du palais, et là, nous laissant sous une galerie qui régnait autour, elle s'avança au milieu de la cour, où elle décrivit un grand cercle, et y traça plusieurs mots en caractères arabes anciens et autres qu'on appelle caractères de Cléopâtre.

« Lorsqu'elle eut achevé et préparé le cercle de la manière qu'elle le souhaitait, elle se plaça et s'arrêta au milieu, où elle fit des adjurations, et elle récita des versets de l'Alcoran. Insensiblement l'air s'obscurcit de sorte qu'il semblait qu'il fût nuit et que la machine du monde allait se dissoudre. Nous nous sentîmes saisir d'une frayeur extrême, et cette frayeur augmenta encore quand nous vîmes tout à coup paraître le génie, fils de la fille d'Eblis, sous la forme d'un lion d'une grandeur épouvantable.

« Dès que la princesse aperçut ce monstre, elle lui dit : « Chien, au lieu de ramper devant moi, tu oses te présenter sous cette horrible forme et tu crois m'épouvanter ! — Et toi, reprit le lion, tu ne crains pas de contrevenir au traité que nous avons fait et confirmé par un serment solennel, de ne nous nuire ni faire aucun tort l'un à l'autre! — Ah! maudit, répliqua la princesse, c'est à toi que j'ai ce reproche à faire. — Tu vas, interrompit brusquement le lion, être payée de la peine que tu m'as donnée de revenir. » En disant cela, il ouvrit une gueule effroyable et s'avança sur elle pour la dévorer; mais elle, qui était sur ses gardes, fit un saut en arrière, eut le temps de s'arracher un cheveu, et en prononçant deux ou trois paroles, elle se changea en un glaive tranchant, dont elle coupa le lion en deux par le milieu du corps.

« Les deux parties du lion disparurent, et il ne resta que la tête, qui se changea en un gros scorpion. Aussitôt la princesse se changea en serpent et livra un rude combat au scorpion, qui, n'ayant pas l'avantage, prit la forme d'un aigle et s'envola. Mais le serpent prit alors celle d'un aigle noir plus puissant, et le poursuivit. Nous les perdîmes de vue l'un et l'autre.

« Quelque temps après qu'ils eurent disparu, la terre s'entr'ouvrit devant nous, et il en sortit un chat noir et blanc, dont le poil était tout hérissé, et qui miaulait d'une manière effrayante. Un loup noir le suivit de près et ne lui donna aucun relâche. Le chat, trop pressé, se changea en ver et se trouva près d'une grenade tombée par hasard d'un grenadier qui était planté sur le bord d'un canal d'eau assez profond, mais peu large. Ce ver perça la grenade en un instant, et s'y cacha. La grenade alors s'enfla, devint grosse comme une citrouille, et s'éleva sur le toit de la galerie, d'où, après avoir fait quelques tours en roulant, elle tomba dans la cour et se rompit en plusieurs morceaux.

« Le loup, qui pendant ce temps-là s'était transformé en coq, se jeta sur les grains de la grenade et se mit à les avaler l'un après l'autre. Lorsqu'il n'en vit plus, il vint à nous les ailes étendues, en faisant un grand bruit, comme pour nous demander s'il n'y avait plus de grains. Il en restait un sur le bord du canal, dont il s'aperçut en se retournant. Il y courut vite; mais dans le moment qu'il allait porter le bec dessus, le grain roula dans le canal et se changea en petit poisson.... » Mais voilà le jour, sire, dit Scheherazade; s'il n'eût pas si tôt paru, je suis persuadée que votre majesté aurait pris beaucoup de plaisir à entendre ce que je lui aurais raconté. A ces mots, elle se tut, et le sultan se leva rempli de tous ces événements inouïs, qui lui inspirèrent une forte envie et une extrême impatience d'apprendre le reste de cette histoire.

LI NUIT.

Dinarzade, le lendemain, ne craignit pas d'interrompre le sommeil de la sultane : Si vous ne dormez pas, ma sœur, lui dit-elle, je vous prie de reprendre le fil de cette merveilleuse histoire que vous ne pûtes achever hier. Je suis curieuse d'entendre la suite de toutes ces métamorphoses. Scheherazade rappela dans sa mémoire l'endroit où elle en était demeurée, et puis, adressant la parole au sultan : Sire, dit-elle, le second calender continua de cette sorte son histoire :

« Le coq se jeta dans le canal et se changea en un brochet qui poursuivit le petit poisson. Ils furent l'un et l'autre deux heures entières sous l'eau, et nous ne savions ce qu'ils étaient devenus, lorsque nous entendîmes des cris horribles qui nous firent frémir. Peu de temps après nous vîmes le génie et la princesse tout en feu. Ils se lancèrent l'un contre l'autre des flammes par la bouche jusqu'à ce qu'ils vinrent à se prendre corps à corps. Alors les deux feux s'augmentèrent et jetèrent une fumée épaisse et enflammée qui s'éleva fort haut. Nous craignîmes avec raison qu'elle n'embrasât tout le palais, mais nous eûmes bientôt un sujet de crainte beaucoup plus pressant, car le génie, s'étant débarrassé de la princesse, vint jusqu'à la galerie où nous étions et nous souffla des tourbillons de feu. C'était fait de nous si la princesse, accourant à notre secours, ne l'eût obligé par ses cris à s'éloigner et à se garder d'elle. Néanmoins, quelque diligence qu'elle fît, elle ne put empêcher que le sultan n'eût la barbe brûlée et le visage gâté, que le chef des eunuques ne fût étouffé et consumé sur-le-champ, et qu'une étincelle n'entrât dans mon œil droit et ne me rendît borgne. Le sultan et moi nous nous attendions à périr; mais bientôt nous ouïmes crier : Victoire! victoire! et nous vîmes tout à coup paraître la princesse sous sa forme naturelle, et le génie réduit en un monceau de cendres.

La princesse s'approcha de nous, et, pour ne pas perdre de temps, elle demanda une tasse pleine d'eau, qui lui fut apportée par le jeune esclave, à qui le feu n'avait fait aucun mal. Elle la prit, et après quelques paroles prononcées dessus, elle jeta l'eau sur moi en disant : « Si tu es singe par enchantement, change de figure et prends celle d'homme que tu avais auparavant. » A peine eut-elle achevé ces mots, que je redevins homme tel que j'étais avant ma métamorphose, à un œil près.

« Je me préparais à remercier la princesse, mais elle ne m'en donna pas le temps. Elle s'adressa au sultan son père et lui dit : « Sire, j'ai remporté la victoire sur le génie, comme votre majesté le peut voir. Mais c'est une victoire qui me coûte cher : il me reste peu de moments à vivre, et vous n'aurez pas la satisfaction de faire le mariage que vous méditiez. Le feu m'a pénétrée dans ce combat terrible, et je sens qu'il me consume peu à peu. Cela ne serait point arrivé si je m'étais aperçu du dernier grain de la grenade et que je l'eusse avalé comme les autres lorsque j'étais changée en coq. Le génie s'y était réfugié comme en son dernier retranchement, et de là dépendait le succès du combat, qui aurait été heureux et sans danger pour moi. Cette faute m'a obligée de recourir au feu et de combattre avec ces puissantes armes, comme je l'ai fait entre le ciel et la terre et en votre présence. Malgré le pouvoir de son art redoutable et son expérience, j'ai fait connaître au génie que j'en savais plus que lui ; je l'ai vaincu et réduit en cendres. Mais je ne puis échapper à la mort qui s'approche. »

Scheherazade interrompit en cet endroit l'histoire du second calender, et dit au sultan : Sire, le jour, qui paraît, m'avertit de n'en pas dire davantage ; mais si votre majesté veut bien encore me laisser vivre jusqu'à demain, elle entendra la fin de cette histoire. Schahriar y consentit et se leva, suivant sa coutume, pour aller vaquer aux affaires de son empire.

LII NUIT.

Quelque temps avant le jour, Dinarzade, éveillée, appela la sultane : Ma chère sœur, lui dit-elle, si vous ne dormez pas, je vous supplie d'achever l'histoire du second calender. Scheherazade prit aussitôt la parole et poursuivit ainsi son conte :

Le calender, parlant toujours à Zobéide, lui dit : « Madame, le sultan laissa la princesse Dame de beauté achever le récit de son combat, et quand elle l'eut fini, il lui dit d'un ton qui marquait la vive douleur dont il était pénétré : « Ma fille, vous voyez en quel état est votre père. Hélas! je m'étonne que je sois encore en vie! L'eunuque votre gouverneur est mort, et le prince que vous venez de délivrer de son enchantement a perdu un œil. » Il n'en put dire davantage, car les larmes, les soupirs et les sanglots lui coupèrent la parole. Nous fûmes extrêmement touchés de son affliction, sa fille et moi, et nous pleurâmes avec lui.

« Pendant que nous nous affligions comme à l'envi l'un de l'autre, la princesse se mit à crier : « Je brûle! je brûle! » Elle sentit que le feu qui la consumait s'était enfin emparé de tout son corps, et elle ne cessa de crier : « Je brûle! » que la mort n'eût mis fin à ses douleurs insupportables. L'effet de ce feu fut si extraordinaire qu'en peu de moments elle fut réduite toute en cendres, comme le génie.

« Je ne vous dirai pas, madame, jusqu'à quel point je fus touché d'un spectacle si funeste. J'aurais mieux aimé être toute ma vie singe ou chien que de voir ma bienfaitrice périr si misérablement. De son côté, le sultan, affligé au delà de tout ce qu'on peut s'imaginer, poussa des cris pitoyables en se donnant de grands coups à la tête et sur la poitrine, jusqu'à ce que, succombant à son désespoir, il s'évanouit, et me fit craindre pour sa vie.

« Cependant les eunuques et les officiers accoururent aux cris du sultan, qu'ils n'eurent pas peu de peine à faire revenir de sa faiblesse. Ce prince et moi n'eûmes pas besoin de leur faire un long récit de cette aventure pour les persuader de la douleur que nous en avions : les deux monceaux de cendres en quoi la princesse et le génie avaient été réduits la leur firent assez concevoir. Comme le sultan pouvait à peine se soutenir, il fut obligé de s'appuyer sur eux pour gagner son appartement.

« Dès que le bruit d'un événement si tragique se fut répandu dans le palais et dans la ville, tout le monde plaignit le malheur de la princesse Dame de beauté et prit part à l'affliction du sultan. On mena grand deuil durant sept jours; on fit beaucoup de cérémonies; on jeta au vent les cendres du génie; on recueillit celles de la princesse dans un vase précieux, pour y être conservées, et ce vase fut déposé dans un superbe

mausolée que l'on bâtit au même endroit où les cendres avaient été recueillies.

« Le chagrin que conçut le sultan de la perte de sa fille lui causa une maladie qui l'obligea de garder le lit un mois entier. Il n'avait pas encore entièrement recouvré sa santé, qu'il me fit appeler : « Prince, me dit-il, écoutez l'ordre que j'ai à vous donner : il y va de votre vie si vous ne l'exécutez. » Je l'assurai que j'obéirais exactement. Après quoi, reprenant la parole : « J'avais toujours vécu, poursuivit-il, dans une parfaite félicité, et jamais aucun accident ne l'avait traversée ; votre arrivée a fait évanouir le bonheur dont je jouissais : ma fille est morte, son gouverneur n'est plus, et ce n'est que par un miracle que je suis en vie. Vous êtes donc la cause de tous ces malheurs, dont il n'est pas possible que je puisse me consoler. C'est pourquoi retirez-vous en paix, mais retirez-vous incessamment ; je périrais moi-même si vous demeuriez ici davantage, car je suis persuadé que votre présence porte malheur : c'est tout ce que j'avais à vous dire. Partez, et prenez garde de paraître jamais dans mes états : aucune considération ne m'empêcherait de vous en faire repentir. » Je voulus parler ; mais il me ferma la bouche par des paroles remplies de colère, et je fus obligé de m'éloigner de son palais.

« Rebuté, chassé, abandonné de tout le monde, et ne sachant ce que je deviendrais, avant que de sortir de la ville j'entrai dans un bain, je me fis raser la barbe et les sourcils, et pris l'habit de calender. Je me mis en chemin en pleurant moins ma misère que la mort des belles princesses que j'avais causée. Je traversai plusieurs pays sans me faire connaître ; enfin je résolus de venir à Bagdad, dans l'espérance de me faire présenter au commandeur des croyants et d'exciter sa compassion par le récit d'une histoire si étrange. J'y suis arrivé ce soir, et la première personne que j'ai rencontrée en arrivant, c'est le calender notre frère qui vient de parler avant moi. Vous savez le reste, madame, et pourquoi j'ai l'honneur de me trouver dans votre hôtel. »

Quand le second calender eut achevé son histoire, Zobéide, à qui il avait adressé la parole, lui dit : « Voilà qui est bien ; allez, retirez-vous où il vous plaira, je vous en donne la permission. » Mais, au lieu de sortir, il supplia aussi la dame de lui faire la même grâce qu'au premier calender, auprès de qui il alla prendre place.... Mais, sire, dit Scheherazade en achevant ces derniers mots, il est jour, et il ne m'est pas permis de continuer. J'ose assurer néanmoins que quelque agréable que soit l'histoire du second calender, celle du troisième n'est pas moins belle : que votre majesté se consulte ; qu'elle voie si elle veut avoir la patience de l'entendre. Le sultan, curieux de savoir si elle était aussi merveilleuse que la dernière, se leva résolu de prolonger encore la vie de Scheherazade, quoique le délai qu'il avait accordé fût fini depuis plusieurs jours.

LIII NUIT.

Sur la fin de la nuit suivante, Dinarzade adressa ces paroles à la sultane : Ma chère sœur, si vous ne dormez pas, je vous prie, en attendant le jour, qui paraîtra bientôt, de me raconter quelqu'un de ces beaux contes que vous savez. — Je voudrais bien, dit alors Schahriar, entendre l'histoire du troisième calender. — Sire, répondit Scheherazade, vous allez être obéi. Le troisième calender, ajouta-t-elle, voyant que c'était à lui à parler, s'adressant comme les autres à Zobéide, commença son histoire de cette manière :

HISTOIRE

DU TROISIÈME CALENDER, FILS DE ROI.

« Très-honorable dame, ce que j'ai à vous raconter est bien différent de ce que vous venez d'entendre. Les deux princes qui ont parlé avant moi ont perdu chacun un œil par un pur effet de leur destinée, et moi je n'ai perdu le mien que par ma faute, qu'en prévenant moi-même et cherchant mon propre malheur, comme vous l'apprendrez par la suite de mon discours.

« Je m'appelle Agib [1], et suis fils d'un roi qui se nommait Cassib. Après sa mort, je pris possession de ses états, et établis mon séjour dans la même ville où il avait demeuré. Cette ville est située sur le bord de la mer. Elle a un port des plus beaux et des plus sûrs, avec un arsenal assez grand pour fournir à l'armement de cent cinquante vaisseaux de guerre toujours prêts à servir dans l'occasion; pour en équiper cinquante en marchandise et autant de petites frégates légères pour les promenades et les divertissements sur l'eau. Plusieurs belles provinces composaient mon royaume en terre ferme, avec un grand nombre d'îles considérables, presque toutes situées à la vue de ma capitale.

« Je visitai premièrement les provinces; je fis ensuite armer et équiper toute ma flotte, et j'allai descendre dans mes îles pour me concilier, par ma présence, le cœur de mes sujets et les affermir dans le devoir. Quelque temps après que j'en fus revenu, j'y retournai, et ces voyages, en me donnant quelque teinture de la navigation, m'y firent prendre tant de goût que je résolus d'aller faire des découvertes au delà de mes îles. Pour cet effet je fis équiper dix vaisseaux seulement, je m'embarquai, et nous mîmes à la voile.

« Notre navigation fut heureuse pendant quarante jours de suite; mais la nuit du quarante-unième, le vent devint contraire et même si furieux, que nous fûmes battus d'une tempête violente qui pensa nous submerger. Néanmoins, à la pointe du jour, le vent s'apaisa, les nuages se dissipèrent, et le soleil ayant ramené le beau temps, nous abordâmes à une île, où nous nous arrêtâmes deux jours à prendre des rafraîchissements. Cela étant fait, nous nous remîmes en mer. Après dix jours de navigation, nous commencions à espérer de voir terre, car la tempête que nous avions essuyée m'avait détourné de mon dessein, et j'avais fait prendre la route de mes états, lorsque je m'aperçus que mon pilote ne savait où nous étions. Effectivement, le dixième jour un matelot, commandé pour faire la découverte au haut du grand mât, rapporta qu'à la droite et à la gauche il n'avait vu que le ciel et la mer qui bornassent l'horizon; mais que devant lui, du côté où nous avions la proue, il avait remarqué une grande noirceur.

« Le pilote changea de couleur à ce récit, jeta d'une main son turban sur le tillac, et de l'autre se frappant le visage : « Ah! sire, s'écria-t-il, nous sommes perdus! Personne de nous ne peut échapper au danger où

---

[1] Agib, en arabe, signifie *merveilleux*.

nous nous trouvons, et avec toute mon expérience, il n'est pas en mon pouvoir de nous en garantir. » En disant ces paroles il se mit à pleurer comme un homme qui croyait sa perte inévitable, et son désespoir jeta l'épouvante dans tout le vaisseau. Je lui demandai quelle raison il avait de se désespérer ainsi. « Hélas! sire, me répond-il, la tempête que nous avons essuyée nous a tellement égarés de notre route, que demain, à midi, nous nous trouverons près de cette noirceur, qui n'est autre chose que la montagne noire; et cette montagne noire est une mine d'aimant qui, dès à présent, attire toute votre flotte, à cause des clous et des ferrements qui entrent dans la structure des vaisseaux. Lorsque nous en serons demain à une certaine distance, la force de l'aimant sera si violente que tous les clous se détacheront et iront se coller contre la montagne : vos vaisseaux se dissoudront et seront submergés. Comme l'aimant a la vertu d'attirer le fer à soi et de se fortifier par cette attraction, cette montagne, du côté de la mer, est couverte des clous d'une infinité de vaisseaux qu'elle a fait périr, ce qui conserve et augmente en même temps cette vertu [1].

---

[1] L'incident de la montagne d'aimant se retrouve dans un poëme en vers allemands intitulé *Histoire du duc Ernest de Bavière*, et qui a pour auteur Henri de Veldeck, poëte qui écrivait à la fin du douzième siècle. (Voyez l'analyse de ce poëme, donnée par Weber dans le troi-

« Cette montagne, poursuivit le pilote, est très-escarpée, et au sommet il y a un dôme de bronze fin, soutenu de colonnes de même métal; au haut du dôme paraît un cheval aussi de bronze, sur lequel est un cavalier qui a la poitrine couverte d'une plaque de plomb, sur laquelle sont gravés des caractères talismaniques. La tradition, sire, est que cette statue est la cause principale de la perte de tant de vaisseaux et de tant d'hommes qui ont été submergés en cet endroit, et qu'elle ne cessera d'être funeste à tous ceux qui auront le malheur d'en approcher, jusqu'à ce qu'elle soit renversée. »

« Le pilote ayant tenu ce discours, se remit à pleurer, et ses larmes excitèrent celles de tout l'équipage. Je ne doutai pas moi-même que je ne fusse arrivé à la fin de mes jours. Chacun, toutefois, ne laissa pas de songer à sa conservation et de prendre pour cela toutes les mesures possibles. Et dans l'incertitude de l'événement, ils se firent tous héritiers les uns des autres par un testament en faveur de ceux qui se sauveraient.

« Le lendemain matin nous aperçûmes à découvert la montagne noire, et l'idée que nous en avions conçue nous la fit paraître plus affreuse qu'elle n'était. Sur le midi nous nous en trouvâmes si près que nous éprouvâmes ce que le pilote nous avait prédit. Nous vîmes voler les clous et tous les autres ferrements de la flotte vers la montagne, où, par la violence de l'attraction, ils se collèrent avec un bruit horrible. Les vaisseaux s'entr'ouvrirent et s'abîmèrent dans le fond de la mer, qui était si haute en cet endroit, qu'avec la sonde nous n'aurions pu en découvrir la profondeur. Tous mes gens furent noyés; mais Dieu eut pitié de moi et permit que je me sauvasse en me saisissant d'une planche qui fut poussée par le vent droit au pied de la montagne. Je ne me fis pas le moindre mal, mon bonheur m'ayant fait aborder dans un endroit où il y avait des degrés pour monter au sommet. »

Scheherazade voulait poursuivre ce conte; mais le jour, qui vint à paraître, lui imposa silence. Le sultan jugea bien par le commencement que la sultane ne l'avait pas trompé. Ainsi, il n'y a pas lieu de s'étonner s'il ne la fit pas encore mourir ce jour-là.

sième volume de l'ouvrage intitulé *Metrical romances of thirteenth, fourteenth and fifteenth centuries*, p. 340.) Le même incident se rencontre encore dans le vieux roman français intitulé *La description, forme, et l'histoire du noble chevalier Berinus et du vaillant et très-chevalereux champion Aigres de l'Aimant, son fils*. (Voyez les *Mélanges tirés d'une grande bibliothèque*, t. II, p. 254); dans les *Gestes et faicts merveilleux du noble Huon de Bordeaulx, per de France, duc de Guyenne* (feuillet CXXIX, verso, de l'édition gothique de Jean Bonfons; voyez aussi l'analyse de ce roman par Tressan, dans le t. IV de ses œuvres, p. 211, édit. de 1822, in-8°), et dans l'*Histoire d'Oger le Danois* (chap. XLII; voyez le t. III, p. 480, des œuvres de Tressan). Le conte de la montagne d'aimant, dont l'origine orientale est incontestable, paraît avoir plu singulièrement aux romanciers du moyen-âge, et les romans que je viens de citer ne sont probablement pas les seuls où cette fiction se rencontre.

LIV NUIT.

Au nom de Dieu, ma sœur, s'écria le lendemain Dinarzade, si vous ne dormez pas, continuez, je vous en conjure, l'histoire du troisième calender. — Ma chère sœur, répondit Scheherazade, voici comment ce prince la reprit :

« A la vue de ces degrés, dit-il, car il n'y avait pas de terrain à droite ni à gauche où l'on pût mettre le pied et par conséquent se sauver, je remerciai Dieu et invoquai son saint nom en commençant à monter. L'escalier était si étroit, si raide et si difficile, que pour peu que le vent eût eu de violence, il m'aurait renversé et précipité dans la mer. Mais enfin, j'arrivai jusqu'au haut sans accident : j'entrai sous le dôme, et, me prosternant contre terre, je remerciai Dieu de la grâce qu'il m'avait faite.

« Je passai la nuit sous ce dôme; pendant que je dormais, un vénérable vieillard s'apparut à moi et me dit : « Écoute, Agib, lorsque tu seras éveillé, creuse la terre sous tes pieds; tu y trouveras un arc de bronze, et trois flèches de plomb fabriquées sous certaines constellations pour délivrer le genre humain de tant de maux qui le menacent. Tire les trois flèches contre la statue : le cavalier tombera dans la mer et le cheval de ton côté, que tu enterreras au même endroit d'où tu auras tiré l'arc et les flèches. Cela fait, la mer s'enflera et montera jusqu'au pied du dôme, à la hauteur de la montagne. Lorsqu'elle y sera montée, tu verras aborder une chaloupe, où il n'y aura qu'un seul homme avec une rame à chaque main. Cet homme sera de bronze, mais différent de celui que tu auras renversé. Embarque-toi avec lui sans prononcer le nom de Dieu, et te laisse conduire. Il te conduira en dix jours dans une autre mer, où tu trouveras le moyen de retourner chez toi sain et sauf, pourvu que, comme je te l'ai dit, tu ne prononces pas le nom de Dieu pendant tout le voyage. »

« Tel fut le discours du vieillard. D'abord que je fus éveillé, je me levai extrêmement consolé de cette vision, et je ne manquai pas de faire ce que le vieillard m'avait commandé. Je déterrai l'arc et les flèches, et les tirai contre le cavalier. A la troisième flèche, je le renversai dans la mer, et le cheval tomba de mon côté. Je l'enterrai à la place de l'arc et des flèches, et dans cet intervalle, la mer s'enfla peu à peu. Lorsqu'elle fut arrivée au pied du dôme, à la hauteur de la montagne, je vis de loin, sur la mer, une chaloupe qui venait à moi. Je bénis Dieu, voyant que les choses succédaient conformément au songe que j'avais eu.

« Enfin la chaloupe aborda, et j'y vis l'homme de bronze tel qu'il m'avait été dépeint. Je m'embarquai et me gardai bien de prononcer le nom de

Dieu; je ne dis pas même un seul autre mot. Je m'assis, et l'homme de bronze recommença de ramer en s'éloignant de la montagne. Il vogua sans discontinuer jusqu'au neuvième jour, que je vis des îles qui me firent espérer que je serais bientôt hors du danger que j'avais à craindre. L'excès de ma joie me fit oublier la défense qui m'avait été faite. Dieu soit béni! dis-je alors, Dieu soit loué!

« Je n'eus pas achevé ces paroles, que la chaloupe s'enfonça dans la mer avec l'homme de bronze. Je demeurai sur l'eau et je nageai, le reste du jour, du côté de la terre qui me parut la plus voisine. Une nuit fort obscure succéda, et comme je ne savais plus où j'étais, je nageais à l'aventure. Mes forces s'épuisèrent à la fin, et je commençais à désespérer de me sauver, lorsque le vent venant à se fortifier, une vague plus grosse qu'une montagne me jeta sur une plage, où elle me laissa en se retirant. Je me hâtai aussitôt de prendre terre, de crainte qu'une autre vague ne me reprît, et la première chose que je fis fut de me dépouiller, d'exprimer l'eau de mon habit, et de l'étendre pour le faire sécher sur le sable, qui était encore échauffé de la chaleur du jour.

« Le lendemain le soleil eut bientôt achevé de sécher mon habit. Je le repris et m'avançai pour reconnaître où j'étais. Je n'eus pas marché longtemps que je connus que j'étais dans une petite île déserte fort agréable, où il y avait plusieurs sortes d'arbres fruitiers et sauvages. Mais je remarquai qu'elle était considérablement éloignée de terre, ce qui diminua fort la joie que j'avais d'être échappé à la mer. Néanmoins je me remettais à Dieu du soin de disposer de mon sort selon sa volonté, quand j'aperçus un petit bâtiment qui venait de terre ferme à pleines voiles et avait la proue sur l'île où j'étais.

« Comme je ne doutais pas qu'il n'y vînt mouiller, et que j'ignorais si les gens qui étaient dessus seraient amis ou ennemis, je crus ne devoir pas me montrer d'abord. Je montai sur un arbre fort touffu, d'où je pouvais impunément examiner leur contenance. Le bâtiment vint se ranger dans une petite anse, où débarquèrent dix esclaves qui portaient une pelle et d'autres instruments propres à remuer la terre. Ils marchèrent vers le milieu de l'île, où je les vis s'arrêter et remuer la terre quelque temps, et à leur action il me parut qu'ils levèrent une trappe. Ils retournèrent ensuite au bâtiment, débarquèrent plusieurs sortes de provisions et de meubles, et en firent chacun une charge qu'ils portèrent à l'endroit où ils avaient remué la terre, et ils y descendirent, ce qui me fit comprendre qu'il y avait là un lieu souterrain. Je les vis encore une fois aller au vaisseau, et en ressortir peu de temps après avec un vieillard qui menait avec lui un jeune homme de quatorze ou quinze ans, très-bien fait. Ils descendirent tous où la trappe avait été levée, et quand ils furent remontés, qu'ils eurent abaissé la trappe, qu'ils l'eurent recouverte de terre et qu'ils reprirent le chemin de l'anse où était le navire, je remarquai que le jeune homme n'était pas avec eux; d'où je conclus qu'il était resté dans le lieu souterrain, circonstance qui me causa un extrême étonnement.

« Le vieillard et les esclaves se rembarquèrent, et le bâtiment, remis à la voile, reprit la route de la terre ferme. Quand je le vis si éloigné que je ne pouvais être aperçu de l'équipage, je descendis de l'arbre et me rendis promptement à l'endroit où j'avais vu remuer la terre. Je la remuai à mon tour jusqu'à ce que, trouvant une pierre de deux ou trois pieds en carré, je la levai, et je vis qu'elle couvrait l'entrée d'un escalier aussi de pierre. Je le descendis, et me trouvai au bas dans une grande chambre où il y avait un tapis de pied et un sofa garni d'un autre tapis et de coussins d'une riche étoffe, où le jeune homme était assis avec un éventail à la main. Je distinguai toutes ces choses à la clarté de deux bougies, aussi bien que des fruits et des pots de fleurs qu'il avait près de lui.

« Le jeune homme fut effrayé de ma vue. Mais, pour le rassurer, je lui dis en entrant : « Qui que vous soyez, seigneur, ne craignez rien; un roi et un fils de roi tel que je suis n'est pas capable de vous faire la moindre injure. C'est, au contraire, votre bonne destinée qui a voulu apparemment que je me trouvasse ici pour vous tirer de ce tombeau, où il semble qu'on vous ait enterré tout vivant pour des raisons que j'ignore. Mais ce qui m'embarrasse et ce que je ne puis concevoir (car je vous dirai que j'ai été témoin de tout ce qui s'est passé depuis que vous êtes arrivé dans cette île), c'est qu'il m'a paru que vous vous êtes laissé ensevelir dans ce lieu sans résistance...... » Scheherazade se tut en cet endroit, et le sultan se leva très-impatient d'apprendre pourquoi ce jeune homme avait ainsi été abandonné dans une île déserte, ce qu'il e promit d'entendre la nuit suivante.

LV NUIT.

Dinarzade, lorsqu'il en fut temps, appela la sultane : Si vous ne dormez pas, ma sœur, lui dit-elle, je vous prie de reprendre l'histoire du troisième calender. Scheherazade ne se le fit pas répéter et la poursuivit de cette sorte :

« Le jeune homme, continua le troisième calender, se rassura à ces paroles, et me pria d'un air riant de m'asseoir près de lui. Dès que je fus assis : «Prince, me dit-il, je vais vous apprendre une chose qui vous surprendra par sa singularité. Mon père est un marchand joaillier qui a acquis de grands biens par son travail et par son habileté dans sa profession. Il a un grand nombre d'esclaves et de commissionnaires, qui font des voyages par mer sur des vaisseaux qui lui appartiennent, afin d'entretenir les correspondances qu'il a en plusieurs cours où il fournit les pierreries dont on a besoin.

« Il y avait longtemps qu'il était marié sans avoir eu d'enfants, lorsqu'il apprit qu'il aurait un fils dont la vie néanmoins ne serait pas de longue durée, ce qui lui donna beaucoup de chagrin à son réveil. Quelques jours après, ma mère lui annonça qu'elle était grosse, et le temps qu'elle croyait avoir conçu s'accordait fort avec le jour du songe de mon père. Elle accoucha de moi dans le terme des neuf mois, et ce fut une grande joie dans la famille.

« Mon père, qui avait exactement observé le moment de ma naissance, consulta les astrologues, qui lui dirent : « Votre fils vivra sans nul accident jusqu'à l'âge de quinze ans. Mais alors il courra risque de perdre la vie et il sera difficile qu'il en échappe. Si néanmoins son bonheur veut qu'il ne périsse pas, sa vie sera de longue durée. C'est qu'en ce temps-là, ajoutèrent-ils, la statue équestre de bronze qui est au haut de la montagne d'aimant aura été renversée dans la mer par le prince Agib, fils du roi Cassib, et que les astres marquent que, cinquante jours après, votre fils doit être tué par ce prince. »

« Comme cette prédiction s'accordait avec le songe de mon père, il en fut vivement frappé et affligé. Il ne laissa pas pourtant de prendre beaucoup de soin de mon éducation jusqu'à cette présente année, qui est la quinzième de mon âge. Il apprit hier que depuis dix jours le cavalier de bronze a été jeté dans la mer par le prince que je viens de vous nommer. Cette nouvelle lui a coûté tant de pleurs et causé tant d'alarmes qu'il n'est pas reconnaissable dans l'état où il est.

« Sur la prédiction des astrologues, il a cherché les moyens de tromper mon horoscope et de me conserver la vie. Il y a longtemps qu'il a pris la précaution de faire bâtir cette demeure, pour m'y tenir caché durant cinquante jours dès qu'il apprendrait que la statue serait renversée. C'est pourquoi, comme il a su qu'elle l'était depuis dix jours, il est venu promptement me cacher ici, et il a promis que dans quarante il viendra me reprendre. Pour moi, ajouta-t-il, j'ai bonne espérance et je ne crois pas que le prince Agib vienne me chercher sous terre au milieu d'une île déserte. Voilà, seigneur, ce que j'avais à vous dire. »

« Pendant que le fils du joaillier me racontait son histoire, je me moquais en moi-même des astrologues qui avaient prédit que je lui ôterais la vie, et je me sentais si éloigné de vérifier la prédiction, qu'à peine eut-il achevé de parler que je lui dis avec transport : « Mon cher seigneur, ayez de la confiance en la bonté de Dieu et ne craignez rien. Comptez que c'était une dette que vous aviez à payer et que vous en êtes quitte dès à présent. Je suis ravi, après avoir fait naufrage, de me trouver heureusement ici pour vous défendre contre ceux qui voudraient attenter à votre vie. Je ne vous abandonnerai pas durant ces quarante jours que les vaines conjectures des astrologues vous font appréhender. Je vous rendrai pendant ce temps-là tous les services qui dépendront de moi. Après cela je profiterai de l'occasion de gagner la terre ferme en m'embarquant avec vous sur votre bâtiment, avec la permission de votre père et la vôtre, et quand je serai de retour en mon royaume, je n'oublierai point l'obligation que je vous aurai, et je tâcherai de vous en témoigner ma reconnaissance de la manière que je le devrai. »

« Je rassurai par ce discours le fils du joaillier et m'attirai sa confiance. Je me gardai bien, de peur de l'épouvanter, de lui dire que j'étais cet Agib qu'il craignait, et je pris grand soin de ne lui en donner aucun soupçon. Nous nous entretînmes de plusieurs choses jusqu'à la nuit, et je connus que le jeune homme avait beaucoup d'esprit. Nous mangeâmes ensemble de ses provisions : il en avait une si grande quantité qu'il en aurait eu de reste au bout de quarante jours, quand il aurait eu d'autres hôtes que moi. Après le souper, nous continuâmes de nous entretenir quelque temps, et ensuite nous nous couchâmes.

« Le lendemain à son lever, je lui présentai le bassin et l'eau. Il se lava, je préparai le dîner et le servis quand il en fut temps. Après le repas, j'inventai un jeu pour nous désennuyer non-seulement ce jour-là, mais encore les suivants. Je préparai le souper de la même manière que j'avais apprêté le dîner. Nous soupâmes et nous nous couchâmes comme le jour précédent.

« Nous eûmes le temps de contracter amitié ensemble. Je m'aperçus qu'il avait de l'inclination pour moi, et de mon côté j'en avais conçu une si forte pour lui, que je me disais souvent à moi-même que les astrologues qui avaient prédit au père que son fils serait tué par mes mains étaient des imposteurs, et qu'il n'était pas possible que je pusse commettre une si méchante action. Enfin, madame, nous passâmes trente-neuf jours le plus agréablement du monde dans ce lieu souterrain.

« Le quarantième arriva. Le matin, le jeune homme en s'éveillant me dit, avec un transport de joie dont il ne fut pas le maître : « Prince, me voilà aujourd'hui au quarantième jour, et je ne suis pas mort, grâces à Dieu et à votre bonne compagnie. Mon père ne manquera pas tantôt de vous en marquer sa reconnaissance et de vous fournir tous les moyens et toutes les commodités nécessaires pour vous en retourner dans votre royaume. Mais en attendant, ajouta-t-il, je vous supplie de vouloir bien faire chauffer de l'eau pour me laver tout le corps dans le bain portatif; je veux me décrasser et changer d'habit pour mieux recevoir mon père. »

« Je mis de l'eau sur le feu, et lorsqu'elle fut tiède j'en remplis le bain portatif. Le jeune homme se mit dedans; je le lavai et le frottai moi-même. Il en sortit ensuite, se coucha dans son lit, que j'avais préparé, et je le couvris de sa couverture. Après qu'il se fut reposé et qu'il eut dormi quelque temps : « Mon prince, me dit-il, obligez-moi de m'apporter un melon et du sucre, que j'en mange pour me rafraîchir. »

« De plusieurs melons qui nous restaient, je choisis le meilleur et le mis dans un plat, et comme je ne trouvais pas de couteau pour le couper, je demandai au jeune homme s'il ne savait pas où il y en avait. « Il y en a un, me répondit-il, sur cette corniche au-dessus de ma tête. » Effectivement j'y en aperçus un; mais je me pressai si fort pour le prendre, et dans le temps que je l'avais à la main, mon pied s'embarrassa de sorte dans la couverture, que je tombai et glissai si malheureusement sur le jeune homme, que je lui enfonçai le couteau dans le cœur. Il expira dans le moment.

« A ce spectacle, je poussai des cris épouvantables. Je me frappai la tête, le visage et la poitrine; je déchirai mon habit et me jetai par terre avec une douleur et des regrets inexprimables. « Hélas! m'écriai-je, il ne lui restait que quelques heures pour être hors du danger contre lequel il avait cherché un asile, et dans le temps que je compte moi-même que le péril est passé, c'est alors que je deviens son assassin et que je rends la prédiction véritable. Mais, Seigneur, ajoutai-je en levant la tête et les mains au ciel, je vous en demande pardon, et si je suis coupable de sa mort, ne me laissez pas vivre plus longtemps. »

Scheherazade, voyant paraître le jour en cet endroit, fut obligée d'interrompre ce récit funeste. Le sultan des Indes en fut ému, et se sentant quelque inquiétude sur ce que deviendrait après cela le calender, il se garda bien de faire mourir ce jour-là Scheherazade, qui seule pouvait le tirer de peine.

LVI NUIT.

Dinarzade, suivant sa coutume, éveilla la sultane le lendemain : Si vous ne dormez pas, ma sœur, lui dit-elle, je vous prie de nous raconter ce qui se passa après la mort du jeune homme. Scheherazade prit aussitôt la parole et parla de cette sorte :

« Madame, poursuivit le troisième calender en s'adressant à Zobéide, après le malheur qui venait de m'arriver, j'aurais reçu la mort sans frayeur si elle s'était présentée à moi. Mais le mal, ainsi que le bien, ne nous arrive pas toujours lorsque nous le souhaitons.

« Néanmoins, faisant réflexion que mes larmes et ma douleur ne feraient pas revivre le jeune homme, et que, les quarante jours finissant, je pourrais être surpris par son père, je sortis de cette demeure souterraine et montai au haut de l'escalier. J'abaissai la grosse pierre sur l'entrée et la couvris de terre.

« J'eus à peine achevé que, portant la vue sur la mer du côté de la terre ferme, j'aperçus le bâtiment qui venait reprendre le jeune homme. Alors, me consultant sur ce que j'avais à faire, je dis en moi-même : « Si je me fais voir, le vieillard ne manquera pas de me faire arrêter et massacrer peut-être par ses esclaves quand il aura vu son fils dans l'état où je l'ai mis. Tout ce que je pourrai alléguer pour me justifier ne le persuadera point de mon innocence. Il vaut mieux, puisque j'en ai le moyen, me soustraire à son ressentiment que de m'y exposer. »

« Il y avait près du lieu souterrain un gros arbre dont l'épais feuillage me parut propre à me cacher. J'y montai, et je ne me fus pas plus tôt placé de manière que je ne pouvais être aperçu, que je vis aborder le bâtiment au même endroit que la première fois.

« Le vieillard et les esclaves débarquèrent bientôt et s'avancèrent vers la demeure souterraine d'un air qui marquait qu'ils avaient quelque espérance; mais lorsqu'ils virent la terre nouvellement remuée, ils changèrent de visage, et particulièrement le vieillard. Ils levèrent la pierre et descendirent. Ils appellent le jeune homme par son nom, il ne répond point : leur crainte redouble; ils le cherchent et le retrouvent enfin étendu sur son lit, avec le couteau au milieu du cœur, car je n'avais pas eu le courage de l'ôter. A cette vue, ils poussèrent des cris de douleur qui renouvelèrent la mienne. Le vieillard en tomba évanoui; ses esclaves, pour lui donner de l'air, l'apportèrent en haut entre leurs bras et le posèrent au pied de l'arbre où j'étais. Mais, malgré tous leurs soins, ce malheureux père demeura longtemps en cet état, et leur fit plus d'une fois désespérer de sa vie.

« Il revint toutefois de ce long évanouissement. Alors les esclaves apportèrent le corps de son fils, revêtu de ses plus beaux habillements, et dès que la fosse qu'on lui faisait fut achevée, on l'y descendit. Le vieillard, soutenu par deux esclaves, et le visage baigné de larmes, lui jeta, le premier, un peu de terre, après quoi les esclaves en comblèrent la fosse.

« Cela étant fait, l'ameublement de la demeure souterraine fut enlevé, et embarqué avec le reste des provisions. Ensuite le vieillard, accablé de douleur, ne pouvant se soutenir, fut mis sur une espèce de brancard et transporté dans le vaisseau, qui remit à la voile. Il s'éloigna de l'île en peu de temps et je le perdis de vue. » Le jour, qui éclairait déjà l'appartement du sultan des Indes, obligea Scheherazade à s'arrêter en cet endroit. Schahriar se leva à son ordinaire, et par la même raison que le jour précédent, prolongea encore la vie de la sultane, qu'il laissa avec Dinarzade.

LVII NUIT.

Le lendemain avant le jour, Dinarzade adressa ces paroles à la sultane : Ma chère sœur, si vous ne dormez pas, je vous prie de poursuivre les aventures du troisième calender. — Hé bien ! ma sœur, répondit Scheherazade, vous saurez que ce prince continua de les raconter ainsi à Zobéide et à sa compagnie :

« Après le départ, dit-il, du vieillard, de ses esclaves et du navire, je restai seul dans l'île; je passais la nuit dans la demeure souterraine, qui n'avait pas été rebouchée, et le jour je me promenais autour de l'île, et m'arrêtais dans les endroits les plus propres à prendre du repos quand j'en avais besoin.

« Je menai cette vie ennuyeuse pendant un mois. Au bout de ce temps-là, je m'aperçus que la mer diminuait considérablement et que l'île devenait plus grande; il semblait que la terre ferme s'approchait. Effectivement, les eaux devinrent si basses qu'il n'y avait plus qu'un petit trajet de mer entre moi et la terre ferme. Je le traversai et n'eus de l'eau presque qu'à mi-jambe. Je marchai si longtemps sur le sable, que j'en fus très-fatigué. A la fin je gagnai un terrain plus ferme, et j'étais déjà assez éloigné de la mer lorsque je vis fort loin au-devant de moi comme un grand feu, ce qui me donna quelque joie. Je trouverai quelqu'un, disais-je, et il n'est pas possible que ce feu se soit allumé de lui-même. Mais à mesure que je m'en approchais, mon erreur se dissipait, et je reconnus bientôt que ce que j'avais pris pour du feu était un château de cuivre rouge, que les rayons du soleil faisaient paraître de loin comme enflammé.

« Je m'arrêtai près de ce château et m'assis, autant pour en considérer la structure admirable que pour me remettre un peu de ma lassitude. Je n'avais pas encore donné à cette maison magnifique toute l'attention qu'elle méritait, quand j'aperçus dix jeunes hommes bien faits, qui paraissaient venir de la promenade. Mais ce qui me parut assez surprenant, ils étaient tous borgnes de l'œil droit. Ils accompagnaient un vieillard d'une taille haute et d'un air vénérable.

« J'étais étrangement étonné de rencontrer tant de borgnes à la fois et tous privés du même œil. Dans le temps que je cherchais dans mon esprit par quelle aventure ils pouvaient être assemblés, ils m'abordèrent et me témoignèrent de la joie de me voir. Après les premiers compliments, ils me demandèrent ce qui m'avait amené là. Je leur répondis que mon histoire était un peu longue et que s'ils voulaient prendre la peine de s'asseoir, je leur donnerais la satisfaction qu'ils souhaitaient. Ils s'assirent et je leur racontai ce qui m'était arrivé depuis que j'étais sorti de mon royaume jusqu'alors, ce qui leur causa une grande surprise.

« Après que j'eus achevé mon discours, ces jeunes seigneurs me prièrent d'entrer avec eux dans le château. J'acceptai leur offre. Nous traversâmes une infinité de salles, d'antichambres, de chambres et de cabinets fort proprement meublés, et nous arrivâmes dans un grand salon, où il y avait en rond dix petits sofas bleus et séparés, tant pour s'asseoir et se reposer le jour que pour dormir la nuit. Au milieu de ce rond était un onzième sofa moins élevé et de la même couleur, sur lequel se plaça le vieillard dont on a parlé, et les jeunes seigneurs s'assirent sur les dix autres.

« Comme chaque sofa ne pouvait tenir qu'une personne, un de ces jeunes gens me dit : « Camarade, asseyez-vous sur le tapis au milieu de la place et ne vous informez de quoi que ce soit qui nous regarde, non plus que du sujet pourquoi nous sommes tous borgnes de l'œil droit : contentez-vous de voir, et ne portez pas plus loin votre curiosité. »

« Le vieillard ne demeura pas longtemps assis. Il se leva et sortit; mais il revint quelques moments après, apportant le souper des dix seigneurs, auxquels il distribua à chacun sa portion en particulier. Il me servit aussi la mienne, que je mangeai seul, à l'exemple des autres, et sur la fin du repas, le même vieillard nous présenta une tasse de vin à chacun.

« Mon histoire leur avait paru si extraordinaire qu'ils me la firent répéter à l'issue du souper, et elle donna lieu à un entretien qui dura une grande partie de la nuit. Un des seigneurs faisant réflexion qu'il était tard, dit au vieillard : « Vous voyez qu'il est temps de dormir, et vous ne nous apportez pas de quoi nous acquitter de notre devoir. » A ces mots, le vieillard se leva et entra dans un cabinet, d'où il apporta sur sa tête dix bassins, l'un après l'autre, tous couverts d'une étoffe bleue. Il en posa un avec un flambeau devant chaque seigneur.

« Ils découvrirent leurs bassins, dans lesquels il y avait de la cendre, du charbon en poudre et du noir à noircir. Ils mêlèrent toutes ces choses ensemble, et commencèrent à s'en frotter et barbouiller le visage, de manière qu'ils étaient affreux à voir. Après s'être noircis de la sorte, ils se mirent à pleurer et à se frapper la tête et la poitrine en criant sans cesse : « Voilà le fruit de notre oisiveté et de nos débauches! »

« Ils passèrent presque toute la nuit dans cette étrange occupation. Ils la cessèrent enfin; après quoi le vieillard leur apporta de l'eau dont ils se lavèrent le visage et les mains; ils quittèrent aussi leurs habits, qui étaient gâtés, et en prirent d'autres, de sorte qu'il ne paraissait pas qu'ils eussent rien fait des choses étonnantes dont je venais d'être spectateur.

« Jugez, madame, de la contrainte où j'avais été durant tout ce temps-là. J'avais été mille fois tenté de rompre le silence que ces seigneurs m'avaient imposé, pour leur faire des questions, et il me fut impossible de dormir le reste de la nuit.

« Le jour suivant, d'abord que nous fûmes levés, nous sortîmes pour prendre l'air, et alors je leur dis : « Seigneurs, je vous déclare que je renonce à la loi que vous me prescrivîtes hier au soir : je ne puis l'observer. Vous êtes des gens sages et vous avez tous de l'esprit infiniment, vous me l'avez fait assez connaître : néanmoins, je vous ai vus faire des actions dont toutes autres personnes que des insensés ne peuvent être capables. Quelque malheur qui puisse m'arriver, je ne saurais m'empêcher de vous demander pourquoi vous vous êtes barbouillé le visage de cendres, de charbon et de noir à noircir, et enfin pourquoi vous n'avez tous qu'un œil. Il faut que quelque chose de singulier en soit la cause : c'est pourquoi je vous conjure de satisfaire ma curiosité. » A des instances si pressantes, ils ne répondirent rien, sinon que les demandes que je leur faisais ne me regardaient pas, que je n'y avais pas le moindre intérêt et que je demeurasse en repos.

« Nous passâmes la journée à nous entretenir de choses indifférentes, et quand la nuit fut venue, après avoir tous soupé séparément, le vieillard apporta encore les bassins bleus ; les jeunes seigneurs se barbouillèrent, ils pleurèrent, se frappèrent et crièrent : « Voilà le fruit de notre oisiveté et de nos débauches ! » Ils firent, le lendemain et les jours suivants, la même action.

« A la fin je ne pus résister à ma curiosité, et je les priai très-sérieusement de la contenter ou de m'enseigner par quel chemin je pourrais retourner dans mon royaume, car je leur dis qu'il ne m'était pas possible de demeurer plus longtemps avec eux et d'avoir toutes les nuits un spectacle si extraordinaire sans qu'il me fût permis d'en savoir les motifs.

« Un des seigneurs me répondit pour tous les autres : « Ne vous étonnez pas de notre conduite à votre égard ; si jusqu'à présent nous n'avons pas cédé à vos prières, ce n'a été que par pure amitié pour vous et que pour vous épargner le chagrin d'être réduit au même état où vous nous voyez. Si vous voulez bien éprouver notre malheureuse destinée, vous n'avez qu'à parler, nous allons vous donner la satisfaction que vous nous demandez. » Je leur dis que j'étais résolu à tout événement. « Encore une fois, reprit le même seigneur, nous vous conseillons de modérer votre curiosité : il y va de la perte de votre œil droit. — Il n'importe, repartis-je, je vous déclare que si ce malheur m'arrive, je ne vous en tiendrai pas coupables et que je ne l'imputerai qu'à moi-même. »

« Il me représenta encore que quand j'aurais perdu un œil, je ne devais point espérer de demeurer avec eux, supposé que j'eusse cette pensée, parce que leur nombre était complet et qu'il ne pouvait pas être augmenté.

Je leur dis que je me ferais un plaisir de ne me séparer jamais d'aussi honnêtes gens qu'eux ; mais que si c'était une nécessité, j'étais prêt encore à m'y soumettre, puisqu'à quelque prix que ce fût, je souhaitais qu'ils m'accordassent ce que je leur demandais.

« Les dix seigneurs, voyant que j'étais inébranlable dans ma résolution, prirent un mouton, qu'ils égorgèrent, et après lui avoir ôté la peau, ils me présentèrent le couteau dont ils s'étaient servis, et me dirent : « Prenez ce couteau, il vous servira dans l'occasion que nous vous dirons bientôt. Nous allons vous coudre dans cette peau, dont il faut que vous vous enveloppiez : ensuite nous vous laisserons sur la place, et nous nous retirerons. Alors un oiseau d'une grosseur énorme, qu'on appelle roc[1], paraîtra dans l'air, et, vous prenant pour un mouton, fondra sur vous et vous enlevera jusqu'aux nues. Mais que cela ne vous épouvante pas : il reprendra son vol vers la terre et vous posera sur la cime d'une montagne. D'abord que vous vous sentirez à terre, fendez la peau avec le couteau, et vous développez. Le roc ne vous aura pas plus tôt vu, qu'il s'envolera de peur et vous laissera libre. Ne vous arrêtez point, marchez jusqu'à ce que vous arriviez à un château d'une grandeur prodigieuse, tout couvert de plaques d'or, de grosses émeraudes et d'autres pierreries fines. Présentez-vous à la porte, qui est toujours ouverte, et entrez. Nous avons été dans ce château tous tant que nous sommes ici. Nous ne vous disons rien de ce que nous y avons vu ni de ce qui nous est arrivé : vous l'apprendrez par vous-même. Ce que nous pouvons vous dire, c'est qu'il nous en coûte à chacun notre œil droit ; et la pénitence dont vous avez été témoin est une chose que nous sommes obligés de faire pour y avoir été. L'histoire de chacun de nous en particulier est remplie d'aventures extraordinaires et on en ferait un gros livre ; mais nous ne pouvons vous en dire davantage. »

En achevant ces mots, Scheherazade interrompit son conte et dit au sultan des Indes : Comme ma sœur m'a réveillée aujourd'hui un peu plus tôt que de coutume, je commençais à craindre d'ennuyer votre majesté ; mais voilà le jour qui paraît à propos et m'impose silence. La curiosité de Schahriar l'emporta encore sur le serment cruel qu'il avait fait.

---

[1] Le roc, ou rokh, est un oiseau merveilleux qui n'a jamais existé, selon toute apparence, que dans l'imagination des conteurs arabes, qui lui font jouer un grand rôle dans leurs récits. Le roc, d'après leurs récits fabuleux, a la forme de l'aigle; mais il est assez grand et assez fort pour enlever l'éléphant. Parvenu à une grande hauteur, l'oiseau géant laisse tomber l'animal, qui se brise dans la chute, et le roc s'abat pour en faire sa proie.

LVIII NUIT.

Dinarzade ne fut pas si matineuse cette nuit que la précédente : elle ne laissa pas néanmoins d'appeler la sultane avant le jour : Si vous ne dormez pas, ma sœur, lui dit-elle, je vous prie de continuer l'histoire du troisième calender. Scheherazade la poursuivit ainsi, en faisant toujours parler le calender à Zobéide :

« Madame, un des dix seigneurs borgnes m'ayant tenu le discours que je viens de vous rapporter, je m'enveloppai dans la peau du mouton, saisi du couteau qui m'avait été donné, et après que les jeunes seigneurs eurent pris la peine de me coudre dedans, ils me laissèrent sur la place et se retirèrent dans leur salon. Le roc dont ils m'avaient parlé ne fut pas longtemps à se faire voir : il fondit sur moi, me prit entre ses griffes, comme un mouton, et me transporta au haut d'une montagne.

« Lorsque je me sentis à terre, je ne manquai pas de me servir du couteau, je fendis la peau, me développai et parus devant le roc, qui s'envola dès qu'il m'aperçut. Ce roc est un oiseau blanc d'une grandeur et d'une grosseur monstrueuse; pour sa force, elle est telle qu'il enlève les éléphants dans les plaines et les porte sur le sommet des montagnes, où il en fait sa pâture.

« Dans l'impatience que j'avais d'arriver au château, je ne perdis point de temps, et je pressai si bien le pas qu'en moins d'une demi-journée je m'y rendis, et je puis dire que je le trouvai encore plus beau qu'on ne me l'avait dépeint.

« La porte était ouverte; j'entrai dans une cour carrée, et si vaste qu'il y avait autour quatre-vingt-dix-neuf portes de bois de sandal et d'aloès, et

Publié par Ernest Bourdin et Comp.

une d'or, sans compter celles de plusieurs escaliers magnifiques qui conduisaient aux appartements d'en haut, et d'autres encore que je ne voyais pas. Les cent que je dis donnaient entrée dans des jardins ou des magasins remplis de richesses, ou enfin dans des lieux qui renfermaient des choses surprenantes à voir.

« Je vis en face une porte ouverte, par où j'entrai dans un grand salon où étaient assises quarante jeunes dames d'une beauté si parfaite que l'imagination même ne saurait aller au delà. Elles étaient habillées très-magnifiquement. Elles se levèrent toutes ensemble sitôt qu'elles m'aperçurent, et, sans attendre mon compliment, elles me dirent avec de grandes démonstrations de joie : « Brave seigneur, soyez le bienvenu, soyez le bienvenu; » et une d'entre elles prenant la parole pour les autres : « Il y a longtemps, dit-elle, que nous attendions un cavalier comme vous : votre air nous marque assez que vous avez toutes les bonnes qualités que nous pouvons souhaiter, et nous espérons que vous ne trouverez pas notre compagnie désagréable et indigne de vous. »

« Après beaucoup de résistance de ma part, elles me forcèrent de m'asseoir dans une place un peu élevée au-dessus des leurs, et comme je témoignais que cela me faisait de la peine : « C'est votre place, me dirent-elles, vous êtes de ce moment notre seigneur, notre maître et notre juge, et nous sommes vos esclaves, prêtes à recevoir vos commandements. »

« Rien au monde, madame, ne m'étonna tant que l'ardeur et l'empressement de ces belles filles à me rendre tous les services imaginables. L'une apporta de l'eau chaude et me lava les pieds; une autre me versa de l'eau de senteur sur les mains; celles-ci apportèrent tout ce qui était nécessaire pour me faire changer d'habillement; celles-là me servirent une collation magnifique, et d'autres enfin se présentèrent le verre à la main, prêtes à me verser d'un vin délicieux, et tout cela s'exécutait sans confusion, avec un ordre, une union admirable, et des manières dont j'étais charmé. Je bus et mangeai; après quoi toutes les dames s'étant placées autour de moi, me demandèrent une relation de mon voyage. Je leur fis un détail de mes aventures qui dura jusqu'à l'entrée de la nuit. »

Scheherazade s'étant arrêtée en cet endroit, sa sœur lui en demanda la raison. Ne voyez-vous pas bien qu'il est jour, répondit la sultane; pourquoi ne m'avez-vous pas plus tôt éveillée? Le sultan, à qui l'arrivée du calender au palais des quarante belles dames promettait d'agréables choses, ne voulant pas se priver du plaisir de les entendre, différa encore la mort de la sultane.

LIX NUIT.

Dinarzade ne fut pas plus diligente cette nuit que la dernière, et il était presque jour lorsqu'elle dit à la sultane : Ma chère sœur, si vous ne dormez pas, je vous supplie de m'apprendre ce qui se passa dans le beau château où vous nous laissâtes hier. — Je vais vous le dire, répondit Scheherazade, et s'adressant au sultan : Sire, poursuivit-elle, le prince calender reprit sa narration dans ces termes :

« Lorsque j'eus achevé de raconter mon histoire aux quarante dames, quelques-unes de celles qui étaient assises le plus près de moi demeurè-

Publié par Ernest Bourdin et Comp.

rent pour m'entretenir, pendant que d'autres, voyant qu'il était nuit, se levèrent pour aller quérir des bougies. Elles en apportèrent une prodigieuse quantité, qui répara merveilleusement la clarté du jour; mais elles les disposaient avec tant de symétrie qu'il semblait qu'on n'en pouvait moins souhaiter.

« D'autres dames servirent une table de fruits secs, de confitures et d'autres mets propres à boire, et garnirent un buffet de plusieurs sortes de vins et de liqueurs, et d'autres enfin parurent avec des instruments de musique. Quand tout fut prêt, elles m'invitèrent à me mettre à table. Les dames s'y assirent avec moi, et nous y demeurâmes assez longtemps : celles qui devaient jouer des instruments et les accompagner de leurs voix se levèrent et firent un concert charmant. Les autres commencèrent une espèce de bal et dansèrent deux à deux, les unes après les autres, de la meilleure grâce du monde.

« Il était plus de minuit lorsque tous ces divertissements finirent. Alors une des dames prenant la parole, me dit : « Vous êtes fatigué du chemin que vous avez fait aujourd'hui : il est temps que vous vous reposiez. Votre appartement est préparé, mais avant de vous y retirer, choisissez de nous toutes celle qui vous plaira davantage, et la menez coucher avec vous. » Je répondis que je me garderais bien de faire le choix qu'elles me proposaient; qu'elles étaient toutes également belles, spirituelles, dignes de mes respects et de mes services, et que je ne commettrais pas l'incivilité d'en préférer une aux autres.

« La même dame qui m'avait parlé reprit : « Nous sommes très-persuadées de votre honnêteté, et nous voyons bien que la crainte de faire naître de la jalousie entre nous vous retient ; mais que cette discrétion ne vous arrête pas : nous vous avertissons que le bonheur de celle que vous choisirez ne fera point de jalouses, car nous sommes convenues que tous les jours nous aurions l'une après l'autre le même honneur, et qu'au bout des quarante jours ce sera à recommencer. Choisissez donc librement, et ne perdez pas un temps que vous devez donner au repos, dont vous avez besoin. »

« Il fallut céder à leurs instances ; je présentai la main à la dame qui portait la parole pour les autres, elle me donna la sienne, et on nous conduisit à un appartement magnifique. On nous y laissa seuls, et les autres dames se retirèrent dans les leurs....... » Mais il est jour, sire, dit Scheherazade au sultan, et votre majesté voudra bien me permettre de laisser le prince calender avec sa dame. Schahriar ne répondit rien, mais il dit en lui-même en se levant. Il faut avouer que le conte est parfaitement beau : j'aurais le plus grand tort du monde de ne me pas donner le loisir de l'entendre jusqu'à la fin.

LX NUIT.

Dinarzade, sur la fin de la nuit suivante, ne manqua pas d'adresser ces paroles à la sultane : Si vous ne dormez pas, ma sœur, je vous prie de nous raconter la suite de la merveilleuse histoire du troisième calender. —Très-volontiers, répondit Scheherazade; voici de quelle manière le prince en reprit le fil :

« J'avais, dit-il, à peine achevé de m'habiller le lendemain, que les trente-neuf autres dames vinrent dans mon appartement, toutes parées autrement que le jour précédent. Elles me souhaitèrent le bonjour et me demandèrent des nouvelles de ma santé. Ensuite elles me conduisirent au bain, où elles me lavèrent elles-mêmes et me rendirent malgré moi tous les services dont on y a besoin, et lorsque j'en sortis, elles me firent prendre un autre habit, qui était encore plus magnifique que le premier.

« Nous passâmes la journée presque toujours à table, et quand l'heure de se coucher fut venue, elles me prièrent encore de choisir une d'entre elles pour me tenir compagnie. Enfin, madame, pour ne vous point ennuyer en répétant toujours la même chose, je vous dirai que je passai une année entière avec les quarante dames, en les recevant dans mon lit l'une après l'autre, et que pendant tout ce temps-là, cette vie voluptueuse ne fut point interrompue par le moindre chagrin.

« Au bout de l'année (rien ne pouvait me surprendre davantage), les quarante dames, au lieu de se présenter à moi avec leur gaieté ordinaire et de me demander comment je me portais, entrèrent un matin dans mon appartement, les joues baignées de pleurs. Elles vinrent m'embrasser tendrement l'une après l'autre, en me disant : « Adieu ! cher prince, adieu ! il faut que nous vous quittions. »

« Leurs larmes m'attendrirent; je les suppliai de me dire le sujet de leur affliction et de cette séparation dont elles me parlaient : « Au nom de Dieu, mes belles dames, ajoutai-je, apprenez-moi s'il est en mon pouvoir de vous consoler ou si mon secours vous est inutile ! » Au lieu de me répondre précisément : « Plût à Dieu, dirent-elles, que nous ne vous eussions jamais vu ni connu ! Plusieurs cavaliers, avant vous, nous ont fait l'honneur de nous visiter, mais pas un n'avait cette grâce, cette douceur, cet enjouement et ce mérite que vous avez. Nous ne savons comment nous pourrons vivre sans vous. » En achevant ces paroles, elles recommencèrent à pleurer amèrement. « Mes aimables dames, repris-je, de grâce, ne me faites pas languir davantage, dites-moi la cause de votre douleur. — Hélas ! répondirent-elles, quel autre sujet serait capable de nous affliger, que la nécessité de nous séparer de vous? Peut-être ne vous reverrons-nous jamais ! Si pourtant vous le vouliez bien et si vous aviez assez de pouvoir sur vous pour cela, il ne serait pas impossible de nous rejoindre. — Mesdames, repartis-je, je ne comprends rien à ce que vous dites; je vous prie de me parler plus clairement. »

« — Eh bien ! dit l'une d'elles, pour vous satisfaire, nous vous dirons que nous sommes toutes princesses, filles de rois. Nous vivons ici ensemble avec l'agrément que vous avez vu, mais au bout de chaque année, nous sommes obligées de nous absenter pendant quarante jours pour des devoirs indispensables, ce qu'il ne nous est pas permis de révéler ; après quoi nous revenons dans ce château. L'année finit hier, il faut que nous vous quittions aujourd'hui ; c'est ce qui fait le sujet de notre affliction. Avant que de partir, nous vous laisserons les clefs de toutes choses, particulièrement celles des cent portes, où vous trouverez de quoi contenter votre curiosité et adoucir votre solitude pendant notre absence ; mais pour votre bien et pour notre intérêt particulier, nous vous recommandons de vous abstenir d'ouvrir la porte d'or. Si vous l'ouvrez, nous ne vous reverrons jamais, et la crainte que nous en avons augmente notre douleur. Nous espérons que vous profiterez de l'avis que nous vous donnons. Il y va de votre repos et du bonheur de votre vie ; prenez-y garde, si vous cédiez à votre indiscrète curiosité, vous vous feriez un tort considérable. Nous vous conjurons donc de ne pas commettre cette faute et de nous donner la consolation de vous retrouver ici dans quarante jours. Nous emporterions bien la clef de la porte d'or avec nous ; mais ce serait faire une offense à un prince tel que vous, que de douter de sa discrétion et de sa retenue. »

Scheherazade voulait continuer, mais elle vit paraître le jour. Le sultan, curieux de savoir ce que ferait le calender seul dans le château, après le départ des quarante dames, remit au jour suivant à s'en éclaircir.

LXI NUIT.

L'officieuse Dinarzade s'étant réveillée assez longtemps avant le jour, appela la sultane : Si vous ne dormez pas, ma sœur, lui dit-elle, songez qu'il est temps de raconter au sultan, notre seigneur, la suite de l'histoire que vous avez commencée. Scheherazade alors s'adressant à Schahriar, lui dit : Sire, votre majesté saura que le calender poursuivit ainsi son histoire :

« Madame, dit-il, le discours de ces belles princesses me causa une véritable douleur. Je ne manquai pas de leur témoigner que leur absence me causerait beaucoup de peine, et je les remerciai des bons avis qu'elles me donnaient. Je les assurai que j'en profiterais et que je ferais des choses encore plus difficiles pour me procurer le bonheur de passer le reste de mes jours avec des dames d'un si rare mérite. Nos adieux furent des plus tendres ; je les embrassai toutes l'une après l'autre ; elles partirent ensuite, et je restai seul dans le château.

« L'agrément de la compagnie, la bonne chère, les concerts, les plaisirs m'avaient tellement occupé durant l'année, que je n'avais pas eu le temps ni la moindre envie de voir les merveilles qui pouvaient être dans ce palais enchanté. Je n'avais pas même fait attention à mille objets admirables que j'avais tous les jours devant les yeux, tant j'avais été charmé de la beauté des dames et du plaisir de les voir uniquement occupées du soin de me plaire. Je fus sensiblement affligé de leur départ, et, quoique leur absence ne dût être que de quarante jours, il me parut que j'allais passer un siècle sans elles.

« Je me promettais bien de ne pas oublier l'avis important qu'elles m'avaient donné de ne pas ouvrir la porte d'or ; mais comme, à cela près, il m'était permis de satisfaire ma curiosité, je pris la première des clefs des autres portes, qui étaient rangées par ordre.

« J'ouvris la première porte et j'entrai dans un jardin fruitier, auquel je crois que dans l'univers il n'y en a point qui lui soit comparable. Je ne pense pas même que celui que notre religion nous promet après la mort puisse le surpasser. La symétrie, la propreté, la disposition admirable des arbres, l'abondance et la diversité des fruits de mille espèces inconnues, leur fraîcheur, leur beauté, tout ravissait ma vue. Je ne dois pas négliger, madame, de vous faire remarquer que ce jardin délicieux était arrosé d'une manière fort singulière : des rigoles, creusées avec art et proportion, portaient de l'eau abondamment à la racine des arbres qui en avaient besoin pour pousser leurs premières feuilles et leurs fleurs ; d'autres en portaient moins à ceux dont les fruits étaient déjà noués, d'autres encore moins à ceux où ils grossissaient ; d'autres n'en portaient que ce qu'il en fallait précisément à ceux dont le fruit avait acquis la grosseur convenable et n'attendait plus que sa maturité ; mais cette grosseur surpassait de beaucoup celle des fruits ordinaires de nos jardins. Les autres rigoles, enfin, qui aboutissaient aux arbres dont le fruit était mûr, n'avaient d'humidité que ce qui était nécessaire pour le conserver dans le même état sans le corrompre.

« Je ne pouvais me lasser d'examiner et d'admirer un si beau lieu, et je n'en serais jamais sorti si je n'eusse pas conçu dès lors une plus grande idée des autres choses que je n'avais point vues. J'en sortis l'esprit rempli de ces merveilles ; je fermai la porte, et ouvris celle qui suivait.

« Au lieu d'un jardin de fruits, j'en trouvai un de fleurs, qui n'était pas moins singulier dans son genre : il renfermait un parterre spacieux, arrosé, non pas avec la même profusion que le précédent, mais avec un plus grand ménagement, pour ne pas fournir plus d'eau que chaque fleur n'en avait besoin. La rose, le jasmin, la violette, le narcisse, l'hyacinthe, l'anémone, la tulipe, la renoncule, l'œillet, le lis, et une infinité d'autres fleurs, qui ne fleurissent ailleurs qu'en différents temps, se trouvaient là fleuries toutes à la fois ; et rien n'était plus doux que l'air qu'on respirait dans ce jardin.

« J'ouvris la troisième porte ; je trouvai une volière très-vaste ; elle était pavée de marbre de plusieurs sortes de couleurs, du plus fin, du moins commun ; la cage était de sandal et de bois d'aloès ; elle renfermait une infinité de rossignols, de chardonnerets, de serins, d'alouettes, et d'autres oiseaux encore plus harmonieux, dont je n'avais entendu parler de ma vie. Les vases où étaient leur grain et leur eau étaient de jaspe ou d'agate la plus précieuse.

« D'ailleurs, cette volière était d'une grande propreté ; à voir sa capacité, je jugeai qu'il ne fallait pas moins de cent personnes pour la tenir aussi nette qu'elle était. Personne, toutefois, n'y paraissait, non plus que dans les jardins où j'avais été, dans lesquels je n'avais pas remarqué une mauvaise herbe, ni la moindre superfluité qui m'eût blessé la vue.

« Le soleil était déjà couché, et je me retirai charmé du ramage de cette multitude d'oiseaux, qui cherchaient alors à se percher dans l'endroit le plus commode, pour jouir du repos de la nuit. Je me rendis à mon appartement, résolu d'ouvrir les autres portes les jours suivants, à l'exception de la centième.

« Le lendemain, je ne manquai pas d'aller ouvrir la quatrième porte. Si ce que j'avais vu le jour précédent avait été capable de me causer de la surprise, ce que je vis alors me ravit en extase. Je mis le pied dans une grande cour environnée d'un bâtiment d'une architecture merveilleuse, dont je ne vous ferai point la description, pour éviter la prolixité.

« Ce bâtiment avait quarante portes toutes ouvertes, dont chacune donnait entrée dans un trésor; et de ces trésors, il y en avait plusieurs qui valaient mieux que les plus grands royaumes. Le premier contenait des monceaux de perles; et, ce qui passe toute croyance, les plus précieuses, qui étaient grosses comme des œufs de pigeon, surpassaient en nombre les médiocres; dans le second trésor, il y avait des diamants, des escarboucles et des rubis; dans le troisième, des émeraudes; dans le quatrième, de l'or en lingots; dans le cinquième, du monnayé; dans le sixième, de l'argent en lingots; dans les deux suivants, du monnayé. Les autres contenaient des améthystes, des chrysolites, des topazes, des opales, des turquoises, des hyacinthes, et toutes les autres pierres fines que nous connaissons, sans parler de l'agate, du jaspe, de la cornaline et du corail, dont il y avait un magasin rempli, non-seulement de branches, mais même d'arbres entiers.

« Rempli de surprise et d'admiration, je m'écriai, après avoir vu toutes ces richesses : Non, quand tous les trésors de tous les rois de l'univers seraient assemblés en un même lieu, ils n'approcheraient pas de ceux-ci. Quel est mon bonheur de posséder tous ces biens avec tant d'aimables princesses!

« Je ne m'arrêterai point, madame, à vous faire le détail de toutes les autres choses rares et précieuses que je vis les jours suivants. Je vous dirai seulement qu'il ne me fallut pas moins de trente-neuf jours pour ouvrir les quatre-vingt-dix-neuf portes et admirer tout ce qui s'offrit à ma vue. Il ne restait plus que la centième porte, dont l'ouverture m'était défendue..... »

Le jour, qui vint éclairer l'appartement du sultan des Indes, imposa silence à Scheherazade en cet endroit. Mais cette histoire faisait trop de plaisir à Schahriar pour qu'il n'en voulût pas entendre la suite le lendemain. Ce prince se leva dans cette résolution.

LXII NUIT.

Dinarzade, qui ne souhaitait pas moins ardemment que Schahriar d'apprendre quelles merveilles pouvaient être renfermées sous la clef de la centième porte, appela la sultane de très-bonne heure. Si vous ne dormez pas, ma sœur, lui dit-elle, je vous prie d'achever la surprenante histoire du troisième calender. — Il la continua de cette sorte, dit Scheherazade :

« J'étais, dit-il, au quarantième jour depuis le départ des charmantes princesses. Si j'avais pu ce jour-là conserver sur moi le pouvoir que je devais avoir, je serais aujourd'hui le plus heureux de tous les hommes, au lieu que je suis le plus malheureux. Elles devaient arriver le lendemain, et le plaisir de les revoir devait servir de frein à ma curiosité; mais par une faiblesse dont je ne cesserai jamais de me repentir, je succombai à la tentation du démon, qui ne me donna point de repos que je ne me fusse livré moi-même à la peine que j'ai éprouvée.

« J'ouvris la porte fatale que j'avais promis de ne pas ouvrir, et je n'eus pas avancé le pied pour entrer, qu'une odeur assez agréable, mais contraire à mon tempérament, me fit tomber évanoui. Néanmoins, je revins à moi, et au lieu de profiter de cet avertissement, de refermer la porte et de perdre pour jamais l'envie de satisfaire ma curiosité, j'entrai après avoir attendu quelque temps que le grand air eût modéré cette odeur. Je n'en fus plus incommodé.

« Je trouvai un lieu vaste, bien voûté et dont le pavé était parsemé de safran. Plusieurs flambeaux d'or massif avec des bougies allumées qui rendaient l'odeur d'aloès et d'ambre gris, y servaient de lumière, et cette illumination était encore augmentée par des lampes d'or et d'argent remplies d'une huile composée de diverses sortes d'odeurs.

« Parmi un assez grand nombre d'objets qui attirèrent mon attention, j'aperçus un cheval noir, le plus beau et le mieux fait qu'on puisse voir au monde. Je m'approchai de lui pour le considérer de près : je trouvai qu'il avait une selle et une bride d'or massif, d'un ouvrage excellent; que son auge, d'un côté, était remplie d'orge mondé et de sésame, et de l'autre, d'eau de rose. Je le pris par la bride et le tirai dehors pour le voir au jour. Je le montai et voulus le faire avancer; mais comme il ne branlait pas, je le frappai d'une houssine que j'avais ramassée dans son écurie magnifique. Mais à peine eut-il senti le coup qu'il se mit à hennir avec un bruit horrible; puis, étendant des ailes dont je ne m'étais point aperçu, il s'éleva dans l'air à perte de vue. Je ne songeai plus qu'à me tenir ferme, et malgré la frayeur dont j'étais saisi, je ne me tenais point mal. Il reprit ensuite son vol vers la terre, et se posa sur le toit en terrasse d'un château, où, sans me donner le temps de mettre pied à terre, il me secoua si violemment qu'il me fit tomber en arrière, et du bout de sa queue il me creva l'œil droit.

« Voilà de quelle manière je devins borgne, et je me souvins bien alors de ce que m'avaient prédit les dix jeunes seigneurs. Le cheval reprit son vol et disparut. Je me relevai, fort affligé du malheur que j'avais cherché moi-même. Je marchai sur la terrasse, la main sur mon œil, qui me faisait beaucoup de douleur. Je descendis et me trouvai dans un salon qui me fit connaître par les dix sofas disposés en rond, et un autre moins élevé au milieu, que ce château était celui d'où j'avais été enlevé par le roc.

« Les dix jeunes seigneurs borgnes n'étaient pas dans le salon. Je les y attendis, et ils arrivèrent peu de temps après avec le vieillard. Ils ne parurent pas étonnés de me revoir ni de la perte de mon œil. « Nous sommes bien fâchés, me dirent-ils, de ne pouvoir vous féliciter sur votre retour de la manière que nous le souhaiterions. Mais nous ne sommes pas la cause de votre malheur. — J'aurais tort de vous en accuser, leur répondis-je ; je me le suis attiré moi-même, et je m'en impute toute la faute. — Si la consolation des malheureux, reprirent-ils, est d'avoir des semblables, notre exemple peut vous en fournir un sujet. Tout ce qui vous est arrivé nous est arrivé aussi. Nous avons goûté toute sorte de plaisirs pendant une année entière, et nous aurions continué de jouir du même bonheur si nous n'eussions pas ouvert la porte d'or pendant l'absence des princesses. Vous n'avez pas été plus sage que nous, et vous avez éprouvé la même punition. Nous voudrions bien vous recevoir parmi nous pour faire la pénitence que nous faisons et dont nous ne savons pas quelle sera la durée, mais nous vous avons déjà déclaré les raisons qui nous en empêchent. C'est pourquoi retirez-vous et vous en allez à la cour de Bagdad ; vous y trouverez celui qui doit décider de votre destinée. » Ils m'enseignèrent la route que je devais tenir, et je me séparai d'eux.

« Je me fis raser en chemin la barbe et les sourcils, et pris l'habit de calender. Il y a longtemps que je marche. Enfin je suis arrivé aujourd'hui en cette ville à l'entrée de la nuit. J'ai rencontré à la porte ces calenders, mes confrères, tous trois fort surpris de nous voir borgnes du même œil. Mais nous n'avons pas eu le temps de nous entretenir de cette disgrâce qui nous est commune. Nous n'avons eu, madame, que celui de venir implorer le secours que vous nous avez généreusement accordé. »

Le troisième calender ayant achevé de raconter son histoire, Zobéide prit la parole, et s'adressant à lui et à ses confrères : « Allez, leur dit-elle, vous êtes libres tous trois ; retirez-vous où il vous plaira. » Mais l'un d'entre eux lui répondit : « Madame, nous vous supplions de nous pardonner notre curiosité et de nous permettre d'entendre l'histoire de ces seigneurs, qui n'ont pas encore parlé. » Alors la dame se tournant du côté du calife, du vizir Giafar et de Mesrour, qu'elle ne connaissait pas pour ce qu'ils étaient, leur dit : « C'est à vous à me raconter votre histoire, parlez. »

Le grand vizir Giafar, qui avait toujours porté la parole, répondit encore à Zobéide : « Madame, pour vous obéir, nous n'avons qu'à répéter ce que nous vous avons déjà dit avant que d'entrer chez vous. Nous sommes, poursuivit-il, des marchands de Moussoul, et nous venons à Bagdad négocier nos marchandises, qui sont en magasin dans un khan où nous sommes logés. Nous avons dîné aujourd'hui avec plusieurs autres personnes de notre profession, chez un marchand de cette ville, lequel, après nous avoir régalés de mets délicats et de vins exquis, a fait venir des danseurs et des danseuses, avec des chanteurs et des joueurs d'instruments. Le grand bruit que nous faisions tous ensemble a attiré le guet, qui a arrêté une partie des gens de l'assemblée. Pour nous, par bonheur, nous nous sommes sauvés; mais comme il était déjà tard et que la porte de notre khan était fermée, nous ne savions où nous retirer. Le hasard a voulu que nous ayons passé par votre rue, et que nous ayons entendu qu'on se réjouissait chez vous. Cela nous a déterminés à frapper à votre porte. Voilà, madame, le compte que nous avons à rendre pour obéir à vos ordres. »

Zobéide, après avoir écouté ce discours, semblait hésiter sur ce qu'elle devait dire. De quoi les calenders s'apercevant, la supplièrent d'avoir pour les trois marchands de Moussoul la même bonté qu'elle avait eue pour eux. « Eh bien! leur dit-elle, j'y consens. Je veux que vous m'ayez tous la même obligation. Je vous fais grâce, mais c'est à condition que vous sortirez tous de ce logis présentement et que vous vous retirerez où il vous plaira. » Zobéide, ayant donné cet ordre d'un ton qui marquait qu'elle voulait être obéie, le calife, le vizir, Mesrour, les trois calenders et le porteur sortirent sans répliquer, car la présence des sept esclaves armés les tenait en respect. Lorsqu'ils furent hors de la maison et que la porte fut fermée, le calife dit aux calenders, sans leur faire connaître qui il était : « Et vous, seigneurs, qui êtes étrangers et nouvellement arrivés en cette ville, de quel côté allez-vous présentement, qu'il n'est pas jour encore? — Seigneur, lui répondirent-ils, c'est ce qui nous embarrasse. — Suivez-nous, reprit le calife, nous allons vous tirer d'embarras. » Après avoir achevé ces paroles, il parla au grand vizir et lui dit : « Conduisez-les chez vous, et demain matin vous me les amènerez. Je veux faire écrire leurs histoires; elles méritent d'avoir place dans les annales de mon règne. »

Le vizir Giafar emmena avec lui les trois calenders; le porteur se retira dans sa maison, et le calife, accompagné de Mesrour, se rendit à son palais. Il se coucha, mais il ne put fermer les yeux, tant il avait l'esprit agité de toutes les choses extraordinaires qu'il avait vues et entendues. Il était surtout fort en peine de savoir qui était Zobéide, quel sujet elle pouvait avoir de maltraiter les deux chiennes noires, et pourquoi Amine avait le sein meurtri. Le jour parut qu'il était encore occupé de ces pensées. Il se

Publié par Ernest Bourdin, Éditeur

leva, et se rendit dans la chambre où il tenait son conseil et donnait audience. Il s'assit sur son trône.

Le grand vizir arriva peu de temps après et lui rendit ses respects à son ordinaire : « Vizir, lui dit le calife, les affaires que nous aurions à régler présentement ne sont pas fort pressantes; celle des trois dames et des deux chiennes noires l'est davantage. Je n'aurai pas l'esprit en repos que je ne sois pleinement instruit de tant de choses qui m'ont surpris. Allez, faites venir ces dames, et amenez en même temps les calenders. Partez, et souvenez-vous que j'attends impatiemment votre retour. »

Le vizir, qui connaissait l'humeur vive et bouillante de son maître, se hâta de lui obéir. Il arriva chez les dames, et leur exposa d'une manière très-honnête l'ordre qu'il avait de les conduire au calife, sans toutefois leur parler de ce qui s'était passé chez elles.

Les dames se couvrirent de leurs voiles et partirent avec le vizir, qui prit en passant chez lui les trois calenders, qui avaient eu le temps d'apprendre qu'ils avaient vu le calife et qu'ils lui avaient parlé sans le connaître. Le vizir les mena au palais et s'acquitta de sa commission avec tant de diligence que le calife en fut fort satisfait. Ce prince, pour garder la bienséance devant tous les officiers de sa maison qui étaient présents, fit placer les trois dames derrière la portière de la salle qui conduisait à son appartement, et retint près de lui les trois calenders, qui firent assez connaître par leurs respects qu'ils n'ignoraient pas devant qui ils avaient l'honneur de paraître.

Lorsque les dames furent placées, le calife se tourna de leur côté et leur dit : « Mesdames, en vous apprenant que je me suis introduit chez vous cette nuit, déguisé en marchand, je vais sans doute vous alarmer; vous craindrez de m'avoir offensé et vous croirez peut-être que je ne vous ai fait venir ici que pour vous donner des marques de mon ressentiment; mais rassurez-vous : soyez persuadées que j'ai oublié le passé et que je suis même très-content de votre conduite. Je souhaiterais que toutes les dames de Bagdad eussent autant de sagesse que vous m'en avez fait voir. Je me souviendrai toujours de la modération que vous eûtes après l'incivilité que nous avions commise. J'étais alors marchand de Moussoul, mais je suis à présent Haroun Alraschid, le cinquième calife de la glorieuse maison d'Abbas, qui tient la place de notre grand prophète. Je vous ai mandées seulement pour savoir de vous qui vous êtes et vous demander pour quel sujet l'une de vous, après avoir maltraité les deux chiennes noires, a pleuré avec elles. Je ne suis pas moins curieux d'apprendre pourquoi une autre a le sein tout couvert de cicatrices. »

« Quoique le calife eût prononcé ces paroles très-distinctement et que les trois dames les eussent entendues, le vizir Giafar, par un air de cérémonie, ne laissa pas de les leur répéter.... » Mais, sire, dit Scheherazade, il est jour : si votre majesté veut que je lui raconte la suite, il faut qu'elle ait la bonté de prolonger encore ma vie jusqu'à demain. Le sultan y consentit, jugeant bien que Scheherazade lui conterait l'histoire de Zobéide, qu'il n'avait pas peu d'envie d'entendre.

LXIII NUIT.

Ma chère sœur, s'écria Dinarzade sur la fin de la nuit, si vous ne dormez pas, dites-nous, je vous en conjure, l'histoire de Zobéide, car cette dame la raconta sans doute au calife. — Elle n'y manqua pas, répondit Scheherazade. Dès que le prince l'eut rassurée par le discours qu'il venait de faire, elle lui donna de cette sorte la satisfaction qu'il lui demandait :

HISTOIRE

DE ZOBÉIDE.

« Commandeur des croyants, dit-elle, l'histoire que j'ai à raconter à votre majesté est une des plus surprenantes dont on ait jamais ouï parler. Les deux chiennes noires et moi sommes trois sœurs nées d'une même mère et d'un même père, et je vous dirai par quel accident étrange elles ont été changées en chiennes.

« Les deux dames qui demeurent avec moi et qui sont ici présentes sont aussi mes sœurs de même père, mais d'une autre mère. Celle qui a le sein couvert de cicatrices se nomme Amine, l'autre s'appelle Safie, et moi Zobéide.

« Après la mort de notre père, le bien qu'il nous avait laissé fut partagé entre nous également, et lorsque ces deux dernières sœurs eurent touché leur portion, elles se séparèrent et allèrent demeurer en particulier avec leur mère. Mes deux autres sœurs et moi restâmes avec la nôtre qui vivait encore, et qui depuis en mourant nous laissa à chacune mille sequins.

« Lorsque nous eûmes touché ce qui nous appartenait, mes deux aînées, car je suis la cadette, se marièrent, suivirent leurs maris et me laissèrent seule. Peu de temps après leur mariage, le mari de la première vendit tout ce qu'il avait de biens et de meubles, et avec l'argent qu'il en put faire et celui de ma sœur, ils passèrent tous deux en Afrique. Là, le mari dépensa en bonne chère et en débauche tout son bien et celui que ma sœur lui avait apporté. Ensuite se voyant réduit à la dernière misère, il trouva un prétexte pour la répudier, et la chassa.

« Elle revint à Bagdad, non sans avoir souffert des maux incroyables dans un si long voyage. Elle vint se réfugier chez moi dans un état si digne de pitié qu'elle en aurait inspiré aux cœurs les plus durs. Je la reçus avec toute l'affection qu'elle pouvait attendre de moi. Je lui demandai pourquoi je la voyais dans une si malheureuse situation : elle m'apprit en pleurant la mauvaise conduite de son mari et l'indigne traitement qu'il lui avait fait. Je fus touchée de son malheur et j'en pleurai avec elle. Je la fis ensuite entrer au bain, je lui donnai de mes propres habits et lui dis : « Ma sœur, vous êtes mon aînée et je vous regarde comme ma mère. Pendant votre absence, Dieu a béni le peu de bien qui m'est tombé en partage, et l'emploi que j'en fais à nourrir et à élever des vers à soie. Comptez que je n'ai rien qui ne soit à vous et dont vous ne puissiez disposer comme moi-même. »

« Nous demeurâmes toutes deux et vécûmes ensemble pendant plusieurs mois en bonne intelligence. Comme nous nous entretenions souvent de notre troisième sœur et que nous étions surprises de ne pas apprendre de ses nouvelles, elle arriva en aussi mauvais état que notre aînée. Son mari l'avait traitée de la même sorte ; je la reçus avec la même amitié.

« Quelque temps après, mes deux sœurs, sous prétexte qu'elles m'étaient à charge, me dirent qu'elles étaient dans le dessein de se remarier. Je leur répondis que si elles n'avaient pas d'autres raisons que celle de m'être à charge, elles pouvaient continuer de demeurer avec moi en toute sûreté ; que mon bien suffisait pour nous entretenir toutes trois d'une manière conforme à notre condition. Mais, ajoutai-je, je crains plutôt que vous n'ayez véritablement envie de vous remarier. Si cela était, je vous avoue que j'en serais fort étonnée. Après l'expérience que vous avez du peu de satisfaction qu'on a dans le mariage, y pouvez-vous penser une seconde fois ? Vous savez combien il est rare de trouver un mari parfaitement honnête homme. Croyez-moi, continuons de vivre ensemble le plus agréablement qu'il nous sera possible.

« Tout ce que je leur dis fut inutile. Elles avaient pris la résolution de se remarier, elles l'exécutèrent. Mais elles revinrent me trouver au bout de quelques mois et me faire mille excuses de n'avoir pas suivi mon conseil. « Vous êtes notre cadette, me dirent-elles, mais vous êtes plus sage que nous. Si vous voulez bien nous recevoir encore dans votre maison et nous regarder comme vos esclaves, il ne nous arrivera plus de faire une si grande faute. — Mes chères sœurs, leur répondis-je, je n'ai point changé à votre égard depuis notre dernière séparation : revenez, et jouissez avec moi de ce que j'ai. Je les embrassai, et nous demeurâmes ensemble comme auparavant.

Il y avait un an que nous vivions dans une union parfaite, et voyant que Dieu avait béni mon petit fonds, je formai le dessein de faire un voyage par mer et de hasarder quelque chose dans le commerce. Pour cet effet, je me rendis avec mes deux sœurs à Balsora, où j'achetai un vaisseau tout équipé, que je chargeai de marchandises que j'avais fait venir de Bagdad. Nous mîmes à la voile avec un vent favorable et nous sortîmes bientôt du golfe Persique. Quand nous fûmes en pleine mer, nous prîmes la route des Indes, et après vingt jours de navigation nous vîmes terre. C'était une montagne fort haute, au pied de laquelle nous aperçûmes une ville de grande apparence. Comme nous avions le vent frais, nous arrivâmes de bonne heure au port, et nous y jetâmes l'ancre.

« Je n'eus pas la patience d'attendre que mes sœurs fussent en état de m'accompagner : je me fis débarquer seule et j'allai droit à la ville. J'y vis une garde nombreuse de gens assis et d'autres qui étaient debout avec un bâton à la main. Mais ils avaient tous l'air si hideux que j'en fus effrayée. Remarquant toutefois qu'ils étaient immobiles et qu'ils ne remuaient pas même les yeux, je me rassurai, et m'étant approchée d'eux, je reconnus qu'ils étaient pétrifiés.

« J'entrai dans la ville et passai par plusieurs rues où il y avait des hommes d'espace en espace dans toutes sortes d'attitudes, mais ils étaient tous sans mouvement et pétrifiés. Au quartier des marchands, je trouvai la plupart des boutiques fermées, et j'aperçus dans celles qui étaient ouvertes des personnes aussi pétrifiées. Je jetai la vue sur les cheminées, et n'en voyant pas sortir la fumée, cela me fit juger que tout ce qui était dans les maisons, de même que ce qui était dehors, était changé en pierre.

« Étant arrivée dans une vaste place au milieu de la ville, je découvris une grande porte couverte de plaques d'or et dont les deux battants étaient ouverts. Une portière d'étoffe de soie paraissait devant, et l'on voyait une lampe suspendue au-dessus de la porte. Après avoir considéré le bâtiment, je ne doutai pas que ce ne fût le palais du prince qui régnait en ce pays-là. Mais, fort étonnée de n'avoir rencontré aucun être vivant, j'allai jusque là dans l'espérance d'en trouver quelqu'un. Je levai la portière, et ce qui augmenta ma surprise, je ne vis sous le vestibule que quelques portiers ou gardes pétrifiés, les uns debout et les autres assis ou à demi couchés.

« Je traversai une grande cour où il y avait beaucoup de monde. Les uns semblaient aller et les autres venir, et néanmoins ils ne bougeaient de leur place, parce qu'ils étaient pétrifiés comme ceux que j'avais déjà vus. Je passai dans une seconde cour, et de celle-là dans une troisième ; mais ce n'était partout qu'une solitude, et il y régnait un silence affreux.

« M'étant avancée dans une quatrième cour, j'y vis en face un très-beau bâtiment dont les fenêtres étaient fermées d'un treillis d'or massif. Je jugeai que c'était l'appartement de la reine. J'y entrai. Il y avait dans une salle plusieurs eunuques noirs pétrifiés. Je passai ensuite dans une chambre très-richement meublée, où j'aperçus une dame aussi changée en pierre. Je connus que c'était la reine à une couronne d'or qu'elle avait sur la tête et à un collier de perles très-rondes et plus grosses que des noisettes. Je les examinai de près ; il me parut qu'on ne pouvait rien voir de plus beau.

« J'admirai quelque temps les richesses et la magnificence de cette chambre, et surtout le tapis de pied, les coussins et le sofa, garni d'une étoffe des Indes à fond d'or, avec des figures d'hommes et d'animaux en argent d'un travail admirable. »

Scheherazade aurait continué de parler ; mais la clarté du jour vint mettre fin à sa narration. Le sultan fut charmé de ce récit. Il faut, dit-il en se levant, que je sache à quoi aboutira cette pétrification d'hommes étonnante.

LXIV NUIT.

Dinarzade, qui avait pris beaucoup de plaisir au commencement de l'histoire de Zobéide, ne manqua pas d'appeler la sultane avant le jour : Si vous ne dormez pas, ma sœur, lui dit-elle, je vous supplie de nous apprendre ce que vit encore Zobéide dans ce palais singulier où elle était entrée. — Voici, répondit Scheherazade, comment cette dame continua de raconter son histoire au calife :

« Sire, dit-elle, de la chambre de la reine pétrifiée je passai dans plusieurs autres appartements et cabinets propres et magnifiques qui me conduisirent dans une chambre d'une grandeur extraordinaire, où il y avait un trône d'or massif, élevé de quelques degrés et enrichi de grosses émeraudes enchâssées, et sur le trône, un lit d'une riche étoffe, sur laquelle éclatait une broderie de perles. Ce qui me surprit plus que tout le reste, ce fut une lumière brillante qui partait de dessus ce lit. Curieuse de savoir ce qui la rendait, je montai, et, avançant la tête, je vis sur un petit tabouret un diamant gros comme un œuf d'autruche, et si parfait que je n'y remarquai nul défaut. Il brillait tellement que je ne pouvais en soutenir l'éclat en le regardant au jour.

« Il y avait au chevet du lit, de l'un et de l'autre côté, un flambeau allumé dont je ne compris pas l'usage. Cette circonstance néanmoins me fit juger qu'il y avait quelqu'un de vivant dans ce superbe palais, car je ne pouvais croire que ces flambeaux pussent s'entretenir allumés d'eux-mêmes. Plusieurs autres singularités m'arrêtèrent dans cette chambre, que le seul diamant dont je viens de parler rendait inestimable.

« Comme toutes les portes étaient ouvertes ou poussées seulement, je parcourus encore d'autres appartements aussi beaux que ceux que j'avais déjà vus. J'allai jusqu'aux offices et aux garde-meubles, qui étaient remplis de richesses infinies, et je m'occupai si fort de toutes ces merveilles que je m'oubliai moi-même. Je ne pensais plus à mon vaisseau ni à mes sœurs, je ne songeais qu'à satisfaire ma curiosité. Cependant la nuit s'approchait, et son approche m'avertissant qu'il était temps de me retirer, je voulus reprendre le chemin des cours par où j'étais venue; mais il ne me fut pas aisé de le trouver. Je m'égarai dans les appartements, et me retrouvant dans la grande chambre où étaient le trône, le lit, le gros diamant et les flambeaux allumés, je résolus d'y passer la nuit et de remettre au lendemain de grand matin à regagner mon vaisseau. Je me jetai sur le lit, non sans quelque frayeur de me voir seule dans un lieu si désert, et ce fut sans doute cette crainte qui m'empêcha de dormir.

« Il était environ minuit lorsque j'entendis la voix comme d'un homme qui lisait l'Alcoran de la même manière et du ton que nous avons coutume de le lire dans nos temples. Cela me donna beaucoup de joie. Je me levai aussitôt, et prenant un flambeau pour me conduire, j'allai de chambre en chambre du côté où j'entendais la voix. Je m'arrêtai à la porte d'un cabinet d'où je ne pouvais douter qu'elle ne partît. Je posai le flambeau à terre, et regardant par une fente, il me parut que c'était un oratoire. En effet, il y avait, comme dans nos temples, une niche qui marquait où il fallait se tourner pour faire la prière, des lampes suspendues et allumées, et deux chandeliers avec de gros cierges de cire blanche allumés de même.

« Je vis aussi un petit tapis étendu, de la forme de ceux qu'on étend chez nous pour se poser dessus et faire la prière. Un jeune homme de bonne mine, assis sur ce tapis, récitait avec grande attention l'Alcoran qui était

posé devant lui sur un petit pupitre. A cette vue, ravie d'admiration, je cherchais en mon esprit comment il se pouvait faire qu'il fût le seul vivant dans une ville où tout le monde était pétrifié, et je ne doutais pas qu'il n'y eût en cela quelque chose de très-merveilleux.

« Comme la porte n'était que poussée, je l'ouvris; j'entrai, et, me tenant debout devant la niche, je fis cette prière à haute voix : « Louange à Dieu, qui nous a favorisées d'une heureuse navigation! Qu'il nous fasse la grâce de nous protéger de même jusqu'à notre arrivée en notre pays. Écoutez-moi, Seigneur, et exaucez ma prière.

« Le jeune homme jeta les yeux sur moi et me dit : « Ma bonne dame, je vous prie de me dire qui vous êtes et ce qui vous a amenée dans cette ville désolée. En récompense je vous apprendrai qui je suis, ce qui m'est arrivé, pour quel sujet les habitants de cette ville sont réduits en l'état où vous les avez vus, et pourquoi moi seul je suis sain et sauf dans un désastre si épouvantable. »

« Je lui racontai en peu de mots d'où je venais, ce qui m'avait engagée à faire ce voyage, et de quelle manière j'avais heureusement pris port après une navigation de vingt jours. En achevant je le suppliai de s'acquitter à son tour de la promesse qu'il m'avait faite, et je lui témoignai combien j'étais frappée de la désolation affreuse que j'avais remarquée dans tous les endroits par où j'avais passé.

« Ma chère dame, dit alors le jeune homme, donnez-vous un moment de patience. A ces mots il ferma l'Alcoran, le mit dans un étui précieux et le posa dans la niche. Je pris ce temps-là pour le considérer attentivement, et je lui trouvai tant de grâce et de beauté que je sentis des mouvements que je n'avais jamais sentis jusqu'alors. Il me fit asseoir près de lui, et avant qu'il commençât son discours, je ne pus m'empêcher de lui dire d'un air qui lui fit connaître les sentiments qu'il m'avait inspirés : « Aimable seigneur, cher objet de mon âme, on ne peut attendre avec plus d'impatience que j'attends l'éclaircissement de tant de choses surprenantes qui ont frappé ma vue depuis le premier pas que j'ai fait pour entrer en votre ville, et ma curiosité ne saurait être assez tôt satisfaite. Parlez, je vous en conjure; apprenez-moi par quel miracle vous êtes seul en vie parmi tant de personnes mortes d'une manière inouïe. »

Scheherazade s'interrompit en cet endroit et dit à Schahriar : Sire, votre majesté ne s'aperçoit peut-être pas qu'il est jour. Si je continuais de parler, j'abuserais de votre attention. Le sultan se leva, résolu d'entendre, la nuit suivante, la suite de cette merveilleuse histoire.

LXV NUIT.

Si vous ne dormez pas, ma sœur, s'écria Dinarzade, le lendemain avant le jour, je vous prie de reprendre l'histoire de Zobéide et de nous raconter ce qui se passa entre elle et le jeune homme vivant qu'elle rencontra dans ce palais dont vous nous avez fait une si belle description. — Je vais vous satisfaire, répondit la sultane. Zobéide poursuivit son histoire dans ces termes :

« Madame, me dit le jeune homme, vous m'avez fait assez voir que vous avez la connaissance du vrai Dieu par la prière que vous venez de lui adresser. Vous allez entendre un effet très-remarquable de sa grandeur et de sa puissance. Je vous dirai que cette ville était la capitale d'un puissant royaume dont le roi mon père portait le nom. Ce prince, toute sa cour, les habitants de la ville et tous ses autres sujets étaient mages, adorateurs du feu et de Nardoun, ancien roi des géants rebelles à Dieu.

« Quoique né d'un père et d'une mère idolâtres, j'ai eu le bonheur d'avoir dans mon enfance pour gouvernante une bonne dame musulmane, qui savait l'Alcoran par cœur et l'expliquait parfaitement bien. « Mon prince, me disait-elle souvent, il n'y a qu'un vrai Dieu. Prenez garde d'en reconnaître et d'en adorer d'autres. » Elle m'apprit à lire en arabe, et le livre qu'elle me donna pour m'exercer fut l'Alcoran. Dès que je fus capable de raison, elle m'expliqua tous les points de cet excellent livre, et elle m'en inspirait tout l'esprit à l'insu de mon père et de tout le monde. Elle mourut, mais ce fut après m'avoir fait toutes les instructions dont j'avais besoin pour être pleinement convaincu des vérités de la religion musulmane. Depuis sa mort, j'ai persisté constamment dans les sentiments qu'elle m'a fait prendre, et j'ai en horreur le faux dieu Nardoun et l'adoration du feu.

« Il y a trois ans et quelques mois qu'une voix bruyante se fit tout à coup entendre par toute la ville si distinctement, que personne ne perdit une de ces paroles qu'elle dit : « Habitants, abandonnez le culte de Nardoun et du feu ; adorez le Dieu unique qui fait miséricorde. »

« La même voix se fit ouïr trois années de suite, mais personne ne s'étant converti, le dernier jour de la troisième, à trois ou quatre heures du matin, tous les habitants généralement furent changés en pierre en un instant, chacun dans l'état et la posture où il se trouva. Le roi mon père éprouva le même sort : il fut métamorphosé en une pierre noire, tel qu'on le voit dans un endroit de ce palais, et la reine ma mère eut une pareille destinée.

« Je suis le seul sur qui Dieu n'ait pas fait tomber ce châtiment terrible : depuis ce temps-là je continue de le servir avec plus de ferveur que jamais, et je suis persuadé, ma belle dame, qu'il vous envoie pour ma consolation ; je lui en rends des grâces infinies, car je vous avoue que cette solitude m'est bien ennuyeuse. »

« Tout ce récit et particulièrement ces derniers mots achevèrent de m'enflammer pour lui. « Prince, lui dis-je, il n'en faut pas douter, c'est la Providence qui m'a attirée dans votre port pour vous présenter l'occasion de vous éloigner d'un lieu si funeste. Le vaisseau sur lequel je suis venue peut vous persuader que je suis en quelque considération à Bagdad, où j'ai laissé d'autres biens assez considérables. J'ose vous y offrir une retraite jusqu'à ce que le puissant commandeur des croyants, le vicaire du grand Prophète que vous reconnaissez, vous ait rendu tous les honneurs que vous méritez. Ce célèbre prince demeure à Bagdad, et il ne sera pas plus tôt informé de votre arrivée en sa capitale, qu'il vous fera connaître qu'on n'implore pas en vain son appui. Il n'est pas possible que vous demeuriez davantage dans une ville où tous les objets doivent vous être insupportables. Mon vaisseau est à votre service, et vous en pouvez disposer absolument. » Il accepta l'offre, et nous passâmes le reste de la nuit à nous entretenir de notre embarquement.

« Dès que le jour parut nous sortîmes du palais et nous rendîmes au port, où nous trouvâmes mes sœurs, le capitaine et mes esclaves fort en peine de moi. Après avoir présenté mes sœurs au prince, je leur racontai ce

qui m'avait empêchée de revenir au vaisseau le jour précédent, la rencontre du jeune prince, son histoire et le sujet de la désolation d'une si belle ville.

« Les matelots employèrent plusieurs jours à débarquer les marchandises que j'avais apportées, et à embarquer à leur place tout ce qu'il y avait de plus précieux dans le palais, en pierreries, en or et en argent. Nous laissâmes les meubles et une infinité de pièces d'orfévrerie, parce que nous ne pouvions les emporter. Il nous aurait fallu plusieurs vaisseaux pour transporter à Bagdad toutes les richesses que nous avions devant les yeux.

« Après que nous eûmes chargé le vaisseau des choses que nous y voulûmes mettre nous prîmes, les provisions et l'eau dont nous jugeâmes avoir besoin pour notre voyage. A l'égard des provisions, il nous en restait encore beaucoup de celles que nous avions embarquées à Balsora. Enfin nous mîmes à la voile avec un vent tel que nous pouvions le souhaiter. »

En achevant ces paroles, Scheherazade vit qu'il était jour. Elle cessa de parler, et le sultan se leva sans rien dire; mais il se proposa d'entendre jusqu'à la fin l'histoire de Zobéide et de ce jeune prince conservé si miraculeusement.

LXVI NUIT.

Sur la fin de la nuit suivante, Dinarzade, impatiente de savoir quel serait le succès de la navigation de Zobéide, appela la sultane. Ma chère sœur, lui dit-elle, si vous ne dormez pas, poursuivez, de grâce, l'histoire d'hier. Dites-nous si le jeune prince et Zobéide arrivèrent heureusement à Bagdad. — Vous l'allez apprendre, répondit Scheherazade. Zobéide reprit ainsi son histoire, en s'adressant toujours au calife :

« Sire, dit-elle, le jeune prince, mes sœurs et moi, nous nous entretenions tous les jours agréablement ensemble. Mais, hélas ! notre union ne dura pas longtemps. Mes sœurs devinrent jalouses de l'intelligence qu'elles remarquèrent entre le jeune prince et moi, et me demandèrent un jour malicieusement ce que nous ferions de lui lorsque nous serions arrivées à Bagdad. Je m'aperçus bien qu'elles ne me faisaient cette question que pour découvrir mes sentiments. C'est pourquoi, faisant semblant de tourner la chose en plaisanterie, je leur répondis que je le prendrais pour mon époux. Ensuite, me tournant vers le prince, je lui dis : « Mon prince, je vous supplie d'y consentir. D'abord que nous serons à Bagdad, mon dessein est de vous offrir ma personne pour être votre très-humble esclave, pour vous rendre mes services et vous reconnaître pour le maître absolu de mes volontés. — Madame, répondit le prince, je ne sais si vous plaisantez ; mais

pour moi, je vous déclare fort sérieusement devant mesdames vos sœurs, que dès ce moment j'accepte de bon cœur l'offre que vous me faites, non pas pour vous regarder comme une esclave, mais comme ma dame et ma maîtresse, et je ne prétends avoir aucun empire sur vos actions. » Mes sœurs changèrent de couleur à ce discours, et je remarquai depuis ce temps-là qu'elles n'avaient plus pour moi les mêmes sentiments qu'auparavant.

« Nous étions dans le golfe Persique et nous approchions de Balsora, où, avec le bon vent que nous avions toujours, j'espérais que nous arriverions le lendemain. Mais la nuit, pendant que je dormais, mes sœurs prirent leur temps et me jetèrent à la mer. Elles traitèrent de la même sorte le prince, qui fut noyé. Je me soutins quelques moments sur l'eau, et par bonheur, ou plutôt par miracle, je trouvai fond. Je m'avançai vers une noirceur qui me paraissait terre autant que l'obscurité me permettait de la distinguer. Effectivement, je gagnai une plage, et le jour me fit connaître que j'étais dans une petite île déserte, située environ à vingt milles de Balsora. J'eus bientôt fait sécher mes habits au soleil, et en marchant je remarquai plusieurs sortes de fruits et même de l'eau douce, ce qui me donna quelque espérance que je pourrais conserver ma vie.

« Je me reposais à l'ombre, lorsque je vis un serpent ailé fort gros et fort long, qui s'avançait vers moi en se démenant à droite et à gauche et tirant la langue. Cela me fit juger que quelque mal le pressait. Je me levai, et m'apercevant qu'il était suivi d'un autre serpent plus gros qui le tenait par la queue et faisait ses efforts pour le dévorer, j'en eus pitié : au lieu de fuir, j'eus la hardiesse et le courage de prendre une pierre qui se trouva par hasard près de moi ; je la jetai de toute ma force contre le plus gros serpent : je le frappai à la tête et l'écrasai. L'autre, se sentant en liberté, ouvrit aussitôt ses ailes et s'envola. Je le regardai longtemps dans l'air comme une chose extraordinaire ; mais l'ayant perdu de vue, je me rassis à l'ombre dans un autre endroit, et je m'endormis.

« A mon réveil, imaginez-vous quelle fut ma surprise de voir près de moi une femme noire qui avait des traits vifs et agréables, et qui tenait à l'attache deux chiennes de la même couleur. Je me mis à mon séant et lui demandai qui elle était. « Je suis, me répondit-elle, le serpent que vous avez délivré de son cruel ennemi il n'y a pas longtemps. J'ai cru ne pouvoir mieux reconnaître le service important que vous m'avez rendu qu'en faisant l'action que je viens de faire. J'ai su la trahison de vos sœurs, et pour vous en venger, d'abord que j'ai été libre par votre généreux secours, j'ai appelé plusieurs de mes compagnes qui sont fées comme moi : nous avons transporté toute la charge de votre vaisseau dans vos magasins de Bagdad, après quoi nous l'avons submergé. Ces deux chiennes noires sont vos deux sœurs, à qui j'ai donné cette forme. Mais ce châtiment ne suffit pas, et je veux que vous les traitiez encore de la manière que je vous dirai. »

« A ces mots, la fée m'embrassa étroitement d'un de ses bras, et les deux chiennes de l'autre, et nous transporta chez moi à Bagdad, où je vis dans mon magasin toutes les richesses dont mon vaisseau avait été chargé. Avant que de me quitter, elle me livra les deux chiennes et me dit : « Sous peine d'être changée comme elles en chienne, je vous ordonne, de la part de celui qui confond les mers, de donner toutes les nuits cent coups de fouet à chacune de vos sœurs, pour les punir du crime qu'elles ont commis contre votre personne et contre le jeune prince qu'elles ont noyé. » Je fus obligée de lui promettre que j'exécuterais son ordre. [1]

« Depuis ce temps-là, je les ai traitées chaque nuit, à regret, de la manière dont votre majesté a été témoin. Je leur témoigne par mes pleurs avec combien de douleur et de répugnance je m'acquitte d'un si cruel devoir, et vous voyez bien qu'en cela je suis plus à plaindre qu'à blâmer. S'il y a quelque chose qui me regarde dont vous puissiez souhaiter d'être informé, ma sœur Amine vous en donnera l'éclaircissement par le récit de son histoire. »

Après avoir écouté Zobéide avec admiration, le calife fit prier par son grand vizir l'agréable Amine, de vouloir bien lui expliquer pourquoi elle était marquée de cicatrices..... Mais, sire, dit Scheherazade en cet endroit, il est jour, et je ne dois pas arrêter davantage votre majesté. Schahriar, persuadé que l'histoire que Scheherazade avait à raconter ferait le dénouement des précédentes, dit en lui-même : Il faut que je me donne le plaisir tout entier. Il se leva, et résolut de laisser vivre encore la sultane ce jour-là.

---

[1] L'histoire de Zobéide n'est pas sans quelque ressemblance avec une des histoires précédentes, celle *du vieillard et des deux chiens noirs.*

LXVII NUIT.

Dinarzade souhaitait passionnément d'entendre l'histoire d'Amine; c'est pourquoi, s'étant réveillée longtemps avant le jour, elle dit à la sultane : Ma chère sœur, si vous ne dormez pas, apprenez-moi, je vous en conjure, pourquoi l'aimable Amine avait le sein tout couvert de cicatrices. — J'y consens, répondit Scheherazade, et pour ne pas perdre le temps, vous saurez qu'Amine, s'adressant au calife, commença son histoire dans ces termes :

HISTOIRE

D'AMINE.

« Commandeur des croyants, dit-elle, pour ne pas répéter les choses dont votre majesté a déjà été instruite par l'histoire de ma sœur, je vous dirai que ma mère ayant pris une maison pour passer son veuvage en son particulier, me donna en mariage, avec le bien que mon père m'avait laissé, à un des plus riches héritiers de cette ville.

« La première année de notre mariage n'était pas écoulée que je demeurai veuve et en possession de tout le bien de mon mari, qui montait à quatre-vingt-dix mille sequins. Le revenu seul de cette somme suffisait de reste pour me faire passer ma vie fort honnêtement. Cependant, dès que les premiers six mois de mon deuil furent passés, je me fis faire dix habits différents d'une si grande magnificence qu'ils revenaient à mille sequins chacun, et je commençai au bout de l'année à les porter.

« Un jour que j'étais seule, occupée à mes affaires domestiques, on me vint dire qu'une dame demandait à me parler. J'ordonnai qu'on la fît entrer. C'était une personne fort avancée en âge. Elle me salua en baisant la terre, et me dit en demeurant sur ses genoux : « Ma bonne dame, je vous supplie d'excuser la liberté que je prends de vous venir importuner : la confiance que j'ai en votre charité me donne cette hardiesse. Je vous dirai, mon honorable dame, que j'ai une fille orpheline qui doit se marier aujourd'hui, qu'elle et moi sommes étrangères, et que nous n'avons pas la moindre connaissance en cette ville : cela nous donne de la confusion, car nous voudrions faire connaître à la famille nombreuse avec laquelle nous allons faire alliance que nous ne sommes pas des inconnues et que nous avons quelque crédit. C'est pourquoi, ma charitable dame, si vous avez pour agréable d'honorer ces noces de votre présence, nous vous aurons d'autant plus d'obligation que les dames de notre pays connaîtront que nous ne sommes pas regardées ici comme des misérables, quand elles apprendront qu'une personne de votre rang n'aura pas dédaigné de nous faire un si grand honneur. Mais, hélas ! si vous rejetez ma prière, quelle mortification pour nous ! nous ne savons à qui nous adresser. »

« Ce discours, que la pauvre dame entremêla de larmes, me toucha de compassion. « Ma bonne mère, lui dis-je, ne vous affligez pas : je veux bien vous faire le plaisir que vous me demandez. Dites-moi où il faut que j'aille ; je ne veux que le temps de m'habiller un peu proprement. » La vieille dame, transportée de joie à cette réponse, fut plus prompte à me baiser les pieds que je ne le fus à l'en empêcher. « Ma charitable dame, reprit-elle en se relevant, Dieu vous récompensera de la bonté que vous avez pour vos servantes, et comblera votre cœur de satisfaction de même que vous en comblez le nôtre. Il n'est pas encore besoin que vous preniez cette peine ; il suffira que vous veniez avec moi sur le soir, à l'heure que je viendrai vous prendre. Adieu, madame, ajouta-t-elle ; jusqu'à l'honneur de vous revoir. »

« Aussitôt qu'elle m'eut quittée, je pris celui de mes habits qui me plaisait davantage, avec un collier de grosses perles, des bracelets, des bagues et des pendants d'oreilles de diamants les plus fins et les plus brillants. J'eus un pressentiment de ce qui me devait arriver.

« La nuit commençait à paraître lorsque la vieille dame arriva chez moi d'un air qui marquait beaucoup de joie. Elle me baisa la main et me dit : « Ma chère dame, les parentes de mon gendre, qui sont les premières dames de la ville, sont assemblées. Vous viendrez quand il vous plaira : me voilà prête à vous servir de guide. » Nous partîmes aussitôt; elle marcha devant moi, et je la suivis avec un grand nombre de mes femmes esclaves proprement habillées. Nous nous arrêtâmes dans une rue fort large, nouvellement balayée et arrosée, à une grande porte éclairée par un fanal, dont la lumière me fit lire cette inscription qui était au-dessus de la porte, en lettres d'or : *C'est ici la demeure éternelle des plaisirs et de la joie.* La vieille dame frappa, et l'on ouvrit à l'instant.

« On me conduisit au fond de la cour dans une grande salle, où je fus reçue par une jeune dame d'une beauté sans pareille. Elle vint au-devant de moi, et après m'avoir embrassée et fait asseoir près d'elle sur un sofa où il y avait un trône d'un bois précieux rehaussé de diamants : « Madame, me dit-elle, on vous a fait venir ici pour assister à des noces; mais j'espère que ces noces seront autres que celles que vous vous imaginez. J'ai un frère qui est le mieux fait et le plus accompli de tous les hommes : il est si charmé du portrait qu'il a entendu faire de votre beauté, que son sort dépend de vous et qu'il sera très-malheureux si vous n'avez pitié de lui. Il sait le rang que vous tenez dans le monde, et je puis vous assurer que le sien n'est pas indigne de votre alliance. Si mes prières, madame, peuvent quelque chose sur vous, je les joins aux siennes et vous supplie de ne pas rejeter l'offre qu'il vous fait de vous recevoir pour femme. »

« Depuis la mort de mon mari je n'avais pas encore eu la pensée de me remarier, mais je n'eus pas la force de refuser une si belle personne. D'abord que j'eus consenti à la chose par un silence accompagné d'une rougeur qui parut sur mon visage, la jeune dame frappa des mains : un cabinet s'ouvrit aussitôt, et il en sortit un jeune homme d'un air si majestueux et qui avait tant de grâce, que je m'estimai heureuse d'avoir fait une si belle conquête. Il prit place auprès de moi, et je connus par l'entretien que nous eûmes que son mérite était encore au-dessus de ce que sa sœur m'en avait dit.

« Lorsqu'elle vit que nous étions contents l'un de l'autre, elle frappa des

mains une seconde fois, et un cadi entra, qui dressa notre contrat de mariage, le signa et le fit signer aussi par quatre témoins qu'il avait amenés avec lui. La seule chose que mon nouvel époux exigea de moi, fut que je ne me ferais point voir ni ne parlerais à aucun homme qu'à lui, et il me jura qu'à cette condition j'aurais tout sujet d'être contente de lui. Notre mariage fut conclu et achevé de cette manière : ainsi je fus la principale actrice des noces auxquelles j'avais été invitée seulement.

« Un mois après notre mariage, ayant besoin de quelque étoffe, je demandai à mon mari la permission de sortir pour faire cette emplette. Il me l'accorda, et je pris pour m'accompagner la vieille dame dont j'ai déjà parlé, qui était de la maison, et deux de mes femmes esclaves.

« Quand nous fûmes dans la rue des marchands, la vieille dame me dit : « Ma bonne maîtresse, puisque vous cherchez une étoffe de soie, il faut que je vous mène chez un jeune marchand que je connais ici : il en a de toutes sortes, et sans vous fatiguer de courir de boutique en boutique, je puis vous assurer que vous trouverez chez lui ce que vous ne trouveriez pas ailleurs. » Je me laissai conduire, et nous entrâmes dans la boutique d'un jeune marchand assez bien fait. Je m'assis et lui fis dire par la vieille dame de me montrer les plus belles étoffes de soie qu'il eût. La vieille voulait que je lui fisse la demande moi-même; mais je lui dis qu'une des conditions de mon mariage était de ne parler à aucun homme qu'à mon mari, et que je ne devais pas y contrevenir.

« Le marchand me montra plusieurs étoffes, dont l'une m'ayant agréé plus que les autres, je lui fis demander combien il l'estimait. Il répondit à la vieille : « Je ne la lui vendrai ni pour or ni pour argent; mais je lui en ferai un présent si elle veut bien me permettre de la baiser à la joue. » J'ordonnai à la vieille de lui dire qu'il était bien hardi de me faire cette proposition. Mais, au lieu de m'obéir, elle me représenta que ce que le marchand demandait n'était pas une chose fort importante; qu'il ne s'agissait point de parler, mais seulement de présenter la joue, et que ce serait une affaire bientôt faite. J'avais tant d'envie d'avoir l'étoffe, que je fus assez simple pour suivre ce conseil. La vieille dame et mes femmes se mirent devant afin qu'on ne me vît pas, et je me dévoilai; mais, au lieu de me baiser, le marchand me mordit jusqu'au sang.

« La douleur et la surprise furent telles que j'en tombai évanouie, et je demeurai assez longtemps en cet état pour donner au marchand celui de fermer sa boutique et de prendre la fuite. Lorsque je fus revenue à moi, je me sentis la joue tout ensanglantée : la vieille dame et mes femmes avaient eu soin de la couvrir d'abord de mon voile, afin que le monde qui accourut ne s'aperçût de rien et crût que ce n'était qu'une faiblesse qui m'avait prise. »

Scheherazade, en achevant ces dernières paroles, aperçut le jour et se tut. Le sultan trouva ce qu'il venait d'entendre assez extraordinaire, et se leva fort curieux d'en apprendre la suite.

LXVIII NUIT.

Sur la fin de la nuit suivante, Dinarzade, s'étant réveillée, appela la sultane : Si vous ne dormez pas, ma sœur, lui dit-elle, je vous prie de vouloir bien continuer l'histoire d'Amine. — Voici comme cette dame la reprit, répondit Scheherazade.

« La vieille qui m'accompagnait, poursuivit-elle, extrêmement mortifiée de l'accident qui m'était arrivé, tâcha de me rassurer : « Ma bonne maîtresse, me dit-elle, je vous demande pardon : je suis cause de ce malheur. Je vous ai amenée chez ce marchand parce qu'il est de mon pays, et je ne l'aurais jamais cru capable d'une si grande méchanceté; mais ne vous affligez pas : ne perdons point de temps, retournons au logis, je vous donnerai un remède qui vous guérira en trois jours si parfaitement qu'il n'y paraîtra pas la moindre marque. » Mon évanouissement m'avait rendue si faible qu'à peine pouvais-je marcher. J'arrivai néanmoins au logis; mais je tombai une seconde fois en faiblesse en entrant dans ma chambre.

Cependant la vieille m'appliqua son remède ; je revins à moi et me mis au lit.

« La nuit venue, mon mari arriva. Il s'aperçut que j'avais la tête enveloppée ; il me demanda ce que j'avais. Je répondis que c'était un mal de tête, et j'espérais qu'il en demeurerait là ; mais il prit une bougie, et voyant que j'étais blessée à la joue : « D'où vient cette blessure ? me dit-il. » Quoique je ne fusse pas fort criminelle, je ne pouvais me résoudre à lui avouer la chose : faire cet aveu à un mari me paraissait choquer la bienséance. Je lui dis que comme j'allais acheter une étoffe de soie avec la permission qu'il m'en avait donnée, un porteur chargé de bois avait passé si près de moi dans une rue fort étroite, qu'un bâton m'avait fait une égratignure au visage, mais que c'était peu de chose.

« Cette raison mit mon mari en colère : « Cette action, dit-il, ne demeurera pas impunie. Je donnerai demain ordre au lieutenant de police d'arrêter tous ces brutaux de porteurs et de les faire tous pendre. » Dans la crainte que j'eus d'être cause de la mort de tant d'innocents, je lui dis : « Seigneur, je serais fâchée qu'on fît une si grande injustice ; gardez-vous bien de la commettre : je me croirais indigne de pardon si j'avais causé ce malheur. — Dites-moi donc sincèrement, reprit-il, ce que je dois penser de votre blessure. »

« Je lui repartis qu'elle m'avait été faite par l'inadvertance d'un vendeur de balais monté sur son âne ; qu'il venait derrière moi, la tête tournée d'un autre côté ; que son âne m'avait poussée si rudement que j'étais tombée et que j'avais donné de la joue contre du verre. « Cela étant, dit alors mon mari, le soleil ne se lèvera pas demain que le vizir Giafar ne soit averti de cette insolence. Il fera mourir tous ces marchands de balais. — Au nom de Dieu, seigneur, interrompis-je, je vous supplie de leur pardonner : ils ne sont pas coupables. — Comment donc ! madame, dit-il ; que faut-il que je croie ? Parlez, je veux apprendre de votre bouche la vérité. — Seigneur, lui répondis-je, il m'a pris un étourdissement et je suis tombée : voilà le fait. »

« A ces dernières paroles mon époux perdit patience. « Ah ! s'écria-t-il, c'est trop longtemps écouter des mensonges ! » En disant cela, il frappa des mains, et trois esclaves entrèrent. « Tirez-la hors du lit, leur dit-il, étendez-la au milieu de la chambre. » Les esclaves exécutèrent son ordre, et comme l'un me tenait par la tête et l'autre par les pieds, il commanda au troisième d'aller prendre un sabre. Et quand il l'eut apporté : « Frappe, lui dit-il ; coupe-lui le corps en deux et va le jeter dans le Tigre. Qu'il serve de pâture aux poissons : c'est le châtiment que je fais aux personnes à qui j'ai donné mon cœur et qui me manquent de foi. » Comme il vit que l'esclave ne se hâtait pas d'obéir : « Frappe donc, continua-t-il : qui t'arrête ? qu'attends-tu ?

« — Madame, me dit alors l'esclave, vous touchez au dernier moment de votre vie : voyez s'il y a quelque chose dont vous vouliez disposer avant votre mort. » Je demandai la liberté de dire un mot. Elle me fut accordée. Je soulevai la tête, et, regardant mon époux tendrement : « Hélas! lui dis-je, en quel état me voilà réduite ! il faut donc que je meure dans mes plus beaux jours ! » Je voulais poursuivre, mais mes larmes et mes soupirs m'en empêchèrent. Cela ne toucha pas mon époux : au contraire, il me fit des reproches, à quoi il eût été inutile de repartir. J'eus recours aux prières, mais il ne les écouta pas, et il ordonna à l'esclave de faire son devoir. En ce moment la vieille dame qui avait été nourrice de mon époux entra, et se jetant à ses pieds pour tâcher de l'apaiser : « Mon fils, lui dit-elle, pour

prix de vous avoir nourri et élevé, je vous conjure de m'accorder sa grâce. Considérez que l'on tue celui qui tue, et que vous allez flétrir votre réputation et perdre l'estime des hommes. Que ne diront-ils point d'une colère si sanglante ! » Elle prononça ces paroles d'un air si touchant, et elle les accompagna de tant de larmes, qu'elles firent une forte impression sur mon époux.

« Hé bien ! dit-il à sa nourrice, pour l'amour de vous je lui donne la vie; mais je veux qu'elle porte des marques qui la fassent souvenir de son crime. » A ces mots, un esclave, par son ordre, me donna de toute sa force sur les côtes et sur la poitrine tant de coups d'une petite canne pliante qui enlevait la peau et la chair, que j'en perdis connaissance. Après cela il me fit porter par les mêmes esclaves, ministres de sa fureur, dans une maison où la vieille eut grand soin de moi. Je gardai le lit quatre mois. Enfin je guéris; mais les cicatrices que vous vîtes hier, contre mon intention, me sont restées depuis. Dès que je fus en état de marcher et de sortir, je voulus retourner à la maison de mon premier mari; mais je n'y trouvai que la place. Mon second époux, dans l'excès de sa colère, ne s'était pas contenté de la faire abattre, il avait fait même raser toute la rue où elle était située. Cette violence était sans doute inouïe; mais contre qui aurais-je fait ma plainte ? L'auteur avait pris des mesures pour se cacher, et je n'ai pu le connaître. D'ailleurs quand je l'aurais connu, ne voyais-je pas bien que le traitement qu'on me faisait partait d'un pouvoir absolu ? Aurais-je osé m'en plaindre ?

« Désolée, dépourvue de toutes choses, j'eus recours à ma chère sœur Zobéide, qui vient de raconter son histoire à votre majesté, et je lui fis le récit de ma disgrâce. Elle me reçut avec sa bonté ordinaire et m'exhorta à la supporter patiemment. « Voilà quel est le monde, dit-elle, il nous ôte ordinairement nos biens, ou nos amis, ou nos amants, et souvent le tout ensemble. » En même temps, pour me prouver ce qu'elle me disait, elle me raconta la perte du jeune prince causée par la jalousie de ses deux sœurs. Elle m'apprit ensuite de quelle manière elles avaient été changées en chiennes. Enfin, après m'avoir donné mille marques d'amitié, elle me présenta ma cadette, qui s'était retirée chez elle après la mort de notre mère.

« Ainsi, remerciant Dieu de nous avoir toutes trois rassemblées, nous résolûmes de vivre libres sans nous séparer jamais. Il y a longtemps que nous menons cette vie tranquille, et comme je suis chargée de la dépense de la maison, je me fais un plaisir d'aller moi-même faire les provisions dont nous avons besoin. J'en allai acheter hier et les fis apporter par un porteur, homme d'esprit et d'humeur agréable, que nous retînmes pour nous divertir. Trois calenders survinrent au commencement de la nuit et nous prièrent de leur donner retraite jusqu'à ce matin. Nous les reçûmes à une condition qu'ils acceptèrent, et après les avoir fait asseoir à notre table, ils nous régalaient d'un concert à leur mode lorsque nous entendîmes frapper à notre porte. C'étaient trois marchands de Moussoul de fort bonne mine, qui nous demandèrent la même grâce que les calenders : nous la leur accordâmes à la même condition. Mais ils ne l'observèrent ni les uns ni les autres. Néanmoins, quoique nous fussions en état aussi bien qu'en droit de les en punir, nous nous contentâmes d'exiger d'eux le récit de leur histoire, et nous bornâmes notre vengeance à les renvoyer ensuite et à les priver de la retraite qu'ils nous avaient demandée.

« Le calife Haroun Alraschid fut très-content d'avoir appris ce qu'il voulait savoir, et témoigna publiquement l'admiration que lui causait tout ce qu'il venait d'entendre.... » Mais, sire, dit en cet endroit Scheherazade, le jour, qui commence à paraître, ne me permet pas de raconter à votre majesté ce que fit le calife pour mettre fin à l'enchantement des deux chiennes noires. Schahriar, jugeant que la sultane achèverait la nuit suivante l'histoire des cinq dames et des trois calenders, se leva et lui laissa encore la vie jusqu'au lendemain.

LXIX NUIT.

Au nom de Dieu, ma sœur, s'écria Dinarzade avant le jour, si vous ne dormez pas, je vous prie de nous raconter comment les deux chiennes noires reprirent leur première forme et ce que devinrent les trois calenders. — Je vais satisfaire votre curiosité, répondit Scheherazade. Alors, adressant son discours à Schahriar, elle poursuivit dans ces termes :

Sire, le calife, ayant satisfait sa curiosité, voulut donner des marques de sa grandeur et de sa générosité aux calenders princes, et faire sentir aussi aux trois dames des effets de sa bonté. Sans se servir du ministère de son grand vizir, il dit lui-même à Zobéide : « Madame, cette fée qui se fit voir d'abord à vous en serpent et qui vous a imposé une si rigoureuse loi, cette fée ne vous a-t-elle point parlé de sa demeure, ou plutôt ne vous promit-elle pas de vous revoir et de rétablir les deux chiennes en leur premier état?

« — Commandeur des croyants, répondit Zobéide, j'ai oublié de dire à votre majesté que la fée me mit entre les mains un petit paquet de cheveux, en me disant qu'un jour j'aurais besoin de sa présence, et qu'alors si je voulais seulement brûler deux brins de ses cheveux, elle serait à moi dans le moment, quand elle serait au delà du mont Caucase. — Madame, reprit le calife, où est ce paquet de cheveux? » Elle repartit que depuis ce temps-là elle avait eu grand soin de le porter toujours avec elle. En effet elle le tira, et ouvrant un peu la portière qui la cachait, elle le lui montra. « Eh bien, répliqua le calife, faisons venir ici la fée : vous ne sauriez l'appeler plus à propos, puisque je le souhaite. »

Zobéide y ayant consenti, on apporta du feu, et Zobéide mit dessus tout le paquet de cheveux. A l'instant même, le palais s'ébranla et la fée parut devant le calife, sous la figure d'une dame habillée très-magnifiquement. « Commandeur des croyants, dit-elle à ce prince, vous me voyez prête à recevoir vos commandements. La dame qui vient de m'appeler par votre ordre m'a rendu un service important ; pour lui en marquer ma reconnaissance, je l'ai vengée de la perfidie de ses sœurs en les changeant en chiennes ; mais si votre majesté le désire, je vais leur rendre leur figure naturelle.

« — Belle fée, lui répondit le calife, vous ne pouvez me faire un plus grand plaisir : faites-leur cette grâce, après cela je chercherai les moyens de les consoler d'une si rude pénitence ; mais auparavant j'ai encore une prière à vous faire en faveur de la dame qui a été si cruellement maltraitée par un mari inconnu. Comme vous savez une infinité de choses, il est à croire que vous n'ignorez pas celle-ci : obligez-moi de me nommer le barbare qui ne s'est pas contenté d'exercer sur elle une si grande cruauté, mais qui lui a même enlevé très-injustement tout le bien qui lui appartenait. Je m'étonne qu'une action si injuste, si inhumaine et qui fait tort à mon autorité, ne soit pas venue jusqu'à moi.

« — Pour faire plaisir à votre majesté, répliqua la fée, je remettrai les deux chiennes en leur premier état, je guérirai la dame de ses cicatrices, de manière qu'il ne paraîtra pas que jamais elle ait été frappée, et ensuite je vous nommerai celui qui l'a fait maltraiter ainsi. »

Le calife envoya quérir les deux chiennes chez Zobéide, et lorsqu'on les eut amenées, on présenta une tasse pleine d'eau à la fée, qui l'avait demandée. Elle prononça dessus des paroles que personne n'entendit, et elle en jeta sur Amine et sur les deux chiennes. Elles furent changées en deux dames d'une beauté surprenante, et les cicatrices d'Amine disparurent. Alors la fée dit au calife : « Commandeur des croyants, il faut vous découvrir présentement qui est l'époux inconnu que vous cherchez : il vous appartient de fort près, puisque c'est le prince Amin [1], votre fils aîné, frère du prince Mamoun [2], son cadet. Étant devenu passionnément amou-

---

[1] Amin succéda à son père Haroun Alraschid en l'année 193 de l'hégire (809 de J.-C.). A peine fut-il sur le trône, qu'il s'abandonna sans réserve à ses passions dominantes, celles du vin et des femmes, et se livra à des actes impolitiques qui dénotaient son incapacité. Il fut assassiné par l'ordre d'un des généraux de Mamoun, son frère. Il était âgé de vingt-huit ans et en avait régné cinq.

[2] Mamoun, l'un des plus célèbres califes de la dynastie des Abbassides, succéda en l'année 198 de l'hégire (813 de J.-C.) à son frère Amin, et occupa le trône pendant plus de vingt ans. Il mourut en l'année 218 de l'hégire (833 de J.-C.), à l'âge de 48 ans.

reux de cette dame sur le récit qu'on lui avait fait de sa beauté, il trouva un prétexte pour l'attirer chez lui, où il l'épousa. A l'égard des coups qu'il lui a fait donner, il est excusable en quelque façon. La dame son épouse avait eu un peu trop de facilité, et les excuses qu'elle lui avait apportées étaient capables de faire croire qu'elle avait fait plus de mal qu'il n'y en avait. C'est tout ce que je puis dire pour satisfaire votre curiosité. » En achevant ces paroles, elle salua le calife et disparut.

Ce prince, rempli d'admiration et content des changements qui venaient d'arriver par son moyen, fit des actions dont il sera parlé éternellement.

Il fit premièrement appeler le prince Amin son fils, lui dit qu'il savait son mariage secret, et lui apprit la cause de la blessure d'Amine. Le prince n'attendit pas que son père lui parlât de la reprendre, il la reprit à l'heure même.

Le calife déclara ensuite qu'il donnait son cœur et sa main à Zobéide, et proposa les trois autres sœurs aux trois calenders fils de rois, qui les acceptèrent pour femmes avec beaucoup de reconnaissance. Le calife leur assigna à chacun un palais magnifique dans la ville de Bagdad; il les éleva aux premières charges de son empire et les admit dans ses conseils. Le premier cadi de Bagdad, appelé avec des témoins, dressa les contrats de mariage, et le fameux calife Haroun Alraschid, en faisant le bonheur de tant de personnes qui avaient éprouvé des disgrâces incroyables, s'attira mille bénédictions.

Il n'était pas jour encore lorsque Scheherazade acheva cette histoire, qui avait été tant de fois interrompue et continuée. Cela lui donna lieu d'en commencer une autre. Ainsi, adressant la parole au sultan, elle lui dit :

HISTOIRE

DES TROIS POMMES.

Sire, j'ai déjà eu l'honneur d'entretenir votre majesté d'une sortie que le calife Haroun Alraschid fit, une nuit, de son palais. Il faut que je vous en raconte une autre. Un jour, ce prince avertit le grand vizir Giafar de se trouver au palais la nuit prochaine : « Vizir, lui dit-il, je veux faire le tour de la ville et m'informer de ce qu'on y dit, et particulièrement si l'on est content de mes officiers de justice. S'il y en a dont on ait raison de se plaindre, nous les déposerons pour en mettre d'autres à leurs places, qui s'acquitteront mieux de leur devoir. Si au contraire il y en a dont on se loue, nous aurons pour eux les égards qu'ils méritent. » Le grand vizir s'étant rendu au palais à l'heure marquée, le calife, lui et Mesrour, chef des eunuques, se déguisèrent pour n'être pas connus, et sortirent tous trois ensemble.

Ils passèrent par plusieurs places et par plusieurs marchés, et en entrant dans une petite rue, ils virent au clair de la lune un bon homme à barbe blanche, qui avait la taille haute et qui portait des filets sur sa tête; il avait au bras un panier pliant de feuilles de palmier et un bâton à la main. « A voir ce vieillard, dit le calife, il n'est pas riche. Abordons-le et lui demandons l'état de sa fortune. — Bon homme, lui dit le vizir, qui es-tu ? — Seigneur, lui répondit le vieillard, je suis pêcheur, mais le plus pauvre et le plus misérable de ma profession. Je suis sorti de chez moi tantôt, sur le midi, pour aller pêcher, et depuis ce temps-là jusqu'à présent je n'ai pas pris le moindre poisson. Cependant j'ai une femme et de petits enfants, et je n'ai pas de quoi les nourrir. »

Le calife, touché de compassion, dit au pêcheur : « Aurais-tu le courage de retourner sur tes pas et de jeter tes filets encore une fois seulement ? Nous te donnerons cent sequins de ce que tu amèneras. » Le pêcheur, à cette proposition, oubliant toute la peine de la journée, prit le calife au mot et retourna vers le Tigre avec lui, Giafar et Mesrour, en disant en lui-même : « Ces seigneurs paraissent trop honnêtes et trop raisonnables pour ne pas me récompenser de ma peine, et quand ils ne me donneraient que la centième partie de ce qu'ils me promettent, ce serait encore beaucoup pour moi. »

Ils arrivèrent au bord du Tigre; le pêcheur y jeta ses filets, puis, les ayant tirés, il amena un coffre bien fermé et fort pesant qui s'y trouva. Le

calife lui fit compter aussitôt cent sequins par le grand vizir et le renvoya. Mesrour chargea le coffre sur ses épaules par l'ordre de son maître, qui, dans l'empressement de savoir ce qu'il y avait dedans, retourna au palais en diligence. Là, le coffre ayant été ouvert, on y trouva un grand panier pliant de feuilles de palmier, fermé et cousu par l'ouverture avec un fil de laine rouge. Pour satisfaire l'impatience du calife, on ne se donna pas la peine de découdre, on coupa promptement le fil avec un couteau, et l'on tira du panier un paquet enveloppé dans un méchant tapis et lié avec de la corde. La corde déliée et le paquet défait, on vit avec horreur le corps d'une jeune dame plus blanc que de la neige et coupé par morceaux.

Scheherazade, en cet endroit, remarquant qu'il était jour, cessa de parler. Le lendemain, elle reprit la parole de cette manière :

LXX NUIT.

Sire, votre majesté s'imaginera mieux elle-même que je ne le puis faire comprendre par mes paroles quel fut l'étonnement du calife à cet affreux spectacle. Mais de la surprise il passa en un instant à la colère, et lançant au vizir un regard furieux : « Ah ! malheureux, lui dit-il, est-ce donc ainsi que tu veilles sur les actions de mes peuples? On commet impunément sous ton ministère des assassinats dans ma capitale, et l'on jette mes sujets dans le Tigre afin qu'ils crient vengeance contre moi au jour du jugement ! Si tu ne venges promptement le meurtre de cette femme par la mort de son meurtrier, je jure par le saint nom de Dieu que je te ferai pendre, toi et quarante de ta parenté. — Commandeur des croyants, lui dit le grand vizir, je supplie votre majesté de m'accorder du temps pour faire des perquisitions. — Je ne te donne que trois jours pour cela, repartit le calife; c'est à toi d'y songer. »

Le vizir Giafar se retira chez lui dans une grande confusion de sentiments : « Hélas ! disait-il, comment, dans une ville aussi vaste et aussi peuplée que Bagdad, pourrai-je déterrer un meurtrier, qui sans doute a commis ce crime sans témoin, et qui est peut-être déjà sorti de cette ville? Un autre que moi tirerait de prison un misérable et le ferait mourir pour contenter le calife; mais je ne veux pas charger ma conscience de ce forfait, et j'aime mieux mourir que de me sauver à ce prix-là. »

Il ordonna aux officiers de police et de justice qui lui obéissaient de faire une exacte recherche du criminel. Ils mirent leurs gens en campagne et s'y mirent eux-mêmes, ne se croyant guère moins intéressés que le vizir en cette affaire; mais tous leurs soins furent inutiles : quelque diligence qu'ils y apportèrent, ils ne purent découvrir l'auteur de l'assassinat, et le vizir jugea bien que, sans un coup du ciel, c'était fait de sa vie.

Effectivement, le troisième jour étant venu, un huissier arriva chez ce malheureux ministre et le somma de le suivre. Le vizir obéit, et le calife

lui ayant demandé où était le meurtrier : « Commandeur des croyants, lui répondit-il les larmes aux yeux, je n'ai trouvé personne qui ait pu m'en donner la moindre nouvelle. » Le calife lui fit des reproches remplis d'emportement et de fureur, et commanda qu'on le pendît devant la porte du palais, lui et quarante des Barmécides[1].

[1] La famille des Barmécides, dont Giafar, ministre de Haroun, est un des membres les plus célèbres, s'est acquis en Orient, par ses richesses et sa générosité, une renommée que la terrible catastrophe qui a mis fin à tant de prospérité n'a pas manqué d'augmenter. Les Barmécides, ou mieux Barmékides, étaient originaires de Balk, et d'une naissance illustre. Cette grande catastrophe eut lieu le 1er safar 187 (29 janvier 803). Giafar eut la tête tranchée. L'ordre fut donné aussitôt d'arrêter le père et les frères de Giafar avec toute leur famille, et ils furent envoyés à Rakka en Mésopotamie, où ils finirent leurs jours dans la captivité.

Pendant que l'on travaillait à dresser les potences et qu'on alla se saisir des quarante Barmécides dans leurs maisons, un crieur public alla, par ordre du calife, faire ce cri dans tous les quartiers de la ville : « Qui veut avoir la satisfaction de voir pendre le grand vizir Giafar et quarante des Barmécides ses parents, qu'il vienne à la place qui est devant le palais ! »

Lorsque tout fut prêt, le juge criminel et un grand nombre d'huissiers du palais amenèrent le grand vizir avec les quarante Barmécides, les firent disposer chacun au pied de la potence qui lui était destinée, et on leur passa autour du cou la corde avec laquelle ils devaient être levés en l'air. Le peuple, dont toute la place était remplie, ne put voir ce triste spectacle sans douleur et sans verser des larmes, car le grand vizir Giafar et les Barmécides étaient chéris et honorés pour leur probité, leur libéralité et leur désintéressement, non-seulement à Bagdad, mais même partout l'empire du calife.

Rien n'empêchait qu'on exécutât l'ordre irrévocable de ce prince trop sévère, et on allait ôter la vie aux plus honnêtes gens de la ville, lorsqu'un jeune homme très-bien fait et fort proprement vêtu fendit la presse, pénétra jusqu'au grand vizir, et après lui avoir baisé la main : « Souverain vizir, lui dit-il, chef des émirs de cette cour, refuge des pauvres, vous n'êtes pas coupable du crime pour lequel vous êtes ici. Retirez-vous et me laissez expier la mort de la dame qui a été jetée dans le Tigre. C'est moi qui suis son meurtrier, et je mérite d'en être puni. »

Quoique ce discours causât beaucoup de joie au vizir, il ne laissa pas d'avoir pitié du jeune homme, dont la physionomie, au lieu de paraître funeste, avait quelque chose d'engageant, et il allait lui répondre lorsqu'un grand homme d'un âge déjà fort avancé ayant aussi fendu la presse, arriva et dit au vizir : « Seigneur, ne croyez rien de ce que vous dit ce jeune homme : nul autre que moi n'a tué la dame qu'on a trouvée dans le coffre. C'est sur moi seul que doit tomber le châtiment. Au nom de Dieu, je vous conjure de ne pas punir l'innocent pour le coupable. — Seigneur, reprit le jeune homme en s'adressant au vizir, je vous jure que c'est moi qui ai commis cette méchante action, et que personne au monde n'en est complice. — Mon fils, interrompit le vieillard, c'est le désespoir qui vous a conduit ici, et vous voulez prévenir votre destinée : pour moi, il y a longtemps que je suis au monde, je dois en être détaché. Laissez-moi donc sacrifier ma vie pour la vôtre. Seigneur, ajouta-t-il en s'adressant au grand vizir, je vous le répète encore, c'est moi qui suis l'assassin : faites-moi mourir, et ne différez pas. »

La contestation du vieillard et du jeune homme obligea le vizir Giafar à les mener tous deux devant le calife, avec la permission du lieutenant criminel, qui se faisait un plaisir de le favoriser. Lorsqu'il fut en présence de ce prince, il baisa la terre par sept fois et parla de cette manière : « Commandeur des croyants, j'amène à votre majesté ce vieillard et ce jeune homme, qui se disent tous deux séparément meurtriers de la dame. » Alors le calife demanda aux accusés qui des deux avait massacré la dame si cruellement et l'avait jetée dans le Tigre. Le jeune homme assura que c'était lui ; mais le vieillard, de son côté, soutenant le contraire : « Allez, dit le calife au grand vizir, faites-les pendre tous deux. — Mais, sire, dit le vizir, s'il n'y en a qu'un de criminel, il y aurait de l'injustice à faire mourir l'autre. »

A ces paroles, le jeune homme reprit : « Je jure par le grand Dieu qui a élevé les cieux à la hauteur où ils sont, que c'est moi qui ai tué la dame, qui l'ai coupée par quartiers et jetée dans le Tigre, il y quatre jours. Je ne veux point avoir de part avec les justes au jour du jugement, si ce que je dis n'est pas véritable. Ainsi je suis celui qui doit être puni. »

Le calife fut surpris de ce serment et y ajouta foi, d'autant plus que le vieillard n'y répliqua rien. C'est pourquoi, se tournant vers le jeune homme : « Malheureux, lui dit-il, pour quel sujet as-tu commis un crime si détestable ? et quelle raison peux-tu avoir d'être venu t'offrir toi-même à la mort ? — Commandeur des croyants, répondit-il, si l'on mettait par écrit tout ce qui s'est passé entre cette dame et moi, ce serait une histoire qui pourrait être très-utile aux hommes. — Raconte-nous-la donc, répliqua le calife, je te l'ordonne. » Le jeune homme obéit, et commença son récit de cette sorte....

Scheherazade voulait continuer ; mais elle fut obligée de remettre cette histoire à la nuit suivante.

LXXI NUIT.

Schahriar prévint la sultane, et lui demanda ce que le jeune homme avait raconté au calife Haroun Alraschid. Sire, répondit Scheherazade, il prit la parole et parla dans ces termes :

HISTOIRE

DE LA DAME MASSACRÉE ET DU JEUNE HOMME SON MARI.

« Commandeur des croyants, votre majesté saura que la dame massacrée était ma femme, fille de ce vieillard que vous voyez, qui est mon oncle paternel. Elle n'avait que douze ans quand il me la donna en mariage, et il y en a onze d'écoulés depuis ce temps-là. J'ai eu d'elle trois enfants mâles, qui sont vivants, et je dois lui rendre cette justice, qu'elle ne m'a jamais donné le moindre sujet de déplaisir. Elle était sage, de bonnes mœurs, et mettait toute son attention à me plaire. De mon côté je l'aimais parfaitement, et je prévenais tous ses désirs, bien loin de m'y opposer.

« Il y a environ deux mois qu'elle tomba malade. J'en eus tout le soin imaginable, je n'épargnai rien pour lui procurer une prompte guérison. Au bout d'un mois elle commença de se mieux porter et voulut aller au bain. Avant que de sortir du logis elle me dit : « Mon cousin (car elle m'appelait ainsi par familiarité), j'ai envie de manger des pommes : vous me feriez un extrême plaisir si vous pouviez m'en trouver ; il y a longtemps que cette envie me tient, et je vous avoue qu'elle s'est augmentée à un point que si elle n'est pas bientôt satisfaite, je crains qu'il ne m'arrive quelque disgrâce.

— Très-volontiers, lui répondis-je, je vais faire tout mon possible pour vous contenter. »

« J'allai aussitôt chercher des pommes dans tous les marchés et dans toutes les boutiques; mais je n'en pus trouver une, quoique j'offrisse d'en donner un sequin. Je revins au logis fort fâché de la peine que j'avais prise inutilement. Pour ma femme, quand elle fut revenue du bain et qu'elle ne vit point de pommes, elle en eut un chagrin qui ne lui permit pas de dormir la nuit. Je me levai de grand matin et allai dans tous les jardins; mais je ne réussis pas mieux que le jour précédent. Je rencontrai seulement un vieux jardinier qui me dit que quelque peine que je me donnasse, je n'en trouverais point ailleurs qu'au jardin de votre majesté à Balsora.

« Comme j'aimais passionnément ma femme, et que je ne voulais pas avoir à me reprocher d'avoir négligé de la satisfaire, je pris un habit de voyageur, et après l'avoir instruite de mon dessein, je partis pour Balsora. Je fis une si grande diligence que je fus de retour au bout de quinze jours. Je rapportai trois pommes qui m'avaient coûté un sequin la pièce. Il n'y en avait pas davantage dans le jardin, et le jardinier n'avait pas voulu me les donner à meilleur marché. En arrivant je les présentai à ma femme; mais il se trouva que l'envie lui en était passée. Ainsi elle se contenta de les recevoir et les posa à côté d'elle. Cependant elle était toujours malade, et je ne savais quel remède apporter à son mal.

« Peu de jours après mon voyage, étant assis dans ma boutique, au lieu public où l'on vend toutes sortes d'étoffes fines, je vis entrer un grand esclave noir de fort méchante mine, qui tenait à la main une pomme que je

reconnus pour une de celles que j'avais apportées de Balsora. Je n'en pouvais douter, puisque je savais qu'il n'y en avait pas une dans Bagdad ni dans tous les jardins aux environs. J'appelai l'esclave : « Bon esclave, lui dis-je, apprends-moi, je te prie, où tu as pris cette pomme ? — C'est, me répondit-il en souriant, un présent que m'a fait mon amoureuse. J'ai été la voir aujourd'hui et je l'ai trouvée un peu malade. J'ai vu trois pommes auprès d'elle, et je lui ai demandé d'où elle les avait eues : elle m'a répondu que son bon homme de mari avait fait un voyage de quinze jours exprès pour les lui aller chercher, et qu'il les lui avait apportées. Nous avons fait collation ensemble, et en la quittant j'en ai pris et emporté une que voici. »

« Ce discours me mit hors de moi-même. Je me levai de ma place, et après avoir fermé ma boutique, je courus chez moi avec empressement et montai à la chambre de ma femme. Je regardai d'abord où étaient les pommes, et n'en voyant que deux, je demandai où était la troisième. Alors, ma femme ayant tourné la tête du côté des pommes, et n'en ayant aperçu que deux, me répondit froidement : « Mon cousin, je ne sais ce qu'elle est devenue. » A cette réponse, je ne fis pas difficulté de croire que ce que m'avait dit l'esclave ne fût véritable. En même temps je me laissai emporter à une fureur jalouse, et tirant un couteau qui était attaché à ma ceinture, je le plongeai dans la gorge de cette misérable. Ensuite je lui coupai la tête et mis son corps par quartiers; j'en fis un paquet que je cachai dans un panier pliant; et après avoir cousu l'ouverture du panier avec un fil de laine rouge, je l'enfermai dans un coffre que je chargeai sur mes épaules dès qu'il fut nuit, et que j'allai jeter dans le Tigre.

« Les deux plus petits de mes enfants étaient déjà couchés et endormis, et le troisième était hors de la maison : je le trouvai à mon retour assis près de la porte et pleurant à chaudes larmes. Je lui demandai le sujet de ses pleurs. « Mon père, me dit-il, j'ai pris ce matin à ma mère, sans qu'elle en ait rien vu, une des trois pommes que vous lui avez apportées. Je l'ai gardée longtemps; mais comme je jouais tantôt dans la rue avec mes petits frères, un grand esclave qui passait me l'a arrachée de la main et l'a emportée; j'ai couru après lui en la lui redemandant; mais j'ai eu beau lui dire qu'elle appartenait à ma mère qui était malade; que vous aviez fait un voyage de quinze jours pour l'aller chercher, tout cela a été inutile. Il n'a pas voulu me la rendre; et comme je le suivais en criant après lui, il s'est retourné, m'a battu, et puis s'est mis à courir de toute sa force par plusieurs rues détournées, de manière que je l'ai perdu de vue. Depuis ce temps-là j'ai été me promener hors de la ville en attendant que vous revinssiez, et je vous attendais, mon père, pour vous prier de n'en rien dire à ma mère, de peur que cela ne la rende plus mal. » En achevant ces mots, il redoubla ses larmes.

« Le discours de mon fils me jeta dans une affliction inconcevable. Je reconnus alors l'énormité de mon crime, et je me repentis, mais trop tard, d'avoir ajouté foi aux impostures du malheureux esclave qui, sur ce qu'il avait appris de mon fils, avait composé la funeste fable que j'avais prise pour une vérité. Mon oncle, qui est ici présent, arriva sur ces entrefaites; il venait voir sa fille; mais au lieu de la trouver vivante, il apprit par moi-même qu'elle n'était plus, car je ne lui déguisai rien; et sans attendre qu'il me condamnât, je me déclarai moi-même le plus criminel de tous les hommes. Néanmoins, au lieu de m'accabler de justes reproches, il joignit ses pleurs aux miens, et nous pleurâmes ensemble trois jours sans relâche; lui, la perte d'une fille qu'il avait toujours tendrement aimée, et moi celle d'une femme qui m'était chère, et dont je m'étais privé d'une manière si cruelle, et pour avoir trop légèrement cru le rapport d'un esclave menteur.

« Voilà, commandeur des croyants, l'aveu sincère que votre majesté a exigé de moi. Vous savez à présent toutes les circonstances de mon crime, et je vous supplie très-humblement d'en ordonner la punition. Quelque rigoureuse qu'elle puisse être, je n'en murmurerai point et je la trouverai trop légère. » Le calife fut dans un grand étonnement.

Scheherazade en prononçant ces derniers mots, s'aperçut qu'il était jour, elle cessa de parler; mais la nuit suivante, elle reprit ainsi son discours :

LXXII NUIT.

Sire, dit-elle, le calife fut extrêmement étonné de ce que le jeune homme venait de lui raconter. Mais ce prince équitable trouvant qu'il était plus à plaindre qu'il n'était criminel, entra dans ses intérêts : « L'action de ce jeune homme, dit-il, est pardonnable devant Dieu et excusable auprès des hommes. Le méchant esclave est la cause unique de ce meurtre. C'est lui seul qu'il faut punir. C'est pourquoi, continua-t-il en s'adressant au grand vizir, je te donne trois jours pour le trouver. Si tu ne me l'amènes dans ce terme, je te ferai mourir à sa place. »

Le malheureux Giafar, qui s'était cru hors de danger, fut accablé de ce nouvel ordre du calife; mais comme il n'osait rien répliquer à ce prince dont il connaissait l'humeur, il s'éloigna de sa présence et se retira chez lui les larmes aux yeux, persuadé qu'il n'avait plus que trois jours à vivre. Il était tellement convaincu qu'il ne trouverait point l'esclave, qu'il n'en fit pas la moindre recherche : « Il n'est pas possible, disait-il, que dans une ville telle que Bagdad, où il y a une infinité d'esclaves noirs, je démêle celui dont il s'agit. A moins que Dieu ne me le fasse connaître comme il m'a déjà fait découvrir l'assassin, rien ne peut me sauver. »

Il passa les deux premiers jours à s'affliger avec sa famille, qui gémissait autour de lui en se plaignant de la rigueur du calife. Le troisième étant venu, il se disposa à mourir avec fermeté, comme un ministre intègre et qui n'avait rien à se reprocher. Il fit venir des cadis et des témoins qui signèrent le testament qu'il fit en leur présence. Après cela, il embrassa sa femme et ses enfants, et leur dit le dernier adieu. Toute sa famille fondait en larmes; jamais spectacle ne fut plus touchant. Enfin, un huissier du palais arriva, qui lui dit que le calife s'impatientait de n'avoir ni de ses nouvelles, ni de celles de l'esclave noir qu'il lui avait commandé de chercher. « J'ai ordre, ajouta-t-il, de vous mener devant son trône. » L'affligé vizir se mit en état de suivre l'huissier. Mais comme il allait sortir, on lui amena la plus petite de ses filles, qui pouvait avoir cinq ou six ans. Les femmes qui avaient soin d'elle la venaient présenter à son père, afin qu'il la vît pour la dernière fois.

Comme il avait pour elle une tendresse particulière, il pria l'huissier de lui permettre de s'arrêter un moment. Alors il s'approcha de sa fille, la prit entre ses bras et la baisa plusieurs fois. En la baisant, il s'aperçut qu'elle avait dans le sein quelque chose de gros et qui avait de l'odeur. « Ma chère petite, lui dit-il, qu'avez-vous dans le sein? — Mon cher père, lui répondit-elle, c'est une pomme sur laquelle est écrit le nom du calife notre seigneur et maître. Rihan, notre esclave, me l'a vendue deux sequins. »

Aux mots de pomme et d'esclave, le grand vizir Giafar fit un cri de surprise mêlée de joie, et mettant aussitôt la main dans le sein de sa fille, il en tira la pomme. Il fit appeler l'esclave, qui n'était pas loin, et lorsqu'il

fut devant lui : «Maraud, lui dit-il, où as-tu pris cette pomme?—Seigneur, répondit l'esclave, je vous jure que je ne l'ai dérobée ni chez vous ni dans le jardin du commandeur des croyants. L'autre jour, comme je passais dans une rue auprès de trois ou quatre petits enfants qui jouaient, et dont l'un la tenait à la main, je la lui arrachai, et l'emportai. L'enfant courut après moi en me disant que la pomme n'était pas à lui, mais à sa mère, qui était malade; que son père, pour contenter l'envie qu'elle en avait, avait fait un long voyage d'où il en avait apporté trois; que celle-là en était une qu'il avait prise sans que sa mère en sût rien. Il eut beau me prier de la lui rendre, je n'en voulus rien faire; je l'apportai au logis et la vendis deux sequins à la petite dame votre fille. Voilà tout ce que j'ai à vous dire.»

«Giafar ne put assez admirer comment la friponnerie d'un esclave avait été cause de la mort d'une femme innocente et presque de la sienne. Il mena l'esclave avec lui; et quand il fut devant le calife, il fit à ce prince un détail exact de tout ce que lui avait dit l'esclave, et du hasard par lequel il avait découvert son crime.

«Jamais surprise n'égala celle du calife. Il ne put se contenir ni s'empêcher de faire de grands éclats de rire. A la fin il reprit un air sérieux, et dit au vizir que puisque son esclave avait causé un si étrange désordre, il méritait une punition exemplaire. «Je ne puis en disconvenir, sire, répondit le vizir; mais son crime n'est pas irrémissible. Je sais une histoire plus surprenante d'un vizir du Caire nommé Noureddin[1] Ali, et de Bedreddin[2] Hassan de Balsora. Comme votre majesté prend plaisir à en entendre de semblables, je suis prêt à vous la raconter, à condition que si vous la trouvez plus étonnante que celle qui me donne occasion de vous la dire, vous ferez grâce à mon esclave. — Je le veux bien, repartit le calife; mais vous vous engagez dans une grande entreprise, et je ne crois pas que vous puissiez sauver votre esclave: car l'histoire des pommes est fort singulière.» Giafar, prenant alors la parole, commença son récit dans ces termes :

HISTOIRE

DE NOUREDDIN ALI ET DE BEDREDDIN HASSAN.

«Commandeur des croyants, il y avait autrefois en Égypte un sultan grand observateur de la justice, bienfaisant, miséricordieux, libéral, et sa valeur le rendait redoutable à ses voisins. Il aimait les pauvres et pro-

---

[1] Noureddin signifie, en arabe, la lumière de la religion; [2] et Bedreddin, la pleine lune de la religion (*Galland*).

tégeait les savants, qu'il élevait aux premières charges. Le vizir de ce sultan était un homme prudent, sage, pénétrant, et consommé dans les belles-lettres et dans toutes les sciences. Ce ministre avait deux fils très-bien faits, et qui marchaient l'un et l'autre sur ses traces : l'aîné se nommait Schemseddin[1] Mohammed[2], et le cadet Noureddin Ali. Ce dernier principalement avait tout le mérite qu'on peut avoir. Le vizir leur père étant mort, le sultan les envoya quérir, et les ayant fait revêtir tous deux d'une robe de vizir ordinaire : « J'ai bien du regret, leur dit-il, de la perte que vous venez de faire. Je n'en suis pas moins touché que vous-mêmes. Je veux vous le témoigner, et comme je sais que vous demeurez ensemble et que vous êtes parfaitement unis, je vous gratifie l'un et l'autre de la même dignité. Allez, et imitez votre père. »

« Les deux nouveaux vizirs remercièrent le sultan de sa bonté, et se retirèrent chez eux, où ils prirent soin des funérailles de leur père. Au bout d'un mois ils firent leur première sortie, ils allèrent pour la première fois au conseil du sultan ; et depuis ils continuèrent d'y assister régulièrement les jours qu'il s'assemblait. Toutes les fois que le sultan allait à la chasse, un des deux frères l'accompagnait, et ils avaient alternativement cet honneur. Un jour qu'ils s'entretenaient après le souper de choses indifférentes, c'était la veille d'une chasse où l'aîné devait suivre le sultan, ce jeune homme dit à son cadet : « Mon frère, puisque nous ne sommes point encore mariés, ni vous ni moi, et que nous vivons dans une si bonne union, il me vient une pensée : épousons tous deux en un même jour deux sœurs que nous choisirons dans quelque famille qui nous conviendra. Que dites-vous de cette idée ? — Je dis, mon frère, répondit Noureddin Ali, qu'elle est bien digne de l'amitié qui nous unit. On ne peut pas mieux penser; et pour moi, je suis prêt à faire tout ce qu'il vous plaira. — Oh! ce n'est pas tout encore, reprit Schemseddin Mohammed ; mon imagination va plus loin : supposé que nos femmes conçoivent la première nuit de nos noces, et qu'ensuite elles accouchent en un même jour, la vôtre d'un fils et la mienne d'une fille, nous les marierons ensemble quand ils seront en âge. — Ah! pour cela, s'écria Noureddin Ali, il faut avouer que ce projet est admirable ! Ce mariage couronnera notre union, et j'y donne volontiers mon consentement. Mais mon frère, ajouta-t-il, s'il arrivait que nous fissions ce mariage, prétendriez-vous que mon fils

---

[1] C'est-à-dire le soleil de la religion. (*Galland.*)

[2] Mohammed ou Mahomet est le nom que portait le fondateur de l'Islamisme, et les dévots musulmans s'honorent de porter le même nom que leur prophète. « Le préjugé est si général, dit M. Reinaud, que ceux qui sont ainsi appelés passent pour des êtres privilégiés. A Constantinople, lorsque l'état est en danger, le sultan fait choix de quatre-vingt-douze musulmans du nom de Mohammed, et les charge de réciter certains chapitres de l'Alcoran ; il s'imagine par là assurer le salut de l'empire. » (*Monuments arabes, persans et turcs*, t. II, p. 99.)

donnât une dot à votre fille? — Cela ne souffre pas de difficulté, repartit l'aîné, et je suis persuadé qu'outre les conventions ordinaires du contrat de mariage, vous ne manqueriez pas d'accorder en son nom, au moins trois mille sequins, trois bonnes terres et trois esclaves. — C'est de quoi je ne demeure pas d'accord, dit le cadet. Ne sommes-nous pas frères et collègues, revêtus tous deux du même titre d'honneur? D'ailleurs ne savons-nous pas bien, vous et moi, ce qui est juste? Le mâle étant plus noble que la femelle, ne serait-ce pas à vous à donner une grosse dot à votre fille? A ce que je vois, vous êtes homme à faire vos affaires aux dépens d'autrui.

« Quoique Noureddin Ali dît ces paroles en riant, son frère, qui n'avait pas l'esprit bien fait, en fut offensé : « Malheur à votre fils! dit-il avec emportement, puisque vous l'osez préférer à ma fille. Je m'étonne que vous ayez été assez hardi pour le croire seulement digne d'elle. Il faut que vous ayez perdu le jugement pour vouloir aller de pair avec moi, en disant que nous sommes collègues. Apprenez, téméraire, qu'après votre impudence, je ne voudrais pas marier ma fille avec votre fils, quand vous lui donneriez plus de richesses que vous n'en avez. » Cette plaisante querelle de deux frères sur le mariage de leurs enfants qui n'étaient pas encore nés, ne laissa pas d'aller fort loin. Schemseddin Mohammed s'emporta jusqu'aux menaces : « Si je ne devais pas, dit-il, accompagner demain le sultan, je vous traiterais comme vous le méritez ; mais, à mon retour, je vous ferai connaître s'il appartient à un cadet de parler à son aîné aussi insolemment que vous venez de faire. » A ces mots, il se retira dans son appartement, et son frère alla se coucher dans le sien.

« Schemseddin Mohammed se leva le lendemain de grand matin et se rendit au palais, d'où il sortit avec le sultan, qui prit son chemin au-dessus du Caire, du côté des Pyramides. Pour Noureddin Ali, il avait passé la

nuit dans de grandes inquiétudes, et après avoir bien considéré qu'il n'était pas possible qu'il demeurât plus longtemps avec un frère qui le traitait avec tant de hauteur, il forma une résolution. Il fit préparer une bonne mule, se munit d'argent, de pierreries et de quelques vivres, et ayant dit à ses gens qu'il allait faire un voyage de deux ou trois jours et qu'il voulait être seul, il partit.

« Quand il fut hors du Caire, il marcha, par le désert, vers l'Arabie. Mais sa mule venant à succomber sur la route, il fut obligé de continuer son chemin à pied. Par bonheur, un courrier qui allait à Balsora l'ayant rencontré, le prit en croupe derrière lui. Lorsque le courrier fut arrivé à Balsora, Noureddin Ali mit pied à terre et le remercia du plaisir qu'il lui avait fait. Comme il allait par les rues, cherchant où il pourrait se loger, il vit venir un seigneur accompagné d'une nombreuse suite, et à qui tous les habitants faisaient de grands honneurs en s'arrêtant par respect jusqu'à ce qu'il fût passé. Noureddin Ali s'arrêta comme les autres. C'était le grand vizir du sultan de Balsora qui se montrait dans la ville pour y maintenir, par sa présence, le bon ordre et la paix.

« Ce ministre, ayant jeté les yeux par hasard sur le jeune homme, lui trouva la physionomie engageante : il le regarda avec complaisance, et comme il passait près de lui et qu'il le voyait en habit de voyageur, il s'arrêta pour lui demander qui il était et d'où il venait. « Seigneur, lui répondit Noureddin Ali, je suis d'Égypte, né au Caire, et j'ai quitté ma patrie par un si juste dépit contre un de mes parents, que j'ai résolu de voyager par tout le monde et de mourir plutôt que d'y retourner. » Le grand vizir, qui était un vénérable vieillard, ayant entendu ces paroles, lui dit : « Mon fils, gardez-vous bien d'exécuter votre dessein. Il n'y a dans le monde que de la misère, et vous ignorez les peines qu'il vous faudra souffrir. Venez, suivez-moi plutôt ; je vous ferai peut-être oublier le sujet qui vous a contraint d'abandonner votre pays. »

« Noureddin Ali suivit le grand vizir de Balsora, qui, ayant bientôt connu ses belles qualités, le prit en affection ; de manière qu'un jour, l'entretenant en particulier, il lui dit : « Mon fils, je suis, comme vous voyez, dans un âge si avancé, qu'il n'y a pas d'apparence que je vive encore longtemps. Le ciel m'a donné une fille unique qui n'est pas moins belle que vous êtes bien fait, et qui est présentement en âge d'être mariée. Plusieurs des plus puissants seigneurs de cette cour me l'ont déjà demandée pour leurs fils ; mais je n'ai pu me résoudre à la leur accorder. Pour vous, je vous aime et vous trouve si digne de mon alliance, que, vous préférant à tous ceux qui l'ont recherchée, je suis prêt à vous accepter pour gendre. Si vous recevez avec plaisir l'offre que je vous fais, je déclarerai au sultan mon maître que je vous aurai adopté par ce mariage, et je le supplierai de vous accorder la survivance de ma dignité de grand vizir dans le royaume de Balsora ; en même temps, comme je n'ai plus besoin que de repos dans l'extrême vieillesse où je suis, je ne vous abandonnerai pas seulement la disposition de tous mes biens, mais même l'administration des affaires de l'état. »

« Ce grand vizir de Balsora n'eut pas achevé ce discours rempli de bonté et de générosité, que Noureddin Ali se jeta à ses pieds, et dans des termes qui marquaient la joie et la reconnaissance dont son cœur était pénétré, il lui témoigna qu'il était disposé à faire tout ce qui lui plairait. Alors le grand vizir appela les principaux officiers de sa maison, leur ordonna de faire orner la grande salle de son hôtel et préparer un grand repas. Ensuite il envoya prier tous les seigneurs de la cour et de la ville, de vouloir bien prendre la peine de se rendre chez lui. Lorsqu'ils y furent tous assemblés, comme Noureddin Ali l'avait informé de sa qualité, il dit à ces seigneurs, car il jugea à propos de parler ainsi pour satisfaire ceux dont il avait refusé l'alliance : « Je suis bien aise, seigneurs, de vous apprendre une chose que j'ai tenue secrète jusqu'à ce jour. J'ai un frère qui est grand vizir du sultan d'Égypte, comme j'ai l'honneur de l'être du sultan de ce royaume. Ce frère n'a qu'un fils, qu'il n'a pas voulu marier à la cour d'Égypte, et il me l'a envoyé pour épouser ma fille, afin de réunir par là nos deux branches. Ce fils, que j'ai reconnu pour mon neveu à son arrivée, et que je fais mon gendre, est ce jeune seigneur que vous voyez ici et que je vous présente. Je me flatte que vous voudrez bien lui faire l'honneur d'assister à ses noces, que j'ai résolu de célébrer aujourd'hui. » Nul de ces seigneurs ne pouvant trouver mauvais qu'il eût préféré son neveu à tous les grands partis qui lui avaient été proposés, ils répondirent tous qu'il avait raison de faire ce mariage; qu'ils seraient volontiers témoins de la cérémonie, et qu'ils souhaitaient que Dieu lui donnât encore de longues années pour voir les fruits de cette heureuse union. »

En cet endroit, Scheherazade voyant paraître le jour, interrompit sa narration, qu'elle reprit ainsi la nuit suivante :

LXXIII NUIT.

Sire, dit-elle, le grand vizir Giafar continuant l'histoire qu'il racontait au calife : « Les seigneurs, poursuivit-il, qui s'étaient assemblés chez le grand vizir de Balsora, n'eurent pas plus tôt témoigné à ce ministre la joie qu'ils avaient du mariage de sa fille avec Noureddin Ali, qu'on se mit à table; on y demeura très-longtemps. Sur la fin du repas on servit des confitures, dont chacun, selon la coutume, ayant pris ce qu'il put emporter, les cadis entrèrent avec le contrat de mariage à la main. Les principaux seigneurs le signèrent, après quoi toute la compagnie se retira.

« Lorsqu'il n'y eut plus personne que les gens de la maison, le grand vizir chargea ceux qui avaient soin du bain qu'il avait commandé de tenir prêt, d'y conduire Noureddin Ali, qui y trouva du linge qui n'avait point encore servi, d'une finesse et d'une propreté qui faisaient plaisir à voir, aussi bien que toutes les autres choses nécessaires. Quand on eut décrassé, lavé et frotté l'époux, il voulut reprendre l'habit qu'il venait de quitter; mais on lui en présenta un autre de la dernière magnificence. Dans cet état, et parfumé d'odeurs les plus exquises, il alla retrouver le grand vizir son beau-père, qui fut charmé de sa bonne mine, et qui, l'ayant fait asseoir auprès de lui : « Mon fils, lui dit-il, vous m'avez déclaré qui vous êtes, le rang que vous teniez à la cour d'Égypte; vous m'avez dit même que vous avez eu un démêlé avec votre frère, et que c'est pour cela que vous vous êtes éloigné de votre pays; je vous prie de me faire la confidence entière, et de m'apprendre le sujet de votre querelle. Vous devez présentement avoir une parfaite confiance en moi et ne me rien cacher. »

« Noureddin Ali lui raconta toutes les circonstances de son différend avec son frère. Le grand vizir ne put entendre ce récit sans éclater de rire : « Voilà, dit-il, la chose du monde la plus singulière ! Est-il possible, mon fils, que votre querelle soit allée jusqu'au point que vous dites pour un mariage imaginaire? Je suis fâché que vous vous soyez brouillé pour une bagatelle avec votre frère aîné ; je vois pourtant que c'est lui qui a eu tort de s'offenser de ce que vous ne lui avez dit que par plaisanterie, et je dois rendre grâces au ciel d'un différend qui me procure un gendre tel que vous. Mais, ajouta le vieillard, la nuit est déjà avancée, et il est temps de vous retirer. Allez, mon fils, votre épouse vous attend. Demain je vous présenterai au sultan ; j'espère qu'il vous recevra d'une manière dont nous aurons lieu d'être tous deux satisfaits. »

« Noureddin Ali quitta son beau-père pour se rendre à l'appartement de sa femme. Ce qu'il y a de remarquable, continua le grand vizir Giafar, c'est que le même jour que ses noces se faisaient à Balsora, Schemseddin Mohammed se mariait aussi au Caire ; et voici le détail de son mariage :

« Après que Noureddin Ali se fut éloigné du Caire, dans l'intention de n'y plus retourner, Schemseddin Mohammed, son aîné, qui était allé à la chasse avec le sultan d'Égypte, étant de retour au bout d'un mois, car le sultan s'était laissé emporter à l'ardeur de la chasse et avait été absent durant tout ce temps-là, courut à l'appartement de Noureddin Ali; mais il fut fort étonné d'apprendre que, sous prétexte d'aller faire un voyage de deux ou trois journées, il était parti sur une mule le jour même de la chasse du sultan, et que depuis ce temps-là il n'avait point paru. Il en fut d'autant plus fâché qu'il ne douta pas que les duretés qu'il lui avait dites ne fussent la cause de son éloignement. Il dépêcha un courrier qui passa par Damas et alla jusqu'à Alep; mais Noureddin était alors à Balsora. Quand le courrier eut rapporté à son retour qu'il n'en avait appris aucune nouvelle, Schemseddin Mohammed se proposa de l'envoyer chercher ailleurs, et, en attendant, il prit la résolution de se marier. Il épousa la fille d'un des premiers et des plus puissants seigneurs du Caire, le même jour que son frère se maria avec la fille du grand vizir de Balsora.

« Ce n'est pas tout, poursuivit Giafar; commandeur des croyants, voici ce qui arriva encore : Au bout de neuf mois, la femme de Schemseddin Mohammed accoucha d'une fille au Caire, et le même jour celle de Noureddin mit au monde, à Balsora, un garçon qui fut nommé Bedreddin Hassan[1]. Le grand vizir de Balsora donna des marques de sa joie par de grandes largesses et par les réjouissances publiques qu'il fit faire pour la naissance de son petits-fils. Ensuite, pour marquer à son gendre combien il était content de lui, il alla au palais supplier très-humblement le sultan d'accorder à Noureddin Ali la survivance de sa charge, afin, dit-il, qu'avant sa mort, il eût la consolation de voir son gendre grand vizir à sa place.

« Le sultan, qui avait vu Noureddin Ali avec bien du plaisir lorsqu'il lui avait été présenté après son mariage, et qui depuis ce temps-là en avait toujours ouï parler fort avantageusement, accorda la grâce qu'on demandait pour lui avec tout l'agrément qu'on pouvait souhaiter. Il le fit revêtir en sa présence de la robe de grand vizir.

« La joie du beau-père fut comblée le lendemain lorsqu'il vit son gendre présider au conseil en sa place, et faire toutes les fonctions de grand vizir. Noureddin Ali s'en acquitta si bien qu'il semblait avoir, toute sa vie, exercé cette charge. Il continua dans la suite d'assister au conseil toutes les fois que les infirmités de la vieillesse ne permirent pas à son beau-père de s'y trouver. Ce bon vieillard mourut quatre ans après ce mariage, avec la satisfaction de voir un rejeton de sa famille qui promettait de la soutenir longtemps avec éclat.

« Noureddin Ali lui rendit les derniers devoirs avec toute l'amitié et la

---

[1] Bedreddin, ce mot signifie la pleine lune de la religion.

reconnaissance possibles, et sitôt que Bedreddin Hassan son fils eut atteint l'âge de sept ans, il le mit entre les mains d'un excellent maître qui commença de l'élever d'une manière digne de sa naissance. Il est vrai qu'il trouva dans cet enfant un esprit vif, pénétrant et capable de profiter de tous les enseignements qu'il lui donnait. »

Scheherazade allait continuer; mais s'apercevant qu'il était jour, elle mit fin à son discours. Elle le reprit la nuit suivante, et dit au sultan des Indes :

LXXIV NUIT.

Sire, le grand vizir Giafar poursuivant l'histoire qu'il racontait au calife : « Deux ans après, dit-il, que Bedreddin Hassan eut été mis entre les mains de ce maître, qui lui enseigna parfaitement bien à lire, il apprit l'Alcoran par cœur ; Noureddin Ali, son père, lui donna ensuite d'autres maîtres qui cultivèrent son esprit de telle sorte, qu'à l'âge de douze ans il n'avait plus besoin de leurs secours. Alors, comme tous les traits de son visage étaient formés, il faisait l'admiration de tous ceux qui le regardaient.

« Jusque là, Noureddin Ali n'avait songé qu'à le faire étudier, et ne l'avait point encore montré dans le monde. Il le mena au palais pour lui procurer l'honneur de faire la révérence au sultan, qui le reçut très-favorablement. Les premiers qui le virent dans les rues furent si charmés de sa beauté qu'ils en firent des exclamations de surprise et qu'ils lui donnèrent mille bénédictions.

« Comme son père se proposait de le rendre capable de remplir un jour sa place, il n'épargna rien pour cela, et il le fit entrer dans les affaires les plus difficiles, afin de l'y accoutumer de bonne heure. Enfin, il ne négligeait aucune chose pour l'avancement d'un fils qui lui était si cher, et il commençait à jouir déjà du fruit de ses peines lorsqu'il fut attaqué tout à coup d'une maladie dont la violence fut telle, qu'il sentit fort bien qu'il n'était pas éloigné du dernier de ses jours. Aussi ne se flatta-t-il pas, et il se disposa d'abord à mourir en vrai musulman. Dans ce moment précieux, il n'oublia pas son cher fils Bedreddin ; il le fit appeler et lui dit : « Mon

fils, vous voyez que le monde est périssable ; il n'y a que celui où je vais bientôt passer qui soit véritablement durable. Il faut que vous commenciez dès à présent à vous mettre dans les mêmes dispositions que moi ; préparez-vous à faire ce passage sans regret et sans que votre conscience puisse rien vous reprocher sur les devoirs d'un musulman ni sur ceux d'un parfait honnête homme. Pour votre religion, vous en êtes suffisamment instruit et par ce que vous en ont appris vos maîtres et par vos lectures. A l'égard de l'honnête homme, je vais vous donner quelques instructions que vous tâcherez de mettre à profit. Comme il est nécessaire de se connaître soi-même et que vous ne pouvez bien avoir cette connaissance que vous ne sachiez qui je suis, je vais vous l'apprendre.

« J'ai pris naissance en Égypte, poursuivit-il ; mon père, votre aïeul, était premier ministre du sultan du royaume. J'ai moi-même eu l'honneur d'être un des vizirs de ce même sultan avec mon frère votre oncle, qui, je crois, vit encore, et qui se nomme Schemseddin Mohammed. Je fus obligé de me séparer de lui, et je vins en ce pays où je suis parvenu au rang que j'ai tenu jusqu'à présent. Mais vous apprendrez toutes ces choses plus amplement dans un cahier que j'ai à vous donner. »

« En même temps, Noureddin Ali tira ce cahier qu'il avait écrit de sa propre main et qu'il portait toujours sur soi, et le donnant à Bedreddin Hassan : « Prenez, lui dit-il, vous le lirez à votre loisir; vous y trouverez, entre autres choses, le jour de mon mariage et celui de votre naissance. Ce sont des circonstances dont vous aurez peut-être besoin dans la suite, et qui doivent vous obliger à le garder avec soin. » Bedreddin Hassan, sensiblement affligé de voir son père dans l'état où il était, touché de ses discours, reçut le cahier, les larmes aux yeux, en lui promettant de ne s'en dessaisir jamais.

« En ce moment, il prit à Noureddin Ali une faiblesse qui fit croire qu'il allait expirer. Mais il revint à lui, et reprenant la parole : « Mon fils, dit-il, la première maxime que j'ai à vous enseigner, c'est de ne vous pas abandonner au commerce de toutes sortes de personnes. Le moyen de vivre en sûreté, c'est de se donner entièrement à soi-même et de ne se pas communiquer facilement.

« La seconde, de ne faire violence à qui que ce soit, car en ce cas, tout le monde se révolterait contre vous, et vous devez regarder le monde comme un créancier à qui vous devez de la modération, de la compassion et de la tolérance.

« La troisième, de ne dire mot quand on vous chargera d'injures : On est hors de danger, dit le proverbe, lorsque l'on garde le silence. C'est particulièrement en cette occasion que vous devez le pratiquer. Vous savez aussi à ce sujet qu'un de nos poètes a dit que le silence est l'ornement et la sauvegarde de la vie, qu'il ne faut pas, en parlant, ressembler à la pluie d'orage qui gâte tout. On ne s'est jamais repenti de s'être tu, au lieu que l'on a souvent été fâché d'avoir parlé.

« La quatrième, de ne pas boire de vin, car c'est la source de tous les vices.

« La cinquième, de bien ménager vos biens : si vous ne les dissipez pas, ils vous serviront à vous préserver de la nécessité; il ne faut pas pourtant en avoir trop ni être avare : pour peu que vous en ayez et que vous le dépensiez à propos, vous aurez beaucoup d'amis; mais si, au contraire, vous avez de grandes richesses et que vous en fassiez mauvais usage, tout le monde s'éloignera de vous et vous abandonnera. »

« Enfin Noureddin Ali continua jusqu'au dernier moment de sa vie à donner de bons conseils à son fils; et quand il fut mort on lui fit des obsèques magnifiques... » Scheherazade, à ces paroles, apercevant le jour, cessa de parler et remit au lendemain la suite de cette histoire.

LXXV NUIT.

La sultane des Indes ayant été réveillée par sa sœur Dinarzade à l'heure ordinaire, elle prit la parole et l'adressa à Schahriar : Sire, dit-elle, le calife ne s'ennuyait pas d'écouter le grand vizir Giafar, qui poursuivit ainsi son histoire : « On enterra donc, dit-il, Noureddin Ali avec tous les honneurs dus à sa dignité. Bedreddin Hassan de Balsora, c'est ainsi qu'on le surnomma à cause qu'il était né dans cette ville, eut une douleur inconcevable de la mort de son père. Au lieu de passer un mois, selon la coutume, il en passa deux dans les pleurs et dans la retraite, sans voir personne et sans sortir même pour rendre ses devoirs au sultan de Balsora, lequel, irrité de cette négligence et la regardant comme une marque de mépris pour sa cour et pour sa personne, se laissa transporter de colère. Dans sa fureur, il fit appeler le nouveau grand vizir, car il en avait fait un dès qu'il avait appris la mort de Noureddin Ali; il lui ordonna de se transporter à la maison du défunt et de la confisquer avec toutes ses autres maisons, terres et effets, sans rien laisser à Bedreddin Hassan, dont il commanda même qu'on se saisît.

« Le nouveau grand vizir, accompagné d'un grand nombre d'huissiers du palais, de gens de justice et d'autres officiers, ne différa pas de se mettre en chemin pour aller exécuter sa commission. Un des esclaves de Bedreddin Hassan, qui était par hasard parmi la foule, n'eut pas plus tôt appris le dessein du vizir, qu'il prit les devants et courut en avertir son maître. Il le trouva assis sous le vestibule de sa maison, aussi affligé que si son père n'eût fait que de mourir. Il se jeta à ses pieds tout hors d'haleine, et après lui avoir baisé le bas de sa robe : « Sauvez-vous, seigneur, lui dit-il, sauvez-vous promptement. — Qu'y a-t-il? lui demanda Bedreddin en levant la tête? Quelle nouvelle m'apportes-tu? — Seigneur, répondit-il, il n'y a pas de temps à perdre. Le sultan est dans une horrible colère contre vous, et on vient de sa part confisquer tout ce que vous avez, et même se saisir de votre personne. »

« Le discours de cet esclave fidèle et affectionné mit l'esprit de Bedreddin Hassan dans une grande perplexité. « Mais ne puis-je, dit-il, avoir le temps de rentrer et de prendre au moins quelque argent et des pierreries? — Non, seigneur, répliqua l'esclave; le grand vizir sera dans un moment ici. Partez tout à l'heure, sauvez-vous. » Bedreddin Hassan se leva vite du sofa où il était, mit les pieds dans ses pabouches, et après s'être couvert la tête d'un bout de sa robe pour se cacher le visage, s'enfuit sans savoir de quel côté il devait tourner ses pas pour s'échapper du danger qui le menaçait. La première pensée qui lui vint, fut de gagner en diligence la plus prochaine porte de la ville. Il courut sans s'arrêter jusqu'au cimetière public, et, comme la nuit s'approchait, il résolut de l'aller passer au tombeau de son père. C'était un édifice d'assez grande apparence en forme de dôme, que Noureddin Ali avait fait bâtir de son vivant; mais il rencontra en chemin un juif fort riche qui était banquier et marchand de profession. Il revenait d'un lieu où quelque affaire l'avait appelé, et il s'en retournait dans la ville.

« Ce juif ayant reconnu Bedreddin, s'arrêta et le salua fort respectueusement. » En cet endroit, le jour venant à paraître, imposa silence à Schéherazade, qui reprit son discours la nuit suivante.

LXXVI NUIT.

Sire, dit-elle, le calife écoutait avec beaucoup d'attention le grand vizir Giafar, qui continua de cette manière : « Le juif, poursuivit-il, qui se nommait Isaac, après avoir salué Bedreddin Hassan et lui avoir baisé la main, lui dit : « Seigneur, oserais-je prendre la liberté de vous demander où vous allez à l'heure qu'il est, seul en apparence, un peu agité ? Y a-t-il quelque chose qui vous fasse de la peine ? — Oui, répondit Bedreddin ; je me suis endormi tantôt, et dans mon sommeil mon père s'est apparu à moi. Il avait le regard terrible, comme s'il eût été dans une grande colère contre moi. Je me suis réveillé en sursaut et plein d'effroi, et je suis parti aussitôt pour venir faire ma prière sur son tombeau. — Seigneur, reprit le juif, qui ne pouvait pas savoir pourquoi Bedreddin Hassan était sorti de la ville, comme le feu grand vizir votre père et mon seigneur d'heureuse mémoire avait chargé en marchandises plusieurs vaisseaux qui sont encore en mer et qui vous appartiennent, je vous supplie de m'accorder la préférence sur tout autre marchand. Je suis en état d'acheter argent comptant la charge de tous vos vaisseaux ; et pour commencer, si vous voulez bien m'abandonner celle du premier qui arrivera à bon port, je vais vous compter mille sequins. Je les ai ici dans une bourse, et je suis prêt à vous les livrer d'avance. » En disant cela il tira une grande bourse qu'il avait sous son bras, par-dessous sa robe, et la lui montra cachetée de son cachet.

« Bedreddin Hassan, dans l'état où il était, chassé de chez lui et dépouillé de tout ce qu'il avait au monde, regarda la proposition du juif comme une faveur du ciel. Il ne manqua pas de l'accepter avec beaucoup de joie.

« Seigneur, lui dit alors le juif, vous me donnez donc pour mille sequins le chargement du premier de vos vaisseaux qui arrivera dans ce port. — Oui, je vous le vends mille sequins, répondit Bedreddin Hassan, et c'est une chose faite. » Le juif, aussitôt, lui mit entre les mains la bourse de mille sequins, en s'offrant de les compter. Mais Bedreddin lui en épargna la peine en lui disant qu'il s'en fiait bien à lui. « Puisque cela est ainsi, reprit le juif, ayez la bonté, seigneur, de me donner un mot d'écrit du marché que nous venons de faire. » En disant cela, il tira son écritoire qu'il avait à la ceinture, et après en avoir pris une petite canne bien taillée pour écrire, il la lui présenta avec un morceau de papier qu'il trouva dans son porte-lettres, et pendant qu'il tenait le cornet, Bedreddin Hassan écrivit ces mots :

« Cet écrit est pour rendre témoignage que Bedreddin Hassan de Balsora a vendu au juif Isaac, pour la somme de mille sequins qu'il a reçus, le chargement du premier de ses navires qui abordera dans ce port.

« BEDREDDIN HASSAN DE BALSORA. »

« Après avoir fait cet écrit, il le donna au juif, qui le mit dans son porte-lettres, et qui prit ensuite congé de lui. Pendant qu'Isaac poursuivait son chemin vers la ville, Bedreddin Hassan continua le sien vers le tombeau de son père Noureddin Ali. En y arrivant, il se prosterna la face contre terre, et, les yeux baignés de larmes, il se mit à déplorer sa misère. « Hélas! disait-il, infortuné Bedreddin, que vas-tu devenir? Où iras-tu chercher un asile contre l'injuste prince qui te persécute? N'était-ce pas assez d'être affligé de la mort d'un père si chéri? Fallait-il que la fortune ajoutât un nouveau malheur à mes justes regrets? » Il demeura longtemps dans cet état; mais enfin il se releva, et ayant appuyé sa tête sur le sépulcre de son père, ses douleurs se renouvelèrent avec plus de violence qu'auparavant, et il ne cessa de soupirer et de se plaindre jusqu'à ce que, succombant au sommeil, il leva la tête de dessus le sépulcre et s'étendit tout de son long sur le pavé, où il s'endormit.

« Il goûtait à peine la douceur du repos, lorsqu'un génie qui avait établi sa retraite dans ce cimetière pendant le jour, se disposant à courir le monde cette nuit, selon sa coutume, aperçut ce jeune homme dans le tombeau de Noureddin Ali. Il y entra; et comme Bedreddin était couché sur le dos, il fut frappé, ébloui de l'éclat de sa beauté.... » Le jour qui paraissait ne permit pas à Scheherazade de poursuivre cette histoire cette nuit; mais le lendemain, à l'heure ordinaire, elle la continua de cette sorte :

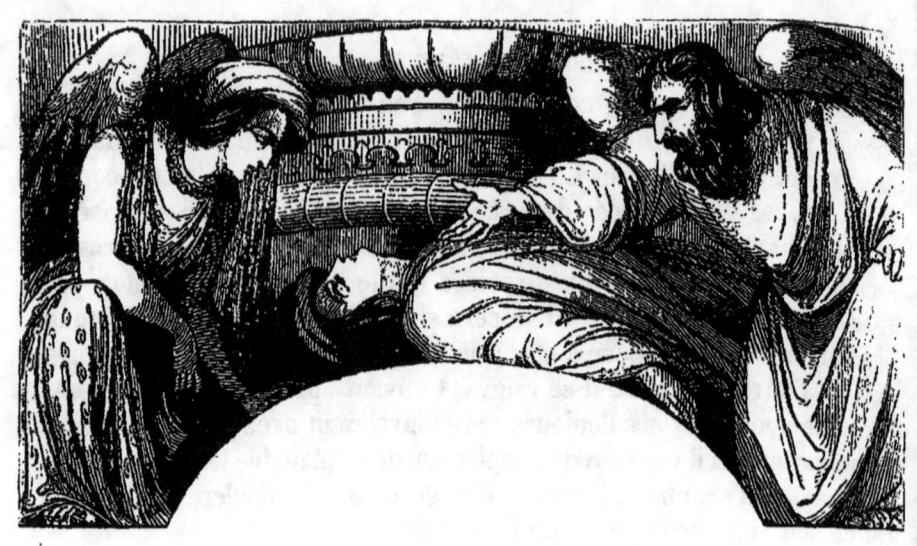

LXXVII NUIT.

« Quand le génie, reprit le grand vizir Giafar, eut attentivement considéré Bedreddin Hassan, il dit en lui-même : « A juger de cette créature par sa bonne mine, ce ne peut être qu'un ange du paradis terrestre que Dieu envoie pour mettre le monde en combustion par sa beauté. » Enfin, après l'avoir bien regardé, il s'éleva fort haut dans l'air, où il rencontra par hasard une fée. Ils se saluèrent l'un l'autre, ensuite il lui dit : « Je vous prie de descendre avec moi jusqu'au cimetière où je demeure, et je vous ferai voir un prodige de beauté qui n'est pas moins digne de votre admiration que de la mienne. » La fée y consentit. Ils descendirent tous deux en un instant, et lorsqu'ils furent dans le tombeau : « Hé bien ! dit le génie à la fée en lui montrant Bedreddin Hassan, avez-vous jamais vu un jeune homme mieux fait et plus beau que celui-ci ? »

« La fée examina Bedreddin avec attention, puis se tournant vers le génie : « Je vous avoue, lui répondit-elle, qu'il est très-bien fait; mais je viens de voir au Caire, tout à l'heure, un objet encore plus merveilleux, dont je vais vous entretenir si vous voulez m'écouter. — Vous me ferez un très-grand plaisir, répliqua le génie. — Il faut donc que vous sachiez, reprit la fée, car je vais prendre la chose de loin, que le sultan d'Égypte a un vizir qui se nomme Schemseddin Mohammed, et qui a une fille âgée d'environ vingt ans. C'est la plus belle et la plus parfaite personne dont on

ait jamais ouï parler. Le sultan, informé par la voix publique de la beauté de cette jeune demoiselle, fit appeler le vizir son père un de ces derniers jours, et lui dit : « J'ai appris que vous avez une fille à marier ; j'ai envie de l'épouser ; ne voulez-vous pas bien me l'accorder ? » Le vizir, qui ne s'attendait pas à cette proposition, en fut un peu troublé, mais il n'en fut pas ébloui ; et au lieu de l'accepter avec joie, ce que d'autres à sa place n'auraient pas manqué de faire, il répondit au sultan : « Sire, je ne suis pas digne de l'honneur que votre majesté me veut faire, et je la supplie très-humblement de ne pas trouver mauvais que je m'oppose à son dessein. Vous savez que j'avais un frère nommé Noureddin Ali, qui avait, comme moi, l'honneur d'être un de vos vizirs. Nous eûmes ensemble une querelle qui fut cause qu'il disparut tout à coup, et je n'ai point eu de ses nouvelles depuis ce temps-là, si ce n'est que j'appris, il y a quatre jours, qu'il est mort à Balsora, dans la dignité de grand vizir du sultan de ce royaume. Il a laissé un fils, et comme nous nous engageâmes autrefois tous deux à marier nos enfants ensemble, supposé que nous en eussions, je suis persuadé qu'il est mort dans l'intention de faire ce mariage. C'est pourquoi, de mon côté, je voudrais accomplir ma promesse, et je conjure votre majesté de me le permettre. Il y a dans cette cour beaucoup d'autres seigneurs qui ont des filles comme moi, et que vous pouvez honorer de votre alliance. »

« Le sultan d'Égypte fut irrité au dernier point contre Schemseddin Mohammed..... » Scheherazade se tut en cet endroit, parce qu'elle vit paraître le jour. La nuit suivante, elle reprit le fil de sa narration, et dit au sultan des Indes, en faisant toujours parler le vizir Giafar au calife Haroun Alraschid :

LXXVIII NUIT.

« Le sultan d'Égypte, choqué du refus et de la hardiesse de Schemseddin Mohammed, lui dit avec un transport de colère qu'il ne put retenir : « Est-ce donc ainsi que vous répondez à la bonté que j'ai de vouloir bien m'abaisser jusqu'à faire alliance avec vous ? Je saurai me venger de la préférence que vous osez donner sur moi à un autre, et je jure que votre fille n'aura pas d'autre mari que le plus vil et le plus mal fait de tous mes esclaves. » En achevant ces mots, il renvoya brusquement le vizir, qui se retira chez lui plein de confusion et cruellement mortifié.

« Aujourd'hui, le sultan a fait venir un de ses palefreniers qui est bossu par-devant et par-derrière, et laid à faire peur ; et, après avoir ordonné à Schemseddin Mohammed de consentir au mariage de sa fille avec cet affreux esclave, il a fait dresser et signer le contrat par des témoins en sa présence. Les préparatifs de ces bizarres noces sont achevés, et à l'heure que je vous parle, tous les esclaves des seigneurs de la cour d'Égypte sont à la porte d'un bain, chacun avec un flambeau à la main. Ils attendent que le palefrenier bossu, qui y est et qui s'y lave, en sorte, pour le mener chez son épouse, qui, de son côté, est déjà coiffée et habillée. Dans le moment que je suis partie du Caire, les dames assemblées se disposaient à la conduire, avec tous ses ornements nuptiaux, dans la salle où elle doit recevoir le bossu et où elle l'attend présentement. Je l'ai vue et je vous assure qu'on ne peut la regarder sans admiration. »

« Quand la fée eut cessé de parler, le génie lui dit : « Quoique vous puissiez dire, je ne puis me persuader que la beauté de cette fille surpasse celle de ce jeune homme. — Je ne veux pas disputer contre vous, répliqua la fée; je confesse qu'il mériterait d'épouser la charmante personne qu'on destine au bossu, et il me semble que nous ferions une action digne de nous, si, nous opposant à l'injustice du sultan d'Égypte, nous pouvions substituer ce jeune homme à la place de l'esclave. — Vous avez raison, repartit le génie; vous ne sauriez croire combien je vous sais bon gré de la pensée qui vous est venue ; trompons, j'y consens, la vengeance du sultan d'Égypte; consolons un père affligé, et rendons sa fille aussi heureuse qu'elle se croit misérable : je n'oublierai rien pour faire réussir ce projet, et je suis persuadé que vous ne vous y épargnerez pas; je me charge de le porter au Caire, sans qu'il se réveille, et je vous laisse le soin de le porter ailleurs quand nous aurons exécuté notre entreprise. »

« Après que la fée et le génie eurent concerté ensemble tout ce qu'ils voulaient faire, le génie enleva doucement Bedreddin, et le transportant par l'air d'une vitesse inconcevable, il alla le poser à la porte d'un loge-

ment public, et voisin du bain d'où le bossu était près de sortir avec la suite des esclaves qui l'attendaient.

« Bedreddin Hassan s'étant réveillé en ce moment, fut fort surpris de se voir au milieu d'une ville qui lui était inconnue. Il voulut crier pour demander où il était; mais le génie lui donna un petit coup sur l'épaule et l'avertit de ne dire mot. Ensuite lui mettant un flambeau à la main : « Allez, lui dit-il, mêlez-vous parmi ces gens que vous voyez à la porte de ce bain, et marchez avec eux jusqu'à ce que vous entriez dans une salle où l'on va célébrer des noces. Le nouveau marié est un bossu que vous reconnaîtrez aisément. Mettez-vous à sa droite en entrant, et dès à présent ouvrez la bourse de sequins que vous avez dans votre sein, pour les distribuer aux joueurs d'instruments, aux danseurs et aux danseuses, dans la marche. Lorsque vous serez dans la salle, ne manquez pas d'en donner aussi aux femmes esclaves que vous verrez autour de la mariée, quand elles s'approcheront de vous. Mais toutes les fois que vous mettrez la main dans la bourse, retirez-la pleine de sequins, et gardez-vous de les épargner. Faites exactement tout ce que je vous dis avec une grande présence d'esprit; ne vous étonnez de rien, ne craignez personne, et vous reposez du reste sur une puissance supérieure qui en dispose à son gré. »

« Le jeune Bedreddin, bien instruit de tout ce qu'il avait à faire, s'avança vers la porte du bain : la première chose qu'il fit, fut d'allumer son flambeau à celui d'un esclave; puis, se mêlant parmi les autres, comme s'il eût appartenu à quelque seigneur du Caire, il se mit en marche avec eux et accompagna le bossu, qui sortit du bain et monta sur un cheval de l'écurie du sultan. »

Le jour, qui parut, imposa silence à Scheherazade, qui remit la suite de cette histoire au lendemain.

LXXIX NUIT.

Sire, dit-elle, le vizir Giafar continuant de parler au calife : « Bedreddin Hassan, poursuivit-il, se trouvant près des joueurs d'instruments, des danseurs et des danseuses, qui marchaient immédiatement devant le bossu, tirait de temps en temps de sa bourse des poignées de sequins qu'il leur distribuait. Comme il faisait ses largesses avec une grâce sans pareille et un air très-obligeant, tous ceux qui les recevaient jetaient les yeux sur lui, et dès qu'ils l'avaient envisagé, ils le trouvaient si bien fait et si beau qu'ils ne pouvaient plus en détourner leurs regards.

« On arriva enfin à la porte du vizir Schemseddin Mohammed, oncle de Bedreddin Hassan, qui était bien éloigné de s'imaginer que son neveu fût si près de lui. Des huissiers, pour empêcher la confusion, arrêtèrent tous les esclaves qui portaient des flambeaux, et ne voulurent pas les laisser entrer. Ils repoussèrent même Bedreddin Hassan ; mais les joueurs d'instruments, pour qui la porte était ouverte, s'arrêtèrent en protestant qu'ils n'entreraient pas si on ne le laissait entrer avec eux. « Il n'est pas du nombre des esclaves, disaient-ils ; il n'y a qu'à le regarder pour en être persuadé. C'est sans doute un jeune étranger qui veut voir, par curiosité, les cérémonies que l'on observe aux noces en cette ville. » En disant cela, ils le mirent au milieu d'eux, et le firent entrer malgré les huissiers. Ils lui ôtèrent son flambeau, qu'ils donnèrent au premier qui se présenta, et après l'avoir introduit dans la salle, ils le placèrent à la droite du bossu, qui s'assit sur un trône magnifiquement orné, près de la fille du vizir..

« On la voyait parée de tous ses atours; mais il paraissait sur son visage une langueur, ou plutôt une tristesse mortelle dont il n'était pas difficile de deviner la cause, en voyant à côté d'elle un mari si difforme et si peu digne de son amour. Le trône de ces époux si mal assortis était au milieu d'un sofa. Les femmes des émirs, des vizirs, des officiers de la chambre du sultan, et plusieurs autres dames de la cour et de la ville, étaient assises de chaque côté, un peu plus bas, chacune selon son rang, et toutes habillées d'une manière si avantageuse et si riche que c'était un spectacle très-agréable à voir. Elles tenaient de grandes bougies allumées.

« Lorsqu'elles virent entrer Bedreddin Hassan, elles jetèrent les yeux sur lui, et admirant sa taille, son air et la beauté de son visage, elles ne pouvaient se lasser de le regarder. Quand il fut assis, il n'y en eut pas une qui ne quittât sa place pour s'approcher de lui et le considérer de plus près; et il n'y en eut guère qui, en se retirant pour aller reprendre leurs places, ne se sentissent agitées d'un tendre mouvement.

« La différence qu'il y avait entre Bedreddin Hassan et le palefrenier bossu dont la figure faisait horreur, excita des murmures dans l'assemblée. « C'est à ce beau jeune homme, s'écrièrent les dames, qu'il faut donner notre épousée, et non pas à ce vilain bossu. » Elles n'en demeurèrent pas là : elles osèrent faire des imprécations contre le sultan, qui, abusant de son pouvoir absolu, unissait la laideur avec la beauté. Elles chargèrent aussi d'injures le bossu et lui firent perdre contenance, au grand plaisir des spectateurs, dont les huées interrompirent pour quelque temps la symphonie qui se faisait entendre dans la salle. A la fin, les joueurs d'instruments recommencèrent leurs concerts, et les femmes qui avaient habillé la mariée s'approchèrent d'elle. »

En prononçant ces dernières paroles, Scheherazade remarqua qu'il était jour. Elle garda aussitôt le silence, et, la nuit suivante, elle reprit ainsi son discours :

LXXX NUIT.

Sire, dit Scheherazade au sultan des Indes, votre majesté n'a pas oublié que c'est le grand vizir Giafar qui parle au calife Haroun Alraschid. « A chaque fois, poursuivit-il, que la nouvelle mariée changeait d'habit, elle se levait de sa place, et, suivie de ses femmes, passait devant le bossu sans daigner le regarder, et allait se présenter devant Bedreddin Hassan pour se montrer à lui dans ses nouveaux atours. Alors Bedreddin Hassan, suivant l'instruction qu'il avait reçue du génie, ne manquait pas de mettre la main dans sa bourse et d'en tirer des poignées de sequins qu'il distribuait aux femmes qui accompagnaient la mariée. Il n'oubliait pas les joueurs et les danseurs, il leur en jetait aussi. C'était un plaisir de voir comme ils se poussaient les uns les autres pour en ramasser; ils lui en témoignèrent de la reconnaissance, et lui marquaient par signes qu'ils voulaient que la jeune épouse fût pour lui et non pour le bossu. Les femmes qui étaient autour d'elle lui disaient la même chose, et ne se souciaient guère d'être entendues du bossu, à qui elles faisaient mille niches; ce qui divertissait fort tous les spectateurs.

« Lorsque la cérémonie de changer d'habit tant de fois fut achevée, les joueurs d'instruments cessèrent de jouer, et se retirèrent en faisant signe à Bedreddin Hassan de demeurer. Les dames firent la même chose en se retirant après eux, avec tous ceux qui n'étaient pas de la maison. La mariée entra dans un cabinet où ses femmes la suivirent pour la déshabiller, et

il ne resta plus dans la salle que le palefrenier bossu, Bedreddin Hassan et quelques domestiques. Le bossu, qui en voulait furieusement à Bedreddin, qui lui faisait ombrage, le regarda de travers et lui dit : « Et toi, qu'attends-tu? Pourquoi ne te retires-tu pas comme les autres? marche. » Comme Bedreddin n'avait aucun prétexte pour demeurer là, il sortit assez embarrassé de sa personne; mais il n'était pas hors du vestibule, que le génie et la fée se présentèrent à lui et l'arrêtèrent : « Où allez-vous ? lui dit le génie ; demeurez ; le bossu n'est plus dans la salle, il en est sorti pour quelque besoin : vous n'avez qu'à y rentrer et vous introduire dans la chambre de la mariée. Lorsque vous serez seul avec elle, dites-lui hardiment que vous êtes son mari ; que l'intention du sultan a été de se divertir du bossu ; et que pour apaiser ce mari prétendu vous lui avez fait apprêter un bon plat de crême dans son écurie. Dites-lui là-dessus tout ce qui vous viendra dans l'esprit pour la persuader. Étant fait comme vous êtes, cela ne sera pas difficile, et elle sera ravie d'avoir été trompée si agréablement. Cependant nous allons donner ordre que le bossu ne rentre et ne vous empêche de passer la nuit avec votre épouse : car c'est la vôtre et non pas la sienne. »

« Pendant que le génie encourageait ainsi Bedreddin et l'instruisait de ce qu'il devait faire, le bossu était véritablement sorti de la salle. Le génie s'introduisit où il était, prit la figure d'un gros chat noir et se mit à miauler d'une manière épouvantable. Le bossu cria après le chat et frappa des mains pour le faire fuir ; mais le chat, au lieu de se retirer, se raidit sur ses pattes, fit briller des yeux enflammés, et regarda fièrement le bossu en miaulant plus fort qu'auparavant, et en grandissant de manière qu'il parut bientôt gros comme un ânon. Le bossu, à cet objet, voulut crier au secours ; mais la frayeur l'avait tellement saisi qu'il demeura la bouche ouverte sans pouvoir proférer une parole. Pour ne lui pas donner de relâche, le génie se changea à l'instant en un puissant buffle, et, sous cette forme, lui cria d'une voix qui redoubla sa peur : « Vilain bossu. » A ces

mots, l'effrayé palefrenier se laissa tomber sur le pavé, et, se couvrant la tête de sa robe pour ne pas voir cette bête effroyable, lui répondit en tremblant : «Prince souverain des buffles, que demandez-vous de moi? — Malheur à toi, lui repartit le génie; tu as la témérité d'oser te marier avec ma maîtresse! —Eh! seigneur, dit le bossu, je vous supplie de me pardonner : si je suis criminel ce n'est que par ignorance; je ne savais pas que cette dame eût un buffle pour amant. Commandez-moi ce qu'il vous plaira, je vous jure que je suis prêt à vous obéir. — Par la mort, répliqua le génie, si tu sors d'ici ou que tu ne gardes pas le silence jusqu'à ce que le soleil se lève; si tu dis le moindre mot, je t'écraserai la tête. Alors, je te permets de sortir de cette maison, mais je t'ordonne de te retirer bien vite sans regarder derrière toi; et si tu as l'audace d'y revenir il t'en coûtera la vie.» En achevant ces paroles, le génie se transforma en homme, prit le bossu par les pieds, et après l'avoir levé, la tête en bas, contre le mur : «Si tu branles, ajouta-t-il, avant que le soleil soit levé, comme je te l'ai déjà dit, je te reprendrai par les pieds et te casserai la tête en mille pièces contre cette muraille.»

«Pour revenir à Bedreddin Hassan, encouragé par le génie et par la présence de la fée, il était rentré dans la salle et s'était coulé dans la chambre nuptiale, où il s'assit en attendant le succès de son aventure. Au bout de quelque temps la mariée arriva, conduite par une bonne vieille qui s'arrêta à la porte, exhortant le mari à bien faire son devoir, sans regarder si c'était le bossu ou un autre; après quoi elle la ferma et se retira.

« La jeune épouse fut extrêmement surprise de voir, au lieu du bossu, Bedreddin Hassan qui se présenta à elle de la meilleure grâce du monde. « Hé quoi ! mon cher ami, lui dit-elle, vous êtes ici à l'heure qu'il est? Il faut donc que vous soyez camarade de mon mari. — Non, madame, répondit Bedreddin, je suis d'une autre condition que ce vilain bossu. — Mais, reprit-elle, vous ne prenez pas garde que vous parlez mal de mon époux. — Lui, votre époux! madame, repartit-il. Pouvez-vous conserver si longtemps cette pensée? Sortez de votre erreur. Tant de beautés ne seront pas sacrifiées au plus méprisable de tous les hommes. C'est moi, madame, qui suis l'heureux mortel à qui elles sont reservées. Le sultan a voulu se divertir en faisant cette supercherie au vizir votre père, et il m'a choisi pour votre véritable époux. Vous avez pu remarquer combien les dames, les joueurs d'instruments, les danseurs, vos femmes et tous les gens de votre maison se sont réjouis de cette comédie. Nous avons renvoyé le malheureux bossu, qui mange, à l'heure qu'il est, un plat de crême dans son écurie, et vous pouvez compter que jamais il ne paraîtra devant vos beaux yeux. »

« A ce discours, la fille du vizir, qui était entrée plus morte que vive dans la chambre nuptiale, changea de visage, prit un air gai qui la rendit si belle, que Bedreddin en fut charmé. « Je ne m'attendais pas, lui dit-elle, à une surprise si agréable, et je m'étais déjà condamnée à être malheureuse tout le reste de ma vie. Mais mon bonheur est d'autant plus grand que je vais posséder en vous un homme digne de ma tendresse. » En disant cela, elle acheva de se déshabiller et se mit au lit. De son côté, Bedreddin Hassan, ravi de se voir possesseur de tant de charmes, se déshabilla promptement. Il mit son habit sur un siége et sur la bourse que le juif lui avait donnée, laquelle était encore pleine, malgré tout ce qu'il en avait tiré. Il ôta aussi son turban, pour en prendre un de nuit qu'on avait préparé pour le bossu; et il alla se coucher en chemise et en caleçon[1]. Le caleçon était en satin bleu et attaché avec un cordon tissu d'or. »

L'aurore, qui se faisait voir, obligea Scheherazade à s'arrêter. La nuit suivante, ayant été réveillée à l'heure ordinaire, elle reprit le fil de cette histoire et la continua dans ces termes :

[1] Tous les Orientaux couchent en caleçon, et cette circonstance est nécessaire pour la suite.

LXXXI NUIT.

« Lorsque les deux amants se furent endormis, poursuivit le grand vizir Giafar, le génie, qui avait rejoint la fée, lui dit qu'il était temps d'achever ce qu'ils avaient si bien commencé et conduit jusqu'alors. « Ne nous laissons pas surprendre, ajouta-t-il, par le jour qui paraîtra bientôt; allez, et enlevez le jeune homme sans l'éveiller. »

« La fée se rendit dans la chambre des amants, qui dormaient profondément, enleva Bedreddin Hassan dans l'état où il était, c'est-à-dire en chemise et en caleçon; et, volant avec le génie d'une vitesse merveilleuse jusqu'à la porte de Damas en Syrie, ils y arrivèrent précisément dans le temps que les ministres des mosquées, préposés pour cette fonction, appelaient le peuple à haute voix à la prière de la pointe du jour. La fée posa doucement à terre Bedreddin, et, le laissant près de la porte, s'éloigna avec le génie.

« On ouvrit les portes de la ville, et les gens qui s'étaient déjà assemblés en grand nombre pour sortir furent extrêmement surpris de voir Bedreddin Hassan étendu par terre, en chemise et en caleçon. L'un disait : « Il a tellement été pressé de sortir de chez sa maîtresse, qu'il n'a pas eu le temps de s'habiller. — Voyez un peu, disait l'autre, à quels accidents on est exposé! il aura passé une bonne partie de la nuit à boire avec ses amis; il se sera enivré, sera sorti ensuite pour quelque nécessité, et, au lieu de rentrer, il sera venu jusqu'ici sans savoir ce qu'il faisait, et le sommeil l'y aura surpris. » D'autres en parlaient autrement, et personne ne pouvait deviner par quelle aventure il se trouvait là. Un petit vent qui commençait alors à souffler, leva sa chemise et laissa voir sa poitrine qui était plus blanche que la neige. Ils furent tous tellement étonnés de cette blancheur, qu'ils firent un cri d'admiration qui réveilla le jeune homme. Sa suprise ne fut pas moins grande que la leur, de se voir à la porte d'une ville où il n'était jamais venu, et environné d'une foule de gens qui le considéraient avec attention. « Messieurs, leur dit-il, apprenez-moi, de grâce, où je suis et ce que vous souhaitez de moi. » L'un d'entre eux prit la parole et lui répondit : « Jeune homme, on vient d'ouvrir la porte de cette ville, et, en sortant, nous vous avons trouvé couché ici dans l'état où vous voilà. Nous nous sommes arrêtés à vous regarder. Est-ce que vous avez passé ici la nuit? et savez-vous bien que vous êtes à une des portes de Damas? — A une des portes de Damas! répliqua Bedreddin, vous vous moquez de moi; en me couchant, cette nuit, j'étais au Caire. » A ces mots, quelques-uns, touchés de compassion, dirent que c'était dommage qu'un jeune homme si bien fait eût perdu l'esprit, et ils passèrent leur chemin.

« Mon fils, lui dit un bon vieillard, vous n'y pensez pas; puisque vous êtes ce matin à Damas, comment pouviez-vous être hier soir au Caire? cela ne peut pas être. — Cela est pourtant très-vrai, repartit Bedreddin, et je vous jure même que je passai toute la journée d'hier à Balsora. » A peine eut-il achevé ces paroles, que tout le monde fit un grand éclat de rire et se mit à crier : C'est un fou! c'est un fou! Quelques-uns néanmoins le plaignaient à cause de sa jeunesse, et un homme de la compagnie lui dit : « Mon fils, il faut que vous ayez perdu la raison; vous ne songez pas à ce que vous dites. Est-il possible qu'un homme soit le jour à Balsora, la nuit au Caire et le matin à Damas? Vous n'êtes pas, sans doute, bien éveillé : rappelez vos esprits. — Ce que je dis, reprit Bedreddin Hassan, est si véritable, qu'hier au soir j'ai été marié dans la ville du Caire. » Tous ceux qui avaient ri auparavant redoublèrent leurs ris à ce discours. « Prenez-y bien garde, lui dit la même personne qui venait de lui parler, il faut que vous ayez rêvé tout cela et que cette illusion vous soit restée dans l'esprit. — Je sais bien ce que je dis, répondit le jeune homme; dites-moi vous-même comment il est possible que je sois allé en songe au Caire, où je suis persuadé que j'ai été effectivement, où l'on a par sept fois amené devant moi mon épouse, parée d'un nouvel habillement chaque fois, et où enfin j'ai vu un affreux bossu qu'on prétendait lui donner. Apprenez-moi encore ce que sont devenus ma robe, mon turban et la bourse de sequins que j'avais au Caire? »

« Quoiqu'il assurât que toutes ces choses étaient réelles, les personnes qui l'écoutaient n'en firent que rire; ce qui le troubla de sorte qu'il ne savait plus lui-même ce qu'il devait penser de tout ce qui lui était arrivé. »

Le jour, qui commençait à éclairer l'appartement de Schahriar, imposa silence à Scheherazade, qui continua ainsi son récit le lendemain :

Publié par Ernest Bourdin et Comp.

LXXXII NUIT.

Sire, dit-elle, après que Bedreddin Hassan se fut opiniâtré à soutenir que tout ce qu'il avait dit était véritable, il se leva pour entrer dans la ville, et tout le monde le suivait en criant : C'est un fou ! c'est un fou ! A ces cris, les uns mirent la tête aux fenêtres, les autres se présentèrent à leurs portes, et d'autres, se joignant à ceux qui environnaient Bedreddin, criaient comme eux : C'est un fou, sans savoir de quoi il s'agissait. Dans l'embarras où était ce jeune homme, il arriva devant la maison d'un pâtissier qui ouvrait sa boutique, et il entra dedans pour se dérober aux huées du peuple qui le suivait.

Ce pâtissier avait été autrefois chef d'une troupe de vagabonds qui détroussaient les caravanes, et quoiqu'il fût venu s'établir à Damas, où il ne donnait aucun sujet de plainte contre lui, il ne laissait pas d'être craint de tous ceux qui le connaissaient. C'est pourquoi dès le premier regard qu'il jeta sur la populace qui suivait Bedreddin, il la dissipa. Le pâtissier, voyant qu'il n'y avait plus personne, fit plusieurs questions au jeune homme; il lui demanda qui il était et ce qui l'avait amené à Damas. Bedreddin Hassan ne lui cacha ni sa naissance, ni la mort du grand vizir son père. Il lui conta ensuite de quelle manière il était sorti de Balsora, et comment, après s'être endormi la nuit précédente sur le tombeau de son père, il s'était trouvé, à son réveil, au Caire, où il avait épousé une dame. Enfin, il lui marqua la surprise où il était de se voir à Damas sans pouvoir comprendre toutes ces merveilles.

« Votre histoire est des plus surprenantes, lui dit le pâtissier ; mais, si vous voulez suivre mon conseil, vous ne ferez confidence à personne de toutes les choses que vous venez de me dire, et vous attendrez patiemment que le ciel daigne finir les disgrâces dont il permet que vous soyez affligé. Vous n'avez qu'à demeurer avec moi jusqu'à ce temps-là, et comme je n'ai pas d'enfants, je suis prêt à vous reconnaître pour mon fils, si vous y consentez. Après que je vous aurai adopté, vous irez librement par la ville et vous ne serez plus exposé aux insultes de la populace. »

Quoique cette adoption ne fît pas honneur au fils d'un grand vizir, Bedreddin ne laissa pas d'accepter la proposition du pâtissier, jugeant bien que c'était le meilleur parti qu'il devait prendre dans la situation où était sa fortune. Le pâtissier le fit habiller, prit des témoins, et alla déclarer devant un cadi qu'il le reconnaissait pour son fils ; après quoi Bedreddin demeura chez lui sous le simple nom de Hassan, et apprit la pâtisserie.

Pendant que cela se passait à Damas, la fille de Schemseddin Mohammed se réveilla, et, ne trouvant pas Bedreddin auprès d'elle, crut qu'il s'était levé sans vouloir interrompre son repos et qu'il reviendrait bientôt. Elle attendait son retour, lorsque le vizir Schemseddin Mohammed son père, vivement touché de l'affront qu'il croyait avoir reçu du sultan d'Égypte, vint frapper à la porte de son appartement, résolu de pleurer avec elle sa triste destinée. Il l'appela par son nom, et elle n'eut pas plus tôt entendu sa voix qu'elle se leva pour lui ouvrir la porte. Elle lui baisa la main et le reçut d'un air si satisfait, que le vizir, qui s'attendait à la trouver baignée de pleurs et aussi affligée que lui, en fut extrêmement surpris. « Malheureuse ! lui dit-il en colère, est-ce ainsi que tu parais devant moi ? Après l'affreux sacrifice que tu viens de consommer, peux-tu m'offrir un visage si content ? »

Scheherazade cessa de parler en cet endroit, parce que le jour parut. La nuit suivante, elle reprit son discours et dit au sultan des Indes:

LXXXIII NUIT.

Sire, le grand vizir Giafar continuant de raconter l'histoire de Bedreddin Hassan : « Quand la nouvelle mariée, poursuivit-il, vit que son père lui reprochait la joie qu'elle faisait paraître, elle lui dit : « Seigneur, ne me faites point, de grâce, un reproche si injuste ; ce n'est pas le bossu, que je déteste plus que la mort, ce n'est pas ce monstre que j'ai épousé : tout le monde lui a fait tant de confusion qu'il a été contraint de s'aller cacher et de faire place à un jeune homme charmant qui est mon véritable mari. — Quelle fable me contez-vous ? interrompit brusquement Schemseddin Mohammed. Quoi ! le bossu n'a pas couché cette nuit avec vous ? — Non, seigneur, répondit-elle, je n'ai point couché avec d'autre personne qu'avec le jeune homme dont je vous parle, qui a de gros yeux et de grands sourcils noirs. » A ces paroles, le vizir perdit patience et se mit dans une furieuse colère contre sa fille. « Ah ! méchante, lui dit-il, voulez-vous me faire perdre l'esprit par le discours que vous me tenez ? — C'est vous, mon père, repartit-elle, qui me faites perdre l'esprit à moi-même par votre incrédulité. — Il n'est donc pas vrai, répliqua le vizir, que le bossu..... — Hé ! laissons là le bossu, interrompit-elle avec précipitation, maudit soit le bossu ! Entendrai-je toujours parler du bossu ! Je vous le répète encore, mon père, ajouta-t-elle, je n'ai point passé la nuit avec lui, mais avec le cher époux que je vous dis, et qui ne doit pas être loin d'ici. »

« Schemseddin Mohammed sortit pour l'aller chercher ; mais au lieu de le trouver, il fut dans une surprise extrême de rencontrer le bossu, qui avait la tête en bas, les pieds en haut, dans la même situation où l'avait mis le génie. «Que veut dire cela? lui dit-il; qui vous a mis en cet état?» Le bossu, reconnaissant le vizir, lui répondit : «Ah! ah! c'est donc vous qui vouliez me donner en mariage la maîtresse d'un buffle, l'amoureuse d'un vilain génie? Je ne serai pas votre dupe, et vous ne m'y attraperez pas.»

Scheherazade en était là lorsqu'elle aperçut la première lumière du jour; quoiqu'il n'y eût pas longtemps qu'elle parlât, elle n'en dit pas davantage cette nuit. Le lendemain, elle reprit ainsi la suite de sa narration, et dit au sultan des Indes :

LXXXIV NUIT.

Sire, le grand vizir Giafar poursuivant son histoire : « Schemseddin Mohammed, continua-t-il, crut que le bossu extravaguait quand il l'entendit parler de cette sorte, et il lui dit : « Otez-vous de là, mettez-vous sur vos pieds. — Je m'en garderai bien, repartit le bossu, à moins que le soleil ne soit levé. Sachez qu'étant venu ici hier au soir, il parut tout à coup devant moi un chat noir, qui devint insensiblement gros comme un buffle; je n'ai pas oublié ce qu'il m'a dit; c'est pourquoi allez à vos affaires et me laissez ici. » Le vizir, au lieu de se retirer, prit le bossu par les pieds et l'obligea de se relever. Cela étant fait, le bossu sortit en courant de toute sa force sans regarder derrière lui. Il se rendit au palais, se fit présenter au sultan d'Égypte, et le divertit fort en lui racontant le traitement que lui avait fait le génie.

« Schemseddin Mohammed retourna dans la chambre de sa fille, plus étonné et plus incertain qu'auparavant de ce qu'il voulait savoir. « Hé bien, fille abusée, lui dit-il, ne pouvez-vous m'éclaircir davantage sur une aventure qui me rend interdit et confus? — Seigneur, lui répondit-elle, je ne puis vous apprendre autre chose que ce que j'ai déjà eu l'honneur de vous dire. Mais voici, ajouta-t-elle, l'habillement de mon époux, qu'il a laissé sur cette chaise; il vous donnera peut-être les éclaircissements que vous cherchez. » En disant ces paroles elle présenta le turban de Bedreddin au vizir, qui le prit et qui, après l'avoir bien examiné de tous côtés : « Je le prendrais, dit-il, pour un turban de vizir s'il n'était à la mode de Moussoul. » Mais s'apercevant qu'il y avait quelque chose de cousu entre l'étoffe et la doublure, il demanda des ciseaux, et ayant décousu, il trouva un papier plié. C'était le cahier que Noureddin Ali avait donné en mourant à Bedreddin son fils, qui l'avait caché en cet endroit pour mieux le conserver. Schemseddin Mohammed ayant ouvert le cahier, reconnut le caractère de son frère Noureddin Ali, et lut ce titre : *Pour mon fils Bedreddin*

Hassan. Avant qu'il pût faire ses réflexions, sa fille lui mit entre les mains la bourse qu'elle avait trouvée sous l'habit. Il l'ouvrit aussi, et elle était remplie de sequins, comme je l'ai déjà dit : car, malgré les largesses que Bedreddin Hassan avait faites, elle était toujours demeurée pleine par les soins du génie et de la fée. Il lut ces mots sur l'étiquette de la bourse : *Mille sequins appartenant au juif Isaac*; et ceux-ci au-dessous, que le juif avait écrits avant que de se séparer de Bedreddin Hassan : *Livrés à Bedreddin Hassan pour le chargement qu'il m'a vendu du premier des vaisseaux qui ont ci-devant appartenu à Noureddin Ali, son père, d'heureuse mémoire, lorsqu'il aura abordé en ce port.* Il n'eut pas achevé cette lecture, qu'il fit un grand cri et s'évanouit. »

Scheherazade voulait continuer, mais le jour parut, et le sultan des Indes se leva, résolu d'entendre la fin de cette histoire.

LXXXV NUIT.

Le lendemain, Scheherazade ayant repris la parole, dit à Schahriar : Sire, le vizir Schemseddin Mohammed étant revenu de son évanouissement par le secours de sa fille et des femmes qu'elle avait appelées : « Ma fille, dit-il, ne vous étonnez pas de l'accident qui vient de m'arriver. La cause en est telle qu'à peine y pourrez-vous ajouter foi. Cet époux qui a passé la nuit avec vous est votre cousin, le fils de Noureddin Ali. Les mille sequins qui sont dans cette bourse me font souvenir de la querelle que j'eus avec ce cher frère : c'est sans doute le présent de noce qu'il vous fait. Dieu soit loué de toutes choses, et particulièrement de cette aventure merveilleuse qui montre si bien sa puissance ! » Il regarda ensuite l'écriture de son frère, et la baisa plusieurs fois en versant une grande abondance de larmes. « Que ne puis-je, disait-il, aussi bien que je vois ces traits qui me causent tant de joie, voir ici Noureddin lui-même et me réconcilier avec lui ! »

Il lut le cahier d'un bout à l'autre : il y trouva les dates de l'arrivée de son frère à Balsora, de son mariage, de la naissance de Bedreddin Hassan, et lorsque, après avoir confronté à ces dates celles de son mariage et de la naissance de sa fille au Caire, il eut admiré le rapport qu'il y avait entre elles et fait enfin réflexion que son neveu était son gendre, il se livra tout entier à la joie. Il prit le cahier et l'étiquette de la bourse, les alla montrer au sultan, qui lui pardonna le passé, et qui fut tellement charmé du récit de cette histoire, qu'il la fit mettre par écrit avec toutes ses circonstances, pour la faire passer à la postérité.

Cependant le vizir Schemseddin Mohammed ne pouvait comprendre pourquoi son neveu avait disparu; il espérait néanmoins le voir arriver à tous moments, et il l'attendait avec la dernière impatience pour l'embrasser. Après l'avoir inutilement attendu pendant sept jours, il le fit chercher par tout le Caire; mais il n'en apprit aucune nouvelle, quelques perquisitions qu'il en pût faire. Cela lui causa beaucoup d'inquiétude. « Voilà, disait-il, une aventure bien singulière ! jamais personne n'en a éprouvé une pareille. »

Dans l'incertitude de ce qui pouvait arriver dans la suite, il crut devoir mettre lui-même par écrit l'état où était alors sa maison, de quelle manière les noces s'étaient passées, comment la salle et la chambre de sa fille étaient meublées. Il fit aussi un paquet du turban, de la bourse et du reste de l'habillement de Bedreddin, et l'enferma sous la clé.... La sultane Scheherazade fut obligée d'en demeurer là parce qu'elle vit que le jour paraissait. Sur la fin de la nuit suivante elle poursuivit cette histoire dans ces termes :

LXXXVI NUIT.

Sire, le grand vizir Giafar continuant de parler au calife : « Au bout de quelques jours, dit-il, la fille du vizir Schemseddin Mohammed s'aperçut qu'elle était grosse, et en effet elle accoucha d'un fils dans le terme de neuf mois. On donna une nourrice à l'enfant, avec d'autres femmes et des esclaves pour le servir, et son aïeul le nomma Agib.

« Lorsque le jeune Agib eut atteint l'âge de sept ans, le vizir Schemseddin Mohammed, au lieu de lui faire apprendre à lire au logis, l'envoya à l'école chez un maître qui avait une grande réputation, et deux esclaves avaient soin de le conduire et de le ramener tous les jours. Agib jouait avec ses camarades : comme ils étaient tous d'une condition au-dessous de la sienne, ils avaient beaucoup de déférence pour lui, et en cela ils se réglaient sur le maître d'école, qui lui passait bien des choses qu'il ne pardonnait pas à eux. La complaisance aveugle qu'on avait pour Agib le perdit : il devint fier, insolent ; il voulait que ses compagnons souffrissent tout de lui, sans vouloir rien souffrir d'eux. Il dominait partout, et si quelqu'un avait la hardiesse de s'opposer à ses volontés, il lui disait mille injures et allait souvent jusqu'aux coups. Enfin il se rendit insupportable à tous les écoliers, qui se plaignirent de lui au maître d'école. Il les exhorta d'abord à prendre patience ; mais quand il vit qu'ils ne faisaient qu'irriter par là l'insolence d'Agib, et fatigué lui-même des peines qu'il lui faisait : « Mes enfants, dit-il à ses écoliers, je vois bien qu'Agib est un petit insolent ; je veux vous enseigner un moyen de le mortifier de manière qu'il ne vous tourmentera plus ; je crois même qu'il ne reviendra plus à l'école. Demain, lorsqu'il sera venu et que vous voudrez jouer ensemble, rangez-vous tous autour de lui, et que quelqu'un dise tout haut : Nous voulons jouer, mais c'est à condition que ceux qui joueront diront leur nom, celui de leur mère et de leur père. Nous regarderons comme des bâtards ceux qui refuseront de le faire, et nous ne souffrirons pas qu'ils jouent avec nous. Le maître d'école leur fit comprendre l'embarras où ils jeteraient Agib par ce moyen, et ils se retirèrent chez eux avec bien de la joie.

« Le lendemain, dès qu'ils furent tous assemblés, ils ne manquèrent pas de faire ce que leur maître leur avait enseigné. Ils environnèrent Agib, et l'un d'entre eux prenant la parole : « Jouons, dit-il, à un jeu, mais à condition que celui qui ne pourra pas dire son nom, le nom de sa mère et de son père, n'y jouera pas. » Ils répondirent tous, et Agib lui-même, qu'ils y consentaient. Alors celui qui avait parlé les interrogea l'un après l'autre, et ils satisfirent tous à la condition, excepté Agib, qui répondit : « Je me nomme Agib, ma mère s'appelle Dame de Beauté, et mon père, Schemseddin Mohammed, vizir du sultan. »

« A ces mots, tous les enfants s'écrièrent : « Agib, que dites-vous? ce n'est point là le nom de votre père, c'est celui de votre grand-père. — Que Dieu vous confonde! répliqua-t-il en colère; quoi! vous osez dire que le vizir Schemseddin Mohammed n'est pas mon père! » Les écoliers lui repartirent avec de grands éclats de rire : « Non, non, il n'est que votre aïeul, et vous ne jouerez pas avec nous; nous nous garderons bien même de nous approcher de vous. » En disant cela ils s'éloignèrent de lui en le raillant, et ils continuèrent de rire entre eux. Agib fut fort mortifié de leurs railleries et se mit à pleurer.

« Le maître d'école, qui était aux écoutes et qui avait tout entendu, entra sur ces entrefaites, et s'adressant à Agib : « Agib, lui dit-il, ne savez-vous pas encore que le vizir Schemseddin Mohammed n'est pas votre père ? Il est votre aïeul, père de votre mère Dame de Beauté. Nous ignorons comme vous le nom de votre père. Nous savons seulement que le sultan avait voulu marier votre mère avec un de ses palefreniers qui était bossu, mais qu'un génie coucha avec elle. Cela est fâcheux pour vous, et doit vous apprendre à traiter vos camarades avec moins de fierté que vous n'avez fait jusqu'à présent. »

Scheherazade, en cet endroit, remarquant qu'il était jour, mit fin à son discours. Elle en reprit le fil la nuit suivante, et dit au sultan des Indes :

LXXXVII NUIT.

Sire, le petit Agib, piqué des plaisanteries de ses compagnons, sortit brusquement de l'école et retourna au logis en pleurant. Il alla d'abord à l'appartement de sa mère, Dame de Beauté, laquelle, alarmée de le voir si affligé, lui en demanda le sujet avec empressement. Il ne put répondre que par des paroles entrecoupées de sanglots, tant il était pressé de sa douleur, et ce ne fut qu'à plusieurs reprises qu'il put raconter la cause mortifiante de son affliction. Quand il eut achevé : « Au nom de Dieu, ma mère, ajouta-t-il, dites-moi, s'il vous plaît, qui est mon père ? — Mon

fils, répondit-elle, votre père est le vizir Schemseddin Mohammed, qui vous embrasse tous les jours. — Vous ne me dites pas la vérité, reprit-il, ce n'est point mon père, c'est le vôtre. Mais moi, de quel père suis-je le fils?» A cette demande, Dame de Beauté rappelant dans sa mémoire la nuit de ses noces suivie d'un si long veuvage, commença de répandre des larmes, en regrettant amèrement la perte d'un époux aussi aimable que Bedreddin.

Dans le temps que Dame de Beauté pleurait d'un côté et Agib de l'autre, le vizir Schemseddin entra et voulut savoir la cause de leur affliction. Dame de Beauté lui apprit et lui raconta la mortification qu'Agib avait reçue à l'école. Ce récit toucha vivement le vizir, qui joignit ses pleurs à leurs larmes, et qui, jugeant par là que tout le monde tenait des discours contre l'honneur de sa fille, en fut au désespoir. Frappé de cette cruelle pensée, il alla au palais du sultan, et après s'être prosterné à ses pieds, il le supplia très-humblement de lui accorder la permission de faire un voyage dans les provinces du Levant, et particulièrement à Balsora, pour aller chercher son neveu Bedreddin Hassan, disant qu'il ne pouvait souffrir qu'on pensât dans la ville qu'un génie eût couché avec sa fille Dame de Beauté. Le sultan entra dans les peines du vizir, approuva sa résolution et lui permit de l'exécuter. Il lui fit même expédier une patente par laquelle il priait dans les termes les plus obligeants les princes et les seigneurs des lieux où pourrait être Bedreddin, de consentir que le vizir l'amenât avec lui.

Schemseddin Mohammed ne trouva pas de paroles assez fortes pour remercier dignement le sultan de la bonté qu'il avait pour lui. Il se contenta de se prosterner devant ce prince une seconde fois; mais les larmes qui coulaient de ses yeux marquèrent assez sa reconnaissance. Enfin il prit congé du sultan, après lui avoir souhaité toutes sortes de prospérités. Lorsqu'il fut de retour au logis, il ne songea qu'à disposer toutes choses pour son départ. Les préparatifs en furent faits avec tant de diligence, qu'au bout de quatre jours il partit accompagné de sa fille Dame de Beauté, et d'Agib son petit-fils.

Scheherazade, s'apercevant que le jour commençait à paraître, cessa de parler en cet endroit. Le sultan des Indes se leva fort satisfait du récit de la sultane, et résolut d'entendre la suite de cette histoire. Scheherazade contenta sa curiosité la nuit suivante, et reprit la parole dans ces termes :

LXXXVIII NUIT.

Sire, le grand vizir Giafar adressant toujours la parole au calife Haroun Alraschid : « Schemseddin Mohammed, dit-il, prit la route de Damas avec sa fille Dame de Beauté et Agib son petit-fils. Ils marchèrent dix-neuf jours de suite sans s'arrêter en nul endroit ; mais le vingtième, étant arrivés dans une fort belle prairie peu éloignée des portes de Damas, ils mirent pied à terre et firent dresser leurs tentes sur le bord d'une rivière qui passe à travers la ville et rend ses environs très-agréables.

« Le vizir Schemseddin Mohammed déclara qu'il voulait séjourner deux jours dans ce beau lieu, et que le troisième il continuerait son voyage. Cependant il permit aux gens de sa suite d'aller à Damas. Ils profitèrent presque tous de cette permission, les uns poussés par la curiosité de voir une ville dont ils avaient ouï parler si avantageusement, les autres pour y vendre des marchandises d'Égypte qu'ils avaient apportées, ou pour y acheter des étoffes et des raretés du pays. Dame de Beauté souhaitant que son fils Agib eût aussi la satisfaction de se promener dans cette célèbre ville, ordonna à l'eunuque noir qui servait de gouverneur à cet enfant de l'y conduire, et de bien prendre garde qu'il ne lui arrivât quelque accident.

« Agib, magnifiquement habillé, se mit en chemin avec l'eunuque, qui avait à la main une grosse canne. Ils ne furent pas plus tôt entrés dans la ville, qu'Agib, qui était beau comme le jour, attira sur lui les yeux de tout le monde. Les uns sortaient de leurs maisons pour le voir de plus près; les autres mettaient la tête aux fenêtres, et ceux qui passaient dans les rues ne se contentaient pas de s'arrêter pour le regarder, ils l'accompagnaient pour avoir le plaisir de le considérer plus longtemps. Enfin il n'y avait personne qui ne l'admirât et qui ne donnât mille bénédictions au père et à la mère qui avaient mis au monde un si bel enfant. L'eunuque et lui arrivèrent par hasard devant la boutique où était Bedreddin Hassan, et là ils se virent entourés d'une si grande foule de peuple qu'ils furent obligés de s'arrêter.

« Le pâtissier qui avait adopté Bedreddin Hassan était mort depuis quelques années, et lui avait laissé, comme à son héritier, sa boutique avec tous ses autres biens. Bedreddin était donc alors maître de la boutique, et il exerçait la profession de pâtissier si habilement qu'il était en grande réputation dans Damas. Voyant que tant de monde assemblé devant sa porte regardait avec beaucoup d'attention Agib et l'eunuque noir, il se mit à les regarder aussi. »

Scheherazade, à ces mots, voyant paraître le jour, se tut, et Schahriar se leva fort impatient de savoir ce qui se passerait entre Agib et Bedreddin. La sultane satisfit son impatience sur la fin de la nuit suivante, et reprit ainsi la parole :

LXXXIX NUIT.

« Bedreddin Hassan, poursuivit le vizir Giafar, ayant jeté les yeux particulièrement sur Agib, se sentit aussitôt tout ému sans savoir pourquoi. Il n'était pas frappé, comme le peuple, de l'éclatante beauté de ce jeune garçon : son trouble et son émotion avaient une autre cause qui lui était inconnue : c'était la force du sang qui agissait dans ce tendre père, lequel, interrompant ses occupations, s'approcha d'Agib et lui dit d'un air engageant : « Mon petit seigneur, qui m'avez gagné l'âme, faites-moi la grâce d'entrer dans ma boutique et de manger quelque chose de ma façon, afin que pendant ce temps-là j'aie le plaisir de vous admirer à mon aise. » Il prononça ces paroles avec tant de tendresse que les larmes lui en vinrent aux yeux. Le petit Agib en fut touché, et se tournant vers l'eunuque : « Ce bon homme, lui dit-il, a une physionomie qui me plaît, et il me parle d'une manière si affectueuse que je ne puis me défendre de faire ce qu'il souhaite. Entrons chez lui et mangeons de sa pâtisserie. — Ah! vraiment, lui dit l'esclave, il ferait beau voir qu'un fils de vizir comme vous entrât dans la boutique d'un pâtissier pour y manger. Ne croyez pas que je le souffre. — Hélas! mon petit seigneur, s'écria alors Bedreddin Hassan, on est bien cruel de confier votre conduite à un homme qui vous traite avec tant de dureté. » Puis, s'adressant à l'eunuque : « Mon bon ami, ajouta-t-il, n'empêchez pas ce jeune seigneur de m'accorder la grâce que je lui demande. Ne me donnez pas cette mortification. Faites-moi plutôt l'honneur d'entrer avec lui chez moi, et par là vous ferez connaître que si vous êtes brun au-dehors comme la châtaigne, vous êtes blanc aussi au-dedans comme elle. Savez-vous bien, poursuivit-il, que je sais le secret de vous rendre blanc, de noir que vous êtes? » L'eunuque se mit à rire à ce discours, et demanda à Bedreddin ce que c'était que ce secret. « Je vais vous l'apprendre, » répondit-il. Aussitôt il lui récita des vers à la louange des eunuques noirs, disant que c'était par leur ministère que l'honneur des sultans, des princes et de tous les grands, était en sûreté. L'eunuque fut charmé de ces vers, et cessant de résister aux prières de Bedreddin, laissa entrer Agib en sa boutique et y entra aussi lui-même.

« Bedreddin Hassan sentit une extrême joie d'avoir obtenu ce qu'il avait désiré avec tant d'ardeur, et se remettant au travail qu'il avait interrompu : « Je faisais, dit-il, des tartes à la crême ; il faut, s'il vous plaît, que vous en mangiez ; je suis persuadé que vous les trouverez excellentes, car ma mère, qui les fait admirablement bien, m'a appris à les faire, et l'on vient en prendre chez moi de tous les endroits de cette ville. » En achevant ces mots, il tira du four une tarte à la crême, et après avoir mis dessus des grains de grenade et du sucre, il la servit devant Agib, qui la trouva délicieuse. L'eunuque, à qui Bedreddin en présenta, en porta le même jugement.

« Pendant qu'ils mangeaient tous deux, Bedreddin Hassan examinait Agib avec une grande attention, et se représentant, en le regardant, qu'il avait peut-être un semblable fils de la charmante épouse dont il avait été sitôt et si cruellement séparé, cette pensée fit couler de ses yeux quelques larmes. Il se préparait à faire des questions au petit Agib sur le sujet de son voyage à Damas, mais cet enfant n'eut pas le temps de satisfaire sa curiosité, parce que l'eunuque, qui le pressait de s'en retourner sous les tentes de son aïeul, l'emmena dès qu'il eut mangé. Bedreddin Hassan ne se contenta pas de les suivre de l'œil; il ferma sa boutique promptement et marcha sur leurs pas. »

Scheherazade, en cet endroit, remarquant qu'il était jour, cessa de poursuivre cette histoire. Schahriar se leva résolu de l'entendre tout entière, et de laisser vivre la sultane jusqu'à ce temps-là.

XC NUIT.

Le lendemain avant le jour, Dinarzade réveilla sa sœur, qui reprit ainsi son discours : « Bedreddin Hassan, continua le vizir Giafar, courut donc après Agib et l'eunuque, et les joignit avant qu'ils fussent arrivés à la porte de la ville. L'eunuque, s'étant aperçu qu'il les suivait, en fut extrêmement surpris : « Importun que vous êtes, lui dit-il en colère, que demandez-vous ? — Mon bon ami, lui répondit Bedreddin, ne vous fâchez pas : j'ai hors de la ville une petite affaire dont je me suis souvenu, et à laquelle il faut que j'aille donner ordre. » Cette réponse n'apaisa point l'eunuque, qui, se tournant vers Agib, lui dit : « Voilà ce que vous m'avez attiré; je l'avais bien prévu que je me repentirais de ma complaisance ; vous avez voulu entrer dans la boutique de cet homme ; je ne suis pas sage de vous l'avoir permis. — Peut-être, dit Agib, a-t-il effectivement affaire hors de la ville, et les chemins sont libres pour tout le monde. » En disant cela, ils continuèrent de marcher l'un et l'autre sans regarder derrière eux, jusqu'à ce qu'étant arrivés près des tentes du vizir, ils se retournèrent pour voir si Bedreddin les suivait toujours. Alors Agib, remarquant qu'il était à deux pas de lui, rougit et pâlit successivement selon les divers mouvements qui l'agitaient. Il craignait que le vizir son aïeul ne vînt à savoir qu'il était entré dans la boutique d'un pâtissier et qu'il y avait mangé. Dans cette crainte, ramassant une assez grosse pierre qui se trouva à ses pieds,

il la lui jeta, le frappa au milieu du front et lui couvrit le visage de sang: après quoi, se mettant à courir de toute sa force, il se sauva sous les tentes avec l'eunuque, qui dit à Bedreddin Hassan qu'il ne devait pas se plaindre de ce malheur qu'il avait mérité, et qu'il s'était attiré lui-même.

« Bedreddin reprit le chemin de la ville en étanchant le sang de sa plaie avec son tablier, qu'il n'avait pas ôté. « J'ai tort, disait-il en lui-même, d'avoir abandonné ma maison pour faire tant de peine à cet enfant, car il ne m'a traité de cette manière que parce qu'il a cru sans doute que je méditais quelque dessein funeste contre lui. » Étant arrivé chez lui, il se fit panser, et se consola de cet accident en faisant réflexion qu'il y avait sur la terre des gens encore plus malheureux que lui. »

Le jour, qui paraissait, imposa silence à la sultane des Indes. Schahriar se leva en plaignant Bedreddin, et fort impatient de savoir la suite de cette histoire.

XCI NUIT.

Sur la fin de la nuit suivante, Scheherazade adressant la parole au sultan des Indes : Sire, dit-elle, le grand vizir Giafar poursuivit ainsi l'histoire de Bedreddin Hassan : « Bedreddin, dit-il, continua d'exercer sa profession de pâtissier à Damas, et son oncle Schemseddin Mohammed en partit trois jours après son arrivée. Il prit la route d'Emesse, d'où il se rendit à Hamah, et de là à Halep, où il s'arrêta deux jours. D'Halep il alla passer l'Euphrate, entra dans la Mésopotamie, et après avoir traversé Mardin, Moussoul, Sengiar, Diarbekir et plusieurs autres villes, arriva enfin à Balsora, où d'abord il fit demander audience au sultan, qui ne fut pas plus tôt informé du rang de Schemseddin Mohammed, qu'il la lui donna. Il le reçut même très-favorablement et lui demanda le sujet de son voyage à Balsora. « Sire, répondit le vizir Schemseddin Mohammed, je suis venu pour apprendre des nouvelles du fils de Noureddin Ali mon frère, qui a eu l'honneur de servir votre majesté. — Il y a longtemps que Noureddin Ali est mort, reprit le sultan. A l'égard de son fils, tout ce qu'on vous en pourra dire, c'est qu'environ deux mois après la mort de son père, il disparut tout à coup, et que personne ne l'a vu depuis ce temps-là, quelque soin que j'aie pris de le faire chercher. Mais sa mère, qui est fille d'un de mes vizirs, vit encore. » Schemseddin Mohammed lui demanda la permission de la voir et de l'emmener en Égypte, et le sultan y ayant consenti, il ne voulut pas différer au lendemain à se donner cette satisfaction : il se fit enseigner où demeurait cette dame, et se rendit chez elle à l'heure même, accompagné de sa fille et de son petit-fils.

« La veuve de Noureddin Ali demeurait toujours dans l'hôtel où avait demeuré son mari jusqu'à sa mort. C'était une très-belle maison, superbement bâtie et ornée de colonnes de marbre; mais Schemseddin Mohammed ne s'arrêta pas à l'admirer. En arrivant, il baisa la porte et un marbre sur lequel était écrit en lettres d'or le nom de son frère. Il demanda à parler à sa belle-sœur, dont les domestiques lui dirent qu'elle était dans un petit édifice en forme de dôme, qu'ils lui montrèrent, au milieu d'une cour très-spacieuse. En effet, cette tendre mère avait coutume d'aller passer la meilleure partie du jour et de la nuit dans cet édifice, qu'elle avait fait bâtir pour représenter le tombeau de Bedreddin Hassan, qu'elle croyait mort après l'avoir si longtemps attendu en vain. Elle y était alors occupée à pleurer ce cher fils, et Schemseddin Mohammed la trouva ensevelie dans une affliction mortelle.

« Il lui fit son compliment, et après l'avoir suppliée de suspendre ses larmes et ses gémissements, il lui apprit qu'il avait l'honneur d'être son beau-frère, et lui dit la raison qui l'avait obligé de partir du Caire et de venir à Balsora. »

En achevant ces mots, Scheherazade, voyant paraître le jour, cessa de poursuivre son récit; mais elle en reprit le fil de cette sorte sur la fin de la nuit suivante :

XCII NUIT.

« Schemseddin Mohammed, continua le vizir Giafar, après avoir instruit sa belle-sœur de tout ce qui s'était passé au Caire la nuit des noces de sa fille, après lui avoir conté la surprise que lui avait causée la découverte du cahier cousu dans le turban de Bedreddin, lui présenta Agib et Dame de Beauté.

« Quand la veuve de Noureddin Ali, qui était demeurée assise comme une femme qui ne prenait plus de part aux choses du monde, eut compris par le discours qu'elle venait d'entendre que le cher fils qu'elle regrettait tant pouvait vivre encore, elle se leva et embrassa très-étroitement Dame de Beauté et son petit Agib, en qui reconnaissant les traits de Bedreddin, elle versa des larmes d'une nature bien différente de celles qu'elle répandait depuis si longtemps. Elle ne pouvait se lasser de baiser ce jeune homme, qui, de son côté, recevait ses embrassements avec toutes les démonstrations de joie dont il était capable. « Madame, dit Schemseddin Mohammed, il est temps de finir vos regrets et d'essuyer vos larmes : il faut vous disposer à venir en Égypte avec nous. Le sultan de Balsora me permet de vous emmener, et je ne doute pas que vous n'y consentiez. J'espère que nous rencontrerons enfin votre fils mon neveu, et si cela arrive, son histoire, la vôtre, celle de ma fille et la mienne, mériteront d'être écrites pour être transmises à la postérité. »

« La veuve de Noureddin Ali écouta cette proposition avec plaisir, et fit travailler dès ce moment aux préparatifs de son départ. Pendant ce temps-là Schemseddin Mohammed demanda une seconde audience, et ayant pris congé du sultan, qui le renvoya comblé d'honneurs, avec un présent considérable pour lui et un autre plus riche pour le sultan d'Égypte, il partit de Balsora et reprit le chemin de Damas.

« Lorsqu'il fut près de cette ville, il fit dresser ses tentes hors de la porte par où il devait entrer, et dit qu'il y séjournerait trois jours pour faire reposer son équipage, et pour acheter ce qu'il trouverait de plus curieux et de plus digne d'être présenté au sultan d'Égypte.

« Pendant qu'il était occupé à choisir lui-même les plus belles étoffes que les principaux marchands avaient apportées sous ses tentes, Agib pria l'eunuque noir, son conducteur, de le mener promener dans la ville, disant qu'il souhaitait de voir les choses qu'il n'avait pas eu le temps de voir en passant, et qu'il serait bien aise aussi d'apprendre des nouvelles du pâtissier à qui il avait donné un coup de pierre. L'eunuque y consentit, marcha vers la ville avec lui, après en avoir obtenu la permission de sa mère, Dame de Beauté.

« Ils entrèrent dans Damas par la porte du Paradis, qui était la plus proche des tentes du vizir Schemseddin Mohammed. Ils parcoururent les grandes places, les lieux publics et couverts où se vendaient les marchandises les plus riches, et virent l'ancienne mosquée des Ommiades[1] dans le temps qu'on s'y assemblait pour faire la prière[2] d'entre le midi et le coucher du soleil. Ils passèrent ensuite devant la boutique de Bedreddin Hassan, qu'ils trouvèrent encore occupé à faire des tartes à la crème. « Je vous salue, lui dit Agib, regardez-moi. Vous souvenez-vous de m'avoir vu? » A ces mots, Bedreddin jeta les yeux sur lui, et, le reconnaissant, (ô surprenant effet de l'amour paternel!) il sentit la même émotion que la première fois : il se troubla, et au lieu de lui répondre, il demeura longtemps sans pouvoir proférer une seule parole. Néanmoins ayant rappelé ses esprits : « Mon petit seigneur, lui dit-il, faites-moi la grâce d'entrer encore une fois chez moi avec votre gouverneur ; venez goûter d'une tarte à la crème. Je vous supplie de me pardonner la peine que je vous fis en vous suivant hors de la ville : je ne me possédais pas, je ne savais ce que je

---

[1] La célèbre mosquée des Ommiades, l'un des plus beaux édifices de l'Asie, fut élevée par ordre du calife Walid Ier, qui en fit jeter les fondements sur les ruines de l'ancienne église de Saint-Jean-Baptiste. Douze mille ouvriers travaillèrent pendant quinze ans à ce magnifique édifice, et il coûta cinq millions six cent mille dinars (cinquante-six millions de francs). Les architectes les plus habiles des états du calife et de l'empire grec y furent employés. Six cents lampes suspendues par des chaînes d'or y répandaient un tel éclat qu'elles causaient aux musulmans des distractions; aussi furent-elles dans la suite remplacées par des lampes de fer.

[2] Cette prière se fait en tout temps, deux heures et demie avant le coucher du soleil. (*Galland.*)

faisais; vous m'entraîniez après vous sans que je pusse résister à une si douce violence. »

Scheherazade cessa de parler en cet endroit, parce qu'elle vit paraître le jour. Le lendemain elle reprit de cette manière la suite de son discours :

XCIII NUIT.

« Commandeur des croyants, poursuivit le vizir Giafar, Agib, étonné d'entendre ce que lui disait Bedreddin, répondit : « Il y a de l'excès dans l'amitié que vous me témoignez, et je ne veux point entrer chez vous que vous ne vous soyez engagé par serment à ne me pas suivre quand j'en serai sorti. Si vous me le promettez et que vous soyez homme de parole, je vous reviendrai voir encore demain, pendant que le vizir mon aïeul achètera de quoi faire présent au sultan d'Égypte. — Mon petit seigneur, reprit Bedreddin Hassan, je ferai tout ce que vous m'ordonnerez. » A ces mots, Agib et l'eunuque entrèrent dans la boutique.

« Bedreddin leur servit aussitôt une tarte à la crême, qui n'était pas moins délicate ni moins excellente que celle qu'il leur avait présentée la première fois. « Venez, lui dit Agib, asseyez-vous auprès de moi et mangez avec nous. » Bedreddin s'étant assis, voulut embrasser Agib pour lui marquer la joie qu'il avait de se voir à ses côtés ; mais Agib le repoussa en lui disant : « Tenez-vous en repos, votre amitié est trop vive. Contentez-vous de me regarder et de m'entretenir. » Bedreddin obéit et se mit à chanter une chanson dont il composa sur-le-champ les paroles à la louange d'Agib ; il ne mangea point, et ne fit autre chose que servir ses hôtes. Lorsqu'ils eurent achevé de manger, il leur présenta à laver et une serviette très-blanche pour s'essuyer les mains. Il prit ensuite un vase de sorbet [1],

et leur en prépara plein une grande porcelaine, où il mit de la neige fort propre. Puis, présentant la porcelaine au petit Agib : « Prenez, lui dit-il ; c'est un sorbet de rose, le plus délicieux qu'on puisse trouver dans toute cette ville ; jamais vous n'en avez goûté de meilleur. » Agib en ayant bu avec plaisir, Bedreddin Hassan reprit la porcelaine et la présenta aussi à l'eunuque, qui but à longs traits toute la liqueur jusqu'à la dernière goutte.

« Enfin Agib et son gouverneur, rassasiés, remercièrent le pâtissier de la bonne chère qu'il leur avait faite, et se retirèrent en diligence parce qu'il était déjà un peu tard. Ils arrivèrent sous les tentes de Schemseddin Mohammed, et allèrent d'abord à celle des dames. La grand'mère d'Agib fut ravie de le revoir, et comme elle avait toujours son fils Bedreddin dans l'esprit, elle ne put retenir ses larmes en embrassant Agib. « Ah ! mon fils, lui dit-elle, ma joie serait parfaite si j'avais le plaisir d'embrasser votre père Bedreddin Hassan comme je vous embrasse. » Elle se mettait

[1] Le sorbet, ou *scherbet*, comme prononcent les Arabes, est une boisson composée de jus de citron ou d'autres fruits, de sucre et d'eau, dans laquelle on fait dissoudre quelques pâtes parfumées.

alors à table pour souper; elle le fit asseoir auprès d'elle, lui fit plusieurs questions sur sa promenade, et en lui disant qu'il ne devait pas manquer d'appétit, elle lui servit un morceau d'une tarte à la crème qu'elle avait elle-même faite et qui était excellente, car on a déjà dit qu'elle les savait mieux faire que les meilleurs pâtissiers. Elle en présenta aussi à l'eunuque; mais ils avaient tellement mangé l'un et l'autre chez Bedreddin, qu'ils n'en pouvaient pas seulement goûter. »

Le jour, qui paraissait, empêcha Schéhérazade d'en dire davantage cette nuit; mais sur la fin de la suivante, elle continua son récit dans ces termes :

XCIV NUIT.

« Agib eut à peine touché au morceau de tarte à la crème qu'on lui avait servi, que, feignant de ne le pas trouver à son goût, il le laissa tout entier, et Schaban[1], c'est le nom de l'eunuque, fit la même chose. La veuve de Noureddin Ali s'aperçut avec chagrin du peu de cas que son petit-fils faisait de sa tarte. « Hé quoi ! mon fils, lui dit-elle, est-il possible que vous méprisiez ainsi l'ouvrage de mes propres mains ! Apprenez que personne au monde n'est capable de faire de si bonnes tartes à la crème, excepté votre père Bedreddin Hassan, à qui j'ai enseigné le grand art d'en faire de pareilles. — Ah ! ma bonne grand'mère, s'écria Agib, permettez-moi de vous dire que si vous n'en savez pas faire de meilleures, il y a un pâtissier dans cette ville qui vous surpasse dans ce grand art : nous venons d'en manger chez lui une qui vaut beaucoup mieux que celle-ci. »

« A ces paroles, la grand'mère regardant l'eunuque de travers : « Comment, Schaban, lui dit-elle avec colère, vous a-t-on commis la garde de mon petit-fils pour le mener manger chez des pâtissiers comme un gueux ? — Madame, répondit l'eunuque, il est bien vrai que nous nous sommes entretenus quelque temps avec un pâtissier ; mais nous n'avons pas mangé chez lui. — Pardonnez-moi, interrompit Agib, nous sommes entrés dans sa boutique, et nous y avons mangé d'une tarte à la crème. » La dame, plus irritée qu'auparavant contre l'eunuque, se leva de table assez brusquement, courut à la tente de Schemseddin Mohammed, qu'elle informa du

---

[1] Les mahométans donnent ordinairement ce nom aux eunuques noirs. (*Galland.*)

délit de l'eunuque, dans des termes plus propres à animer le vizir contre le délinquant qu'à lui faire excuser sa faute.

« Schemseddin Mohammed, qui était naturellement emporté, ne perdit pas une si belle occasion de se mettre en colère. Il se rendit à l'instant sous la tente de sa belle-sœur, et dit à l'eunuque : « Quoi ! malheureux, tu as la hardiesse d'abuser de la confiance que j'ai en toi ! » Schaban, quoique suffisamment convaincu par le témoignage d'Agib, prit le parti de nier encore le fait. Mais l'enfant soutenant toujours le contraire : « Mon grand-père, dit-il à Schemseddin Mohammed, je vous assure que nous avons si bien mangé l'un et l'autre, que nous n'avons pas besoin de souper. Le pâtissier nous a même régalés d'une grande porcelaine de sorbet. — Hé bien ! méchant esclave, s'écria le vizir en se tournant vers l'eunuque, après cela, ne veux-tu pas convenir que vous êtes entrés tous deux chez un pâtissier, et que vous y avez mangé ? » Schaban eut encore l'effronterie de jurer que cela n'était pas vrai. « Tu es un menteur, lui dit alors le vizir, je crois plutôt mon petit-fils que toi. Néanmoins, si tu peux manger toute cette tarte à la crème qui est sur cette table, je serai persuadé que tu dis la vérité. »

« Schaban, quoiqu'il en eût jusqu'à la gorge, se soumit à cette épreuve, et prit un morceau de la tarte à la crème ; mais il fut obligé de le retirer de sa bouche, car le cœur lui souleva. Il ne laissa pas pourtant de mentir encore, en disant qu'il avait tant mangé le jour précédent, que l'appétit ne lui était pas encore revenu. Le vizir, irrité de tous les mensonges de l'eunuque, et convaincu qu'il était coupable, le fit coucher par terre et

commanda qu'on lui donnât la bastonnade. Le malheureux poussa de grands cris en souffrant ce châtiment et confessa la vérité. « Il est vrai, s'écria-t-il, que nous avons mangé une tarte à la crême chez un pâtissier, et elle était cent fois meilleure que celle qui est sur cette table. »

« La veuve de Noureddin Ali crut que c'était par dépit contre elle et pour la mortifier que Schaban louait la tarte du pâtissier; c'est pourquoi s'adressant à lui : « Je ne puis croire, dit-elle, que les tartes à la crême de ce pâtissier soient plus excellentes que les miennes. Je veux m'en éclaircir; tu sais où il demeure, va chez lui et m'apporte une tarte à la crême tout à l'heure. » En parlant ainsi, elle fit donner de l'argent à l'eunuque pour acheter la tarte, et il partit. Étant arrivé à la boutique de Bedreddin : « Bon pâtissier, lui dit-il, tenez, voilà de l'argent, donnez-moi une tarte à la crême, une de nos dames souhaite d'en goûter. » Il y en avait alors de toutes chaudes; Bedreddin choisit la meilleure, et la donnant à l'eunuque : « Prenez celle-ci, dit-il, je vous la garantis excellente, et je puis vous assurer que personne au monde n'est capable d'en faire de semblables, si ce n'est ma mère, qui vit peut-être encore. »

« Schaban revint en diligence sous les tentes avec sa tarte à la crême. Il la présenta à la veuve de Noureddin, qui la prit avec empressement. Elle en rompit un morceau pour le manger; mais elle ne l'eut pas plus tôt porté à sa bouche qu'elle fit un grand cri et qu'elle tomba évanouie. Schemseddin Mohammed, qui était présent, fut extrêmement étonné de cet accident. Il jeta de l'eau lui-même au visage de sa belle-sœur, et s'empressa fort à la secourir. Dès qu'elle fut revenue de sa faiblesse : « O Dieu ! s'écria-t-elle, il faut que ce soit mon fils, mon cher fils Bedreddin, qui ait fait cette tarte. »

La clarté du jour, en cet endroit, vint imposer silence à Scheherazade. Le sultan des Indes se leva pour faire sa prière et alla tenir son conseil, et, la nuit suivante, la sultane poursuivit ainsi l'histoire de Bedreddin Hassan :

XCV NUIT.

« Quand le vizir Schemseddin Mohammed eut entendu dire à sa belle-sœur qu'il fallait que ce fût Bedreddin Hassan qui eût fait la tarte à la crême que l'eunuque venait d'apporter, il sentit une joie inconcevable; mais venant à faire réflexion que cette joie était sans fondement, et que, selon toutes les apparences, la conjecture de la veuve de Noureddin devait être fausse, il lui dit : « Mais, madame, pourquoi avez-vous cette opinion? Ne se peut-il pas trouver un pâtissier au monde qui sache aussi bien faire des tartes à la crême que votre fils ? — Je conviens, répondit-elle, qu'il y a peut-être des pâtissiers capables d'en faire d'aussi bonnes; mais comme je les fais d'une manière toute singulière, et que nul autre que mon fils n'a ce secret, il faut absolument que ce soit lui qui ait fait celle-ci. Réjouissons-nous, mon frère, ajouta-t-elle avec transport, nous avons enfin trouvé ce que nous cherchons et désirons depuis si longtemps. — Madame, répliqua le vizir, modérez, je vous prie, votre impatience; nous saurons bientôt ce que nous devons en penser. Il n'y a qu'à faire venir ici le pâtissier. Si c'est Bedreddin Hassan, vous le reconnaîtrez bien, ma fille et vous. Mais il faut que vous vous cachiez toutes deux, et que vous le voyez sans qu'il vous voie, car je ne veux pas que notre reconnaissance se fasse à Damas. J'ai dessein de la prolonger jusqu'à ce que nous soyons de retour au Caire, où je me propose de vous donner un avertissement très-agréable. »

« En achevant ces paroles, il laissa les dames sous leur tente et se rendit sous la sienne. Là, il fit venir cinquante de ses gens, et leur dit : « Prenez chacun un bâton et suivez Schaban, qui va vous conduire chez un pâtissier de cette ville. Lorsque vous y serez arrivés, rompez, brisez tout ce que vous trouverez dans sa boutique. S'il vous demande pourquoi vous faites ce désordre, demandez-lui seulement si ce n'est pas lui qui a fait la tarte à la crême qu'on a été prendre chez lui. S'il vous répond que oui, saisissez-vous de sa personne, liez-le bien et me l'amenez ; mais gardez-vous de le frapper ni de lui faire le moindre mal. Allez, et ne perdez pas de temps. »

« Le vizir fut promptement obéi ; ses gens, armés de bâtons et conduits par l'eunuque noir, se rendirent en diligence chez Bedreddin Hassan, où ils mirent en pièces les plats, les chaudrons, les casseroles, les tables et tous les autres meubles et ustensiles qu'ils trouvèrent, et inondèrent sa boutique de sorbet, de crême et de confitures. A ce spectacle, Bedreddin Hassan, fort étonné, leur dit d'un ton de voix pitoyable : « Hé ! bonnes gens, pourquoi me traitez-vous de la sorte ? De quoi s'agit-il ? Qu'ai-je fait ? —N'est-ce pas vous, dirent-ils, qui avez fait la tarte à la crême que vous avez vendue à l'eunuque que vous voyez ? — Oui, c'est moi-même, répondit-il : qu'y trouve-t-on à dire ? Je défie qui que ce soit d'en faire une meilleure. » Au lieu de lui repartir, ils continuèrent de briser tout, et le four même ne fut pas épargné.

« Cependant les voisins étant accourus au bruit, et fort surpris de voir cinquante hommes armés commettre un pareil désordre, demandaient le sujet d'une si grande violence, et Bedreddin, encore une fois, dit à ceux qui la lui faisaient : « Apprenez-moi, de grâce, quel crime je puis avoir commis, pour rompre et briser ainsi tout ce qu'il y a chez moi ? — N'est-ce pas vous, répondirent-ils, qui avez fait la tarte à la crême que vous avez vendue à cet eunuque ? — Oui, oui, c'est moi, repartit-il ; je soutiens qu'elle est bonne, et je ne mérite pas ce traitement injuste que vous me faites. Ils se saisirent de sa personne sans l'écouter, et après lui avoir arraché la toile de son turban, ils s'en servirent pour lui lier les mains derrière le dos, puis, le tirant par force de sa boutique, ils commencèrent à l'emmener.

« La populace qui s'était assemblée là, touchée de compassion pour Bedreddin, prit son parti et voulut s'opposer au dessein des gens de Schemseddin Mohammed ; mais il survint en ce moment des officiers du gouver-

neur de la ville, qui écartèrent le peuple et favorisèrent l'enlèvement de Bedreddin, parce que Schemseddin Mohammed était allé chez le gouverneur de Damas, pour l'informer de l'ordre qu'il avait donné et pour lui demander main forte, et ce gouverneur, qui commandait sur toute la Syrie au nom du sultan d'Égypte, n'avait eu garde de rien refuser au vizir de son maître. On entraînait donc Bedreddin malgré ses cris et ses larmes. »

Scheherazade n'en put dire davantage à cause du jour qu'elle vit paraître. Mais le lendemain elle reprit sa narration, et dit au sultan des Indes :

XCVI NUIT.

Sire, le vizir Giafar continuant de parler au calife : « Bedreddin Hassan, dit-il, avait beau demander en chemin, aux personnes qui l'emmenaient, ce que l'on avait trouvé dans sa tarte à la crème, on ne lui répondait rien. Enfin il arriva sous les tentes, où on le fit attendre jusqu'à ce que Schemseddin Mohammed fût revenu de chez le gouverneur de Damas.

« Le vizir, étant de retour, demanda des nouvelles du pâtissier. On le lui amena. « Seigneur, lui dit Bedreddin, les larmes aux yeux, faites-moi la grâce de me dire en quoi je vous ai offensé. — Ah ! malheureux, répondit le vizir, n'est-ce pas toi qui as fait la tarte à la crème que tu m'as envoyée ? — J'avoue que c'est moi, repartit Bedreddin : quel crime ai-je commis en cela ? — Je te châtierai comme tu le mérites, répliqua Schemseddin Mohammed, et il t'en coûtera la vie pour avoir fait une si méchante tarte. — Hé ! bon Dieu, s'écria Bedreddin, qu'est-ce que j'entends ! Est-ce un crime digne de mort d'avoir fait une méchante tarte à la crème ? — Oui, dit le vizir, et tu ne dois pas attendre de moi un autre traitement. »

« Pendant qu'ils s'entretenaient ainsi tous deux, les dames, qui s'étaient cachées, observaient avec attention Bedreddin, qu'elles n'eurent pas de peine à reconnaître malgré le long temps qu'elles ne l'avaient vu. La joie qu'elles en eurent fut telle qu'elles en tombèrent évanouies. Quand elles furent revenues de leur évanouissement elles voulaient s'aller jeter au cou de Bedreddin; mais la parole qu'elles avaient donnée au vizir de ne se point montrer l'emporta sur les plus tendres mouvements de la nature.

« Comme Schemseddin Mohammed avait résolu de partir cette même nuit, il fit plier les tentes et préparer les voitures pour se mettre en marche, et à l'égard de Bedreddin, il ordonna qu'on le mît dans une caisse bien fermée et qu'on le chargeât sur un chameau. D'abord que tout fut prêt pour le départ, le vizir et les gens de sa suite se mirent en chemin. Ils marchèrent le reste de la nuit et le jour suivant sans se reposer. Ils ne s'arrêtèrent qu'à l'entrée de la nuit. Alors on tira Bedreddin Hassan de la caisse pour lui faire prendre de la nourriture; mais on eut soin de le tenir éloigné de sa mère et de sa femme, et pendant vingt jours que dura le voyage, on le traita de la même manière.

« En arrivant au Caire, on campa aux environs de la ville par ordre du vizir Schemseddin Mohammed, qui se fit amener Bedreddin, devant lequel il dit à un charpentier qu'il avait fait venir : « Va chercher du bois et dresse promptement un poteau. — Hé! seigneur, dit Bedreddin, que prétendez-vous faire de ce poteau? — T'y attacher, repartit le vizir, et te faire ensuite promener par tous les quartiers de la ville, afin qu'on voie en ta personne un indigne pâtissier qui fait des tartes à la crême sans y mettre de poivre. » A ces mots, Bedreddin Hassan s'écria d'une manière si plaisante, que Schemseddin Mohammed eut bien de la peine à garder son sérieux : « Grand Dieu, c'est donc pour n'avoir pas mis de poivre dans une tarte à la crême qu'on veut me faire souffrir une mort aussi cruelle qu'ignominieuse ! »

En achevant ces mots, Scheherazade, remarquant qu'il était jour, se tut, et Schahriar se leva en riant de tout son cœur de la frayeur de Bedreddin, et fort curieux d'entendre la suite de cette histoire, que la sultane reprit de cette sorte le lendemain, avant le jour :

XCVII NUIT.

Sire, le calife Haroun Alraschid, malgré sa gravité, ne put s'empêcher de rire quand le vizir Giafar lui dit que Schemseddin Mohammed menaçait de faire mourir Bedreddin pour n'avoir pas mis de poivre dans la tarte à la crème qu'il avait vendue à Schaban. « Hé quoi ! disait Bedreddin, faut-il qu'on ait tout rompu et brisé dans ma maison, qu'on m'ait emprisonné dans une caisse, et qu'enfin on s'apprête à m'attacher à un poteau, et tout cela parce que je ne mets pas de poivre dans une tarte à la crème ! Hé ! grand Dieu, qui a jamais ouï parler d'une pareille chose ? Sont-ce là des actions de musulmans, de personnes qui font profession de probité, de justice, et qui pratiquent toutes sortes de bonnes œuvres ? » En disant cela il fondait en larmes ; puis, recommençant ses plaintes : « Non, reprenait-il, jamais personne n'a été traité si injustement ni si rigoureusement. Est-il possible qu'on soit capable d'ôter la vie à un homme pour n'avoir pas mis de poivre dans une tarte à la crème ? Que maudites soient toutes les tartes à la crème, aussi bien que l'heure où je suis né ! Plût à Dieu que je fusse mort en ce moment ! »

Le désolé Bedreddin ne cessa de se lamenter, et lorsqu'on apporta le poteau et les clous pour l'y clouer, il poussa de grands cris à ce spectacle terrible. « O ciel, dit-il, pouvez-vous souffrir que je meure d'un trépas infâme et douloureux ! et cela pour quel crime ? Ce n'est pas pour avoir volé ni pour avoir tué, ni pour avoir renié ma religion : c'est pour n'avoir pas mis de poivre dans une tarte à la crème. »

Comme la nuit était alors déjà assez avancée, le vizir Schemseddin Mohammed fit remettre Bedreddin dans sa caisse et lui dit : « Demeure là jusqu'à demain ; le jour ne se passera pas que je ne te fasse mourir. » On emporta la caisse et l'on en chargea le chameau qui l'avait apportée depuis Damas. On chargea en même temps tous les autres chameaux, et le vizir étant remonté à cheval, fit marcher devant lui le chameau qui portait son neveu, et entra dans la ville, suivi de tout son équipage. Après avoir passé plusieurs rues où personne ne parut parce que tout le monde s'était retiré, il se rendit à son hôtel, où il fit décharger la caisse, avec défense de l'ouvrir que lorsqu'il l'ordonnerait.

Tandis qu'on déchargeait les autres chameaux, il prit en particulier la mère de Bedreddin Hassan et sa fille, et s'adressant à la dernière : « Dieu soit loué, lui dit-il, ma fille, de ce qu'il nous a fait si heureusement ren-

contrer votre cousin et votre mari ! Vous vous souvenez bien, apparemment, de l'état où était votre chambre la première nuit de vos noces. Allez, faites-y mettre toutes choses comme elles étaient alors. Si pourtant vous ne vous en souveniez pas, je pourrais y suppléer par l'écrit que j'en ai fait faire. De mon côté, je vais donner ordre au reste. »

Dame de beauté alla exécuter avec joie ce que venait de lui ordonner son père, qui commença aussi à disposer toutes choses dans la salle, de la même manière qu'elles étaient lorsque Bedreddin Hassan s'y était trouvé avec le palefrenier bossu du sultan d'Égypte. A mesure qu'il lisait l'écrit, ses domestiques mettaient chaque meuble à sa place. Le trône ne fut pas oublié, non plus que les bougies allumées. Quand tout fut préparé dans la salle, le vizir entra dans la chambre de sa fille, où il posa l'habillement de Bedreddin avec la bourse de sequins. Cela étant fait, il dit à Dame de Beauté : « Déshabillez-vous, ma fille, et vous couchez. Dès que Bedreddin sera entré dans cette chambre, plaignez-vous de ce qu'il a été dehors longtemps, et lui dites que vous avez été bien étonnée en vous réveillant de ne pas le trouver auprès de vous. Pressez-le de se remettre au lit, et demain matin vous nous divertirez, madame votre belle-mère et moi, en nous rendant compte de ce qui se sera passé entre vous et lui cette nuit. » A ces mots, il sortit de l'appartement de sa fille, et lui laissa la liberté de se coucher. »

Scheherazade voulait poursuivre son récit, mais le jour, qui commença à paraître, l'en empêcha.

XCVIII NUIT.

Sur la fin de la nuit suivante, le sultan des Indes, qui avait une extrême impatience d'apprendre comment se dénouerait l'histoire de Bedreddin, réveilla lui-même Scheherazade et l'avertit de la continuer, ce qu'elle fit dans ces termes : « Schemseddin Mohammed, dit le vizir Giafar au calife, fit sortir de la salle tous les domestiques qui y étaient, et leur ordonna de s'éloigner, à la réserve de deux ou trois qu'il fit demeurer. Il les chargea d'aller tirer Bedreddin hors de la caisse, de le mettre en chemise et en caleçon, de le conduire en cet état dans la salle, de l'y laisser tout seul, et d'en fermer la porte.

« Bedreddin Hassan, quoique accablé de douleur, s'était endormi pendant tout ce temps-là, si bien que les domestiques du vizir l'eurent plus tôt tiré de la caisse, mis en chemise et en caleçon, qu'il ne fut réveillé, et ils le transportèrent dans la salle si brusquement, qu'ils ne lui donnèrent pas le loisir de se reconnaître. Quand il se vit seul dans la salle, il promena sa vue de toutes parts, et les choses qu'il voyait rappelant dans sa mémoire le souvenir de ses noces, il s'aperçut avec étonnement que c'était la même salle où il avait vu le palefrenier bossu. Sa surprise augmenta encore lorsque, s'étant approché doucement de la porte d'une chambre qu'il trouva ouverte, il vit dedans son habillement au même endroit où il se souvenait de l'avoir mis la nuit de ses noces. « Bon Dieu, dit-il en se frottant les yeux, suis-je endormi? suis-je éveillé? »

« Dame de Beauté, qui l'observait, après s'être divertie de son étonnement, ouvrit tout à coup les rideaux de son lit, et avançant la tête : « Mon cher seigneur, lui dit-elle d'un ton assez tendre, que faites-vous à la porte? Venez vous recoucher. Vous avez demeuré dehors bien longtemps. J'ai été fort surprise en me réveillant de ne vous pas trouver à mes côtés. » Bedreddin Hassan changea de visage lorsqu'il reconnut que la dame qui lui parlait était cette charmante personne avec laquelle il se souvenait d'avoir couché. Il entra dans la chambre, mais au lieu d'aller au lit, comme il était plein des idées de tout ce qui lui était arrivé depuis dix ans, et qu'il ne pouvait se persuader que tous ces événements se fussent passés en une seule nuit, il s'approcha de la caisse où étaient ses habits et la bourse de sequins, et après les avoir examinés avec beaucoup d'attention : « Par le grand Dieu vivant, s'écria-t-il, voilà des choses que je ne puis comprendre! » La dame, qui prenait plaisir à voir son embarras, lui dit : « Encore une fois, seigneur, venez vous remettre au lit. A quoi vous amusez-vous? » A ces paroles il s'avança vers Dame de Beauté. « Je vous supplie, madame, lui dit-il, de m'apprendre s'il y a longtemps que je suis auprès de vous? — La question me surprend, répondit-elle :

est-ce que vous ne vous êtes pas levé d'auprès de moi tout à l'heure? Il faut que vous ayez l'esprit bien préoccupé. — Madame, reprit Bedreddin, je ne l'ai assurément pas fort tranquille. Je me souviens, il est vrai, d'avoir été près de vous; mais je me souviens aussi d'avoir, depuis, demeuré dix ans à Damas. Si j'ai en effet couché cette nuit avec vous, je ne puis pas en avoir été éloigné si longtemps. Ces deux choses sont opposées. Dites-moi, de grâce, ce que j'en dois penser : si mon mariage avec vous est une illusion, ou si c'est un songe que mon absence. — Oui, seigneur, repartit Dame de Beauté, vous avez rêvé sans doute que vous avez été à Damas. — Il n'y a donc rien de si plaisant, s'écria Bedreddin en faisant un éclat de rire. Je suis assuré, madame, que ce songe va vous paraître très-réjouissant. Imaginez-vous, s'il vous plaît, que je me suis trouvé à la porte de Damas en chemise et en caleçon, comme je suis en ce moment; que je suis entré dans la ville aux huées d'une populace qui me suivait en m'insultant; que je me suis sauvé chez un pâtissier, qui m'a adopté, m'a appris son métier et m'a laissé tous ses biens en mourant; qu'après sa mort j'ai tenu sa boutique. Enfin, madame, il m'est arrivé une infinité d'autres aventures qui seraient trop longues à raconter, et tout ce que je puis vous dire, c'est que je n'ai pas mal fait de m'éveiller, sans cela on m'allait clouer à un poteau. — Et pour quel sujet, dit Dame de Beauté en faisant l'étonnée, voulait-on vous traiter si cruellement? Il fallait donc que vous eussiez commis un crime énorme. — Point du tout, répondit Bedreddin, c'était pour la chose du monde la plus bizarre et la plus ridicule. Tout mon crime était d'avoir vendu une tarte à la crème, où je n'avais pas mis de poivre. — Ah! pour cela, dit Dame de Beauté en riant de toute sa force, il faut avouer qu'on vous faisait une horrible injustice. — Oh! madame, répliqua-t-il, ce n'est pas tout encore : pour cette maudite tarte à la crème, où l'on me reprochait de n'avoir pas mis de poivre, on avait tout rompu et brisé dans ma boutique, on m'avait lié avec des cordes et enfermé dans une caisse, où j'étais si étroitement qu'il me semble que je m'en sens encore. Enfin on avait fait venir un charpentier et on lui avait commandé de dresser un poteau pour me pendre. Mais Dieu soit béni de ce que tout cela n'est qu'un ouvrage de sommeil! »

Scheherazade, en cet endroit apercevant le jour, cessa de parler. Schahriar ne put s'empêcher de rire de ce que Bedreddin Hassan avait pris une chose réelle pour un songe : Il faut convenir, dit-il, que cela est très-plaisant, et je suis persuadé que le lendemain le vizir Schemseddin Mohammed et sa belle-sœur s'en divertirent extrêmement. — Sire, répondit la sultane, c'est ce que j'aurai l'honneur de vous raconter la nuit prochaine, si votre majesté veut bien me laisser vivre jusqu'à ce temps-là. Le sultan des Indes se leva sans rien répliquer à ces paroles, mais il était fort éloigné d'avoir une autre pensée.

XCIX NUIT.

Scheherazade, réveillée avant le jour, reprit ainsi la parole : Sire, Bedreddin ne passa pas tranquillement la nuit; il se réveillait de temps en temps, et se demandait à lui-même s'il rêvait ou s'il était réveillé. Il se défiait de son bonheur, et cherchant à s'en assurer, il ouvrait les rideaux et parcourait des yeux toute la chambre. « Je ne me trompe pas, disait-il, voilà la même chambre où je suis entré à la place du bossu, et je suis couché avec la belle dame qui lui était destinée. » Le jour, qui paraissait, n'avait pas encore dissipé son inquiétude, lorsque le vizir Schemseddin Mohammed, son oncle, frappa à la porte, et entra presque en même temps pour lui donner le bonjour.

Bedreddin Hassan fut dans une surprise extrême de voir paraître subitement un homme qu'il connaissait si bien, mais qui n'avait plus l'air de ce juge terrible qui avait prononcé l'arrêt de sa mort. « Ah! c'est donc vous, s'écria-t-il, qui m'avez traité si indignement et condamné à une mort qui me fait encore horreur, pour une tarte à la crème où je n'avais pas mis de poivre? » Le vizir se prit à rire, et pour le tirer de peine, lui conta comment, par le ministère d'un génie, car le récit du bossu lui avait fait soupçonner l'aventure, il s'était trouvé chez lui et avait épousé sa fille à la place du palefrenier du sultan. Il lui apprit ensuite que c'était par un cahier écrit de la main de Noureddin Ali qu'il avait découvert qu'il était son neveu, et enfin il lui dit qu'en conséquence de cette découverte il était parti du Caire, et était allé jusqu'à Balsora pour le chercher et apprendre de ses nouvelles. « Mon cher neveu, ajouta-t-il en l'embrassant avec beaucoup de tendresse, je vous demande pardon de tout ce que je vous ai fait souffrir depuis que je vous ai reconnu. J'ai voulu vous ramener chez moi avant que de vous apprendre votre bonheur, que vous devez retrouver d'autant plus charmant qu'il vous a coûté plus de peines. Consolez-vous de toutes vos afflictions par la joie de vous voir rendu aux personnes qui vous doivent être les plus chères. Pendant que vous vous habillerez, je vais avertir madame votre mère, qui est dans une grande impatience de vous embrasser, et je vous amènerai votre fils, que vous avez vu à Damas, et pour qui vous vous êtes senti tant d'inclination sans le connaître. »

Il n'y a pas de paroles assez énergiques pour bien exprimer quelle fut la joie de Bedreddin lorsqu'il vit sa mère et son fils Agib. Ces trois personnes ne cessaient de s'embrasser et de faire paraître tous les transports que le sang et la plus vive tendresse peuvent inspirer. La mère dit les choses du monde les plus touchantes à Bedreddin : elle lui parla de la douleur que lui avait causée une si longue absence et des pleurs qu'elle avait versés. Le petit Agib, au lieu de fuir, comme à Damas, les embrassements de son père, ne cessait point de les recevoir, et Bedreddin Hassan, partagé entre deux objets si dignes de son amour, ne croyait pas leur pouvoir donner assez de marques de son affection.

Pendant que ces choses se passaient chez Schemseddin Mohammed, ce vizir était allé au palais, rendre compte au sultan de l'heureux succès de son voyage. Le sultan fut si charmé du récit de cette merveilleuse histoire, qu'il la fit écrire pour être conservée soigneusement dans les archives du royaume. Aussitôt que Schemseddin Mohammed fut de retour au logis, comme il avait fait préparer un superbe festin, il se mit à table avec toute sa famille, et toute sa maison passa la journée dans de grandes réjouissances.

Le vizir Giafar ayant ainsi achevé l'histoire de Bedreddin Hassan, dit au calife Haroun Alraschid : « Commandeur des croyants, voilà ce que j'avais à raconter à votre majesté. » Le calife trouva cette histoire si surprenante qu'il accorda sans hésiter la grâce de l'esclave Rihan, et pour consoler le jeune homme de la douleur qu'il avait de s'être privé lui-même malheureusement d'une femme qu'il aimait beaucoup, ce prince le maria avec une de ses esclaves, le combla de biens et le chérit jusqu'à sa mort.... Mais, sire, ajouta Scheherazade, remarquant que le jour commençait à paraître, quelque agréable que soit l'histoire que je viens de raconter, j'en sais une autre qui l'est encore davantage. Si votre majesté souhaite de l'entendre la nuit prochaine, je suis assurée qu'elle en demeurera d'accord. Schahriar se leva sans rien dire et fort incertain de ce qu'il avait à faire : La bonne sultane, dit-il en lui-même, raconte de fort longues histoires, et quand une fois elle en a commencé une, il n'y a pas moyen de refuser de l'entendre tout entière. Je ne sais si je ne devrais pas la faire mourir aujourd'hui ; mais non : ne précipitons rien. L'histoire dont elle me fait fête est peut-être encore plus divertissante que toutes celles qu'elle m'a racontées jusqu'ici ; il ne faut pas que je me prive du plaisir de l'entendre ; après qu'elle m'en aura fait le récit, j'ordonnerai sa mort.

C NUIT.

Dinarzade ne manqua pas de réveiller avant le jour la sultane des Indes, laquelle, après avoir demandé à Schahriar la permission de commencer l'histoire qu'elle avait promis de raconter, prit ainsi la parole :

HISTOIRE

DU PETIT BOSSU.

Il y avait autrefois à Casgar, aux extrémités de la Grande-Tartarie, un tailleur qui avait une très-belle femme qu'il aimait beaucoup et dont il était aimé de même. Un jour, qu'il travaillait, un petit bossu vint s'asseoir à l'entrée de sa boutique et se mit à chanter en jouant du tambour de basque. Le tailleur prit plaisir à l'entendre et résolut de l'emmener dans sa maison pour réjouir sa femme. « Avec ses chansons plaisantes, disait-il, il nous divertira tous deux ce soir. » Il lui en fit la proposition, et le bossu l'ayant acceptée, il ferma sa boutique et le mena chez lui.

Dès qu'ils y furent arrivés, la femme du tailleur, qui avait déjà mis le couvert, parce qu'il était temps de souper, servit un bon plat de poisson qu'elle avait préparé. Ils se mirent tous trois à table ; mais en mangeant, le bossu avala, par malheur, une grosse arête ou un os, dont il mourut en peu de moments, sans que le tailleur et sa femme y pussent remédier. Ils furent l'un et l'autre d'autant plus effrayés de cet accident, qu'il était arrivé chez eux et qu'ils avaient sujet de craindre que, si la justice venait à le savoir, on ne les punît comme des assassins. Le mari, néanmoins, trouva un expédient pour se défaire du corps mort. Il fit réflexion qu'il demeurait dans le voisinage un médecin juif, et là-dessus ayant formé un projet, pour commencer à l'exécuter, sa femme et lui prirent le bossu, l'un par les pieds et l'autre par la tête, et le portèrent jusqu'au logis du médecin. Ils frappèrent à sa porte, où aboutissait un escalier très-raide par où l'on montait à sa chambre; une servante descend aussitôt même, sans lumière, ouvre, et demande ce qu'ils souhaitent. « Remontez, s'il vous plaît, répondit le tailleur, et dites à votre maître que nous lui amenons un homme bien malade pour qu'il lui ordonne quelque remède. Tenez, ajouta-t-il en lui mettant en main une pièce d'argent, donnez-lui cela par avance, afin qu'il soit persuadé que nous n'avons pas dessein de lui faire perdre sa peine. » Pendant que la servante remonta pour faire part au médecin juif d'une si bonne nouvelle, le tailleur et sa femme portèrent promptement le corps du bossu au haut de l'escalier, le laissèrent là, et retournèrent chez eux en diligence.

Cependant la servante ayant dit au médecin qu'un homme et une femme l'attendaient à la porte et le priaient de descendre pour voir un malade qu'ils avaient amené, et lui ayant remis entre les mains l'argent qu'elle avait reçu, il se laissa transporter de joie; se voyant payé d'avance, il crut que c'était une bonne pratique qu'on lui amenait et qu'il ne fallait pas négliger. « Prends vite de la lumière, dit-il à la servante, et suis-moi. » En disant cela il s'avança vers l'escalier avec tant de précipitation, qu'il n'attendit point qu'on l'éclairât, et venant à rencontrer le bossu, il lui donna du pied dans les côtes si rudement qu'il le fit rouler jusqu'au bas de l'escalier. Peu s'en fallut qu'il ne tombât et ne roulât avec lui. « Apporte donc vite de la lumière, cria-t-il à sa servante. » Enfin elle arriva; il

descendit avec elle, et trouvant que ce qui avait roulé était un homme mort, il fut tellement effrayé de ce spectacle, qu'il invoqua Moïse, Aaron, Josué, Esdras et tous les autres prophètes de sa loi. « Malheureux que je suis! disait-il, pourquoi ai-je voulu descendre sans lumière? J'ai achevé de tuer ce malade qu'on m'avait amené. Je suis cause de sa mort, et si le bon âne d'Esdras ne vient à mon secours, je suis perdu. Hélas! on va bientôt me tirer de chez moi comme un meurtrier. »

Malgré le trouble qui l'agitait, il ne laissa pas d'avoir la précaution de fermer sa porte, de peur que par hasard quelqu'un venant à passer par la rue, ne s'aperçût du malheur dont il se croyait la cause. Il prit ensuite le cadavre, le porta dans la chambre de sa femme, qui faillit à s'évanouir quand elle le vit entrer avec cette fatale charge. « Ah! c'est fait de nous, s'écria-t-elle, si nous ne trouvons moyen de mettre cette nuit, hors de chez nous, ce corps mort! Nous perdrons indubitablement la vie si nous le gardons jusqu'au jour. Quel malheur! Comment avez-vous donc fait pour tuer cet homme? — Il ne s'agit point de cela, repartit le juif; il s'agit de trouver un remède à un mal si pressant.... » Mais, sire, dit Scheherazade en s'interrompant en cet endroit, je ne fais pas réflexion qu'il est jour. A ces mots elle se tut, et la nuit suivante elle poursuivit de cette sorte l'histoire du petit bossu :

CI NUIT.

Le médecin et sa femme délibérèrent ensemble sur le moyen de se délivrer du corps mort pendant la nuit. Le médecin eut beau rêver, il ne trouva nul stratagème pour sortir d'embarras; mais sa femme, plus fertile en inventions, dit : « Il me vient une pensée; portons ce cadavre sur la terrasse de notre logis, et le jetons, par la cheminée, dans la maison du musulman notre voisin. »

Ce musulman était un des pourvoyeurs du sultan : il était chargé du soin de fournir l'huile, le beurre et toute sorte de graisses. Il avait chez lui son magasin, où les rats et les souris faisaient un grand dégât.

Le médecin juif ayant approuvé l'expédient proposé, sa femme et lui prirent le bossu, le portèrent sur le toit de leur maison, et après lui avoir passé des cordes sous les aisselles, ils le descendirent par la cheminée dans la chambre du pourvoyeur, si doucement qu'il demeura planté sur ses pieds contre le mur, comme s'il eût été vivant. Lorsqu'ils le sentirent en bas, ils retirèrent les cordes et le laissèrent dans l'attitude que je viens de dire. Ils étaient à peine descendus et rentrés dans leur chambre, quand le pourvoyeur entra dans la sienne. Il revenait d'un festin de noces auquel il avait été invité ce soir-là, et il avait une lanterne à la main. Il fut assez surpris de voir, à la faveur de sa lumière, un homme debout dans sa cheminée; mais comme il était naturellement courageux et qu'il s'imagina que c'était un voleur, il se saisit d'un gros bâton, avec quoi courant droit au bossu : « Ah! ah! lui dit-il, je m'imaginais que c'étaient les rats et les souris qui mangeaient mon beurre et mes graisses, et c'est toi qui descends par la cheminée pour me voler! Je ne crois pas qu'il te reprenne jamais envie d'y revenir. » En achevant ces mots, il frappe le bossu et lui

donne plusieurs coups de bâton. Le cadavre tombe le nez contre terre. Le pourvoyeur redouble ses coups; mais remarquant enfin que le corps qu'il frappe est sans mouvement, il s'arrête pour le considérer. Alors voyant que c'était un cadavre, la crainte commença de succéder à la colère. « Qu'ai-je fait, misérable! dit-il : je viens d'assommer un homme. Ah! j'ai porté trop loin ma vengeance! Grand Dieu, si vous n'avez pitié de moi, c'est fait de ma vie. Maudites soient mille fois les graisses et les huiles qui sont cause que j'ai commis une action si criminelle! » Il demeura pâle et défait. Il croyait déjà voir les ministres de la justice qui le traînaient au supplice, et il ne savait quelle résolution il devait prendre.

L'aurore, qui paraissait, obligea Scheherazade à mettre fin à son discours; mais elle en reprit le fil sur la fin de la nuit suivante, et dit au sultan des Indes :

CII NUIT.

Sire, le pourvoyeur du sultan de Casgar, en frappant le bossu, n'avait pas pris garde à sa bosse. Lorsqu'il s'en aperçut, il fit des imprécations contre lui. « Maudit bossu, s'écria-t-il, chien de bossu, plût à Dieu que tu m'eusses volé toutes mes graisses et que je ne t'eusse point trouvé ici ! je ne serais pas dans l'embarras où je suis pour l'amour de toi et de ta vilaine bosse. Étoiles qui brillez aux cieux, ajouta-t-il, n'ayez de lumière que pour moi dans un danger si évident ! » En disant ces paroles, il chargea le bossu sur ses épaules, sortit de sa chambre, alla jusqu'au bout de la rue, où, l'ayant posé debout et appuyé contre une boutique, il reprit le chemin de sa maison sans regarder derrière lui.

Quelques moments avant le jour, un marchand chrétien, qui était fort riche et qui fournissait au palais du sultan la plupart des choses dont on y avait besoin, après avoir passé la nuit en débauche, s'avisa de sortir de chez lui pour aller au bain. Quoiqu'il fût ivre, il ne laissa pas de remarquer que la nuit était fort avancée et qu'on allait bientôt appeler à la prière de la pointe du jour : c'est pourquoi, précipitant ses pas, il se hâtait d'arriver au bain, de peur que quelque musulman, en allant à la mosquée, ne le rencontrât et ne le menât en prison comme un ivrogne. Néanmoins, quand il fut au bout de la rue, il s'arrêta, pour quelque besoin, contre la boutique où le pourvoyeur du sultan avait mis le corps du bossu, lequel, venant à être ébranlé, tomba sur le dos du marchand, qui, dans la pensée que c'était un voleur qui l'attaquait, le renversa par terre d'un coup de poing qu'il lui déchargea sur la tête : il lui en donna beaucoup d'autres ensuite et se mit à crier au voleur.

Le garde du quartier vint à ses cris, et voyant que c'était un chrétien qui maltraitait un musulman (car le bossu était de notre religion) : « Quel sujet avez-vous, lui dit-il, de maltraiter ainsi un musulman ? — Il a voulu me voler, répondit le marchand, et il s'est jeté sur moi pour me prendre à la gorge. — Vous vous êtes assez vengé, répliqua le garde en le tirant par le bras, ôtez-vous de là. » En même temps il tendit la main au bossu pour l'aider à se relever ; mais remarquant qu'il était mort : « Oh ! oh ! poursuivit-il, c'est donc ainsi qu'un chrétien a la hardiesse d'assassiner un musulman ! » En achevant ces mots, il arrêta le chrétien et le mena chez le lieutenant de police, où on le mit en prison jusqu'à ce que le juge fût levé et en état d'interroger l'accusé. Cependant le marchand chrétien revint de son ivresse, et plus il faisait de réflexions sur son aventure, moins il pouvait comprendre comment de simples coups de poing avaient été capables d'ôter la vie à un homme.

Le lieutenant de police, sur le rapport du garde, et ayant vu le cadavre qu'on avait apporté chez lui, interrogea le marchand chrétien, qui ne put nier un crime qu'il n'avait pas commis. Comme le bossu appartenait au sultan, car c'était un de ses bouffons, le lieutenant de police ne voulut pas faire mourir le chrétien sans avoir auparavant appris la volonté du prince. Il alla au palais, pour cet effet, rendre compte de ce qui se passait au sultan, qui lui dit : « Je n'ai point de grâce à accorder à un chrétien qui tue un musulman : allez, faites votre charge. » A ces paroles, le juge de police fit dresser une potence, envoya des crieurs par la ville pour publier qu'on allait pendre un chrétien qui avait tué un musulman.

Enfin on tira le marchand de prison, on l'amena au pied de la potence, et le bourreau, après lui avoir attaché la corde au cou, allait l'élever en l'air, lorsque le pourvoyeur du sultan, fendant la presse, s'avança en criant au bourreau : « Attendez, attendez, ne vous pressez pas ; ce n'est pas lui qui a commis le meurtre, c'est moi. » Le lieutenant de police, qui assistait à l'exécution, se mit à interroger le pourvoyeur, qui lui raconta de point en point de quelle manière il avait tué le bossu, et il acheva en disant qu'il avait porté son corps à l'endroit où le marchand chrétien l'avait trouvé. « Vous alliez, ajouta-t-il, faire mourir un innocent, puisqu'il ne peut pas avoir tué un homme qui n'était plus en vie. C'est bien assez pour moi d'avoir assassiné un musulman, sans charger encore ma conscience de la mort d'un chrétien qui n'est pas criminel. »

Le jour, qui commençait à paraître, empêcha Scheherazade de poursuivre son discours ; mais elle en reprit la suite sur la fin de la nuit suivante :

CIII NUIT.

Sire, dit-elle, le pourvoyeur du sultan de Casgar s'étant accusé lui-même publiquement d'être l'auteur de la mort du bossu, le lieutenant de police ne put se dispenser de rendre justice au marchand. « Laisse, dit-il au bourreau, laisse aller le chrétien, et pends cet homme à sa place, puisqu'il est évident par sa propre confession qu'il est coupable. Le bourreau lâcha le marchand, mit aussitôt la corde au cou du pourvoyeur, et dans le temps qu'il allait l'expédier, il entendit la voix du médecin juif, qui le priait instamment de suspendre l'exécution, et qui se faisait faire place pour se rendre au pied de la potence.

Quand il fut devant le juge de police : « Seigneur, lui dit-il, ce musulman que vous voulez faire pendre n'a pas mérité la mort : c'est moi seul qui suis criminel. Hier, pendant la nuit, un homme et une femme, que je ne connais pas, vinrent frapper à ma porte avec un malade qu'ils m'amenaient : ma servante alla ouvrir sans lumière et reçut d'eux une pièce d'argent pour me venir dire de leur part de prendre la peine de descendre pour voir le malade. Pendant qu'elle me parlait, ils apportèrent le malade au haut de l'escalier et puis disparurent. Je descendis sans attendre que ma servante eût allumé une chandelle, et, dans l'obscurité, venant à donner du pied contre le malade, je le fis rouler jusqu'au bas de l'escalier ; enfin je vis qu'il était mort et que c'était le musulman bossu dont on veut aujourd'hui venger le trépas. Nous prîmes le cadavre, ma femme et moi, nous le portâmes sur notre toit, d'où nous passâmes sur celui du pourvoyeur, notre voisin, que vous alliez faire mourir injustement, et nous le descendîmes dans sa chambre par la cheminée. Le pourvoyeur l'ayant trouvé chez lui, l'a traité comme un voleur, l'a frappé, et a cru l'avoir tué ; mais cela n'est pas, comme vous le voyez par ma déposition. Je suis donc le seul auteur du meurtre, et, quoique je le sois contre mon intention, j'ai résolu d'expier mon crime pour n'avoir pas à me reprocher la mort de deux musulmans en souffrant que vous ôtiez la vie au pourvoyeur du sultan, dont je viens de vous révéler l'innocence. Renvoyez-le donc, s'il vous plaît, et me mettez à sa place, puisque personne que moi n'est cause de la mort du bossu. »

La sultane Scheherazade fut obligée d'interrompre son récit en cet endroit, parce qu'elle remarqua qu'il était jour. Schahriar se leva, et le lendemain, ayant témoigné qu'il souhaitait d'apprendre la suite de l'histoire du bossu, Scheherazade satisfit ainsi sa curiosité :

CIV NUIT.

Sire, dit-elle, dès que le juge de police fut persuadé que le médecin juif était le meurtrier, il ordonna au bourreau de se saisir de sa personne et de mettre en liberté le pourvoyeur du sultan. Le médecin avait déjà la corde au cou et allait cesser de vivre, quand on entendit la voix du tailleur, qui priait le bourreau de ne pas passer plus avant, et qui faisait ranger le peuple pour s'avancer vers le lieutenant de police, devant lequel étant arrivé : « Seigneur, lui dit-il, peu s'en est fallu que vous n'ayez fait perdre la vie à trois personnes innocentes ; mais si vous voulez bien avoir la patience de m'entendre, vous allez connaître le véritable assassin du bossu. Si sa mort doit être expiée par une autre, c'est par la mienne. Hier, vers la fin du jour, comme je travaillais dans ma boutique et que j'étais en humeur de me réjouir, le bossu, à demi ivre, arriva et s'assit. Il chanta quelque temps, et je lui proposai de venir passer la soirée chez moi. Il y consentit, et je l'emmenai. Nous nous mîmes à table, je lui servis un morceau de poisson : en le mangeant, une arête ou un os s'arrêta dans son gosier, et quelque chose que nous pûmes faire, ma femme et moi, pour le soulager, il mourut en peu de temps. Nous fûmes fort affligés de sa mort, et, de peur d'en être repris, nous portâmes le cadavre à la porte du médecin juif. Je frappai, et je dis à la servante qui vint ouvrir de remonter promptement et de prier son maître, de notre part, de descendre pour voir un malade que nous lui amenions ; et, afin qu'il ne refusât pas de venir, je la chargeai de lui remettre en main propre une pièce d'argent que je lui donnai. Dès qu'elle fut remontée, je portai le bossu au haut de l'escalier, sur la première marche, et nous sortîmes aussitôt, ma femme et moi, pour nous retirer chez nous. Le médecin, en voulant descendre, fit rouler le bossu, ce qui lui a fait croire qu'il était cause de sa mort. Puisque cela est ainsi, ajouta-t-il, laissez aller le médecin et me faites mourir. »

Le lieutenant de police et tous les spectateurs ne pouvaient assez admirer les étranges événements dont la mort du bossu avait été suivie. « Lâche donc le médecin juif, dit le juge au bourreau, et pends le tailleur,

puisqu'il confesse son crime. Il faut avouer que cette histoire est bien extraordinaire et qu'elle mérite d'être écrite en lettres d'or. » Le bourreau ayant mis en liberté le médecin, passa une corde au cou du tailleur. Mais, sire, dit Scheherazade en s'interrompant en cet endroit, je vois qu'il est déjà jour; il faut, s'il vous plaît, remettre la suite de cette histoire à demain. Le sultan des Indes y consentit, et se leva pour aller à ses fonctions ordinaires.

CV NUIT.

La sultane, ayant été réveillée par sa sœur, reprit ainsi la parole : Sire, pendant que le bourreau se préparait à pendre le tailleur, le sultan de Casgar, qui ne pouvait se passer longtemps du bossu, son bouffon, ayant demandé à le voir, un de ses officiers lui dit : « Sire, le bossu dont votre majesté est en peine, après s'être enivré hier, s'échappa du palais, contre sa coutume, pour aller courir par la ville, et il s'est trouvé mort ce matin. On a conduit devant le juge de police un homme accusé de l'avoir tué, et aussitôt le juge a fait dresser une potence. Comme on allait pendre l'accusé, un homme est arrivé, et après celui-là un autre, qui s'accusent eux-mêmes et se déchargent l'un l'autre. Il y a longtemps que cela dure, et le lieutenant de police est actuellement occupé à interroger un troisième homme qui se dit le véritable assassin. »

A ce discours, le sultan de Casgar envoya un huissier au lieu du supplice. « Allez, lui dit-il, en toute diligence, dire au juge de police qu'il m'amène incessamment les accusés, et qu'on m'apporte aussi le corps du pauvre bossu, que je veux voir encore une fois. » L'huissier partit, et arrivant dans le temps que le bourreau commençait à tirer la corde pour pendre le tailleur, il cria de toute sa force que l'on eût à suspendre l'exécution. Le bourreau ayant reconnu l'huissier, n'osa passer outre et lâcha le tailleur. Après cela, l'huissier ayant joint le lieutenant de police, lui déclara la volonté du sultan. Le juge obéit, prit le chemin du palais avec le tailleur, le médecin juif, le pourvoyeur et le marchand chrétien, et fit porter par quatre de ses gens le corps du bossu.

Lorsqu'ils furent tous devant le sultan, le juge de police se prosterna aux pieds de ce prince, et, quand il fut relevé, lui raconta fidèlement tout ce qu'il savait de l'histoire du bossu. Le sultan la trouva si singulière qu'il ordonna à son historiographe particulier de l'écrire avec toutes ses circonstances; puis, s'adressant à toutes les personnes qui étaient présentes: « Avez-vous jamais, leur dit-il, rien entendu de plus surprenant que ce qui vient d'arriver à l'occasion du bossu, mon bouffon? » Le marchand chrétien, après s'être prosterné jusqu'à toucher la terre de son front, prit alors la parole : « Puissant monarque, dit-il, je sais une histoire plus étonnante que celle dont on vient de vous faire le récit; je vais vous la raconter si votre majesté veut m'en donner la permission. Les circonstances en sont telles qu'il n'y a personne qui puisse les entendre sans en être touché. » Le sultan lui permit de la dire, ce qu'il fit en ces termes :

HISTOIRE QUE RACONTA LE MARCHAND CHRÉTIEN.

« Sire, avant que je m'engage dans le récit que votre majesté consent que je lui fasse, je lui ferai remarquer, s'il lui plaît, que je n'ai pas l'honneur d'être né dans un endroit qui relève de son empire : je suis étranger, natif du Caire en Égypte, Copte de nation et chrétien de religion. Mon père était courtier, et il avait amassé des biens assez considérables qu'il me laissa en mourant. Je suivis son exemple et embrassai sa profession. Comme j'étais un jour au Caire, dans le logement public des marchands de toutes sortes de grains, un jeune marchand très-bien fait et

proprement vêtu, monté sur un âne, vint m'aborder; il me salua, et ouvrant un mouchoir où il y avait une montre de sésame : « Combien vaut, me dit-il, la grande mesure de sésame de la qualité de celui que vous voyez? »

Scheherazade, apercevant le jour, se tut en cet endroit; mais elle reprit son discours la nuit suivante, et dit au sultan des Indes :

CVI NUIT.

Sire, le marchand chrétien continuant de raconter au sultan de Casgar l'histoire qu'il venait de commencer : « J'examinai, dit-il, le sésame que le jeune marchand me montrait, et je lui répondis qu'il valait, au prix courant, cent drachmes d'argent la grande mesure. « Voyez, me dit-il, les marchands qui en voudront pour ce prix-là, et venez jusqu'à la porte de la Victoire, où vous verrez un khan séparé de toute autre habitation : je vous attendrai là. » En disant ces paroles il partit, et me laissa la montre de sésame, que je fis voir à plusieurs marchands de la place, qui me dirent tous qu'ils en prendraient tant que je leur en voudrais donner à cent dix drachmes d'argent la mesure, et à ce compte je trouvais à gagner avec eux dix drachmes par mesure. Flatté de ce profit, je me rendis à la porte de la Victoire, où le jeune marchand m'attendait. Il me mena dans son magasin, qui était plein de sésame; il y en avait cent cinquante grandes mesures, que je fis mesurer et charger sur des ânes, et je les vendis cinq mille drachmes d'argent. « De cette somme, me dit le jeune homme, il y a cinq cents drachmes pour votre droit à dix par mesure; je vous les accorde; et pour ce qui est du reste, qui m'appartient, comme je n'en ai pas besoin présentement, retirez-le de vos marchands, et me le gardez jusqu'à ce que j'aille vous le demander. » Je lui répondis qu'il serait prêt toutes les fois qu'il voudrait le venir prendre ou me l'envoyer demander. Je lui baisai la main en le quittant, et me retirai fort satisfait de sa générosité.

« Je fus un mois sans le revoir; au bout de ce temps-là je le vis paraître. « Où sont, me dit-il, les quatre mille cinq cents drachmes que vous me devez? — Elles sont toutes prêtes, lui répondis-je, et je vais vous les compter tout à l'heure. » Comme il était monté sur son âne, je le priai de mettre pied à terre et de me faire l'honneur de manger un morceau avec moi avant que de les recevoir. « Non, me dit-il, je ne puis descendre à présent, j'ai une affaire pressante qui m'appelle ici près; mais je vais revenir, et en repassant je prendrai mon argent, que je vous prie de tenir prêt. » Il disparut en achevant ces paroles. Je l'attendis, mais ce fut inu-

tilement, et il ne revint qu'un mois encore après. « Voilà, dis-je en moi-même, un jeune marchand qui a bien de la confiance en moi de me laisser entre les mains, sans me connaître, une somme de quatre mille cinq cents drachmes d'argent : un autre que lui n'en userait pas ainsi et craindrait que je ne la lui emportasse. » Il revint à la fin du troisième mois; il était encore monté sur son âne, mais plus magnifiquement habillé que les autres fois. »

Scheherazade, voyant que le jour commençait à paraître, n'en dit pas davantage cette nuit. Sur la fin de la suivante elle poursuivit de cette manière, en faisant toujours parler le marchand chrétien au sultan de Casgar :

CVII NUIT.

« D'abord que j'aperçus le jeune marchand j'allai au-devant lui; je le conjurai de descendre et lui demandai s'il ne voulait donc pas que je lui comptasse l'argent que j'avais à lui. « Cela ne presse pas, me répondit-il d'un air gai et content, je sais qu'il est en bonne main; je viendrai le prendre quand j'aurai dépensé tout ce que j'ai, et qu'il ne me restera plus autre chose. » A ces mots, il donna un coup de fouet à son âne, et je l'eus bientôt perdu de vue. « Bon, dis-je en moi-même, il me dit de l'attendre à la fin de la semaine, et selon son discours je ne le verrai peut-être de longtemps. Je vais cependant faire valoir son argent, ce sera un revenant-bon pour moi. »

« Je ne me trompai pas dans ma conjecture : l'année se passa avant que j'entendisse parler du jeune homme. Au bout de l'an il parut aussi richement vêtu que la dernière fois, mais il me semblait avoir quelque chose dans l'esprit. Je le suppliai de me faire l'honneur d'entrer chez moi. « Je le veux bien pour cette fois, me répondit-il, mais à condition que vous ne ferez pas de dépense extraordinaire pour moi. — Je ne ferai que ce qu'il vous plaira, repris-je; descendez donc, de grâce. » Il mit pied à terre et entra chez moi. Je donnai des ordres pour le régal que je voulais lui faire, et, en attendant qu'on servît, nous commençâmes à nous entretenir. Quand le repas fut prêt, nous nous assîmes à table. Dès le premier morceau je remarquai qu'il le prit de la main gauche, et je fus fort étonné de voir qu'il ne se servait nullement de la droite. Je ne savais ce que j'en devais penser. « Depuis que je connais ce marchand, disais-je en moi-même, il m'a toujours paru très-poli : serait-il possible qu'il en usât ainsi par mépris pour moi? Par quelle raison ne se sert-il pas de sa main droite? »

Le jour, qui éclairait l'appartement du sultan des Indes, ne permit pas à Scheherazade de continuer cette histoire; mais elle en reprit la suite le lendemain, et dit à Schahriar :

CVIII NUIT.

Sire, le marchand chrétien était fort en peine de savoir pourquoi son hôte ne mangeait que de la main gauche : « Après le repas, dit-il, lorsque mes gens eurent desservi et se furent retirés, nous nous assîmes tous deux sur un sofa. Je présentai au jeune homme d'une tablette excellente pour la bonne bouche, et il la prit encore de la main gauche. « Seigneur, lui dis-je alors, je vous supplie de me pardonner la liberté que je prends de vous demander d'où vient que vous ne vous servez pas de votre main droite. Vous y avez mal, apparemment? » Il fit un grand soupir au lieu de me répondre, et, tirant son bras droit, qu'il avait tenu caché jusqu'alors sous sa robe, il me montra qu'il avait la main coupée, de quoi je fus extrêmement étonné. « Vous avez été choqué sans doute, me dit-il, de me voir manger de la main gauche; mais jugez si j'ai pu faire autrement. — Peut-on vous demander, repris-je, par quel malheur vous avez perdu votre main droite? » Il versa des larmes à cette demande, et après les avoir essuyées, il me conta son histoire comme je vais vous la raconter :

« Vous saurez, me dit-il, que je suis natif de Bagdad, fils d'un père riche, et des plus distingués de la ville par sa qualité et par son rang. A peine étais-je entré dans le monde, que, fréquentant des personnes qui avaient voyagé et qui disaient des merveilles de l'Égypte et particulièrement du grand Caire, je fus frappé de leurs discours et eus envie d'y faire un voyage; mais mon père vivait encore, et il ne m'en aurait pas donné la permission. Il mourut enfin, et sa mort me laissant maître de mes actions, je résolus d'aller au Caire. J'employai une très-grosse somme d'argent en plusieurs sortes d'étoffes fines de Bagdad et de Moussoul, et me mis en chemin.

« En arrivant au Caire, j'allai descendre au khan qu'on appelle le khan de Mesrour; j'y pris un logement avec un magasin, dans lequel je fis mettre les ballots que j'avais apportés avec moi sur des chameaux. Cela fait, j'entrai dans ma chambre pour me reposer et me remettre de la fatigue du chemin, pendant que mes gens, à qui j'avais donné de l'argent, allèrent acheter des vivres et firent la cuisine. Après le repas, j'allai voir le château, quelques mosquées, les places publiques et d'autres endroits qui méritaient d'être vus.

« Le lendemain je m'habillai proprement, et après avoir fait tirer de quelques-uns de mes ballots de très-belles et très-riches étoffes, dans l'intention de les porter à un bezestan pour voir ce qu'on en offrirait, j'en chargeai quelques-uns de mes esclaves et me rendis au bezestan des Circassiens. J'y fus bientôt environné d'une foule de courtiers et de crieurs

qui avaient été avertis de mon arrivée. Je partageai des essais d'étoffe entre plusieurs crieurs, qui les allèrent crier et faire voir dans tout le bezestan; mais nul des marchands n'en offrit que beaucoup moins que ce qu'elles me coûtaient d'achat et de frais de voiture. Cela me fâcha, et comme j'en marquais mon ressentiment aux crieurs : « Si vous voulez nous en croire, me dirent-ils, nous vous enseignerons un moyen de ne rien perdre sur vos étoffes. »

En cet endroit, Scheherazade s'arrêta parce qu'elle vit paraître le jour. La nuit suivante elle reprit son discours de cette manière :

CIX NUIT.

Le marchand chrétien parlant toujours au sultan de Casgar : « Les courtiers et les crieurs, me dit le jeune homme, m'ayant promis de m'enseigner le moyen de ne pas perdre sur mes marchandises, je leur demandai ce qu'il fallait faire pour cela. « Les distribuer à plusieurs marchands, repartirent-ils ; ils les vendront en détail ; et deux fois la semaine, le lundi et le jeudi, vous irez recevoir l'argent qu'ils en auront fait. Par là vous gagnerez au lieu de perdre, et les marchands gagneront aussi quelque chose. Cependant vous aurez la liberté de vous divertir et de vous promener dans la ville et sur le Nil. »

« Je suivis leur conseil, je les menai avec moi à mon magasin, d'où je tirai toutes mes marchandises ; et retournant au bezestan, je les distribuai à différents marchands qu'ils m'avaient indiqués comme les plus solvables, et qui me donnèrent un reçu en bonne forme signé par des témoins, sous la condition que je ne leur demanderais rien le premier mois.

« Mes affaires ainsi disposées, je n'eus plus l'esprit occupé d'autres choses que de plaisirs. Je contractai amitié avec diverses personnes à peu près de mon âge qui avaient soin de me bien faire passer mon temps. Le premier mois s'étant écoulé, je commençai à voir mes marchands deux fois la semaine, accompagné d'un officier public pour examiner leurs livres de vente, et d'un changeur pour régler la bonté et la valeur des espèces qu'ils me comptaient; ainsi les jours de recette, quand je me retirais au khan de Mesrour, où j'étais logé, j'emportais une bonne somme d'argent. Cela n'empêchait pas que les autres jours de la semaine je n'allasse passer la matinée tantôt chez un marchand et tantôt chez un autre; je me divertissais à m'entretenir avec eux et à voir ce qui se passait dans le bezestan.

« Un lundi que j'étais assis dans la boutique d'un de ces marchands qui se nommait Bedreddin, une dame de condition, comme il était aisé de le connaître à son air, à son habillement et par une esclave fort proprement mise qui la suivait, entra dans la même boutique et s'assit près de moi. Cet extérieur, joint à une grâce naturelle qui paraissait en tout ce qu'elle faisait, me prévint en sa faveur et me donna une grande envie de la mieux connaître que je ne faisais. Je ne sais si elle ne s'aperçut pas que je prenais plaisir à la regarder, et si mon attention ne lui plaisait point; mais elle haussa le crépon qui lui descendait sur le visage par-dessus la mousseline qui le cachait, et me laissa voir de grands yeux noirs dont je fus charmé. Enfin, elle acheva de me rendre très-amoureux d'elle, par le son agréable de sa voix et par ses manières honnêtes et gracieuses, lorsqu'en saluant le marchand, elle lui demanda des nouvelles de sa santé depuis le temps qu'elle ne l'avait vu.

« Après s'être entretenue quelque temps avec lui de choses indifférentes, elle lui dit qu'elle cherchait une certaine étoffe à fond d'or ; qu'elle venait à sa boutique comme à celle qui était la mieux assortie de tout le bezestan, et que s'il en avait, il lui ferait un grand plaisir de lui en montrer. Bedreddin lui en montra plusieurs pièces, à l'une desquelles s'étant arrêtée et lui en ayant demandé le prix, il la lui laissa à onze cents drachmes d'argent.

« Je consens de vous en donner cette somme, lui dit-elle ; je n'ai pas d'argent sur moi, mais j'espère que vous voudrez bien me faire crédit jusqu'à demain, et me permettre d'emporter l'étoffe. Je ne manquerai pas de vous envoyer demain les onze cents drachmes dont nous convenons pour elle. — Madame, lui répondit Bedreddin, je vous ferais crédit avec plaisir et vous laisserais emporter l'étoffe si elle m'appartenait ; mais elle appartient à cet honnête jeune homme que vous voyez, et c'est aujourd'hui un jour que je dois lui compter de l'argent. — Et d'où vient, reprit la dame, fort étonnée, que vous en usez de cette sorte avec moi ? N'ai-je pas coutume de venir à votre boutique ? et toutes les fois que j'ai acheté des étoffes et que vous avez bien voulu que je les aie emportées sans les payer sur-le-champ, ai-je jamais manqué de vous envoyer de l'argent dès le lendemain ? » Le marchand en demeura d'accord. « Il est vrai, madame, repartit-il, mais j'ai besoin d'argent aujourd'hui. — Eh bien ! voilà votre étoffe, dit-elle en la lui jetant : que Dieu vous confonde, vous et tout ce qu'il y a de marchands ! Vous êtes tous faits les uns comme les autres ; vous n'avez aucun égard pour personne. » En achevant ces paroles, elle se leva brusquement, et sortit fort irritée contre Bedreddin. »

Là, Scheherazade, voyant que le jour paraissait, cessa de parler. La nuit suivante elle continua de cette manière :

CX NUIT.

Le marchand chrétien poursuivant son histoire : « Quand je vis, me dit le jeune homme, que la dame se retirait, je sentis bien que mon cœur s'intéressait pour elle. Je la rappelai : « Madame, lui dis-je, faites-moi la grâce de revenir; peut-être trouverai-je le moyen de vous contenter l'un et l'autre. » Elle revint en me disant que c'était pour l'amour de moi. « Seigneur Bedreddin, dis-je alors au marchand, combien dites-vous que vous voulez vendre cette étoffe qui m'appartient? — Onze cents drachmes d'argent, répondit-il, je ne puis la donner à moins. — Livrez-la donc à cette dame, repris-je, et qu'elle l'emporte. Je vous donne cent drachmes de profit, et je vais vous faire un billet de la somme, à prendre sur les autres marchandises que vous avez à moi. Effectivement, je fis le billet, le signai et le mis entre les mains de Bedreddin. Ensuite, présentant l'étoffe à la dame : « Vous pouvez l'emporter, madame, lui dis-je, et quant à l'argent, vous me l'enverrez demain ou un autre jour, ou bien je vous fais présent de l'étoffe, si vous voulez. — Ce n'est pas comme je l'entends, reprit-elle : vous en usez avec moi d'une manière si honnête et si obligeante, que je serais indigne de paraître devant les hommes si je ne vous en témoignais pas de la reconnaissance. Que Dieu, pour vous en récompenser, augmente vos biens, vous fasse vivre longtemps après moi, vous ouvre la porte des cieux, à votre mort, et que toute la ville publie votre générosité! »

« Ces paroles me donnèrent de la hardiesse. « Madame, lui dis-je, laissez-moi voir votre visage pour prix de vous avoir fait plaisir : ce sera me payer avec usure. » A ces mots, elle se retourna de mon côté, ôta la mousseline qui lui couvrait le visage, et offrit à mes yeux une beauté surprenante. J'en fus tellement frappé, que je ne pus lui rien dire pour lui ex-

primer ce que j'en pensais. Je ne me serais jamais lassé de la regarder; mais elle se recouvrit promptement le visage, de peur qu'on ne l'aperçût. et après avoir abaissé le crépon, elle prit la pièce d'étoffe et s'éloigna de la boutique, où elle me laissa dans un état bien différent de celui où j'étais en y arrivant. Je demeurai longtemps dans un trouble, dans un désordre étrange. Avant que de quitter le marchand, je lui demandai s'il connaissait la dame. « Oui, me répondit-il, elle est fille d'un émir qui lui a laissé en mourant des biens immenses. »

« Quand je fus de retour au khan de Mesrour, mes gens me servirent à souper ; mais il me fut impossible de manger. Je ne pus même fermer l'œil de toute la nuit, qui me parut la plus longue de ma vie. Dès qu'il fut jour, je me levai dans l'espérance de revoir l'objet qui troublait mon repos; et dans le dessein de lui plaire, je m'habillai plus proprement encore que le jour précédent. Je retournai à la boutique de Bedreddin. »

Mais, sire, dit Scheherazade, le jour, que je vois paraître, m'empêche de continuer mon récit. Après avoir dit ces paroles elle se tut, et la nuit suivante elle reprit sa narration dans ces termes :

CXI NUIT.

Sire, le jeune homme de Bagdad racontant ses aventures au marchand chrétien : « Il n'y avait pas longtemps, dit-il, que j'étais arrivé à la boutique de Bedreddin lorsque je vis venir la dame, suivie de son esclave, et plus magnifiquement vêtue que le jour d'auparavant. Elle ne regarda pas le marchand, et s'adressant à moi seul : « Seigneur, me dit-elle, vous voyez que je suis exacte à tenir la parole que je vous donnai hier. Je viens exprès pour vous apporter la somme dont vous voulûtes bien répondre pour moi sans me connaître, par une générosité que je n'oublierai jamais. — Madame, lui répondis-je, il n'était pas besoin de vous presser si fort. J'étais sans inquiétude sur mon argent, et je suis fâché de la peine que vous avez prise. — Il n'était pas juste, reprit-elle, que j'abusasse de votre honnêteté. » En disant cela, elle me mit l'argent entre les mains et s'assit près de moi.

« Alors, profitant de l'occasion que j'avais de l'entretenir, je lui parlai de l'amour que je sentais pour elle ; mais elle se leva et me quitta brusquement, comme si elle eût été fort offensée de la déclaration que je venais de lui faire. Je la suivis des yeux tant que je la pus voir, et dès que je ne la vis plus, je pris congé du marchand et sortis du bezestan sans savoir où j'allais. Je rêvais à cette aventure lorsque je sentis qu'on me tirait par derrière. Je me tournai aussitôt pour voir ce que ce pouvait être, et je reconnus avec plaisir l'esclave de la dame dont j'avais l'esprit occupé. « Ma maîtresse, me dit-elle, qui est cette jeune personne à qui vous venez de parler dans la boutique d'un marchand, voudrait bien vous dire un mot ; prenez, s'il vous plaît, la peine de me suivre. » Je la suivis et trouvai en effet sa maîtresse qui m'attendait dans la boutique d'un changeur où elle était assise.

« Elle me fit asseoir auprès d'elle, et prenant la parole : « Mon cher seigneur, me dit-elle, ne soyez pas surpris que je vous aie quitté un peu brusquement. Je n'ai pas jugé à propos, devant ce marchand, de répondre favorablement à l'aveu que vous m'avez fait des sentiments que je vous ai inspirés. Mais, bien loin de m'en offenser, je confesse que je prenais plaisir à vous entendre, et je m'estime infiniment heureuse d'avoir pour amant un homme de votre mérite. Je ne sais quelle impression ma vue a pu faire d'abord sur vous ; mais, pour moi, je puis vous assurer qu'en vous voyant je me suis sentie de l'inclination pour vous. Depuis hier je n'ai fait que penser aux choses que vous me dites, et mon empressement à vous venir chercher si matin doit bien vous prouver que vous ne me déplaisez pas. — Madame, repris-je, transporté d'amour et de joie, je ne pouvais rien entendre de plus agréable que ce que vous avez la bonté de me dire. On ne saurait aimer avec plus de passion que je vous aime : depuis l'heureux moment que vous parûtes à mes yeux, ils furent éblouis de tant de charmes, et mon cœur se rendit sans résistance. — Ne perdons pas le temps en discours inutiles, interrompit-elle ; je ne doute pas de votre sincérité, et vous serez bientôt persuadé de la mienne. Voulez-vous me faire l'honneur de venir chez moi, ou si vous souhaitez que j'aille chez vous ? — Madame, lui répondis-je, je suis un étranger logé dans un khan qui n'est pas un lieu propre à recevoir une dame de votre rang et de votre mérite. »

Scheherazade allait poursuivre, mais elle fut obligée d'interrompre son discours parce que le jour paraissait. Le lendemain, elle continua de cette sorte, en faisant toujours parler le jeune homme de Bagdad :

CXII NUIT.

« Il est plus à propos, madame, poursuivit-il, que vous ayez la bonté de m'enseigner votre demeure; j'aurai l'honneur de vous aller voir chez vous. » La dame y consentit. « Il est, dit-elle, vendredi après-demain; venez ce jour-là, après la prière du midi. Je demeure dans la rue de la Dévotion. Vous n'avez qu'à demander la maison d'Abou-Schamma, surnommé Bercout, autrefois chef des émirs : vous me trouverez là. » A ces mots, nous nous séparâmes, et je passai le lendemain dans une grande impatience.

« Le vendredi, je me levai de bon matin; je pris le plus bel habit que j'eusse, avec une bourse où je mis cinquante pièces d'or, et, monté sur un âne que j'avais retenu dès le jour précédent, je partis accompagné de l'homme qui me l'avait loué. Quand nous fûmes arrivés dans la rue de la Dévotion, je dis au maître de l'âne de demander où était la maison que je cherchais : on la lui enseigna et il m'y mena. Je descendis à la porte. Je le payai bien et le renvoyai, en lui recommandant de bien remarquer la maison où il me laissait et de ne pas manquer de m'y venir prendre le lendemain matin, pour me remener au khan de Mesrour.

« Je frappai à la porte, et aussitôt deux petites esclaves blanches comme la neige et très-proprement habillées vinrent ouvrir. « Entrez, s'il vous plaît, me dirent-elles, notre maîtresse vous attend impatiemment. Il y a

deux jours qu'elle ne cesse de parler de vous. » J'entrai dans la cour et vis un grand pavillon élevé sur sept marches, et entouré d'une grille qui le séparait d'un jardin d'une beauté admirable. Outre les arbres qui ne servaient qu'à l'embellir et qu'à former de l'ombre, il y en avait une infinité d'autres chargés de toutes sortes de fruits. Je fus charmé du ramage d'un grand nombre d'oiseaux qui mêlaient leurs chants au murmure d'un jet d'eau d'une hauteur prodigieuse qu'on voyait au milieu d'un parterre émaillé de fleurs. D'ailleurs ce jet d'eau était très-agréable à voir ; quatre gros dragons dorés paraissaient aux angles du bassin qui était en carré, et ces dragons jetaient de l'eau en abondance, mais de l'eau plus claire que le cristal de roche. Ce lieu plein de délices me donna une haute idée de la conquête que j'avais faite. Les deux petites esclaves me firent entrer dans un salon magnifiquement meublé, et pendant que l'une courut avertir sa maîtresse de mon arrivée, l'autre demeura avec moi et me fit remarquer toutes les beautés du salon. »

En achevant ces derniers mots, Scheherazade cessa de parler, à cause qu'elle vit paraître le jour. Schahriar se leva fort curieux d'apprendre ce que ferait le jeune homme de Bagdad dans le salon de la dame du Caire. La sultane contenta le lendemain la curiosité de ce prince en reprenant ainsi cette histoire :

CXIII NUIT.

Sire, le marchand chrétien continuant de parler au sultan de Casgar, poursuivit de cette manière : « Je n'attendis pas longtemps dans le salon, me dit le jeune homme ; la dame que j'aimais y arriva bientôt, fort parée de perles et de diamants, mais plus brillante encore par l'éclat de ses yeux que par celui de ses pierreries. Sa taille, qui n'était plus cachée par son habillement de ville, me parut la plus fine et la plus avantageuse du monde. Je ne vous parlerai point de la joie que nous eûmes de nous revoir, car c'est une chose que je ne pourrais que faiblement exprimer. Je vous dirai seulement qu'après les premiers compliments, nous nous assîmes tous deux sur un sofa où nous nous entretînmes avec toute la satisfaction imaginable. On nous servit ensuite les mets les plus délicats et les plus exquis. Nous nous mîmes à table, et après le repas nous nous remîmes à nous entretenir jusqu'à la nuit. Alors on nous apporta d'excellent vin et des fruits propres à exciter à boire, et nous bûmes au son des instruments que les esclaves accompagnèrent de leurs voix. La dame du logis chanta elle-même et acheva par ses chansons de m'attendrir et de me rendre le plus passionné de tous les amants. Enfin je passai la nuit à goûter toutes sortes de plaisirs.

« Le lendemain matin, après avoir mis adroitement sous le chevet du lit la bourse et les cinquante pièces d'or que j'avais apportées, je dis adieu à la dame, qui me demanda quand je la reverrais : « Madame, lui répondis-

je, je vous promets de revenir ce soir. » Elle parut ravie de ma réponse, me conduisit jusqu'à la porte, et, en nous séparant, elle me conjura de tenir ma promesse.

« Le même homme qui m'avait amené m'attendait avec son âne. Je montai dessus et revins au khan de Mesrour. En renvoyant l'homme, je lui dis que je ne le payais pas afin qu'il me vînt reprendre l'après-dînée à l'heure que je lui marquai.

« D'abord que je fus de retour dans mon logement, mon premier soin fut de faire acheter un bon agneau et plusieurs sortes de gâteaux que j'envoyai à la dame par un porteur. Je m'occupai ensuite d'affaires sérieuses jusqu'à ce que le maître de l'âne fût arrivé. Alors je partis avec lui et me rendis chez la dame qui me reçut avec autant de joie que le jour précédent, et me fit un régal aussi magnifique que le premier.

« En la quittant le lendemain, je lui laissai encore une bourse de cinquante pièces d'or, et je revins au khan de Mesrour.... » A ces mots, Scheherazade ayant aperçu le jour en avertit le sultan des Indes qui se leva sans lui rien dire. Sur la fin de la nuit suivante, elle reprit ainsi la suite de l'histoire commencée :

CXIV NUIT.

Le marchand chrétien parlant toujours au sultan de Casgar : « Le jeune homme de Bagdad, dit-il, poursuivit son histoire dans ces termes : « Je continuai de voir la dame tous les jours et de lui laisser chaque jour une bourse de cinquante pièces d'or, et cela dura jusqu'à ce que les marchands à qui j'avais donné mes marchandises à vendre, et que je voyais régulièrement deux fois la semaine, ne me durent plus rien : enfin je me trouvai sans argent et sans espérance d'en avoir.

« Dans cet état affreux, et prêt à m'abandonner à mon désespoir, je sortis du khan sans savoir ce que je faisais, et m'en allai du côté du château où il y avait un grand nombre de peuple assemblé pour voir un spectacle que donnait le sultan d'Égypte. Lorsque je fus arrivé dans le lieu où était tout ce monde, je me mêlai parmi la foule et me trouvai par hasard près d'un cavalier bien monté et fort proprement habillé, qui avait à l'arçon de sa selle un sac à demi ouvert d'où sortait un cordon de soie verte. En mettant la main sur le sac, je jugeai que le cordon devait être celui d'une bourse qui était dedans. Pendant que je faisais ce jugement, il passa de l'autre côté du cavalier un porteur chargé de bois, et il passa si près que le cavalier fut obligé de se tourner vers lui pour empêcher que le bois ne le touchât et ne déchirât son habit. En ce moment le démon me tenta : je pris le cordon d'une main, et m'aidant de l'autre à élargir le sac, je tirai la bourse sans que personne s'en aperçut. Elle était pesante, et je ne doutai point qu'il n'y eût dedans de l'or ou de l'argent.

« Quand le porteur fut passé, le cavalier, qui avait apparemment quelque soupçon de ce que j'avais fait pendant qu'il avait la tête tournée, mit aussitôt la main dans son sac, et, n'y trouvant pas sa bourse, me donna un si grand coup de sa hache d'armes qu'il me renversa par terre. Tous ceux qui furent témoins de cette violence en furent touchés, et quelques-uns

mirent la main sur la bride du cheval pour arrêter le cavalier et lui demander pour quel sujet il m'avait frappé; s'il lui était permis de maltraiter ainsi un musulman. « De quoi vous mêlez-vous, leur répondit-il d'un ton brusque; je ne l'ai pas fait sans raison : c'est un voleur. » A ces paroles, je me relevai, et, à mon air, chacun prenant mon parti, s'écria qu'il était un menteur, qu'il n'était pas croyable qu'un jeune homme tel que moi eût commis la méchante action qu'il m'imputait; enfin ils soutenaient que j'étais innocent; et tandis qu'ils retenaient son cheval pour favoriser mon évasion, par malheur pour moi, le lieutenant de police suivi de ses gens passa par là; voyant tant de monde assemblé autour du cavalier et de moi, il s'approcha et demanda ce qui était arrivé. Il n'y eut personne qui n'accusât le cavalier de m'avoir maltraité injustement, sous prétexte de l'avoir volé.

« Le lieutenant de police ne s'arrêta pas à tout ce qu'on lui disait. Il demanda au cavalier s'il ne soupçonnait pas quelque autre que moi de l'avoir volé. Le cavalier répondit que non, et lui dit les raisons qu'il avait de croire qu'il ne se trompait pas dans ses soupçons. Le lieutenant de police, après l'avoir écouté, ordonna à ses gens de m'arrêter et de me fouiller, ce qu'ils se mirent en devoir d'exécuter aussitôt ; et l'un d'entre eux m'ayant ôté la bourse, la montra publiquement. Je ne pus soutenir cette honte, j'en tombai évanoui. Le lieutenant de police se fit apporter la bourse. »

Mais sire, voilà le jour, dit Scheherazade en se reprenant ; si votre majesté veut bien encore me laisser vivre jusqu'à demain, elle entendra la suite de cette histoire. Schahriar, qui n'avait pas un autre dessein, se leva sans lui répondre, et alla remplir ses devoirs.

CXV NUIT.

Sur la fin de la nuit suivante, la sultane adressa ainsi la parole à Schahriar : Sire, le jeune homme de Bagdad poursuivant son histoire : « Lorsque le lieutenant de police, dit-il, eut la bourse entre les mains, il demanda au cavalier si elle était à lui et combien il y avait mis d'argent. Le cavalier la reconnut pour celle qui lui avait été prise, et assura qu'il y avait dedans vingt sequins. Le juge l'ouvrit, et après y avoir effectivement trouvé vingt sequins, il la lui rendit. Aussitôt il me fit venir devant lui. « Jeune homme, me dit-il, avouez-moi la vérité. Est-ce vous qui avez pris la bourse de ce cavalier? N'attendez pas que j'emploie les tourments pour vous le faire confesser. » Alors, baissant les yeux, je dis en moi-même : « Si je nie le fait, la bourse dont on m'a trouvé saisi me fera passer pour un menteur. » Ainsi, pour éviter un double châtiment, je levai la tête et confessai que c'était moi. Je n'eus pas plus tôt fait cet aveu que le lieutenant de police, après avoir pris des témoins, commanda qu'on me coupât la main, et la sentence fut exécutée sur-le-champ, ce qui excita la pitié de tous les spectateurs : je remarquai même sur le visage du cavalier qu'il n'en était pas moins touché que les autres. Le lieutenant de police voulait encore me faire couper un pied; mais je suppliai le cavalier de demander ma grâce : il la demanda et l'obtint.

« Lorsque le juge eut passé son chemin, le cavalier s'approcha de moi : « Je vois bien, me dit-il en me présentant la bourse, que c'est la nécessité qui vous a fait faire une action si honteuse et si indigne d'un jeune homme aussi bien fait que vous; mais, tenez, voilà cette bourse fatale.

je vous la donne et je suis très-fâché du malheur qui vous est arrivé. »
En achevant ces paroles il me quitta, et comme j'étais très-faible à cause
du sang que j'avais perdu, quelques honnêtes gens du quartier eurent la
charité de me faire entrer chez eux et de me faire boire un verre de vin.
Ils pansèrent aussi mon bras et mirent ma main dans un linge que j'emportai avec moi attaché à m einture.

« Quand je serais retourné au khan de Mesrour dans ce triste état, je n'y
aurais pas trouvé le secours dont j'avais besoin. C'était aussi hasarder
beaucoup que d'aller me présenter à la jeune dame. Elle ne voudra peut-
être plus me voir, disais-je, lorsqu'elle aura appris mon infamie. Je ne
laissai pas néanmoins de prendre ce parti, et afin que le monde qui me suivait se lassât de m'accompagner, je marchai par plusieurs rues détournées et me rendis enfin chez la dame, où j'arrivai si faible et si fatigué
que je me jetai sur le sofa, le bras droit sous ma robe, car je me gardai
bien de le faire voir.

« Cependant la dame avertie de mon arrivée et du mal que je souffrais,
vint avec empressement, et me voyant pâle et défait : « Ma chère âme,
me dit-elle, qu'avez-vous donc? » Je dissimulai : « Madame, lui répondis-je, c'est un grand mal de tête qui me tourmente. » Elle en parut très-
affligée : « Asseyez-vous, reprit-elle, car je m'étais levé pour la recevoir ;
dites-moi comment cela vous est venu : vous vous portiez si bien la dernière
fois que j'eus le plaisir de vous voir ! Il y a quelque autre chose que vous
me cachez ; apprenez-moi ce que c'est. » Comme je gardais le silence,

et qu'au lieu de répondre, les larmes coulaient de mes yeux : « Je ne comprends pas, dit-elle, ce qui peut vous affliger. Vous en aurais-je donné quelque sujet sans y penser, et venez-vous ici exprès pour m'annoncer que vous ne m'aimez plus ? — Ce n'est point cela, madame, lui repartis-je en soupirant, et un soupçon si injuste augmente encore mon mal. »

« Je ne pouvais me résoudre à lui en déclarer la véritable cause. La nuit étant venue, on servit le souper. Elle me pria de manger ; mais, ne pouvant me servir que de la main gauche, je la suppliai de m'en dispenser, m'excusant sur ce que je n'avais nul appétit : « Vous en aurez, me dit-elle, quand vous m'aurez découvert ce que vous me cachez avec tant d'opiniâtreté : votre dégoût, sans doute, ne vient que de la peine que vous avez à vous y déterminer. — Hélas ! madame, repris-je, il faudra bien enfin que je m'y détermine. » Je n'eus pas prononcé ces paroles qu'elle me versa à boire, et me présentant la tasse : « Prenez, dit-elle, et buvez, cela vous donnera du courage. » J'avançai donc la main gauche et pris la tasse. »

A ces mots, Scheherazade, apercevant le jour, cessa de parler ; mais la nuit suivante elle poursuivit son discours de cette manière :

CXVI NUIT.

« Lorsque j'eus la tasse à la main, dit le jeune homme, je redoublai mes pleurs et poussai de nouveaux soupirs. « Qu'avez-vous donc à soupirer et à pleurer si amèrement, me dit alors la dame, et pourquoi prenez-vous la tasse de la main gauche plutôt que de la droite? — Ah! madame, lui répondis-je, excusez-moi, je vous en conjure : c'est que j'ai une tumeur à la main droite. — Montrez-moi cette tumeur, répliqua-t-elle, je la veux percer. » Je m'en excusai en disant qu'elle n'était pas encore en état de l'être, et je vidai toute la tasse, qui était très-grande. Les vapeurs du vin, ma lassitude et l'abattement où j'étais m'eurent bientôt assoupi, et je dormis d'un profond sommeil qui dura jusqu'au lendemain.

« Pendant ce temps-là la dame, voulant savoir quel mal j'avais à la main droite, leva ma robe, qui la cachait, et vit avec tout l'étonnement que vous pouvez penser qu'elle était coupée et que je l'avais apportée dans un linge. Elle comprit d'abord sans peine pourquoi j'avais tant résisté aux pressantes instances qu'elle m'avait faites, et elle passa la nuit à s'affliger de ma disgrâce, ne doutant pas qu'elle ne me fût arrivée pour l'amour d'elle.

« A mon réveil, je remarquai fort bien sur son visage qu'elle était saisie d'une vive douleur. Néanmoins, pour ne me pas chagriner elle ne me parla de rien. Elle me fit servir un consommé de volaille qu'on m'avait préparé par son ordre, me fit manger et boire pour me donner, disait-elle, les forces dont j'avais besoin. Après cela je voulus prendre congé d'elle, mais me retenant par ma robe : « Je ne souffrirai pas, dit-elle, que vous sortiez d'ici.

Quoique vous ne m'en disiez rien, je suis persuadée que je suis la cause du malheur que vous vous êtes attiré. La douleur que j'en ai ne me laissera pas vivre longtemps; mais avant que je meure, il faut que j'exécute un dessein que je médite en votre faveur. » En disant cela, elle fit appeler un officier de justice et des témoins, et me fit dresser une donation de tous ses biens. Après qu'elle eut renvoyé tous ces gens satisfaits de leur peine, elle ouvrit un grand coffre où étaient toutes les bourses, dont je lui avais fait présent depuis le commencement de nos amours. « Elles sont toutes entières, me dit-elle, je n'ai pas touché à une seule : tenez, voilà la clef du

coffre, vous en êtes le maître. » Je la remerciai de sa générosité et de sa bonté. « Je compte pour rien, reprit-elle, ce que je viens de faire pour vous, et je ne serai pas contente que je ne meure encore pour vous témoigner combien je vous aime. » Je la conjurai par tout ce que l'amour a de plus puissant d'abandonner une résolution si funeste; mais je ne pus l'en détourner, et le chagrin de me voir manchot lui causa une maladie de cinq ou six semaines dont elle mourut.

« Après avoir regretté sa mort autant que je le devais, je me mis en possession de tous ses biens, qu'elle m'avait fait connaître, et le sésame que vous avez pris la peine de vendre pour moi en faisait une partie. »

Scheherazade voulait continuer sa narration, mais le jour, qui paraissait l'en empêcha. La nuit suivante, elle reprit ainsi le fil de son discours :

CXVII NUIT.

Le jeune homme de Bagdad, acheva de raconter son histoire de cette sorte au marchand chrétien : « Ce que vous venez d'entendre, poursuivit-il, doit m'excuser auprès de vous d'avoir mangé de la main gauche. Je vous suis fort obligé de la peine que vous vous êtes donnée pour moi. Je ne puis assez reconnaître votre fidélité, et, comme j'ai, Dieu merci, assez de biens, quoique j'en aie dépensé beaucoup, je vous prie de vouloir accepter le présent que je vous fais de la somme que vous me devez. Outre cela, j'ai une proposition à vous faire : Ne pouvant plus demeurer davantage au Caire, après l'affaire que je viens de vous conter, je suis résolu d'en partir pour n'y revenir jamais. Si vous voulez me tenir compagnie, nous négocierons ensemble et nous partagerons également le gain que nous ferons. »

« Quand le jeune homme de Bagdad eut achevé son histoire, dit le marchand chrétien, je le remerciai le mieux qu'il me fut possible du présent qu'il me faisait ; et quant à sa proposition de voyager avec lui, je lui dis que je l'acceptais très-volontiers, en l'assurant que ses intérêts me seraient toujours aussi chers que les miens.

« Nous prîmes jour pour notre départ, et lorsqu'il fut arrivé nous nous mîmes en chemin. Nous avons passé par la Syrie et par la Mésopotamie, traversé toute la Perse, où, après nous être arrêtés dans plusieurs villes, nous sommes enfin venus, sire, jusqu'à votre capitale. Au bout de quelque temps le jeune homme m'ayant témoigné qu'il avait dessein de repasser dans la Perse et de s'y établir, nous fîmes nos comptes et nous nous séparâmes très-satisfaits l'un de l'autre. Il partit, et moi, sire, je suis resté dans cette ville, où j'ai l'honneur d'être au service de votre majesté. Voilà l'histoire que j'avais à vous raconter. Ne la trouvez-vous pas plus surprenante que celle du bossu? »

Le sultan de Casgar se mit en colère contre le marchand chrétien. « Tu es bien hardi, lui dit-il, d'oser me faire le récit d'une histoire si peu digne de mon attention et de la comparer à celle du bossu. Peux-tu te flatter de me persuader que les fades aventures d'un jeune débauché sont plus admirables que celles de mon bouffon? Je vais vous faire pendre tous quatre pour venger sa mort. »

A ces paroles, le pourvoyeur, effrayé, se jeta aux pieds du sultan : « Sire, dit-il, je supplie votre majesté de suspendre sa juste colère, de m'écouter et de nous faire grâce à tous quatre, si l'histoire que je vais conter à votre majesté est plus belle que celle du bossu. — Je t'accorde ce que tu demandes, répondit le sultan; parle. » Le pourvoyeur prit alors la parole et dit :

HISTOIRE

RACONTÉE PAR LE POURVOYEUR DU SULTAN DE CASGAR.

« Sire, une personne de considération m'invita hier aux noces d'une de ses filles. Je ne manquai pas de me rendre chez lui, sur le soir, à l'heure marquée, et je me trouvai dans une assemblée de docteurs, d'officiers de

justice et d'autres personnes des plus distinguées de cette ville. Après les cérémonies on servit un festin magnifique, on se mit à table, et chacun mangea de ce qu'il trouva le plus à son goût. Il y avait entre autres choses une entrée accommodée avec de l'ail, qui était excellente et dont tout le monde voulait avoir, et, comme nous remarquâmes qu'un des convives ne s'empressait pas d'en manger, quoiqu'elle fût devant lui, nous l'invitâmes à mettre la main au plat et à nous imiter. Il nous conjura de ne le point presser là-dessus. « Je me garderai bien, nous dit-il, de toucher à un ragoût où il y aura de l'ail ; je n'ai point oublié ce qu'il m'en coûte pour en avoir goûté autrefois. » Nous le priâmes de nous raconter ce qui lui avait causé une si grande aversion pour l'ail ; mais sans lui donner le temps de nous répondre : « Est-ce ainsi, lui dit le maître de la maison, que vous faites honneur à ma table ? Ce ragoût est délicieux ; ne prétendez pas vous exempter d'en manger : il faut que vous me fassiez cette grâce comme les autres. — Seigneur, lui repartit le convive, qui était un marchand de Bagdad, ne croyez pas que j'en use ainsi par une fausse délicatesse ; je veux bien vous obéir si vous le voulez absolument ; mais ce sera à condition qu'après en avoir mangé je me laverai, s'il vous plaît, les mains quarante fois avec de l'alcali, quarante autres fois avec de la cendre de la même plante et autant de fois avec du savon : vous ne trouverez pas mauvais que j'en use ainsi, pour ne pas contrevenir au serment que j'ai fait de ne manger jamais ragoût à l'ail qu'à cette condition. »

En achevant ces paroles, Scheherazade, voyant paraître le jour, se tut, et Schahriar se leva fort curieux de savoir pourquoi ce marchand avait juré de se laver six-vingts fois après avoir mangé d'un ragoût à l'ail. La sultane contenta sa curiosité de cette sorte sur la fin de la nuit suivante :

CXVIII NUIT.

Le pourvoyeur, parlant au sultan de Casgar : « Le maître du logis, poursuivit-il, ne voulant pas dispenser le marchand de manger du ragoût à l'ail, commanda à ses gens de tenir prêts un bassin et de l'eau avec de l'alcali, de la cendre de la même plante et du savon, afin que le marchand se lavât autant de fois qu'il lui plairait. Après avoir donné cet ordre, il s'adressa au marchand : « Faites donc comme nous, lui dit-il, et mangez; l'alcali, la cendre de la même plante et le savon ne vous manqueront pas. »

« Le marchand, comme en colère de la violence qu'on lui faisait, avança la main, prit un morceau qu'il porta en tremblant à sa bouche, et le mangea avec une répugnance dont nous fûmes tous fort étonnés. Mais ce qui nous surprit davantage, nous remarquâmes qu'il n'avait que quatre doigts et point de pouce, et personne jusque-là ne s'en était aperçu, quoiqu'il eût déjà mangé d'autres mets. Le maître de la maison prit aussitôt la parole : « Vous n'avez point de pouce, lui dit-il; par quel accident l'avez-vous perdu ? Il faut que ce soit à quelque occasion dont vous ferez plaisir à la compagnie de l'entretenir. — Seigneur, répondit-il, ce n'est pas seulement à la main droite que je n'ai point de pouce, je n'en ai pas aussi à la gauche. » En même temps, il avança la main gauche et nous fit voir que ce qu'il nous disait était véritable. « Ce n'est pas tout encore, ajouta-t-il, le pouce me manque de même à l'un et à l'autre pied, et vous pouvez m'en croire. Je suis estropié de cette manière par une aventure inouïe, que je ne refuse pas de vous raconter, si vous voulez bien avoir la patience de l'entendre. Elle ne vous causera pas moins d'étonnement qu'elle vous fera de pitié. Mais permettez-moi de me laver les mains auparavant. » A ces mots il se leva de table, et après s'être lavé les mains six-vingts fois, revint prendre sa place, et nous fit le récit de son histoire dans ces termes :

« Vous saurez, mes seigneurs, que sous le règne du calife Haroun Alraschid, mon père vivait à Bagdad, où je suis né, et passait pour un des plus riches marchands de la ville. Mais comme c'était un homme attaché à ses plaisirs, qui aimait la débauche et négligeait le soin de ses affaires, au lieu de recueillir de grands biens à sa mort, j'eus besoin de toute l'économie imaginable pour acquitter les dettes qu'il avait laissées. Je vins pourtant à bout de les payer toutes, et, par mes soins, ma petite fortune commença de prendre une face assez riante.

« Un matin que j'ouvrais ma boutique, une dame montée sur une mule, accompagnée d'un eunuque et suivie de deux esclaves, passa près de ma

porte et s'arrêta. Elle mit pied à terre à l'aide de l'eunuque, qui lui prêta la main et qui lui dit : « Madame, je vous l'avais bien dit que vous veniez de trop bonne heure ; vous voyez bien qu'il n'y a encore personne au bezestan, et si vous aviez voulu me croire, vous vous seriez épargné la peine que vous aurez d'attendre. » Elle regarda de toutes parts, et voyant en effet qu'il n'y avait pas d'autres boutiques ouvertes que la mienne, elle s'en approcha en me saluant, et me pria de lui permettre qu'elle s'y reposât en attendant que les autres marchands arrivassent. Je répondis à son compliment comme je le devais. »

Scheherazade n'en serait pas demeurée en cet endroit, si le jour, qu'elle vit paraître, ne lui eût imposé silence. Le sultan des Indes, qui souhaitait d'entendre la suite de cette histoire, attendit avec impatience la nuit suivante.

CXIX NUIT.

La sultane ayant été réveillée par sa sœur Dinarzade, adressa la parole au sultan : Sire, dit-elle, le marchand continua de cette sorte le récit qu'il avait commencé : « La dame s'assit dans ma boutique, et, remarquant qu'il n'y avait personne que l'eunuque et moi dans le bezestan, elle se découvrit le visage pour prendre l'air. Je n'ai jamais rien vu de si beau : la voir et l'aimer passionnément ce fut la même chose pour moi. J'eus toujours les yeux attachés sur elle. Il me parut que mon attention ne lui était pas désagréable, car elle me donna tout le temps de la regarder à mon aise, et elle ne se couvrit le visage que lorsque la crainte d'être aperçue l'y obligea.

« Après qu'elle se fut remise au même état qu'auparavant, elle me dit qu'elle cherchait plusieurs sortes d'étoffes des plus belles et des plus riches, qu'elle me nomma, et elle me demanda si j'en avais. « Hélas ! madame, lui répondis-je, je suis un jeune marchand qui ne fais que commencer à m'établir. Je ne suis pas encore assez riche pour faire un si grand négoce, et c'est une mortification pour moi de n'avoir rien à vous présenter de ce qui vous a fait venir au bezestan ; mais, pour vous épargner la peine d'aller de boutique en boutique, d'abord que les marchands seront venus, j'irai, si vous le trouvez bon, prendre chez eux tout ce que vous souhaitez : ils m'en diront le prix au juste, et, sans aller plus loin, vous ferez ici vos emplettes. Elle y consentit, et j'eus avec elle un entretien qui dura d'autant plus longtemps, que je lui faisais accroire que les marchands qu'elle demandait n'étaient pas encore arrivés.

« Je ne fus pas moins charmé de son esprit que je l'avais été de la beauté de son visage ; mais il fallut enfin me priver du plaisir de sa conversation : je courus chercher les étoffes qu'elle désirait, et quand elle eut choisi celles qui lui plurent, nous en arrêtâmes le prix à cinq mille drachmes d'argent monnayé. J'en fis un paquet que je donnai à l'eunuque, qui le mit sous son bras. Elle se leva ensuite et partit après avoir pris congé de moi. Je la conduisis des yeux jusqu'à la porte du bezestan, et je ne cessai de la regarder qu'elle ne fût remontée sur sa mule.

« La dame n'eut pas plus tôt disparu, que je m'aperçus que l'amour m'avait fait faire une grande faute. Il m'avait tellement troublé l'esprit que je n'avais pas pris garde qu'elle s'en allait sans payer, et ne lui avais pas seulement demandé qui elle était ni où elle demeurait. Je fis réflexion pourtant que j'étais redevable d'une somme considérable à plusieurs marchands qui n'auraient peut-être pas la patience d'attendre. J'allai m'excuser auprès d'eux le mieux qu'il me fut possible, en leur disant que je connaissais la dame. Enfin je revins chez moi, aussi amoureux qu'embarrassé d'une si grosse dette. »

Scheherazade en cet endroit vit paraître le jour, cessa de parler. La nuit suivante elle continua de cette manière :

CXX NUIT.

« J'avais prié mes créanciers, poursuivit le marchand, de vouloir bien attendre huit jours pour recevoir leur paiement. La huitaine échue, ils ne manquèrent pas de me presser de les satisfaire. Je les suppliai de m'accorder le même délai. Ils y consentirent ; mais dès le lendemain je vis arriver la dame montée sur sa mule avec la même suite et à la même heure que la première fois.

«Elle vint droit à ma boutique : « Je vous ai fait un peu attendre, me dit-elle, mais enfin je vous apporte l'argent des étoffes que je pris l'autre jour : portez-le chez un changeur, qu'il voie s'il est de bon aloi et si le compte y est. » L'eunuque qui avait l'argent vint avec moi chez le changeur, et la somme se trouva juste et toute de bon argent. Je revins et j'eus encore le bonheur d'entretenir la dame, jusqu'à ce que toutes les boutiques du bezestan furent ouvertes. Quoique nous ne parlassions que de choses très-communes, elle leur donnait néanmoins un tour qui les faisait paraître nouvelles, et qui me fit voir que je ne m'étais pas trompé, quand, dès la première conversation, j'avais jugé qu'elle avait beaucoup d'esprit.

«Lorsque les marchands furent arrivés, et qu'ils eurent ouvert leurs boutiques, je portai ce que je devais à ceux chez qui j'avais pris des étoffes à crédit, et je n'eus pas de peine à obtenir d'eux qu'ils m'en confiassent d'autres que la dame m'avait demandées. J'en levai pour mille pièces d'or, et la dame emporta encore la marchandise sans la payer, sans me rien dire ni sans se faire connaître. Ce qui m'étonnait, c'est qu'elle ne hasardait rien, et que je demeurais sans caution et sans certitude d'être dédommagé en cas que je ne la revisse plus. «Elle me paie une somme assez considérable, disais-je en moi-même, mais elle me laisse redevable d'une autre qui l'est encore davantage. Serait-ce une trompeuse, et serait-il possible qu'elle m'eût leurré d'abord pour me mieux ruiner? Les marchands ne la connaissent pas et c'est à moi qu'ils s'adresseront. » Mon amour ne fut pas assez puissant pour m'empêcher de faire là-dessus des réflexions chagrinantes. Mes alarmes augmentèrent même de jour en jour pendant un mois entier qui s'écoula, sans que je reçusse aucune nouvelle de la dame. Enfin les marchands s'impatientaient, et, pour les satisfaire, j'étais prêt à vendre tout ce que j'avais, lorsque je la vis revenir un matin dans le même équipage que les autres fois.

« Prenez votre trébuchet, me dit-elle, pour peser l'or que je vous apporte. » Ces paroles achevèrent de dissiper ma frayeur et redoublèrent mon amour. Avant que de compter les pièces d'or, elle me fit plusieurs questions : entre autres, elle me demanda si j'étais marié. Je lui répondis que non et que je ne l'avais jamais été. Alors, en donnant l'or à l'eunuque, elle lui dit : « Prêtez-nous votre entremise pour terminer notre affaire. » L'eunuque se mit à rire, et m'ayant tiré à l'écart me fit peser l'or. Pendant

que je le pesais, l'eunuque me dit à l'oreille : « A vous voir, je connais parfaitement que vous aimez ma maîtresse, et je suis surpris que vous n'ayez pas la hardiesse de lui découvrir votre amour : elle vous aime encore plus que vous ne l'aimez. Ne croyez pas qu'elle ait besoin de vos étoffes. elle

ne vient ici uniquement que parce que vous lui avez inspiré une passion violente. C'est à cause de cela qu'elle vous a demandé si vous étiez marié. Vous n'avez qu'à parler, il ne tiendra qu'à vous de l'épouser, si vous voulez.
— Il est vrai, lui répondis-je, que j'ai senti naître de l'amour pour elle dès le premier moment que je l'ai vue, mais je n'osais aspirer au bonheur de lui plaire. Je suis tout à elle et je ne manquerai pas de reconnaître le bon office que vous me rendez. »

« Enfin j'achevai de peser les pièces d'or, et pendant que je les remettais dans le sac, l'eunuque se tourna du côté de la dame et lui dit que j'étais très-content. C'était le mot dont ils étaient convenus entre eux. Aussitôt la dame, qui était assise, se leva, et partit en me disant qu'elle m'enverrait l'eunuque, et que je n'aurais qu'à faire ce qu'il me dirait de sa part.

« Je portai à chaque marchand l'argent qui lui était dû, et j'attendis impatiemment l'eunuque durant quelques jours. Il arriva enfin. » Mais, sire, dit Scheherazade au sultan des Indes, voilà le jour qui paraît. A ces mots, elle garda le silence ; le lendemain elle reprit ainsi la suite de son discours :

CXXI NUIT.

« Je fis bien des amitiés à l'eunuque, dit le marchand de Bagdad, et je lui demandai des nouvelles de la santé de sa maîtresse. « Vous êtes, me répondit-il, l'amant du monde le plus heureux ; elle est malade d'amour ; on ne peut avoir plus d'envie de vous voir qu'elle en a, et si elle disposait de ses actions elle viendrait vous chercher, et passerait volontiers avec vous tous les moments de sa vie. — A son air noble et à ses manières honnêtes, lui dis-je, j'ai jugé que c'était quelque dame de considération. — Vous ne vous êtes pas trompé dans ce jugement, répliqua l'eunuque : elle est favorite de Zobéide, épouse du calife, laquelle l'aime d'autant plus chèrement qu'elle l'a élevée dès son enfance, et qu'elle se repose sur elle des emplettes qu'elle a à faire. Dans le dessein qu'elle a de se marier, elle a déclaré à l'épouse du commandeur des croyants, qu'elle avait jeté les yeux sur vous, et lui a demandé son consentement. Zobéide lui a dit qu'elle y consentait, mais qu'elle voulait vous voir auparavant, afin de juger si elle avait fait un bon choix, et qu'en ce cas-là elle ferait les frais des noces. C'est pourquoi vous voyez que votre bonheur est certain. Si vous avez plu à la favorite, vous ne plairez pas moins à la maîtresse, qui ne cherche qu'à lui faire plaisir et qui ne voudrait pas contraindre son inclination. Il ne s'agit donc plus que de venir au palais, et c'est pour cela que vous me voyez ici : c'est à vous de prendre votre résolution. — Elle est toute prise, repartis-je, et je suis prêt à vous suivre partout où vous voudrez me conduire. — Voilà qui est bien, reprit l'eunuque ; mais vous savez que les hommes n'entrent pas dans les appartements des dames du palais, et qu'on ne peut vous y introduire qu'en prenant des mesures qui demandent un grand secret. La favorite en a pris de justes : de votre côté, faites tout ce qui dépendra de vous ; mais surtout soyez discret, car il y va de votre vie. »

« Je l'assurai que je ferais exactement tout ce qui me serait ordonné. « Il faut donc, me dit-il, que ce soir, à l'entrée de la nuit, vous vous rendiez à la mosquée que Zobéide, épouse du calife, a fait bâtir sur le bord du Tigre, et que là vous attendiez qu'on vous vienne chercher. » Je consentis à tout ce qu'il voulut ; j'attendis la fin du jour avec impatience, et quand elle fut venue, je partis. J'assistai à la prière d'une heure et demie, après le soleil couché, dans la mosquée, où je demeurai le dernier.

« Je vis bientôt aborder un bateau dont tous les rameurs étaient eunuques. Ils débarquèrent et apportèrent dans la mosquée plusieurs grands

coffres, après quoi ils se retirèrent. Il n'en resta qu'un seul, que je reconnus pour celui qui avait toujours accompagné la dame, et qui m'avait parlé le matin. Je vis entrer aussi la dame ; j'allai au-devant d'elle, en lui témoignant que j'étais prêt à exécuter ses ordres. « Nous n'avons pas de temps à perdre, me dit-elle. » En disant cela, elle ouvrit un des coffres et m'ordonna de me mettre dedans. « C'est une chose, ajouta-t-elle, nécessaire pour votre sûreté et pour la mienne. Ne craignez rien, et laissez-moi disposer du reste. » J'en avais trop fait pour reculer, je fis ce qu'elle désirait, et aussitôt elle referma le coffre à la clef. Ensuite, l'eunuque qui était dans sa confidence appela les autres eunuques qui avaient apporté les coffres, et les leur fit tous reporter dans le bateau ; puis, la dame et son eunuque s'étant rembarqués, on commença de ramer pour me mener à l'appartement de Zobéide.

« Pendant ce temps-là, je faisais de sérieuses réflexions, et considérant le danger où j'étais, je me repentis de m'y être exposé ; je fis des vœux et des prières qui n'étaient guère de saison.

« Le bateau aborda devant la porte du palais du calife, on déchargea les coffres, qui furent portés à l'appartement de l'officier des eunuques, qui garde la clef de celui des dames, et n'y laisse rien entrer sans l'avoir bien visité auparavant. Cet officier était couché, il fallut l'éveiller et le faire lever... » Mais, sire, dit Scheherazade en cet endroit, je vois le jour qui commence à paraître. Schahriar se leva pour aller tenir son conseil, et dans la résolution d'entendre, le lendemain, la suite d'une histoire qu'il avait écoutée jusque là avec plaisir.

CXXII NUIT.

Quelques moments avant le jour, la sultane des Indes s'étant réveillée, poursuivit de cette manière l'histoire du marchand de Bagdad : « L'officier des eunuques, continua-t-il, fâché de ce qu'on avait interrompu son sommeil, querella fort la favorite de ce qu'elle revenait si tard. « Vous n'en serez pas quitte à si bon marché que vous vous l'imaginez, lui dit-il ; pas un de ces coffres ne passera que je ne l'aie fait ouvrir et que je ne l'aie exactement visité. » En même temps, il commanda aux eunuques de les apporter devant lui l'un après l'autre, et de les ouvrir. Ils commencèrent par celui où j'étais enfermé : ils le prirent et le portèrent. Alors je fus saisi d'une frayeur que je ne puis exprimer : je me crus au dernier moment de ma vie.

« La favorite, qui avait la clef, protesta qu'elle ne la donnerait pas et ne souffrirait jamais qu'on ouvrît ce coffre-là. « Vous savez bien, dit-elle, que je ne fais rien venir qui ne soit pour le service de Zobéide, votre maîtresse et la mienne. Ce coffre particulièrement est rempli de marchandises précieuses, que des marchands nouvellement arrivés m'ont confiées. Il y a de plus un nombre de bouteilles d'eau de la fontaine de Zemzem, envoyées de la Mecque. Si quelqu'une venait à se casser, les marchandises en seraient gâtées et vous en répondriez : la femme du commandeur des croyans, saurait bien se venger de votre insolence. Enfin elle parla avec tant de fermeté, que l'officier n'eut pas la hardiesse de s'opiniâtrer à vouloir faire la visite ni du coffre où j'étais ni des autres. « Passez donc, dit-il en colère, marchez! » On ouvrit l'appartement des dames, et l'on y porta tous les coffres.

« A peine y furent-ils que j'entendis crier tout à coup : « Voilà le calife ! voilà le calife ! » Ces paroles augmentèrent ma frayeur à un point, que je ne sais comment je n'en mourus pas sur-le-champ. C'était effectivement le calife. « Qu'apportez-vous dans ces coffres ? dit-il à la favorite. — Commandeur des croyans, répondit-elle, ce sont des étoffes nouvellement

arrivées, que l'épouse de votre majesté a souhaité qu'on lui montrât. — Ouvrez, ouvrez, reprit le calife, je les veux voir aussi. » Elle voulut s'en excuser, en lui représentant que ces étoffes n'étaient propres que pour des dames, et que ce serait ôter à son épouse le plaisir qu'elle se faisait de les voir la première. « Ouvrez, vous dis-je, répliqua-t-il, je vous l'ordonne. » Elle lui remontra encore que sa majesté, en l'obligeant à manquer de fidélité à sa maîtresse, l'exposait à sa colère. « Non, non, repartit-il, je vous promets qu'elle ne vous en fera aucun reproche : ouvrez, seulement, et ne me faites pas attendre plus longtemps. »

« Il fallut obéir, et je sentis alors de si vives alarmes, que j'en frémis encore toutes les fois que j'y pense. Le calife s'assit, et la favorite fit porter devant lui tous les coffres l'un après l'autre et les ouvrit. Pour tirer les choses en longueur, elle lui faisait remarquer toutes les beautés de chaque étoffe en particulier : elle voulait mettre sa patience à bout, mais elle n'y réussit pas. Comme elle n'était pas moins intéressée que moi à ne pas ouvrir le coffre où j'étais, elle ne s'empressait pas de le faire apporter, et il ne restait plus que celui-là à visiter. « Achevons, dit le calife, voyons encore ce qu'il y a dans ce coffre. » Je ne puis dire si j'étais vif ou mort en ce moment; mais je ne croyais pas échapper d'un si grand danger. »

Scheherazade, à ces derniers mots, vit paraître le jour. Elle interrompit sa narration; mais elle la continua de cette sorte sur la fin de la nuit suivante :

CXXIII NUIT.

« Lorsque la favorite de Zobéide, poursuivit le marchand de Bagdad, vit que le calife voulait absolument qu'elle ouvrît le coffre où j'étais : « Pour celui-ci, dit-elle, votre majesté me fera, s'il lui plaît, la grâce de me dispenser de lui faire voir ce qu'il y a dedans : il y a des choses que je ne lui puis montrer qu'en présence de son épouse. — Voilà qui est bien, dit le calife, je suis content ; faites emporter vos coffres. » Elle les fit enlever aussitôt et porter dans sa chambre, où je commençai à respirer.

« Dès que les eunuques qui les avaient apportés se furent retirés, elle ouvrit promptement celui où j'étais prisonnier. « Sortez, me dit-elle, en me montrant la porte d'un escalier qui conduisait à une chambre au-dessus ; montez et allez m'attendre. » Elle n'eut pas fermé la porte sur moi, que

le calife entra et s'assit sur le coffre d'où je venais de sortir. Le motif de cette visite était un mouvement de curiosité qui ne me regardait pas. Ce prince voulait lui faire des questions sur ce qu'elle avait vu ou entendu dans la ville. Ils s'entretinrent tous deux assez longtemps, après quoi il la quitta enfin, et se retira dans son appartement.

« Lorsqu'elle se vit libre, elle me vint trouver dans la chambre où j'étais monté, et me fit bien des excuses de toutes les alarmes qu'elle m'avait causées : « Ma peine, me dit-elle, n'a pas été moins grande que la vôtre; vous n'en devez pas douter, puisque j'ai souffert pour l'amour de vous et pour moi, qui courais le même péril. Une autre, à ma place, n'aurait peut-être pas eu le courage de se tirer si bien d'une occasion si délicate. Il ne fallait pas moins de hardiesse ni de présence d'esprit, ou plutôt il fallait avoir tout l'amour que j'ai pour vous, pour sortir de cet embarras; mais rassurez-vous, il n'y a plus rien à craindre. » Après nous être entretenus quelque temps avec beaucoup de tendresse : « Il est temps, me dit-elle, de vous reposer; couchez-vous; je ne manquerai pas de vous présenter demain à Zobéide, ma maîtresse, à quelque heure du jour, et c'est une chose facile, car le calife ne la voit que la nuit. » Rassuré par ce discours, je dormis assez tranquillement, ou si mon sommeil fut quelquefois interrompu par des inquiétudes, ce furent des inquiétudes agréables, causées par l'espérance de posséder une dame qui avait tant d'esprit et de beauté.

« Le lendemain, la favorite de Zobéide, avant de me faire paraître devant sa maîtresse, m'instruisit de la manière dont je devais soutenir sa présence, me dit à peu près les questions que cette princesse me ferait, et me dicta les réponses que je devais faire. Après cela, elle me conduisit dans une salle où tout était d'une magnificence, d'une richesse et d'une propreté surprenantes. Je n'y étais pas entré, que vingt dames esclaves d'un âge un peu avancé, toutes vêtues d'habits riches et uniformes, sortirent du cabinet de Zobéide, et vinrent se ranger devant un trône, en deux files égales, avec une grande modestie. Elles furent suivies de vingt autres dames, toutes jeunes, et habillées de la même sorte que les premières, avec cette différence pourtant que leurs habits avaient quelque chose de plus galant. Zobéide parut au milieu de celles-ci avec un air majestueux, et si chargée de pierreries et de toutes sortes de joyaux qu'à peine pouvait-elle marcher. Elle alla s'asseoir sur le trône. J'oubliais de vous dire que sa dame favorite l'accompagnait, et qu'elle demeura debout à sa droite, pendant que les dames esclaves, un peu plus éloignées, étaient en foule des deux côtés du trône.

« D'abord que la femme du calife fut assise, les esclaves qui étaient entrées les premières me firent signe d'approcher. Je m'avançai au milieu des deux rangs qu'elles formaient, et me prosternai la tête contre le tapis

qui était sous les pieds de la princesse. Elle m'ordonna de me relever et me fit l'honneur de s'informer de mon nom, de ma famille et de l'état de ma fortune, à quoi je satisfis à son gré. Je m'en aperçus non-seulement à son air, elle me le fit même connaître par les choses qu'elle eut la bonté de me dire : « J'ai bien de la joie, me dit-elle, que ma fille (c'est ainsi qu'elle appelait sa dame favorite), car je la regarde comme telle après le soin que j'ai pris de son éducation, ait fait un choix dont je suis contente : je l'approuve, et consens que vous vous mariiez tous deux. J'ordonnerai moi-même les apprêts de vos noces; mais auparavant j'ai besoin de ma fille pour dix jours. Pendant ce temps-là je parlerai au calife et obtiendrai son consentement; et vous, demeurez ici, on aura soin de vous. »

En achevant ces paroles, Scheherazade aperçut le jour et cessa de parler. Le lendemain, elle reprit la parole de cette manière :

CXXIV NUIT.

« Je demeurai dix jours dans l'appartement des dames du calife, continua le marchand de Bagdad. Durant tout ce temps-là je fus privé du plaisir de voir la dame favorite ; mais on me traita si bien par son ordre, que j'eus sujet d'ailleurs d'être très-satisfait.

« Zobéide entretint le calife de la résolution qu'elle avait prise de marier sa favorite, et ce prince, en lui laissant la liberté de faire là-dessus ce qui lui plairait, accorda une somme considérable à la favorite pour contribuer de sa part à son établissement. Les dix jours écoulés, Zobéide fit dresser le contrat de mariage, qui lui fut apporté en bonne forme. Les préparatifs des noces se firent, on appela les musiciens, les danseurs et les danseuses, et il y eut pendant neuf jours de grandes réjouissances dans le palais. Le dixième jour étant destiné pour la dernière cérémonie du mariage, la dame favorite fut conduite au bain d'un côté et moi de l'autre, et, sur le soir, m'étant mis à table, on me servit toutes sortes de mets et de ragoûts, entre autres un ragoût à l'ail comme celui dont on vient de me forcer de manger. Je le trouvai si bon que je ne touchai presque point aux autres mets. Mais, pour mon malheur, m'étant levé de table, je me contentai de m'essuyer les mains au lieu de les bien laver, et c'était une négligence qui ne m'était jamais arrivée jusqu'alors.

« Comme il était nuit, on suppléa à la clarté du jour par une grande illumination dans l'appartement des dames. Les instruments se firent entendre, on dansa, on fit mille jeux, tout le palais retentissait de cris de joie. On nous introduisit, ma femme et moi, dans une grande salle, où l'on nous fit asseoir sur deux trônes. Les femmes qui la servaient lui firent changer plusieurs fois d'habits et lui peignirent le visage de différentes manières, selon la coutume pratiquée au jour des noces, et chaque fois qu'on lui changeait d'habillement, on me la faisait voir.

« Enfin toutes ces cérémonies finirent, et l'on nous conduisit dans la chambre nuptiale. D'abord qu'on nous y eut laissés seuls, je m'approchai de mon épouse pour l'embrasser ; mais au lieu de répondre à mes transports, elle me repoussa fortement et se mit à faire des cris épouvantables, qui attirèrent bientôt dans la chambre toutes les dames de l'appartement, qui voulurent savoir le sujet de ses cris. Pour moi, saisi d'un long étonnement, j'étais demeuré immobile, sans avoir eu seulement la force de lui en demander la cause. « Notre chère sœur, lui dirent-elles, que vous est-il arrivé depuis le peu de temps que nous vous avons quittée ? Apprenez-le-nous, afin que nous vous secourions. — Otez, s'écria-t-elle, ôtez-moi de devant les yeux ce vilain homme que voilà. — Hé ! madame, lui dis-je, en quoi puis-je avoir eu le malheur de mériter votre colère ? — Vous êtes un vilain, me répondit-elle en furie, vous avez mangé de l'ail et vous ne vous êtes pas lavé les mains ! Croyez-vous que je veuille souffrir qu'un homme si malpropre s'approche de moi pour m'empester ? — Couchez-le par terre, ajouta-t-elle en s'adressant aux dames, et qu'on m'apporte un nerf de bœuf. » Elles me renversèrent aussitôt, et tandis que les unes me tenaient par les bras et les autres par les pieds, ma femme, qui avait été servie en diligence, me frappa impitoyablement jusqu'à ce

que les forces lui manquèrent. Alors elle dit aux dames : « Prenez-le, qu'on l'envoie au lieutenant de police, et qu'on lui fasse couper la main dont il a mangé du ragoût à l'ail. »

« A ces paroles, je m'écriai : « Grand Dieu ! je suis rompu et brisé de coups, et pour surcroît d'affliction on me condamne encore à avoir la main coupée ; et pourquoi ? pour avoir mangé d'un ragoût à l'ail et avoir oublié de me laver les mains ! Quelle colère pour un si petit sujet ! Peste soit du ragoût à l'ail ! Maudits soient le cuisinier qui l'a apprêté et celui qui l'a servi ! »

La sultane Scheherazade, remarquant qu'il était jour, s'arrêta en cet endroit. Schahriar se leva en riant de toute sa force de la colère de la dame favorite, et fort curieux d'apprendre le dénouement de cette histoire.

CXXV NUIT.

Le lendemain, Scheherazade, réveillée avant le jour, reprit ainsi le fil de son discours de la nuit précédente : « Toutes les dames, dit le marchand de Bagdad, qui m'avaient vu recevoir mille coups de nerf de bœuf, eurent pitié de moi lorsqu'elles entendirent parler de me faire couper la main. « Notre chère sœur et notre bonne dame, dirent-elles à la favorite, vous poussez trop loin votre ressentiment. C'est un homme, à la vérité, qui ne sait pas vivre, qui ignore votre rang et les égards que vous méritez ; mais nous vous supplions de ne pas prendre garde à la faute qu'il a commise et de la lui pardonner. — Je ne suis pas satisfaite, reprit-elle : je veux qu'il apprenne à vivre et qu'il porte des marques si sensibles de sa malpropreté, qu'il ne s'avisera de sa vie de manger d'un ragoût à l'ail, sans se souvenir ensuite de se laver les mains. » Elles ne se rebutèrent pas de son refus, elles se jetèrent à ses pieds, et lui baisant la main : « Notre bonne dame, lui dirent-elles, au nom de Dieu, modérez votre colère et accordez-nous la grâce que nous vous demandons. » Elle ne leur répondit rien ; mais elle se leva, et après m'avoir dit mille injures, elle sortit de la chambre ; toutes les dames la suivirent et me laissèrent seul dans une affliction inconcevable.

« Je demeurai dix jours sans voir personne qu'une vieille esclave qui venait m'apporter à manger. Je lui demandai des nouvelles de la dame favorite : « Elle est malade, me dit la vieille esclave, de l'odeur empoisonnée que vous lui avez fait respirer. Pourquoi aussi n'avez-vous pas eu soin de vous laver les mains après avoir mangé de ce maudit ragoût à l'ail ? — Est-il possible, dis-je alors en moi-même, que la délicatesse de ces dames

soit si grande, et qu'elles soient si vindicatives pour une faute si légère! »
J'aimais cependant ma femme malgré sa cruauté, et je ne laissai pas de la plaindre.

« Un jour l'esclave me dit : « Votre épouse est guérie; elle est allée au bain, et elle m'a dit qu'elle vous viendra voir demain. Ainsi, ayez encore patience, et tâchez de vous accommoder à son humeur. C'est d'ailleurs une personne très-sage, très-raisonnable et très-chérie de toutes les dames qui sont auprès de Zobéide, notre respectable maîtresse. »

« Véritablement ma femme vint le lendemain et me dit d'abord : « Il faut que je sois bien bonne de venir vous revoir après l'offense que vous m'avez faite. Mais je ne puis me résoudre à me réconcilier avec vous que je ne vous aie puni comme vous le méritez, pour ne vous être pas lavé les mains après avoir mangé d'un ragoût à l'ail. » En achevant ces mots, elle appela des dames qui me couchèrent par terre par son ordre, et, après qu'elles m'eurent lié, elle prit un rasoir et eut la barbarie de me

couper elle-même les quatre pouces. Une des dames appliqua d'une certaine racine pour arrêter le sang; mais cela n'empêcha pas que je m'évanouisse par la quantité que j'en avais perdu et par le mal que j'avais souffert.

« Je revins de mon évanouissement, et l'on me donna du vin à boire pour me faire reprendre des forces. « Ah! madame, dis-je alors à mon épouse, si jamais il m'arrive de manger d'un ragoût à l'ail, je vous jure qu'au lieu d'une fois je me laverai les mains six-vingts fois avec de l'alcali, de la cendre de la même plante et du savon. — Hé bien! dit ma femme, à cette condition je veux bien oublier le passé et vivre avec vous comme avec mon mari. »

« Voilà, mèsseigneurs, ajouta le marchand de Bagdad en s'adressant à la compagnie, la raison pourquoi vous avez vu que j'ai refusé de manger du ragoût à l'ail qui était devant moi. »

Le jour, qui commençait à paraître, ne permit pas à Scheherazade d'en dire davantage cette nuit ; mais le lendemain elle reprit la parole dans ces termes :

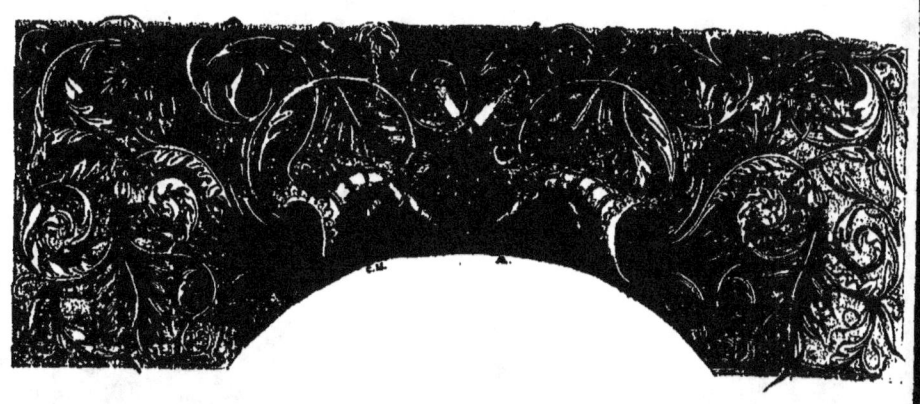

CXXVI NUIT.

Sire, le marchand de Bagdad acheva de raconter ainsi son histoire : « Les dames n'appliquèrent pas seulement sur mes plaies de la racine que j'ai dite pour étancher le sang, elles y mirent aussi du baume de la Mecque[1], qu'on ne pouvait pas soupçonner d'être falsifié, puisqu'elles l'avaient pris dans l'apothicairerie du calife. Par la vertu de ce baume admirable je fus parfaitement guéri en peu de jours, et nous demeurâmes ensemble, ma femme et moi, dans la même union que si je n'eusse jamais mangé de ragoût à l'ail. Mais comme j'avais toujours joui de ma liberté, je m'ennuyais fort d'être enfermé dans le palais du calife ; néanmoins je n'en voulais rien témoigner à mon épouse de peur de lui déplaire. Elle s'en aperçut ; elle ne demandait pas mieux elle-même que d'en sortir. La reconnaissance seule la retenait auprès de Zobéide ; mais elle avait de l'esprit, et elle représenta si bien à sa maîtresse la contrainte où j'étais de ne pas vivre dans la ville avec des gens de ma condition comme j'avais toujours fait, que cette bonne princesse aima mieux se priver du plaisir d'avoir auprès d'elle sa favorite, que de ne lui pas accorder ce que nous souhaitions tous deux également.

« C'est pourquoi, un mois après notre mariage, je vis paraître mon épouse avec plusieurs eunuques qui portaient chacun un sac d'argent. Quand ils se furent retirés : « Vous ne m'avez rien marqué, dit-elle, de l'ennui que vous cause le séjour de la cour. Mais je m'en suis bien aperçu, et j'ai heureusement trouvé moyen de vous rendre content : Zobéide, ma maîtresse, nous permet de nous retirer du palais, et voilà cinquante

---

[1] Le *baume de la Mecque* est le suc résineux d'un arbre de la famille des térébinthacées, appelé par Linné *amyris gileadensis*. Le baume de la Mecque coule naturellement de l'arbre pendant les chaleurs de l'été, sous forme de petites gouttelettes résineuses dont on aide la sortie par des incisions. Ce baume, regardé comme le plus précieux, est réservé aujourd'hui pour le grand-seigneur et pour les pachas, etc.

mille sequins dont elle nous fait présent, pour nous mettre en état de vivre commodément dans la ville. Prenez-en dix mille et allez nous acheter une maison. »

« J'en eus bientôt trouvé une pour cette somme, et l'ayant fait meubler magnifiquement, nous y allâmes loger. Nous prîmes un grand nom-

bre d'esclaves de l'un et de l'autre sexe, et nous nous donnâmes un fort bel équipage. Enfin nous commençâmes à mener une vie fort agréable ; mais elle ne fut pas de longue durée : au bout d'un an ma femme tomba malade et mourut en peu de jours.

« J'aurais pu me remarier et continuer de vivre honorablement à Bagdad, mais l'envie de voir le monde m'inspira un autre dessein. Je vendis ma maison, et, après avoir acheté plusieurs sortes de marchandises, je me joignis à une caravane et passai en Perse. De là je pris la route de Samarcande, d'où je suis venu m'établir en cette ville. »

« Voilà, sire, dit le pourvoyeur qui parlait au sultan de Casgar, l'histoire que raconta hier ce marchand de Bagdad à la compagnie où je me trouvai. — Cette histoire, dit le sultan, a quelque chose d'extraordinaire ; mais elle n'est pas comparable à celle du petit bossu. » Alors le médecin juif s'étant avancé, se prosterna devant le trône de ce prince et lui dit en se relevant : « Sire, si votre majesté veut avoir aussi la bonté de m'écouter, je me flatte qu'elle sera satisfaite de l'histoire que j'ai à lui conter. — Hé bien ! parle, lui dit le sultan ; mais si elle n'est pas plus surprenante que celle du bossu, n'espère pas que je te donne la vie. »

La sultane Scheherazade s'arrêta en cet endroit parce qu'il était jour. La nuit suivante, elle reprit ainsi son discours :

CXXVII NUIT.

Sire, dit-elle, le médecin juif, voyant le sultan de Casgar disposé à l'entendre, prit ainsi la parole :

HISTOIRE

RACONTÉE PAR LE MÉDECIN JUIF.

« Sire, pendant que j'étudiais en médecine à Damas, et que je commençais à y exercer ce bel art avec quelque réputation, un esclave me vint querir pour aller voir un malade chez le gouverneur de la ville. Je m'y rendis et l'on m'introduisit dans une chambre, où je trouvai un jeune homme très-bien fait, fort abattu du mal qu'il souffrait. Je le saluai en m'asseyant près de lui ; il ne répondit point à mon compliment ; mais il me fit un signe des yeux pour me marquer qu'il m'entendait et qu'il me remerciait. « Seigneur, lui dis-je, je vous prie de me donner la main, que je vous tâte le pouls. » Au lieu de tendre la main droite, il me présenta la gauche, de quoi je fus extrêmement surpris. « Voilà, dis-je en moi-même, une grande ignorance de ne savoir pas que l'on présente la main droite à un médecin et non pas la gauche. » Je ne laissai pas de lui tâter le pouls, et après avoir écrit une ordonnance je me retirai.

« Je continuai mes visites pendant neuf jours, et toutes les fois que je lui voulus tâter le pouls il me tendit la main gauche. Le dixième jour, il me parut se bien porter, et je lui dis qu'il n'avait plus besoin que d'aller au bain. Le gouverneur de Damas, qui était présent, pour me marquer combien il était content de moi, me fit revêtir en sa présence d'une robe très-riche, en me disant qu'il me faisait médecin de l'hôpital de la ville et médecin ordinaire de sa maison, où je pouvais aller librement manger à sa table quand il me plairait.

« Le jeune homme me fit aussi de grandes amitiés et me pria de l'accompagner ou bain. Nous y entrâmes, et quand ses gens l'eurent déshabillé, je vis que la main droite lui manquait. Je remarquai même qu'il n'y avait pas longtemps qu'on la lui avait coupée : c'était aussi la cause de sa maladie, que l'on m'avait cachée, et, tandis qu'on y appliquait des médicaments propres à le guérir promptement, on m'avait appelé pour empêcher que la fièvre qui l'avait pris n'eût de mauvaises suites. Je fus assez surpris et fort affligé de le voir en cet état; il le remarqua bien sur mon visage : « Médecin, me dit-il, ne vous étonnez pas de me voir la main coupée : je vous en dirai quelque jour le sujet, et vous entendrez une histoire des plus surprenantes. »

« Après que nous fûmes sortis du bain, nous nous mîmes à table ; nous nous entretînmes ensuite, et il me demanda s'il pouvait, sans intéresser sa santé, s'aller promener hors de la ville, au jardin du gouverneur. Je lui répondis que non-seulement il le pouvait, mais qu'il lui était très-salutaire de prendre l'air. « Si cela est, répliqua-t-il, et que vous vouliez bien me tenir compagnie, je vous conterai là mon histoire. » Je repartis que j'étais tout à lui le reste de la journée. Aussitôt il commanda à ses gens d'apporter de quoi faire la collation, puis nous partîmes et nous rendîmes au jardin du gouverneur. Nous y fîmes deux ou trois tours de pro-

menade, et, après nous être assis sur un tapis que ses gens étendirent sous un arbre qui faisait un bel ombrage, le jeune homme me fit de cette sorte le récit de son histoire :

« Je suis né à Moussoul, et ma famille est une des plus considérables de la ville. Mon père était l'aîné de dix enfants que mon aïeul laissa, en mourant, tous en vie et mariés. Mais, de ce grand nombre de frères, mon père fut le seul qui eut des enfants, encore n'eut-il que moi. Il prit un très-grand soin de mon éducation, et me fit apprendre tout ce qu'un enfant de ma condition ne devait pas ignorer.... » Mais, sire, dit Scheherazade en se reprenant dans cet endroit, l'aurore, qui paraît, m'impose silence. A ces mots elle se tut et le sultan se leva.

CXXVIII NUIT.

Le lendemain, Scheherazade reprenant la suite de son discours de la nuit précédente : Le médecin juif, dit-elle, continuant de parler au sultan de Casgar : « Le jeune homme de Moussoul, ajouta-t-il, poursuivit ainsi son histoire :

« J'étais déjà grand, et je commençais à fréquenter le monde, lorsqu'un vendredi je me trouvai à la prière de midi avec mon père et mes oncles dans la grande mosquée de Moussoul. Après la prière, tout le monde se retira, hors mon père et mes oncles, qui s'assirent sur le tapis qui régnait par toute la mosquée. Je m'assis aussi avec eux, et, s'entretenant de plusieurs choses, la conversation tomba insensiblement sur les voyages. Ils vantèrent les beautés et les singularités de quelques royaumes et de leurs villes principales; mais un de mes oncles dit que si l'on en voulait croire le rapport uniforme d'une infinité de voyageurs, il n'y avait pas au monde un plus beau pays que l'Égypte et le Nil, et ce qu'il en raconta m'en donna une si grande idée que dès ce moment je conçus le désir d'y voyager. Ce que mes autres oncles purent dirent pour donner la préférence à Bagdad et au Tigre, en appelant Bagdad le véritable séjour de la religion musulmane et la métropole de toutes les villes de la terre, ne firent pas la même impression sur moi. Mon père appuya le sentiment de celui de ses frères qui avait parlé en faveur de l'Égypte, ce qui me causa beaucoup de joie : « Quoi qu'on en veuille dire, s'écria-t-il, qui n'a pas vu l'Égypte n'a pas vu ce qu'il y a de plus singulier au monde ! La terre y est toute d'or, c'est-à-dire si fertile qu'elle enrichit ses habitants. Toutes les femmes y charment ou par leur beauté ou par leurs manières agréables. Si vous me parlez du Nil, y a-t-il un fleuve plus admirable ! Quelle eau fut jamais plus légère et plus délicieuse ! Le limon même qu'il entraîne avec lui dans son débordement n'engraisse-t-il pas les campagnes, qui produisent sans travail mille fois plus que les autres terres, avec toute la peine que l'on prend à les culti ver ! Écoutez ce qu'un poète obligé d'abandonner l'Égypte, disait aux Égyptiens : « Votre Nil vous comble tous les jours de biens, c'est pour vous uniquement qu'il vient de si loin. Hélas ! en m'éloignant de vous, mes larmes vont couler aussi abondamment que ses eaux : vous allez conti nuer de jouir de ses douceurs, tandis que je suis condamné à m'en priver malgré moi. »

« Si vous regardez, ajouta mon père, du côté de l'île que forment les deux branches du Nil les plus grandes, quelle variété de verdure ! quel émail de toutes sortes de fleurs ! Quelle quantité prodigieuse de villes, de bourgades, de canaux et de mille autres objets agréables ! Si vous tournez les yeux de l'autre côté, en remontant vers l'Éthiopie, combien d'autres sujets d'admiration! Je ne puis mieux comparer la verdure, de tant de campagnes arrosées par les différents canaux de l'île, qu'à des émeraudes brillantes enchâssées dans de l'argent. N'est-ce pas la ville de l'univers la plus vaste, la plus peuplée et la plus riche que le grand Caire? Que d'édifices magnifiques, tant publics que particuliers! Si vous allez jusqu'aux pyramides, vous serez saisis d'étonnement, vous demeurerez immobiles à l'aspect de ces masses de pierres d'une grosseur énorme qui s'élèvent jusqu'aux cieux : vous serez obligés d'avouer qu'il faut que les Pharaons, qui ont employé à les construire tant de richesses et tant d'hommes, aient surpassé tous les monarques qui sont venus après eux non-seulement en Égypte, mais sur la terre même, en magnificence et en invention, pour avoir laissé des monuments si dignes de leur mémoire. Ces monuments, si anciens que les savants ne sauraient convenir entre eux du temps qu'on les a élevés, subsistent encore aujourd'hui et dureront autant que les siècles. Je passe sous silence les villes maritimes du royaume d'Égypte, comme Damiette, Rosette, Alexandrie, où je ne sais combien de nations vont chercher mille sortes de grains et de toiles et mille autres choses pour la commodité et les délices des hommes. Je vous en parle avec connaissance : j'y ai passé quelques années de ma jeunesse, que je compterai tant que je vivrai pour les plus agréables de ma vie. »

Scheherazade parlait ainsi lorsque la lumière du jour, qui commençait à naître, vint frapper ses yeux. Elle demeura aussitôt dans le silence; mais sur la fin de la nuit suivante, elle reprit le fil de son discours de cette sorte :

CXXIX NUIT.

« Mes oncles n'eurent rien à répliquer à mon père, poursuivit le jeune homme de Moussoul, et demeurèrent d'accord de tout ce qu'il venait de dire du Nil, du Caire et de tout le royaume d'Égypte. Pour moi, j'en eus l'imagination si remplie que je n'en dormis pas la nuit. Peu de temps après, mes oncles firent bien connaître eux-mêmes combien ils avaient été frappés du discours de mon père. Ils lui proposèrent de faire tous ensemble le voyage d'Égypte. Il accepta la proposition, et comme ils étaient de riches marchands, ils résolurent de porter avec eux des marchandises qu'ils y pussent débiter. J'appris qu'ils faisaient les préparatifs de leur départ : j'allai trouver mon père, je le suppliai les larmes aux yeux de me permettre de l'accompagner, et de m'accorder un fonds de marchandises pour en faire le débit moi-même. « Vous êtes encore trop jeune, me dit-il, pour entreprendre le voyage d'Égypte : la fatigue en est trop grande, et de plus je suis persuadé que vous vous y perdriez. » Ces paroles ne m'ôtèrent pas l'envie de voyager. J'employai le crédit de mes oncles auprès de mon père, dont ils obtinrent enfin que j'irais seulement jusqu'à Damas, où ils me laisseraient pendant qu'ils continueraient leur voyage jusqu'en Égypte : « La ville de Damas, dit mon père, a aussi ses beautés, et il faut qu'il se contente de la permission que je lui donne d'aller jusque-là. » Quelque désir que j'eusse de voir l'Égypte, après ce que je lui en avais ouï dire, il était mon père, je me soumis à sa volonté,

« Je partis donc de Moussoul avec mes oncles et lui. Nous traversâmes la Mésopotamie; nous passâmes l'Euphrate, nous arrivâmes à Halep, où nous séjournâmes peu de jours, et de là nous nous rendîmes à Damas, dont l'abord me surprit très-agréablement. Nous logeâmes tous dans un même khan : je vis une ville grande, peuplée, remplie de beau monde et très-bien fortifiée. Nous employâmes quelques jours à nous promener dans tous ces jardins délicieux qui sont aux environs, comme nous le pouvons voir d'ici, et nous convînmes que l'on avait raison de dire que

Damas était au milieu d'un paradis. Mes oncles enfin songèrent à continuer leur route : ils prirent soin auparavant de vendre mes marchandises, ce qu'ils firent si avantageusement pour moi que j'y gagnai cinq cents pour cent : cette vente produisit une somme considérable, dont je fus ravi de me voir possesseur.

« Mon père et mes oncles me laissèrent donc à Damas et poursuivirent leur voyage. Après leur départ, j'eus une grande attention à ne pas dépenser mon argent inutilement. Je louai néanmoins une maison magnifique : elle était toute de marbre, ornée de peintures à feuillages d'or et d'azur ; elle avait un jardin où l'on voyait de très-beaux jets d'eau. Je la meublai, non pas à la vérité aussi richement que la magnificence du lieu le demandait, mais du moins assez proprement pour un jeune homme de ma condition. Elle avait autrefois appartenu à un des principaux seigneurs de la ville nommé Modoun Abdalrahim, et elle appartenait alors à un riche marchand joaillier, à qui je n'en payais que deux scherifs par mois. J'avais un assez grand nombre de domestiques ; je vivais honorablement, je donnais quelquefois à manger aux gens avec qui j'avais fait connaissance, et quelquefois j'allais manger chez eux. C'est ainsi que je passais le temps à Damas en attendant le retour de mon père : aucune passion ne troublait mon repos, et le commerce des honnêtes gens faisait mon unique occupation.

« Un jour, que j'étais assis à la porte de ma maison et que je prenais le frais, une dame fort proprement habillée, et qui paraissait fort bien faite, vint à moi et me demanda si je ne vendais pas des étoffes. En disant cela, elle entra dans le logis. »

En cet endroit, Scheherazade voyant qu'il était jour, se tut, et la nuit suivante elle reprit la parole dans ces termes :

CXXX NUIT.

« Quand je vis, dit le jeune homme de Moussoul, que la dame était entrée dans ma maison, je me levai, je fermai la porte, et je la fis entrer dans une salle où je la priai de s'asseoir. « Madame, lui dis-je, j'ai eu des étoffes qui étaient dignes de vous être montrées, mais je n'en ai plus présentement et j'en suis très-fâché. » Elle ôta le voile qui lui couvrait le visage et fit briller à mes yeux une beauté dont la vue me fit sentir des mouvements que je n'avais point encore sentis. « Je n'ai pas besoin d'étoffes, me répondit-elle, je viens seulement pour vous voir et passer la soirée avec vous si vous l'avez pour agréable : je ne vous demande qu'une légère collation. »

« Ravi d'une si bonne fortune, je donnai ordre à mes gens de nous apporter plusieurs sortes de fruits et des bouteilles de vin. Nous fûmes servis promptement, nous mangeâmes, nous bûmes, nous nous réjouîmes

jusqu'à minuit : enfin je n'avais point encore passé de nuit si agréablement que je passai celle-là. Le lendemain matin je voulus mettre dix scherifs dans la main de la dame, mais elle la retira brusquement : « Je ne suis pas venue vous voir, dit-elle, dans un esprit d'intérêt, et vous me faites une injure. Bien loin de recevoir de l'argent de vous, je veux que vous en receviez de moi, autrement je ne vous reverrai plus : » en même temps elle tira dix scherifs de sa bourse et me força de les prendre. « Attendez-moi dans trois jours, me dit-elle, après le coucher du soleil. » A ces mots, elle prit congé de moi et je sentis qu'en partant elle emportait mon cœur avec elle.

« Au bout de trois jours, elle ne manqua pas de revenir à l'heure marquée, et je ne manquai pas de la recevoir avec toute la joie d'un homme qui l'attendait impatiemment. Nous passâmes la soirée et la nuit comme la première fois, et le lendemain, en me quittant, elle promit de me revenir voir encore dans trois jours; mais elle ne voulut point partir que je n'eusse reçu dix nouveaux scherifs.

« Étant revenue pour la troisième fois, et lorsque le vin nous eut échauffés tous deux, elle me dit : « Mon cher cœur, que pensez-vous de moi ? ne suis-je pas belle et amusante ? — Madame, lui répondis-je, cette question est assez inutile ; toutes les marques d'amour que je vous donne doivent vous persuader que je vous aime ; je suis charmé de vous voir et de vous posséder ; vous êtes ma reine, ma sultane ; vous faites tout le bonheur de ma vie. — Ah! je suis assurée, me dit-elle, que vous cesseriez de tenir ce langage si vous aviez vu une dame de mes amies qui est plus jeune et plus belle que moi ; elle a l'humeur si enjouée qu'elle ferait rire les gens les plus mélancoliques. Il faut que je vous l'amène ici : je lui ai parlé de vous, et sur ce que je lui en ai dit, elle meurt d'envie de vous voir. Elle m'a priée de lui procurer ce plaisir; mais je n'ai pas osé la satisfaire sans vous en avoir parlé auparavant. — Madame, repris-je, vous ferez ce qu'il vous plaira, mais quelque chose que vous me puissiez dire de votre amie, je défie tous ses attraits de vous ravir mon cœur, qui est si fortement attaché à vous que rien n'est capable de l'en détacher. — Prenez-y bien garde, répliqua-t-elle, je vous avertis que je vais mettre votre amour à une étrange épreuve. »

« Nous en demeurâmes là, et le lendemain, en me quittant, au lieu de dix scherifs, elle m'en donna quinze, que je fus forcé d'accepter : « Souvenez-vous, me dit-elle, que vous aurez dans deux jours une nouvelle hôtesse, songez à la bien recevoir; nous viendrons à l'heure accoutumée, après le coucher du soleil. » Je fis orner la salle et préparer une belle collation pour le jour qu'elles devaient venir. »

Scheherazade s'interrompit en cet endroit parce qu'elle remarqua qu'il était jour. La nuit suivante, elle reprit la parole dans ces termes :

CXXXI NUIT.

Sire, le jeune homme de Moussoul continua de raconter son histoire au médecin juif : « J'attendis, dit-il, les deux dames avec impatience et elles arrivèrent enfin à l'entrée de la nuit. Elles se dévoilèrent l'une et l'autre, et si j'avais été surpris de la beauté de la première, j'eus sujet de l'être bien davantage lorsque je vis son amie. Elle avait des traits réguliers, un visage parfait, un teint vif et des yeux si brillants que j'en pouvais à peine soutenir l'éclat. Je la remerciai de l'honneur qu'elle me faisait et la suppliai de m'excuser si je ne la recevais pas comme elle le méritait. « Laissons là les compliments, me dit-elle, ce serait à moi à vous en faire sur ce que vous avez permis que mon amie m'amenât ici ; mais puisque vous voulez bien me souffrir, quittons les cérémonies et ne songeons qu'à nous réjouir. »

« Comme j'avais donné ordre qu'on nous servît la collation d'abord que les dames seraient arrivées, nous nous mîmes bientôt à table. J'étais vis-à-vis de la nouvelle venue, qui ne cessait de me regarder en souriant. Je ne pus résister à ses regards vainqueurs et elle se rendit maîtresse de mon cœur sans que je pusse m'en défendre. Mais elle prit aussi de l'amour en m'en inspirant, et, loin de se contraindre, elle me dit des choses assez vives.

« L'autre dame qui nous observait, n'en fit d'abord que rire : « Je vous l'avais bien dit, s'écria-t-elle en m'adressant la parole, que vous trouveriez mon amie charmante, et je m'aperçois que vous avez déjà violé le serment que vous m'aviez fait de m'être fidèle. — Madame, lui répondis-je

CONTES ARABES.   421

en riant aussi comme elle, vous auriez sujet de vous plaindre de moi si je manquais de civilité pour une dame que vous m'avez amenée et que vous chérissez : vous pourriez me reprocher l'une et l'autre que je ne saurais pas faire les honneurs de la maison. »

« Nous continuâmes de boire ; mais à mesure que le vin nous échauffait, la nouvelle dame et moi nous nous agacions avec si peu de retenue que son amie en conçut une jalousie violente dont elle nous donna bientôt une marque bien funeste. Elle se leva et sortit en nous disant qu'elle allait revenir ; mais peu de moments après, la dame qui était restée avec moi changea de visage, il lui prit de grandes convulsions et enfin elle rendit l'âme entre mes bras, tandis que j'appelais du monde pour m'aider à la secou-

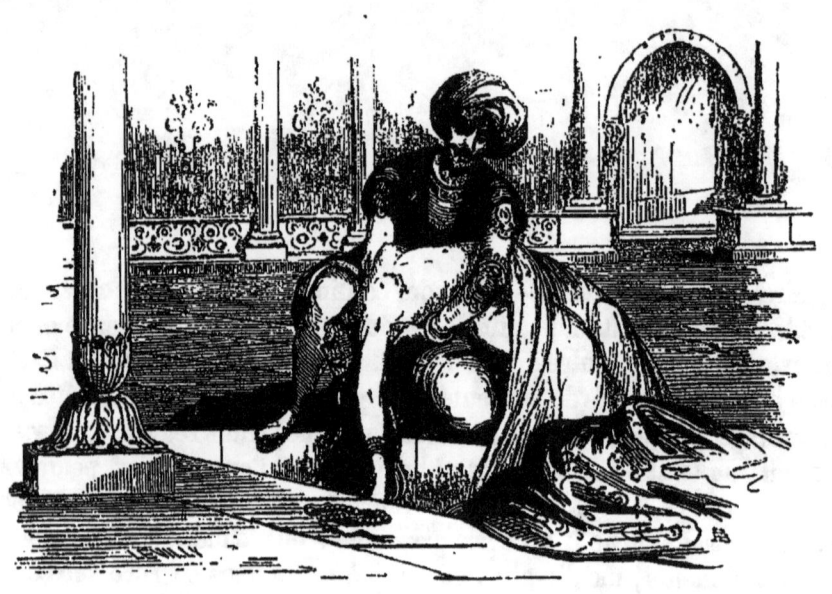

rir. Je sors aussitôt, je demande l'autre dame ; mes gens me dirent qu'elle avait ouvert la porte de la rue et qu'elle s'en était allée. Je soupçonnai alors, et rien n'était plus véritable, que c'était elle qui avait causé la mort de son amie. Effectivement, elle avait eu l'adresse et la malice de mettre d'un poison très-violent dans la dernière tasse qu'elle lui avait présentée elle-même.

« Je fus vivement affligé de cet accident : « Que ferai-je ? dis-je alors en moi-même ? Que vais-je devenir ? » Comme je crus qu'il n'y avait pas de temps à perdre, je fis lever par mes gens, à la clarté de la lune et sans bruit, une des grandes pièces de marbre dont la cour de ma maison était pavée, et fis creuser en diligence une fosse où ils enterrèrent le corps de la jeune dame. Après qu'on eut remis la pièce de marbre, je pris un habit de voyage, avec tout ce que j'avais d'argent, et je fermai tout jusqu'à la porte de ma maison, que je scellai et cachetai de mon sceau. J'allai trouver le marchand joaillier qui en était propriétaire, je lui payai ce que je lui devais de loyer, avec une année d'avance, et lui donnant la clef, je le priai de me la garder : « Une affaire pressante, lui dis-je, m'oblige à m'absenter pour quelque temps : il faut que j'aille trouver mes oncles au Caire. » Enfin je pris congé de lui, et, dans le moment, je montai à cheval et partis avec mes gens qui m'attendaient. »

Le jour, qui commençait à paraître, imposa silence à Scheherazade en cet endroit. La nuit suivante, elle reprit son discours de cette sorte :

CXXXII NUIT.

« Mon voyage fut heureux, poursuivit le jeune homme de Moussoul : j'arrivai au Caire sans avoir fait aucune mauvaise rencontre. J'y trouvai mes oncles, qui furent fort étonnés de me voir. Je leur dis pour excuse que je m'étais ennuyé de les attendre et que, ne recevant d'eux aucunes nouvelles, mon inquiétude m'avait fait entreprendre ce voyage. Il me reçurent fort bien et promirent de faire en sorte que mon père ne me sût pas mauvais gré d'avoir quitté Damas sans sa permission. Je logeai avec eux dans le même khan et vis tout ce qu'il y avait de beau à voir au Caire.

« Comme ils avaient achevé de vendre leurs marchandises, ils parlaient de s'en retourner à Moussoul, et ils commençaient déjà à faire les préparatifs de leur départ ; mais n'ayant pas vu tout ce que j'avais envie de voir

en Égypte, je quittai mes oncles et allai me loger dans un quartier fort éloigné de leur khan, et je ne parus point qu'ils ne fussent partis. Ils me cherchèrent longtemps par toute la ville; mais, ne me trouvant point, ils jugèrent que le remords d'être venu en Égypte contre la volonté de mon père m'avait obligé de retourner à Damas sans leur en rien dire, et ils partirent dans l'espérance de m'y rencontrer et de me prendre en passant.

« Je restai donc au Caire après leur départ, et j'y demeurai trois ans pour satisfaire pleinement la curiosité que j'avais de voir toutes les merveilles de l'Égypte. Pendant ce temps-là, j'eus soin d'envoyer de l'argent au marchand joaillier en lui mandant de me conserver sa maison, car j'avais dessein de retourner à Damas et de m'y arrêter encore quelques années. Il ne m'arriva point d'aventure au Caire qui mérite de vous être racontée, mais vous allez sans doute être fort surpris de celle que j'éprouvai quand je fus de retour à Damas.

« En arrivant en cette ville, j'allai descendre chez le marchand joaillier, qui me reçut avec joie et qui voulut m'accompagner lui-même jusque dans ma maison pour me faire voir que personne n'y était entré pendant mon absence. En effet, le sceau était encore en son entier sur la serrure. J'entrai et trouvai toutes choses dans le même état où je les avais laissées.

« En nettoyant et en balayant la salle où j'avais mangé avec les dames, un de mes gens trouva un collier d'or en forme de chaîne, où il y avait d'espace en espace dix perles très-grosses et très-parfaites; il me l'apporta et je le reconnus pour celui que j'avais vu au cou de la jeune dame qui avait été empoisonnée. Je compris qu'il s'était détaché et qu'il était tombé sans que je m'en fusse aperçu. Je ne pus le regarder sans verser des larmes en me souvenant d'une personne si aimable et que j'avais vue mourir d'une manière si funeste. Je l'enveloppai et le mis précieusement dans mon sein.

« Je passai quelques jours à me remettre des fatigues de mon voyage; après quoi, je commençai à voir les gens avec qui j'avais fait autrefois connaissance. Je m'abandonnai à toutes sortes de plaisirs, et insensiblement je dépensai tout mon argent. Dans cette situation, au lieu de vendre mes meubles, je résolus de me défaire du collier, mais je me connaissais si peu en perles que je m'y pris fort mal, comme vous l'allez entendre.

« Je me rendis au bezestan, où tirant à part un crieur, et lui montrant le collier, je lui dis que je le voulais vendre et que je le priais de le faire voir aux principaux joailliers. Le crieur fut surpris de voir ce bijou : « Ah! la belle chose! s'écria-t-il après l'avoir regardé longtemps avec admiration; jamais nos marchands n'ont rien vu de si riche : je vais leur faire un grand plaisir, et vous ne devez pas douter qu'ils ne le mettent à un haut prix à l'envi l'un de l'autre. » Il me mena à une boutique et il se trouva

que c'était celle du propriétaire de ma maison. « Attendez-moi ici, me dit le crieur, je reviendrai bientôt vous apporter la réponse. »

« Tandis qu'avec beaucoup de secret il alla de marchand en marchand montrer le collier, je m'assis près du joaillier, qui fut bien aise de me voir, et nous commençâmes à nous entretenir de choses indifférentes. Le crieur revint; et, me prenant en particulier, au lieu de me dire qu'on estimait le collier pour le moins mille scherifs, il m'assura qu'on n'en voulait donner que cinquante : « C'est qu'on m'a dit, ajouta-t-il, que les perles étaient fausses; voyez si vous voulez le donner à ce prix-là. » Comme je le crus sur sa parole, et que j'avais besoin d'argent : « Allez, lui dis-je, je m'en rapporte à ce que vous me dites et à ceux qui s'y connaissent mieux que moi; livrez-le et m'en apportez l'argent tout à l'heure. »

« Le crieur m'était venu offrir cinquante scherifs de la part du plus riche joaillier du bezestan, qui n'avait fait cette offre que pour me sonder et savoir si je connaissais bien la valeur de ce que je mettais en vente. Ainsi, il n'eut pas plus tôt appris ma réponse, qu'il mena le crieur avec lui chez le lieutenant de police, à qui montrant le collier : « Seigneur, dit-il, voilà un collier qu'on m'a volé, et le voleur, déguisé en marchand, a eu la hardiesse de venir l'exposer en vente, et il est actuellement dans le bezestan. Il se contente, poursuivit-il, de cinquante scherifs pour un joyau qui en vaut deux mille. Rien ne saurait mieux prouver que c'est un voleur. »

« Le lieutenant de police m'envoya arrêter sur-le-champ; et, lorsque je fus devant lui, il me demanda si le collier qu'il tenait à la main n'était pas celui que je venais de mettre en vente au bezestan. Je lui répondis que oui. Et est-il vrai, reprit-il, que vous le vouliez livrer pour cinquante scherifs? » J'en demeurai d'accord. « Hé bien! dit-il alors d'un ton moqueur, qu'on lui donne la bastonnade, il nous dira bientôt, avec son bel

habit de marchand, qu'il n'est qu'un franc voleur : qu'on le batte jusqu'à ce qu'il l'avoue. » La violence des coups de bâton me fit faire un mensonge : je confessai, contre la vérité, que j'avais volé le collier, et aussitôt le lieutenant de police me fit couper la main.

« Cela causa un grand bruit dans le bezestan, et je fus à peine de retour chez moi que je vis arriver le propriétaire de la maison : « Mon fils, me dit-il, vous paraissez un jeune homme si sage et si bien élevé ! Comment est-il possible que vous ayez commis une action aussi indigne que celle dont je viens d'entendre parler ? Vous m'avez instruit vous-même de votre bien, et je ne doute pas qu'il ne soit tel que vous me l'avez dit. Que ne m'avez-vous demandé de l'argent ? je vous en aurais prêté ; mais après ce qui vient d'arriver, je ne puis souffrir que vous logiez plus longtemps dans ma maison : prenez votre parti, allez chercher un autre logement. » Je fus extrêmement mortifié de ces paroles : je priai le joaillier, les larmes aux yeux, de me permettre de rester encore trois jours dans sa maison, ce qu'il m'accorda.

« Hélas ! m'écriai-je, quel malheur et quel affront ! Oserai-je retourner à Moussoul ! Tout ce que je pourrai dire à mon père sera-t-il capable de lui persuader que je suis innocent ! »

Scheherazade s'arrêta en cet endroit parce qu'elle vit paraître le jour. Le lendemain, elle continua cette histoire dans ces termes :

CXXXIII NUIT.

« Trois jours après que ce malheur me fut arrivé, dit le jeune homme de Moussoul, je vis avec étonnement entrer chez moi une troupe de gens du lieutenant de police, avec le propriétaire de ma maison et le marchand qui m'avait accusé faussement de lui avoir volé le collier de perles. Je leur demandai ce qui les amenait ; mais, au lieu de me répondre, ils me lièrent et garrottèrent en m'accablant d'injures et en me disant que le collier appartenait au gouverneur de Damas, qui l'avait perdu depuis trois ans, et qu'en même temps une de ses filles avait disparu. Jugez de l'état où je me trouvai en apprenant cette nouvelle. Je pris néanmoins ma résolution : « Je dirai la vérité au gouverneur, disais-je en moi-même, ce sera à lui de me pardonner ou de me faire mourir. »

« Lorsqu'on m'eut conduit devant lui, je remarquai qu'il me regarda d'un œil de compassion et j'en tirai un bon augure. Il me fit délier, et puis,

s'adressant au marchand joaillier mon accusateur, et au propriétaire de ma maison : « Est-ce là, leur dit-il, l'homme qui a exposé en vente le collier de perles ? » Ils ne lui eurent pas plus tôt répondu que oui, qu'il dit : « Je suis assuré qu'il n'a pas volé le collier, et je suis fort étonné qu'on lui ai fait une si grande injustice. » Rassuré par ces paroles : « Seigneur, m'écriai-je, je vous jure que je suis en effet très-innocent. Je suis même persuadé que le collier n'a jamais appartenu à mon accusateur, que je n'ai jamais vu, et dont l'horrible perfidie est cause qu'on m'a traité si indignement. Il est vrai que j'ai confessé que j'avais fait ce vol ; mais j'ai fait cet aveu contre ma conscience, pressé par les tourments, et pour une raison que je suis prêt à vous dire si vous avez la bonté de vouloir m'écouter. — J'en sais déjà assez, répliqua le gouverneur, pour vous rendre tout à l'heure une partie de la justice qui vous est due. Qu'on ôte d'ici, continua-t-il, le faux accusateur, et qu'il souffre le même supplice qu'il a fait souffrir à cet homme, dont l'innocence m'est connue. »

« On exécuta sur-le-champ l'ordre du gouverneur. Le marchand joaillier fut emmené et puni comme il le méritait. Après cela, le gouverneur ayant fait sortir tout le monde, me dit : « Mon fils, racontez-moi sans crainte de quelle manière ce collier est tombé entre vos mains, et ne me déguisez rien. » Alors je lui découvris tout ce qui s'était passé et lui avouai que j'avais mieux aimé passer pour un voleur que de révéler cette tragique aventure. « Grand Dieu ! s'écria le gouverneur dès que j'eus achevé de parler, vos jugements sont incompréhensibles, et nous devons nous y soumettre sans murmure ! Je reçois avec une soumission entière le coup dont il vous a plu de me frapper. » Ensuite m'adressant la parole : « Mon fils, me dit-il, après avoir écouté la cause de votre disgrâce, dont je suis très-affligé, je veux vous faire aussi le récit de la mienne. Apprenez que je suis père de ces deux dames dont vous venez de m'entretenir. »

En achevant ces derniers mots, Scheherazade vit paraître le jour. Elle interrompit sa narration, et, sur la fin de la nuit suivante, elle la continua de cette manière :

CXXXIV NUIT.

Sire, dit-elle, voici le discours que le gouverneur de Damas tint au jeune homme de Moussoul : « Mon fils, dit-il, sachez donc que la première dame qui a eu l'effronterie de vous aller chercher jusque chez vous, était l'aînée de toutes mes filles. Je l'avais mariée au Caire à un de ses cousins, au fils de mon frère. Son mari mourut ; elle revint chez moi corrompue par mille méchancetés qu'elle avait apprises en Égypte. Avant son arrivée, sa cadette, qui est morte d'une manière si déplorable entre vos bras, était fort sage et ne m'avait jamais donné aucun sujet de me plaindre de ses mœurs. Son aînée fit avec elle une liaison étroite et la rendit insensiblement aussi méchante qu'elle.

« Le jour qui suivit la mort de sa cadette, comme je ne la vis pas en me mettant à table, j'en demandai des nouvelles à son aînée, qui était revenue au logis ; mais, au lieu de me répondre, elle se mit à pleurer si amèrement que j'en conçus un présage funeste. Je la pressai de m'instruire de ce que je voulais savoir : « Mon père, me répondit-elle en sanglotant, je ne puis vous dire autre chose, sinon que ma sœur prit hier son plus bel habit, son beau collier de perles, sortit, et n'a point paru depuis. » Je fis chercher ma fille par toute la ville ; mais je ne pus rien apprendre de son malheureux destin. Cependant l'aînée, qui se repentait sans doute de sa fureur jalouse, ne cessa de s'affliger et de pleurer la mort de sa sœur ; elle se priva même de toute nourriture et mit fin par là à ses déplorables jours.

« Voilà, continua le gouverneur, quelle est la condition des hommes ;

tels sont les malheurs auxquels ils sont exposés. Mais, mon fils, ajouta-t-il, comme nous sommes tous deux également infortunés, unissons nos déplaisirs, ne nous abandonnons point l'un l'autre. Je vous donne en mariage une troisième fille que j'ai : elle est plus jeune que ses sœurs et ne leur ressemble nullement par sa conduite. Elle a même plus de beauté qu'elles n'en ont eu, et je puis vous assurer qu'elle est d'une humeur propre à vous rendre heureux. Vous n'aurez pas d'autre maison que la mienne, et, après ma mort, vous serez, vous et elle, mes seuls héritiers. — Seigneur, lui dis-je, je suis confus de toutes vos bontés et je ne pourrai jamais vous en marquer assez de reconnaissance. — Brisons là, interrompit-il, ne consumons pas le temps en vains discours. » En disant cela, il fit appeler des témoins et dresser un contrat de mariage ; ensuite j'épousai sa fille sans cérémonie.

« Il ne se contenta pas d'avoir fait punir le marchand joaillier qui m'avait faussement accusé, il fit confisquer à mon profit tous ses biens, qui sont très-considérables; enfin, depuis que vous venez chez le gouverneur, vous avez pu voir en quelle considération je suis auprès de lui. Je vous dirai de plus qu'un homme envoyé par mes oncles en Égypte, exprès pour m'y chercher, ayant en passant découvert que j'étais en cette ville, me remit hier une lettre de leur part. Ils me mandent la mort de mon père et m'invitent à aller recueillir sa succession à Moussoul; mais, comme l'alliance et l'amitié du gouverneur m'attachent à lui, et ne me permettent pas de m'en éloigner, j'ai renvoyé l'exprès avec une procuration pour me faire tenir tout ce qui m'appartient. Après ce que vous venez d'entendre, j'espère que vous me pardonnerez l'incivilité que je vous ai faite durant le cours de ma maladie, en vous présentant la main gauche au lieu de la droite. »

« Voilà, dit le médecin juif au sultan de Casgar, ce que me raconta le jeune homme de Moussoul. Je demeurai à Damas tant que le gouverneur vécut. Après sa mort, comme j'étais à la fleur de mon âge, j'eus la curiosité de voyager. Je parcourus toute la Perse et allai dans les Indes, et enfin je suis venu m'établir dans votre capitale, où j'exerce avec honneur la profession de médecin. »

Le sultan de Casgar trouva cette dernière histoire assez agréable. « J'avoue, dit-il au juif, que ce que tu viens de me raconter est extraordinaire; mais, franchement, l'histoire du bossu l'est encore davantage et bien plus réjouissante; ainsi n'espère pas que je te donne la vie, non plus qu'aux autres; je vais vous faire pendre tous quatre. — Attendez, de grâce, sire, s'écria le tailleur en s'avançant et se prosternant aux pieds du sultan : puisque votre majesté aime les histoires plaisantes, celle que j'ai à lui conter ne lui déplaira pas. — Je veux bien t'écouter aussi, lui dit le sultan; mais ne te flatte pas que je te laisse vivre, à moins que tu ne me dises quelque aventure plus divertissante que celle du bossu. » Alors le tailleur, comme s'il eût été sûr de son fait, prit la parole avec confiance et commença son discours dans ces termes :

HISTOIRE

QUE RACONTA LE TAILLEUR.

« Sire, un bourgeois de cette ville me fit l'honneur, il y a deux jours, de m'inviter à un festin qu'il donnait hier matin à ses amis : je me rendis chez lui de très-bonne heure et j'y trouvai environ vingt personnes.

« Nous n'attendions plus que le maître de la maison, qui était sorti pour quelque affaire, lorsque nous le vîmes arriver accompagné d'un jeune étranger très-proprement habillé, fort bien fait, mais boiteux. Nous nous levâmes tous, et, pour faire honneur au maître du logis, nous priâmes le jeune homme de s'asseoir avec nous sur le sofa. Il était prêt à le faire lorsque, apercevant un barbier qui était de notre compagnie, il se retira brusquement en arrière et voulut sortir. Le maître de la maison, surpris de son action, l'arrêta : « Où allez-vous ? lui dit-il ; je vous amène avec moi pour me faire l'honneur d'être d'un festin que je donne à mes amis, et à peine êtes-vous entré que vous voulez sortir ? — Seigneur, répondit le jeune homme, au nom de Dieu, je vous supplie de ne pas me retenir et de permettre que je m'en aille. Je ne puis voir sans horreur cet abominable barbier que voilà : quoiqu'il soit né dans un pays où tout le monde est blanc, il ne laisse pas de ressembler à un Éthiopien ; mais il a l'âme encore plus noire et plus horrible que le visage. »

Le jour, qui parut en cet endroit, empêcha Scheherazade d'en dire davantage cette nuit ; mais la nuit suivante elle reprit ainsi sa narration :

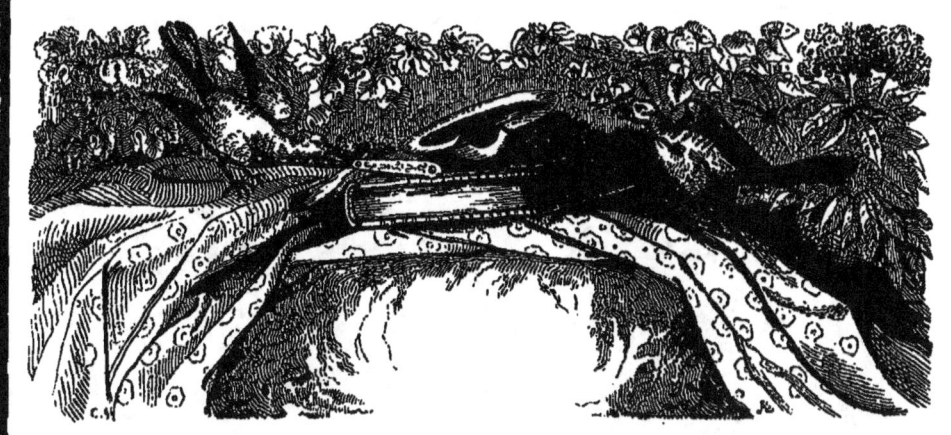

CXXXV NUIT.

« Nous demeurâmes tous fort surpris de ce discours, continua le tailleur, et nous commençâmes à concevoir une très-mauvaise opinion du barbier, sans savoir si le jeune étranger avait raison de parler de lui dans ces termes. Nous protestâmes même que nous ne souffririons point à notre table un homme dont on nous faisait un si horrible portrait. Le maître de la maison pria l'étranger de nous apprendre le sujet qu'il avait de haïr le barbier.
« Mes seigneurs, nous dit alors le jeune homme, vous saurez que ce maudit barbier est cause que je suis boiteux et qu'il m'est arrivé la plus cruelle affaire qu'on puisse imaginer; c'est pourquoi j'ai fait serment d'abandonner tous les lieux où il serait, et de ne pas demeurer même dans une ville où il demeurerait : c'est pour cela que je suis sorti de Bagdad, où je le laissai, et que j'ai fait un si long voyage pour venir m'établir en cette ville, au milieu de la Grande Tartarie, comme en un endroit où je me flattais de ne le voir jamais. Cependant, contre mon attente, je le trouve ici; cela m'oblige, mes seigneurs, à me priver malgré moi de l'honneur de me divertir avec vous. Je veux m'éloigner de votre ville dès aujourd'hui, et m'aller coucher, si je puis, dans des lieux où il ne vienne pas s'offrir à ma vue. »
En achevant ces paroles, il voulut nous quitter; mais le maître du logis le retint encore, le supplia de demeurer avec nous et de nous raconter la cause de l'aversion qu'il avait pour le barbier, qui pendant tout ce temps-là avait les yeux baissés et gardait le silence. Nous joignîmes nos prières à celles du maître de la maison, et enfin le jeune homme, cédant à nos instances, s'assit sur le sofa et nous raconta ainsi son histoire, après avoir tourné le dos au barbier, de peur de le voir :

« Mon père tenait dans la ville de Bagdad un rang à pouvoir aspirer aux premières charges, mais il préféra toujours une vie tranquille à tous les honneurs qu'il pouvait mériter. Il n'eut que moi d'enfant, et quand il mourut j'avais déjà l'esprit formé et j'étais en âge de disposer des grands biens qu'il m'avait laissés. Je ne les dissipai point follement, j'en fis un usage qui m'attira l'estime de tout le monde.

« Je n'avais point encore eu de passion; et, loin d'être sensible à l'amour, j'avouerai, peut-être à ma honte, que j'évitais avec soin le commerce des femmes. Un jour que j'étais dans une rue, je vis venir devant moi une grande troupe de dames; pour ne pas les rencontrer, j'entrai dans une petite rue devant laquelle je me trouvais et je m'assis sur un banc près d'une porte. J'étais vis-à-vis d'une fenêtre où il y avait un vase de très-belles fleurs, et j'avais les yeux attachés dessus lorsque la fenêtre s'ouvrit. Je vis paraître une jeune dame dont la beauté m'éblouit. Elle jeta d'abord les yeux sur moi, et, en arrosant le vase de fleurs d'une main plus blanche que l'albâtre, elle me regarda avec un souris qui m'inspira autant d'amour pour elle que j'avais eu d'aversion jusque là pour toutes les femmes. Après avoir arrosé ses fleurs et m'avoir lancé un regard plein de charmes qui acheva de me percer le cœur, elle referma sa fenêtre et me laissa dans un trouble et dans un désordre inconcevable.

« J'y serais demeuré bien longtemps si le bruit que j'entendis dans la rue ne m'eût pas fait rentrer en moi-même. Je tournai la tête en me levant, et vis que c'était le premier cadi de la ville, monté sur une mule et accompagné de cinq ou six de ses gens. Il mit pied à terre à la porte de la maison dont la jeune dame avait ouvert une fenêtre; il y entra, ce qui me fit juger qu'il était son père.

« Je revins chez moi dans un état bien différent de celui où j'étais lorsque j'en étais sorti, agité d'une passion d'autant plus violente que je n'en avais jamais senti l'atteinte. Je me mis au lit avec une grosse fièvre qui répandit une grande affliction dans mon domestique. Mes parents, qui m'aimaient, alarmés d'une maladie si prompte, accoururent en diligence et m'importunèrent fort pour en apprendre la cause, que je me gardai bien de leur dire. Mon silence leur causa une inquiétude que les médecins ne purent dissiper, parce qu'ils ne connaissaient rien à mon mal, qui ne fit qu'augmenter par leurs remèdes au lieu de diminuer.

« Mes parents commençaient à désespérer de ma vie lorsqu'une vieille dame de leur connaissance, informée de ma maladie, arriva; elle me considéra avec beaucoup d'attention, et, après m'avoir bien examiné, elle connut, je ne sais par quel hasard, le sujet de ma maladie. Elle les prit en particulier, les pria de la laisser seule avec moi et de faire retirer tous mes gens.

« Tout le monde étant sorti de la chambre, elle s'assit au chevet de mon lit : « Mon fils, me dit-elle, vous vous êtes obstiné jusqu'à présent à cacher la cause de votre mal, mais je n'ai pas besoin que vous me la déclariez : j'ai assez d'expérience pour pénétrer ce secret, et vous ne me désavouerez pas quand je vous aurai dit que c'est l'amour qui vous rend malade. Je puis vous procurer votre guérison, pourvu que vous me fassiez connaître qui est l'heureuse dame qui a su toucher un cœur aussi insensible que le vôtre; car vous avez la réputation de ne n'aimer pas les dames, et je n'ai pas été la dernière à m'en apercevoir; mais enfin ce que j'avais prévu est arrivé, et je suis ravie de trouver l'occasion d'employer mes talents à vous tirer de peine. »

Mais, sire, dit la sultane Scheherazade en cet endroit, je vois qu'il est jour. Schahriar se leva aussitôt, fort impatient d'entendre la suite d'une histoire dont il avait écouté le commencement avec plaisir.

CXXXVI NUIT.

Sire, dit le lendemain Scheherazade, le jeune homme boiteux poursuivant son histoire : « La vieille dame, dit-il, m'ayant tenu ce discours, s'arrêta pour entendre ma réponse ; mais quoiqu'il eût fait sur moi beaucoup d'impression, je n'osais découvrir le fond de mon cœur. Je me tournai seulement du côté de la dame et poussai un grand soupir, sans lui rien dire. « Est-ce la honte, reprit-elle, qui vous empêche de parler, ou si c'est manque de confiance en moi? Doutez-vous de l'effet de ma promesse? Je pourrais vous citer une infinité de jeunes gens de votre connaissance qui ont été dans la même peine que vous et que j'ai soulagés. »

« Enfin, la bonne dame me dit tant d'autres choses encore que je rompis le silence. Je lui déclarai mon mal, je lui appris l'endroit où j'avais vu l'objet qui le causait et lui expliquai toutes les circonstances de mon aventure : « Si vous réussissez, lui dis-je, et que vous me procuriez le bonheur de voir cette beauté charmante et de l'entretenir de la passion dont je brûle pour elle, vous pouvez compter sur ma reconnaissance. — Mon fils, me répondit la vieille dame, je connais la personne dont vous me parlez : elle est, comme vous l'avez fort bien jugé, fille du premier cadi de cette ville. Je ne suis point étonnée que vous l'aimiez. C'est la plus belle et la plus aimable dame de Bagdad ; mais, ce qui me chagrine, elle est très-fière et d'un très-difficile accès. Vous savez combien nos gens de justice sont exacts à faire observer les dures lois qui retiennent les femmes dans une contrainte si gênante : ils le sont encore davantage à les observer eux-mêmes dans leurs familles, et le cadi que vous avez vu est lui seul plus rigide en cela que tous les autres ensemble. Comme il ne font que prêcher à leurs filles que c'est un grand crime de se montrer aux hommes, elles en sont si fortement prévenues, pour la plupart, qu'elles n'ont des yeux dans les rues que pour se conduire, lorsque la nécessité les oblige à sortir. Je ne dis pas absolument que la fille du premier cadi soit de cette humeur; mais cela n'empêche pas que je ne craigne de trouver d'aussi grands obstacles à vaincre de son côté que de celui de son père. Plût à Dieu que vous aimassiez quelque autre dame, je n'aurais pas tant de difficultés à surmonter que j'en prévois. J'y emploierai néanmoins tout mon savoir-faire, mais il faudra du temps pour y réussir. Cependant ne laissez pas de prendre courage, et ayez de la confiance en moi. »

« La vieille me quitta, et comme je me représentai vivement tous les obstacles dont elle venait de me parler, la crainte que j'eus qu'elle ne réussît pas dans son entreprise augmenta mon mal. Elle revint le lendemain, et je lus sur son visage qu'elle n'avait rien de favorable à m'annoncer. En effet, elle me dit : « Mon fils, je ne m'étais pas trompée, j'ai à surmonter autre chose que la vigilance d'un père. Vous aimez un objet insensible qui se plaît à faire brûler d'amour pour elle tous ceux qui s'en laissent charmer; elle ne veut pas leur donner le moindre soulagement; elle m'a écoutée avec plaisir tant que je ne lui ai parlé que du mal qu'elle vous fait souffrir, mais d'abord que j'ai seulement ouvert la bouche pour l'engager à vous permettre de la voir et de l'entretenir, elle m'a dit en me jetant un regard terrible : « Vous êtes bien hardie de me faire cette proposition; je vous défends de me revoir jamais si vous voulez me tenir de pareils discours. »

« Que cela ne vous afflige pas, poursuivit la vieille, je ne suis pas aisée à rebuter, et, pourvu que la patience ne vous manque pas, j'espère que je viendrai à bout de mon dessein. » Pour abréger ma narration, dit le jeune homme, je vous dirai que cette bonne messagère fit encore inutilement plusieurs tentatives en ma faveur auprès de la fière ennemie de mon repos. Le chagrin que j'en eus irrita mon mal à un point que les médecins m'abandonnèrent absolument. J'étais donc regardé comme un homme qui n'attendait que la mort, lorsque la vieille me vint donner la vie.

« Afin que personne ne l'entendît, elle me dit à l'oreille : « Songez au présent que vous avez à me faire pour la bonne nouvelle que je vous apporte. » Ces paroles produisirent un effet merveilleux : je me levai sur mon séant et lui répondis avec transport : « Le présent ne vous manquera pas, qu'avez-vous à me dire ? — Mon cher seigneur, reprit-elle, vous n'en mourrez pas, et j'aurai bientôt le plaisir de vous voir en parfaite santé et fort content de moi. Hier lundi j'allai chez la dame que vous aimez et je la trouvai en bonne humeur. Je pris d'abord un visage triste, je poussai de profonds soupirs en abondance et laissai couler quelques larmes. « Ma bonne mère, me dit-elle, qu'avez-vous? Pourquoi paraissez-vous si affligée? — Hélas! ma chère et honorable dame, lui répondis-je, je viens de chez le jeune seigneur de qui je vous parlais l'autre jour : c'en est fait, il va perdre la vie pour l'amour de vous; c'est un grand dommage, je vous assure, et il y a bien de la cruauté de votre part. — Je ne sais, répliqua-t-elle, pourquoi vous voulez que je sois cause de sa mort. Comment puis-je y contribuer? — Comment? lui repartis-je. Hé! ne vous disais-je pas l'autre jour qu'il était assis devant votre fenêtre lorsque vous l'ouvrîtes pour arroser votre vase de fleurs? Il vit ce prodige de beauté, ces charmes que votre

miroir vous représente tous les jours; depuis ce moment, il languit, et son mal s'est tellement augmenté qu'il est enfin réduit au pitoyable état que j'ai l'honneur de vous dire. »

Scheherazade cessa de parler en cet endroit, parce qu'elle vit paraître le jour. La nuit suivante, elle poursuivit en ces termes l'histoire du jeune boiteux de Bagdad :

CXXXVII NUIT.

Sire, la vieille dame continuant de rapporter au jeune homme malade d'amour l'entretien qu'elle avait eu avec la fille du cadi : « Vous vous souvenez bien, madame, ajoutai-je, avec quelle rigueur vous me traitâtes dernièrement, lorsque je voulus vous parler de sa maladie et vous proposer un moyen de le délivrer du danger où il était. Je retournai chez lui après vous avoir quittée, et il ne connut pas plus tôt en me voyant, que je ne lui apportais pas une réponse favorable, que son mal en redoubla. Depuis ce temps-là, madame, il est prêt à perdre la vie, et je ne sais si vous pourriez la lui sauver quand vous auriez pitié de lui. »

« Voilà ce que je lui dis, ajouta la vieille. La crainte de votre mort l'ébranla et je vis son visage changer de couleur : « Ce que vous me racontez, dit-elle, est-il bien vrai, et n'est-il effectivement malade que pour l'amour de moi? — Ah! madame, repartis-je, cela n'est que trop véritable : plût à Dieu que cela fût faux! — Hé! croyez-vous, reprit-elle, que l'espérance de me voir et de me parler pût contribuer à le tirer du péril où il est? — Peut-être bien, lui dis-je, et si vous me l'ordonnez j'essaierai ce remède. — Hé bien! répliqua-t-elle en soupirant, faites-lui donc espérer qu'il me verra, mais il ne faut pas qu'il s'attende à d'autres faveurs à moins qu'il n'aspire à m'épouser et que mon père ne consente à ce mariage. — Madame, m'écriai-je, vous avez bien de la bonté! je vais trouver ce jeune seigneur et lui annoncer qu'il aura le plaisir de vous entretenir. — Je ne vois pas un temps plus commode à lui faire cette grâce, dit-elle, que vendredi prochain, pendant que l'on fera la prière de midi. Qu'il observe quand mon père sera sorti pour y aller et qu'il vienne aussitôt se présenter devant la maison, s'il se porte assez bien pour cela. Je le verrai arriver par ma fenêtre et je descendrai pour lui ouvrir. Nous nous entretiendrons durant le temps de la prière, et il se retirera avant le retour de mon père. »

« Nous sommes au mardi, continua la vieille, vous pouvez jusqu'à vendredi reprendre vos forces et vous disposer à cette entrevue. » A mesure que la bonne dame parlait, je sentais diminuer mon mal, ou plutôt je me trouvai guéri à la fin de son discours. « Prenez, lui dis-je, en lui donnant ma bourse qui était toute pleine; c'est à vous seule que je dois ma guérison; je tiens cet argent mieux employé que celui que j'ai donné aux médecins, qui n'ont fait que me tourmenter pendant ma maladie. »

« La dame m'ayant quittée, je me sentis assez de force pour me lever. Mes parents, ravis de me voir en si bon état, me firent des compliments et se retirèrent chez eux.

« Le vendredi matin, la vieille arriva dans le temps que je commençais à m'habiller et que je choisissais l'habit le plus propre de ma garde-robe. « Je ne vous demande pas, me dit-elle, comment vous vous portez; l'occupation où je vous vois me fait assez connaître ce que je dois penser là-dessus : mais ne vous baignerez-vous pas avant que d'aller chez le premier cadi? — Cela consumerait trop de temps, lui répondis-je; je me contenterai de faire venir un barbier et de me faire raser la tête et la barbe. » Aussitôt j'ordonnai à un de mes esclaves d'en chercher un qui fût habile dans sa profession et fort expéditif.

« L'esclave m'amena ce malheureux barbier que vous voyez, qui me

dit après m'avoir salué : « Seigneur, il paraît à votre visage que vous ne vous portez pas bien. » Je lui répondis que je sortais d'une maladie. « Je souhaite, reprit-il, que Dieu vous délivre de toutes sortes de maux et que sa grâce vous accompagne toujours. — J'espère, lui répliquai-je, qu'il exaucera ce souhait, dont je vous suis fort obligé. — Puisque vous sortez d'une maladie, dit-il, je prie Dieu qu'il vous conserve la santé; dites-moi présentement de quoi il s'agit : j'ai apporté mes rasoirs et mes lancettes, souhaitez-vous que je vous rase ou que je vous tire du sang? — Je viens de vous dire, repris-je, que je sors de maladie, et vous devez bien juger que je ne vous ai fait venir que pour me raser; dépêchez-vous et ne perdons pas le temps à discourir, car je suis pressé, et l'on m'attend à midi précisément. »

Scheherazade se tut en achevant ces paroles, à cause du jour qui paraissait. Le lendemain, elle reprit son discours de cette sorte :

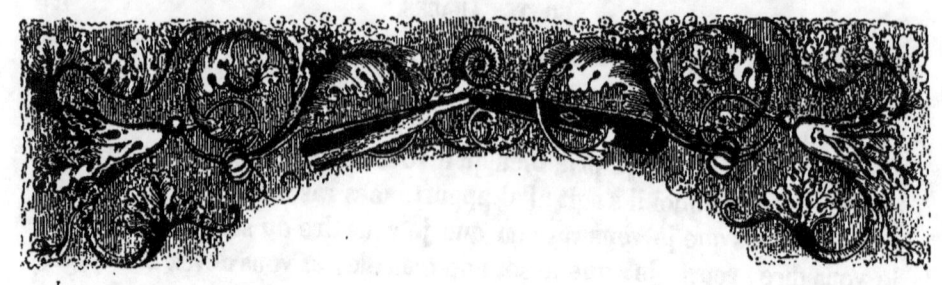

CXXXVIII NUIT.

« Le barbier, dit le jeune boiteux de Bagdad, employa beaucoup de temps à déplier sa trousse et à préparer ses rasoirs : au lieu de mettre de l'eau dans son bassin, il tira de sa trousse un astrolabe fort propre, sortit de ma chambre, et alla au milieu de la cour d'un pas grave prendre la hauteur du soleil. Il revint avec la même gravité, et en rentrant : « Vous serez bien aise, seigneur, me dit-il, d'apprendre que nous sommes aujourd'hui au vendredi dix-huitième de la lune de Safar, de l'an 653, depuis la retraite de notre grand prophète de la Mecque à Médine, et de l'an 7320. de l'époque du grand Iskender aux deux cornes ; et que la conjonction de Mars et de Mercure signifie que vous ne pouvez pas choisir un meilleur temps qu'aujourd'hui à l'heure qu'il est pour vous faire raser. Mais, d'un autre côté, cette même conjonction est d'un mauvais présage pour vous. Elle m'apprend que vous courez en ce jour un grand danger ; non pas véritablement de perdre la vie, mais d'une incommodité qui vous durera le reste de vos jours ; vous devez m'être obligé de l'avis que je vous donne de prendre garde à ce malheur ; je serais fâché qu'il vous arrivât. »

« Jugez, mes seigneurs, du dépit que j'eus d'être tombé entre les mains d'un barbier si babillard et si extravagant : quel fâcheux contre-temps pour un amant qui se préparait à un rendez-vous ! j'en fus choqué. « Je me mets peu en peine, lui dis-je en colère, de vos avis et de vos prédictions : je ne vous ai point appelé pour vous consulter sur l'astrologie ; vous êtes venu ici pour me raser : ainsi, rasez-moi ou vous retirez, que je fasse venir un autre barbier. »

« Seigneur, me répondit-il avec un flegme à me faire perdre patience, quel sujet avez-vous de vous mettre en colère ? Savez-vous bien que tous les barbiers ne me ressemblent pas, et que vous n'en trouveriez pas un pareil quand vous le feriez faire exprès ? Vous n'avez demandé qu'un barbier, et vous avez en ma personne le meilleur barbier de Bagdad, un médecin expérimenté, un chimiste très-profond, un astrologue qui ne se trompe point, un grammairien achevé, un parfait rhétoricien, un logicien subtil, un mathématicien accompli dans la géométrie, dans l'arithmétique, dans l'astronomie et dans tous les raffinements de l'algèbre, un historien qui sait l'histoire de tous les royaumes de l'univers. Outre cela, je possède toutes les parties de la philosophie. J'ai dans ma mémoire toutes nos lois

et toutes nos traditions. Je suis poëte, architecte; mais que ne suis-je pas? Il n'y a rien de caché pour moi dans la nature. Feu monsieur votre père, à qui je rends un tribut de mes larmes toutes les fois que je pense à lui, était bien persuadé de mon mérite : il me chérissait, me caressait, et ne cessait de me citer dans toutes les compagnies où il se trouvait, comme le premier homme du monde : je veux, par reconnaissance et par amitié pour lui, m'attacher à vous, vous prendre sous ma protection, et vous garantir de tous les malheurs dont les astres pourront vous menacer. »

« A ce discours, malgré ma colère, je ne pus m'empêcher de rire. « Aurez-vous donc bientôt achevé, babillard importun? m'écriai-je, et voulez-vous commencer à me raser? »

En cet endroit Scheherazade cessa de poursuivre l'histoire du boiteux de Bagdad, parce qu'elle aperçut le jour; mais la nuit suivante elle en reprit ainsi la suite :

CXXXIX NUIT.

Le jeune boiteux continuant son histoire : « Seigneur, me répliqua le barbier, vous me faites une injure en m'appelant babillard : tout le monde, au contraire, me donne l'honorable titre de silencieux. J'avais six frères que vous auriez pu avec raison appeler babillards, et afin que vous les connaissiez, l'aîné se nommait Bacbouc, le second Bakbarah, le troisième Bakbac, le quatrième Alcouz, le cinquième Alnaschar, et le sixième Schacabac. C'étaient des discoureurs importuns; mais moi qui suis leur cadet, je suis grave et concis dans mes discours. »

« De grâce, mes seigneurs, mettez-vous à ma place : quel parti pouvais-je prendre en me voyant si cruellement assassiné? « Donnez-lui trois pièces d'or, dis-je à celui de mes esclaves qui faisait la dépense de ma maison; qu'il s'en aille et me laisse en repos; je ne veux plus me faire raser aujourd'hui. — Seigneur, me dit alors le barbier, qu'entendez-vous, s'il vous plaît, par ce discours? Ce n'est pas moi qui suis venu vous chercher, c'est vous qui m'avez fait venir; et cela étant ainsi, je jure, foi de musulman, que je ne sortirai point de chez vous que je ne vous aie rasé. Si vous ne connaissez pas ce que je vaux, ce n'est pas ma faute. Feu monsieur votre père me rendait plus de justice. Toutes les fois qu'il m'envoyait quérir pour lui tirer du sang, il me faisait asseoir auprès de lui, et alors c'était un charme d'entendre les belles choses dont je l'entretenais. Je le tenais dans une admiration continuelle; je l'enlevais, et quand j'avais achevé : « Ah! s'écriait-il, vous êtes une source inépuisable de sciences! personne n'approche de la profondeur de votre savoir. — Mon cher seigneur, lui répondais-je, vous me faites plus d'honneur que je ne mérite. Si je dis quelque chose de beau, j'en suis redevable à l'audience favorable que vous

avez la bonté de me donner : ce sont vos libéralités qui m'inspirent toutes
ces pensées sublimes qui ont le bonheur de vous plaire. Un jour qu'il était
charmé d'un discours admirable que je venais de lui faire :

« Qu'on lui donne, dit-il, cent pièces d'or, et qu'on le revêtisse d'une
de mes plus riches robes. » Je reçus ce présent sur-le-champ ; aussitôt je
tirai son horoscope, et je le trouvai le plus heureux du monde. Je poussai

même encore plus loin la reconnaissance, car je lui tirai du sang avec les
ventouses. »

« Il n'en demeura pas là : il enfila un autre discours qui dura une grosse
demi-heure. Fatigué de l'entendre et chagrin de voir que le temps s'écou-
lait sans que j'en fusse plus avancé, je ne savais plus que lui dire. « Non,
m'écriai-je, il n'est pas possible qu'il y ait au monde un autre homme qui
se fasse comme vous un plaisir de faire enrager les gens. »

La clarté du jour, qui se faisait voir dans l'appartement de Schahriar,
obligea Scheherazade à s'arrêter en cet endroit. Le lendemain elle continua son récit de cette manière :

CXL NUIT.

« Je crus, dit le jeune boiteux de Bagdad, que je réussirais mieux en prenant le barbier par la douceur. « Au nom de Dieu, lui dis-je, laissez là tous vos beaux discours, et m'expédiez promptement ; une affaire de la dernière importance m'appelle hors de chez moi, comme je vous l'ai déjà dit. » A ces mots il se mit à rire : « Ce serait une chose bien louable, dit-il, si notre esprit demeurait toujours dans la même situation, si nous étions toujours sages et prudents : je veux croire néanmoins que si vous vous êtes mis en colère contre moi, c'est votre maladie qui a causé ce changement dans votre humeur : c'est pourquoi vous avez besoin de quelques instructions, et vous ne pouvez mieux faire que de suivre l'exemple de votre père et de votre aïeul. Ils venaient me consulter dans toutes leurs affaires, et je puis dire sans vanité qu'ils se louaient fort de mes conseils. Voyez-vous, seigneur, on ne réussit presque jamais dans ce qu'on entreprend si l'on n'a recours aux avis des personnes éclairées : on ne devient point habile homme, dit le proverbe, qu'on ne prenne conseil d'un habile homme ; je vous suis tout acquis, et vous n'avez qu'à me commander. »

— « Je ne puis donc gagner sur vous, interrompis-je, que vous abandonniez tous ces longs discours, qui n'aboutissent à rien qu'à me rompre la tête et qu'à m'empêcher de me trouver où j'ai affaire? Rasez-moi donc, ou retirez-vous. » En disant cela, je me levai de dépit en frappant du pied contre terre.

« Quand il vit que j'étais fâché tout de bon : « Seigneur, me dit-il, ne vous fâchez pas, nous allons commencer. » Effectivement, il me lava la tête et se mit à me raser ; mais il ne m'eut pas donné quatre coups de rasoir, qu'il s'arrêta pour me dire : « Seigneur, vous êtes prompt ; vous

devriez vous abstenir de ces emportements qui ne viennent que du démon. Je mérite d'ailleurs que vous ayez de la considération pour moi à cause de mon âge, de ma science et de mes vertus éclatantes. »

— Continuez de me raser, lui dis-je en l'interrompant encore, et ne parlez plus. — C'est-à-dire, reprit-il, que vous avez quelque affaire qui vous presse ; je vais parier que je ne me trompe pas. — Et il y a deux heures, lui repartis-je, que je vous le dis. Vous devriez déjà m'avoir rasé. — Modérez votre ardeur, répliqua-t-il ; vous n'avez peut-être pas bien pensé à ce que vous allez faire : quand on fait les choses avec précipitation, on s'en repent presque toujours. Je voudrais que vous me dissiez quelle est cette affaire qui vous presse si fort, je vous en dirais mon sentiment : vous avez du temps de reste, puisque l'on ne vous attend qu'à midi et qu'il ne sera midi que dans trois heures. — Je ne m'arrête point à cela, lui dis-je ; les gens d'honneur et de parole préviennent le temps qu'on leur a donné. Mais je ne m'aperçois pas qu'en m'amusant à raisonner avec vous je tombe dans les défauts des barbiers babillards ; achevez vite de me raser. »

« Plus je témoignais d'empressement, et moins il en avait à m'obéir. Il quitta son rasoir pour prendre son astrolabe, puis, laissant son astrolabe, il reprit son rasoir. »

Scheherazade voyant paraître le jour, garda le silence. La nuit suivante, elle poursuivit ainsi l'histoire commencée :

CXLI NUIT.

« Le barbier, continua le jeune boiteux, quitta encore son rasoir, prit une seconde fois son astrolabe, et me laissa à demi rasé pour aller voir quelle heure il était précisément. Il revint : « Seigneur, me dit-il, je savais bien que je ne me trompais pas : il y a encore trois heures jusqu'à midi ; j'en suis assuré, ou toutes les règles de l'astronomie sont fausses. — Juste ciel ! m'écriai-je, ma patience est à bout, je n'y puis plus tenir. Maudit barbier, barbier de malheur, peu s'en faut que je ne me jette sur toi, et que je ne t'étrangle ! — Doucement, monsieur, me dit-il d'un air froid, sans s'émouvoir de mon emportement ; vous ne craignez pas de retomber malade ; ne vous emportez pas, vous allez être servi dans un moment. » En disant ces paroles il remit son astrolabe dans sa trousse, reprit son rasoir, qu'il repassa sur le cuir qu'il avait attaché à sa ceinture, et recommença de me raser ; mais en me rasant il ne put s'empêcher de parler : « Si vous vouliez, seigneur, me dit-il, m'apprendre quelle est cette affaire que vous avez à midi, je vous donnerais quelque conseil dont vous pourriez vous trouver bien. » Pour le contenter, je lui dis que des amis m'attendaient à midi pour me régaler et se réjouir avec moi du retour de ma santé.

« Quand le barbier entendit parler de régal : « Dieu vous bénisse en ce jour comme en tous les autres ! s'écria-t-il ; vous me faites souvenir que j'invitai hier quatre ou cinq amis à venir manger aujourd'hui chez moi : je l'avais oublié, et je n'ai encore fait aucun préparatif. — Que cela ne vous embarrasse pas, lui dis-je ; quoique j'aille manger dehors, mon garde-manger ne laisse pas d'être toujours bien garni. Je vous fais présent de tout ce qui s'y trouvera ; je vous ferai même donner du vin tant que vous en voudrez ; car j'en ai d'excellent dans ma cave : mais il faut que vous acheviez promptement de me raser ; et souvenez-vous qu'au lieu que mon père vous faisait des présents pour vous entendre parler, je vous en fais, moi, pour vous faire taire. »

« Il ne se contenta pas de la parole que je lui donnais : « Dieu vous récompense ! s'écria-t-il, de la grâce que vous me faites ; mais montrez-moi tout à l'heure ces provisions, afin que je voie s'il y aura de quoi bien régaler mes amis. Je veux qu'ils soient contents de la bonne chère que je leur ferai. — J'ai, lui dis-je, un agneau, six chapons, une douzaine de poulets, et de quoi faire quatre entrées. » Je donnai ordre à un esclave d'apporter tout cela sur-le-champ avec quatre grandes cruches de vin. « Voilà qui est bien, reprit le barbier ; mais il faudrait des fruits et de quoi assai-

sonner la viande. » Je lui fis encore donner ce qu'il demandait : il cessa de me raser pour examiner chaque chose l'une après l'autre ; et comme cet examen dura près d'une demi-heure, je pestais, j'enrageais ; mais j'avais beau pester et enrager, le bourreau ne s'empressait pas davantage. Il reprit pourtant le rasoir, et me rasa quelques moments ; puis, s'arrêtant tout à coup : « Je n'aurais jamais cru, seigneur, me dit-il, que vous fussiez libéral ; je commence à connaître que feu monsieur votre père revit en vous. Certes, je ne méritais pas les grâces dont vous me comblez, et je vous assure que j'en conserverai une éternelle reconnaissance ; car, seigneur, afin que vous le sachiez, je n'ai rien que ce qui me vient de la générosité des honnêtes gens comme vous ; en quoi je ressemble à Zantout, qui frotte le monde au bain, à Sali qui vend des pois chiches grillés par les rues, à Salout qui vend des fèves, à Akerscha qui vend des herbes, à Abou Mekarès qui arrose les rues pour abattre la poussière, et à Cassem de la garde du calife. Tous ces gens-là n'engendrent point de mélancolie : ils ne sont ni fâcheux, ni querelleurs ; plus contents de leur sort que le calife au milieu de toute sa cour, ils sont toujours gais, prêts à chanter et à danser, et ils ont chacun leur chanson et leur danse particulière, dont ils divertissent toute la ville de Bagdad ; mais ce que j'estime le plus en eux, c'est qu'ils ne sont pas grands parleurs, non plus que votre esclave, qui a l'honneur de vous parler. Tenez, seigneur, voici la chanson et la danse de Zantout qui frotte le monde au bain : regardez-moi, et voyez si je sais bien l'imiter. »

Scheherazade n'en dit pas davantage, parce qu'elle remarqua qu'il était jour. Le lendemain elle poursuivit sa narration dans ces termes :

CXLII NUIT.

« Le barbier chanta la chanson et dansa la danse de Zantout, continua le jeune boiteux ; et, quoique je pusse dire pour l'obliger à finir ses bouffonneries, il ne cessa pas qu'il n'eût contrefait de même tous ceux qu'il avait nommés. Après cela, s'adressant à moi : « Seigneur, me dit-il, je vais faire venir chez moi tous ces honnêtes gens ; si vous m'en croyez, vous serez des nôtres, et vous laisserez là vos amis, qui sont peut-être de grands parleurs qui ne feront que vous étourdir par leurs ennuyeux discours, et vous faire retomber dans une maladie pire que celle dont vous sortez ; au lieu que chez moi vous n'aurez que du plaisir. »

« Malgré ma colère, je ne pus m'empêcher de rire de ses folies. Je voudrais, lui dis-je, n'avoir pas à faire, j'accepterais la proposition que vous me faites, j'irais de bon cœur me réjouir avec vous ; mais je vous prie de m'en dispenser, je suis trop engagé aujourd'hui ; je serai plus libre un autre jour, et nous ferons cette partie : achevez de me raser, et hâtez-vous de vous en retourner ; vos amis sont déjà, peut-être, dans votre maison. — Seigneur, reprit-il, ne me refusez pas la grâce que je vous demande, venez vous réjouir avec la bonne compagnie que je dois avoir. Si vous vous étiez trouvé une fois avec ces gens-là, vous en seriez si content que vous renonceriez pour eux à vos amis. — Ne parlons plus de cela, lui répondis-je, je ne puis être de votre festin. »

« Je ne gagnai rien par la douceur. « Puisque vous ne voulez pas venir chez moi, répliqua le barbier, il faut donc que vous trouviez bon que j'aille avec vous. Je vais porter chez moi ce que vous m'avez donné; mes amis mangeront, si bon leur semble; je reviendrai aussitôt, je ne veux pas commettre l'incivilité de vous laisser aller seul; vous méritez bien que j'aie pour vous cette complaisance. — Ciel! m'écriai-je alors, je ne pourrai donc pas me délivrer aujourd'hui d'un homme si fâcheux? Au nom du grand Dieu vivant, lui dis-je, finissez vos discours importuns; allez trouver vos amis, buvez, mangez, réjouissez-vous, et laissez-moi la liberté d'aller avec les miens. Je veux partir seul, je n'ai pas besoin que personne m'accompagne; aussi bien, il faut que je vous l'avoue, le lieu où je vais n'est pas un lieu où vous puissiez être reçu; on n'y veut que moi. — Vous vous moquez, seigneur, repartit-il; si vos amis vous ont convié à un festin, quelle raison peut vous empêcher de me permettre de vous accompagner? vous leur ferez plaisir, j'en suis sûr, de leur mener un homme qui a comme moi le mot pour rire, et qui sait divertir agréablement une compagnie. Quoi que vous me puissiez dire, la chose est résolue; je vous accompagnerai malgré vous. »

« Ces paroles, mes seigneurs, me jetèrent dans un grand embarras. « Comment me déferai-je de ce maudit barbier? disais-je en moi-même. Si je m'obstine à le contredire, nous ne finirons point notre contestation. » D'ailleurs, j'entendais qu'on appelait déjà, pour la première fois, à la prière de midi, et qu'il était temps de partir: ainsi je pris le parti de ne dire mot, et de faire semblant de consentir qu'il vînt avec moi. Alors il acheva de me raser, et cela étant fait, je lui dis: « Prenez quelques-uns de mes gens pour emporter avec vous ces provisions, et revenez; je vous attends: je ne partirai pas sans vous. »

« Il sortit enfin, et j'achevai promptement de m'habiller. J'entendis appeler à la prière pour la dernière fois, je me hâtai de me mettre en chemin ; mais le malicieux barbier, qui avait jugé de mon intention, s'était contenté d'aller avec mes gens jusqu'à la vue de sa maison, et de les voir entrer chez lui. Il s'était caché à un coin de rue pour m'observer et me suivre : en effet, quand je fus arrivé à la porte du cadi, je me retournai, et l'aperçus à l'entrée de la rue ; j'en eus un chagrin mortel.

« La porte du cadi était à demi ouverte ; et en entrant je vis la vieille dame qui m'attendait, et qui, après avoir fermé la porte, me conduisit à

la chambre de la jeune dame dont j'étais amoureux ; mais à peine commençais-je à l'entretenir, que nous entendîmes du bruit dans la rue. La jeune dame mit la tête à la fenêtre, et vit au travers de la jalousie que c'était le cadi son père qui revenait déjà de la prière. Je regardai aussi en même temps, et j'aperçus le barbier assis vis-à-vis, au même endroit d'où j'avais vu la jeune dame.

« J'eus alors deux sujets de crainte : l'arrivée du cadi et la présence du barbier. La jeune dame me rassura sur le premier, en me disant que son père ne montait à sa chambre que très-rarement, et que, comme elle avait prévu que ce contre-temps pourrait arriver, elle avait songé au moyen de me faire sortir sûrement ; mais l'indiscrétion du malheureux barbier me causait une grande inquiétude, et vous allez voir que cette inquiétude n'était pas sans fondement.

« Dès que le cadi fut rentré chez lui, il donna lui-même la bastonnade à un esclave qui l'avait mérité. L'esclave poussait de grands cris qu'on entendait dans la rue ; le barbier crut que c'était moi qui criais et qu'on maltraitait. Prévenu de cette pensée, il fait des cris épouvantables, déchire ses habits, jette de la poussière sur sa tête, appelle au secours tout le voisinage, qui vient à lui aussitôt ; on lui demande ce qu'il a, et quel secours on peut lui donner. « Hélas ! s'écria-t-il, on assassine mon maître, mon cher patron ; » et, sans rien dire davantage, il court chez moi, en criant toujours de même, et revient suivi de tous mes domestiques armés de bâtons. Ils frappent avec une fureur qui n'est pas concevable à la porte du cadi, qui envoya un esclave pour voir ce que c'était ; mais l'esclave,

tout effrayé, retourne vers son maître : « Seigneur, dit-il, plus de dix mille hommes veulent entrer chez vous par force, et commencent à enfoncer la porte. »

Le cadi courut aussitôt lui-même, ouvrit la porte, et demanda ce qu'on lui voulait. Sa présence vénérable ne put inspirer du respect à mes gens, qui lui dirent insolemment : « Maudit cadi, chien de cadi, quel sujet avez-vous d'assassiner notre maître ? Que vous a-t-il fait ? — Bonnes gens, leur répondit le cadi, pourquoi aurais-je assassiné votre maître, que je ne conmais pas et qui ne m'a point offensé? voilà ma maison ouverte, entrez, voyez, cherchez. — Vous lui avez donné la bastonnade, dit le barbier; j'ai entendu ses cris il n'y a qu'un moment. — Mais encore, répliqua le cadi, quelle offense m'a pu faire votre maître pour m'avoir obligé à le maltraiter comme vous le dites? Est-ce qu'il est dans ma maison? et s'il y est, comment y est-il entré, ou qui peut l'y avoir introduit? — Vous ne m'en ferez point accroire avec votre grande barbe, méchant cadi, repartit le barbier; je sais bien ce que je dis. Votre fille aime notre maître, et lui a donné rendez-vous dans votre maison pendant la prière du midi; vous en avez sans doute été averti, vous êtes revenu chez vous, vous l'y avez surpris, et lui avez fait donner la bastonnade par vos esclaves; mais vous n'aurez pas fait cette méchante action impunément : le calife en sera informé, et en fera bonne et brève justice. Laissez-le sortir, et nous le rendez tout à l'heure, sinon nous allons entrer et vous l'arracher, à votre honte. — Il n'est pas besoin de tant parler, reprit le cadi, ni de faire un si grand éclat ; si ce que vous dites est vrai, vous n'avez qu'à entrer et qu'à le chercher, je vous en donne la permission. » Le cadi n'eut pas achevé ces mots, que le barbier et mes gens se jetèrent dans la maison comme des furieux, et se mirent à me chercher partout. »

Scheherazade, en cet endroit, ayant aperçu le jour, cessa de parler. Schahriar se leva en riant du zèle indiscret du barbier, et fort curieux de savoir ce qui s'était passé dans la maison du cadi, et par quel accident le jeune homme pouvait être devenu boiteux. La sultane satisfit sa curiosité le lendemain, et reprit la parole dans ces termes :

CXLIII NUIT.

Le tailleur continua de raconter au sultan de Casgar l'histoire qu'il avait commencée : « Sire, dit-il, le jeune boiteux poursuivit ainsi : Comme j'avais entendu tout ce que le barbier avait dit au cadi, je cherchai un endroit pour me cacher. Je n'en trouvai point d'autre qu'un grand coffre vide, où je me jetai, et que je fermai sur moi. Le barbier, après avoir fureté partout, ne manqua pas de venir dans la chambre où j'étais. Il s'approcha du coffre, l'ouvrit, et dès qu'il m'eut aperçu, le prit, le chargea sur sa tête et l'emporta. Il descendit d'un escalier assez haut dans une cour qu'il traversa promptement, et enfin il gagna la porte de la rue. Pendant qu'il me portait, le coffre vint à s'ouvrir par malheur, et alors ne

pouvant souffrir la honte d'être exposé aux regards et aux huées de la populace qui nous suivait, je me lançai dans la rue avec tant de précipitation, que je me blessai à la jambe de manière que je suis demeuré boiteux depuis ce temps-là. Je ne sentis pas d'abord tout mon mal, et ne laissai pas de me relever pour me dérober à la risée du peuple par une prompte fuite. Je lui jetai même des poignées d'or et d'argent dont ma bourse était pleine; et tandis qu'il s'occupait à les ramasser, je m'échappai en enfilant des rues détournées. Mais le maudit barbier, profitant de la ruse dont je m'étais servi pour me débarrasser de la foule, me suivit sans me perdre de vue, en me criant de toute sa force : « Arrêtez ! Seigneur; pourquoi courez-vous si vite? Si vous saviez combien j'ai été affligé du mauvais traitement que le cadi vous a fait, à vous qui êtes si généreux, et à qui nous avons tant d'obligation, mes amis et moi ! Ne vous l'avais-je pas bien dit, que vous exposiez votre vie par votre obstination à ne vouloir pas que je vous accompagnasse ? Voilà ce qui vous est arrivé par votre faute : et si de mon côté je ne m'étais pas obstiné à vous suivre pour voir où vous alliez, que seriez-vous devenu ? Où allez-vous donc, seigneur ? Attendez-moi. »

« C'est ainsi que le malheureux barbier parlait tout haut dans la rue. Il ne se contentait pas d'avoir causé un si grand scandale dans le quartier du cadi, il voulait encore que toute la ville en eût connaissance. Dans la rage où j'étais, j'avais envie de l'attendre pour l'étrangler; mais je n'aurais fait par là que rendre ma confusion plus éclatante. Je pris un autre parti : comme je m'aperçus que sa voix me livrait en spectacle à une infinité de gens qui paraissaient aux portes ou aux fenêtres, ou qui s'arrêtaient dans les rues pour me regarder, j'entrai dans un khan [1] dont le concierge m'était connu. Je le trouvai à la porte, où le bruit l'avait attiré : « Au nom de Dieu, lui dis-je, faites-moi la grâce d'empêcher que ce furieux n'entre ici après moi. » Il me le promit et me tint parole; mais ce ne fut pas sans peine, car l'obstiné barbier voulait entrer malgré lui, et ne se retira qu'après lui avoir dit mille injures; et jusqu'à ce qu'il fût rentré dans sa maison, il ne cessa d'exagérer à tous ceux qu'il rencontra le grand service qu'il prétendait m'avoir rendu.

« Voilà comme je me délivrai d'un homme si fatigant. Après cela, le concierge me pria de lui apprendre mon aventure : je la lui racontai, ensuite je le priai à mon tour de me prêter un appartement jusqu'à ce que je fusse guéri. « Seigneur, me dit-il, ne seriez-vous pas plus commodément chez vous? — Je ne veux point y retourner, lui répondis-je; ce détestable barbier ne manquerait pas de m'y venir trouver : j'en serais tous les jours obsédé,

---

[1] Le lieu public dans les villes du Levant où logent les étrangers. (Voyez ci-dessus, pag. 123.)

et je mourrais, à la fin, de chagrin de l'avoir incessamment devant les yeux. D'ailleurs, après ce qui m'est arrivé aujourd'hui, je ne puis me résoudre à demeurer davantage en cette ville. Je prétends aller où ma mauvaise fortune me voudra conduire. » Effectivement, dès que je fus guéri je pris tout l'argent dont je crus avoir besoin pour voyager, et du reste de mon bien, je fis une donation à mes parents.

« Je partis donc de Bagdad, mes seigneurs, et je suis venu jusqu'ici. J'avais lieu d'espérer que je ne rencontrerais point ce pernicieux barbier dans un pays si éloigné du mien; et cependant je le trouve parmi vous. Ne soyez donc pas surpris de l'empressement que j'ai à me retirer. Vous jugez bien de la peine que me doit faire la vue d'un homme qui est cause que je suis boiteux, et réduit à la triste nécessité de vivre éloigné de mes parents, de mes amis et de ma patrie. » En achevant ces paroles, le jeune boiteux se leva et sortit. Le maître de la maison le conduisit jusqu'à la porte, en lui témoignant le déplaisir qu'il avait de lui avoir donné, quoique innocemment, un si grand sujet de mortification.

« Quand le jeune homme fut parti, continua le tailleur, nous demeurâmes tous fort étonnés de son histoire. Nous jetâmes les yeux sur le barbier, et lui dîmes qu'il avait tort, si ce que nous venions d'entendre était véritable. « Messieurs, nous répondit-il en levant la tête, qu'il avait toujours tenue baissée jusqu'alors; le silence que j'ai gardé pendant que ce jeune homme vous a entretenu vous doit être un témoignage qu'il ne vous a rien avancé dont je ne demeure d'accord. Mais quoi qu'il vous ait pu dire, je soutiens que j'ai dû faire ce que j'ai fait. Je vous en rends juges vous-mêmes: Ne s'était-il pas jeté dans le péril, et sans mon secours en serait-il sorti si heureusement? Il est trop heureux d'en être quitte pour une jambe incommodée. Ne me suis-je pas exposé à un plus grand danger pour le tirer d'une maison où je m'imaginais qu'on le maltraitait? A-t-il raison de se plaindre de moi, et de me dire des injures si atroces? Voilà ce que l'on gagne à servir des gens ingrats! Il m'accuse d'être un babillard: c'est une pure calomnie. De sept frères que nous étions, je suis celui qui parle le moins et qui ai le plus d'esprit en partage. Pour vous en faire convenir, mes seigneurs, je n'ai qu'à vous conter mon histoire et la leur. Honorez-moi, je vous prie, de votre attention. »

HISTOIRE

DU BARBIER.

« Sous le règne du calife Mostanser Billah[1], poursuivit-il, prince si fameux par ses immenses libéralités envers les pauvres, dix voleurs obsédaient les chemins des environs de Bagdad, et faisaient depuis longtemps des vols et des cruautés inouïes. Le calife, averti d'un si grand désordre, fit venir le juge de police quelques jours avant la fête du Baïram, et lui ordonna, sous peine de la vie, de les lui amener tous dix. »

Scheherazade cessa de parler en cet endroit, pour avertir le sultan des Indes que le jour commençait à paraître. Ce prince se leva, et la nuit suivante la sultane reprit son discours de cette manière :

---

[1] Mostanser Billah, trente-sixième calife Abbasside, monta sur le trône en 1226 de notre ère (623 de l'hégire). Ce prince, l'un des meilleurs de sa dynastie, se recommande par sa justice et par une libéralité extraordinaire. Un jour qu'il visitait les trésors amassés par ses ancêtres, frappé d'étonnement à la vue d'une citerne remplie d'or, il s'écria : « Que ne puis-je vivre assez pour faire un bon emploi de ces richesses si longtemps enfouies ! — Seigneur, répondit un des courtisans, votre aïeul Naser formait le vœu contraire. Voyant qu'il s'en fallait de deux brasses que cette citerne ne fût comble, il souhaitait de vivre assez pour la voir entièrement pleine. On rapporte que pendant les nuits du mois de ramadan, qui est consacré à un jeune sévère, il faisait dresser dans les rues de Bagdad des tables bien servies, auxquelles tous les Musulmans pouvaient venir s'asseoir. Le trait suivant offre un exemple de libéralité portée jusqu'à la profusion. Mostanser ayant un jour aperçu du haut de son palais des hardes étendues sur les terrasses d'un grand nombre de maisons, en demanda le motif, et apprit que les vêtements qu'il voyait étaient ceux de plusieurs habitants de Bagdad qui les avaient lavés et mis sécher, afin de solenniser la fête du Baïram. « Est-il possible, dit le calife, qu'il y ait parmi mes sujets un si grand nombre de personnes n'ayant pas les moyens de s'acheter un habit pour fêter le Baïram ? » Aussitôt il fit venir des orfèvres, et leur ordonna de faire une certaine quantité de balles d'or, que le calife et ses courtisans lancèrent avec des arbalètes sur toutes les terrasses où on voyait des vêtements étendus. Mostanser mourut en 1242 de J.-C. (640 de l'hégire), âgé de cinquante et un ans.

CXLIV NUIT.

« Le juge de police, continua le barbier, fit ses diligences, et mit tant de monde en campagne, que les dix voleurs furent pris le propre jour du Baïram. Je me promenais alors sur le bord du Tigre ; je vis dix hommes assez richement habillés, qui s'embarquaient dans un bateau. J'aurais connu que c'étaient des voleurs pour peu que j'eusse fait attention aux gardes qui les accompagnaient ; mais je ne regardai qu'eux : et prévenu que c'étaient des gens qui allaient se réjouir et passer la fête en festin, j'entrai dans le bateau pêle-mêle avec eux sans dire mot, dans l'espérance qu'ils voudraient bien me souffrir dans leur compagnie. Nous descendîmes le Tigre, et l'on nous fit aborder devant le palais du calife. J'eus le temps de rentrer en moi-même, et de m'apercevoir que j'avais mal jugé d'eux. Au sortir du bateau, nous fûmes environnés d'une nouvelle troupe de gardes du juge de police, qui nous lièrent et nous menèrent devant le calife. Je me laissai lier comme les autres sans rien dire : que m'eût-il servi de parler et de faire quelque résistance ? C'eût été le moyen de me faire maltraiter par les gardes, qui ne m'auraient pas écouté :

car ce sont des brutaux qui n'entendent point raison. J'étais avec des voleurs, c'était assez pour leur faire croire que j'en devais être un.

« Dès que nous fûmes devant le calife, il ordonna le châtiment de ces dix scélérats. « Qu'on coupe, dit-il, la tête à ces dix voleurs. » Aussitôt le bourreau nous rangea sur une file à la portée de sa main, et par bonheur je me trouvai le dernier. Il coupa la tête aux dix voleurs en commençant par le premier ; et quand il vint à moi, il s'arrêta. Le calife voyant que le bourreau ne me frappait pas, se mit en colère : « Ne t'ai-je pas commandé, lui dit-il, de couper la tête à dix voleurs? pourquoi ne la coupes-tu qu'à neuf? — Commandeur des croyants, répondit le bourreau, Dieu me garde de n'avoir pas exécuté l'ordre de votre majesté : voilà dix corps par terre et autant de têtes que j'ai coupées ; elle peut les faire compter. » Lorsque le calife eut vu lui-même que le bourreau disait vrai, il me regarda avec étonnement ; et ne me trouvant pas la physionomie d'un voleur : « Bon vieillard, me dit-il, par quelle aventure vous trouvez-vous mêlé avec des misérables qui ont mérité mille morts? » Je lui répondis : « Commandeur des croyants, je vais vous faire un aveu véritable : J'ai vu ce matin entrer

dans un bateau ces dix personnes dont le châtiment vient de faire éclater la justice de votre majesté ; je me suis embarqué avec eux, persuadé que c'étaient des gens qui allaient se régaler ensemble pour célébrer ce jour, qui est le plus célèbre de notre religion. »

« Le calife ne put s'empêcher de rire de mon aventure ; et, tout au contraire de ce jeune boiteux qui me traite de babillard, il admira ma discrétion et ma constance à garder le silence : « Commandeur des croyants, lui dis-je, que votre majesté ne s'étonne pas si je me suis tu dans une occasion qui aurait excité la démangeaison de parler à un autre. Je fais une profession particulière de me taire ; et c'est par cette vertu que je me suis acquis le titre glorieux de Silencieux. C'est ainsi qu'on m'appelle pour me distinguer de six frères que j'ai eus. C'est le fruit que j'ai tiré de ma philosophie : enfin cette vertu fait toute ma gloire et mon bonheur. »

— « J'ai bien de la joie, me dit le calife en souriant, qu'on vous ait donné un titre dont vous faites un si bel usage. Mais apprenez-moi quelle sorte de gens étaient vos frères. Vous ressembliaient-ils ? — En aucune manière, lui repartis-je : ils étaient tous plus babillards les uns que les autres ; et quant à la figure, il y avait encore une grande différence entre eux et moi : le premier était bossu ; le second, brèche-dent ; le troisième, borgne ; le quatrième, aveugle ; le cinquième avait les oreilles coupées, et le sixième les lèvres fendues. Il leur est arrivé des aventures qui vous feraient juger de leurs caractères si j'avais l'honneur de les raconter à votre majesté. » Comme il me parut que le calife ne demandait pas mieux que de les entendre, je poursuivis sans attendre son ordre. »

HISTOIRE

DU PREMIER FRÈRE DU BARBIER.

« Sire, lui dis-je, mon frère aîné, qui s'appelait Bacbouc le bossu, était tailleur de profession. Au sortir de son apprentissage, il loua une boutique vis-à-vis d'un moulin ; et comme il n'avait point encore fait de pratiques, il avait bien de la peine à vivre de son travail : le meunier, au contraire, était fort à son aise et possédait une très-belle femme. Un jour, mon frère, en travaillant dans sa boutique, leva la tête et aperçut à une fenêtre du moulin la meunière qui regardait dans la rue. Il la trouva si belle qu'il en fut enchanté. Pour la meunière, elle ne fit nulle attention à lui ; elle ferma sa fenêtre et ne parut plus de tout le jour. Cependant le pauvre tailleur ne fit autre chose que lever la tête et lever les yeux vers le moulin en travaillant. Il se piqua les doigts plus d'une fois, et son travail de ce jour-là ne fut pas trop régulier. Sur le soir, lorsqu'il fallut fermer sa boutique, il'eut de la peine à s'y résoudre, parce qu'il espérait toujours que la meunière se ferait voir encore ; mais enfin il fut obligé de la fermer et de se retirer à sa petite maison, où il passa une fort mauvaise nuit. Il est vrai qu'il s'en leva plus matin, et, qu'impatient de revoir sa maîtresse, il vola vers sa boutique. Il ne fut pas plus heureux que le jour précédent ; la meunière ne parut qu'un moment de toute la journée. Mais ce moment acheva de le rendre le plus amoureux de tous les hommes. Le troisième jour, il eut sujet d'être plus content que les deux autres : la meunière jeta les yeux sur lui par hasard, et le surprit dans une attention à la considérer qui lui fit connaître ce qui ce passait dans son cœur. »

Le jour, qui paraissait, obligea Scheherazade d'interrompre son récit en cet endroit. Elle en reprit le fil la nuit suivante.

CXLV NUIT.

Sire, le barbier continua l'histoire de son frère aîné : « Commandeur des croyants, poursuivit-il, en parlant toujours au calife Mostanser Billah, vous saurez que la meunière n'eut pas plus tôt pénétré les sentiments de mon frère, qu'au lieu de s'en fâcher elle résolut de s'en divertir. Elle le regarda d'un air riant; mon frère la regarda de même, mais d'une manière si plaisante, que la meunière referma la fenêtre au plus vite, de peur de faire un éclat de rire qui fît connaître à mon frère qu'elle le trouvait ridicule. L'innocent Bacbouc interpréta cette action à son avantage, et ne manqua pas de se flatter qu'on l'avait vu avec plaisir.

« La meunière prit donc la résolution de se réjouir de mon frère. Elle avait une pièce d'une assez belle étoffe dont il y avait déjà longtemps qu'elle voulait se faire un habit. Elle l'enveloppa dans un beau mouchoir de broderie de soie, et le lui envoya par une jeune esclave qu'elle avait. L'esclave, bien instruite, vint à la boutique du tailleur : « Ma maîtresse vous salue, lui dit-elle, et vous prie de lui faire un habit de la pièce

d'étoffe que je vous apporte, sur le modèle de celui qu'elle vous envoie en même temps : elle change souvent d'habit, et c'est une pratique dont vous serez très-content. » Mon frère ne douta plus que la meunière ne fût amoureuse de lui. Il crut qu'elle ne lui envoyait du travail, immédiatement après ce qui s'était passé entre elle et lui, qu'afin de lui prouver qu'elle avait lu dans le fond de son cœur, et de l'assurer du progrès qu'il avait fait dans le sien. Prévenu de cette bonne opinion, il chargea l'esclave de dire à sa maîtresse qu'il allait tout quitter pour elle, et que l'habit serait prêt pour le lendemain matin. En effet, il y travailla avec tant de diligence qu'il l'acheva le même jour.

« Le lendemain la jeune esclave vint voir si l'habit était fait. Bacbouc le lui donna bien plié, en lui disant : « J'ai trop d'intérêt de contenter votre maîtresse pour avoir négligé son habit. Je veux l'engager, par ma diligence, à ne se servir désormais que chez moi. » La jeune esclave fit quelques pas pour s'en aller; puis se retournant, elle dit tout bas à mon frère : « A propos, j'oubliais de m'acquitter d'une commission qu'on m'a donnée : ma maîtresse m'a chargée de vous faire ses compliments, et de vous demander comment vous avez passé la nuit; pour elle, la pauvre femme, elle vous aime si fort, qu'elle n'en a pas dormi. — Dites-lui, répondit avec transport mon benêt de frère, que j'ai pour elle une passion si violente, qu'il y a quatre nuits que je n'ai fermé l'œil. » Après ce compliment de la part de la meunière, il crut devoir se flatter qu'elle ne le laisserait pas languir dans l'attente de ses faveurs.

« Il n'y avait pas un quart d'heure que l'esclave avait quitté mon frère, lorsqu'il la vit revenir avec une pièce de satin : « Ma maîtresse, lui dit-elle, est très-satisfaite de son habit, il lui va le mieux du monde ; mais comme il est très-beau et qu'elle ne le veut porter qu'avec un caleçon neuf, elle vous prie de lui en faire un au plus tôt de cette pièce de satin. — Cela suffit, répondit Bacbouc, il sera fait aujourd'hui avant que je sorte de ma boutique ; vous n'avez qu'à le venir prendre sur la fin du jour. » La meunière se montra souvent à sa fenêtre et prodigua ses charmes à mon frère pour lui donner du courage. Il faisait beau le voir travailler. Le caleçon fut bientôt fait. L'esclave le vint prendre, mais elle n'apporta au tailleur ni l'argent qu'il avait déboursé pour les accompagnements de l'habit et du caleçon, ni de quoi lui payer la façon de l'un et de l'autre. Cependant ce malheureux amant, qu'on amusait et qui ne s'en apercevait pas, n'avait rien mangé de tout ce jour-là, et fut obligé d'emprunter quelques pièces de monnaie pour acheter de quoi souper. Le jour suivant, dès qu'il fut arrivé à sa boutique, la jeune esclave vint lui dire que le meunier souhaitait de lui parler. « Ma maîtresse, ajouta-t-elle, lui a dit

tant de bien de vous, en lui montrant votre ouvrage, qu'il veut aussi que vous travailliez pour lui. Elle l'a fait exprès, afin que la liaison qu'elle veut former entre lui et vous servè à faire réussir ce que vous désirez également l'un et l'autre. » Mon frère se laissa persuader, et alla au moulin avec l'esclave. Le meunier le reçut fort bien; et lui présentant une pièce de toile : « J'ai besoin de chemises, lui dit-il, voilà de la toile ; je voudrais bien que vous m'en fissiez vingt. S'il y a du reste, vous me le rendrez. »

Scheherazade, frappé tout à coup par la clarté du jour qui commençait à éclairer l'appartement de Schahriar, se tut en achevant ces dernières paroles. La nuit suivante elle poursuivit ainsi l'histoire de Bacbouc :

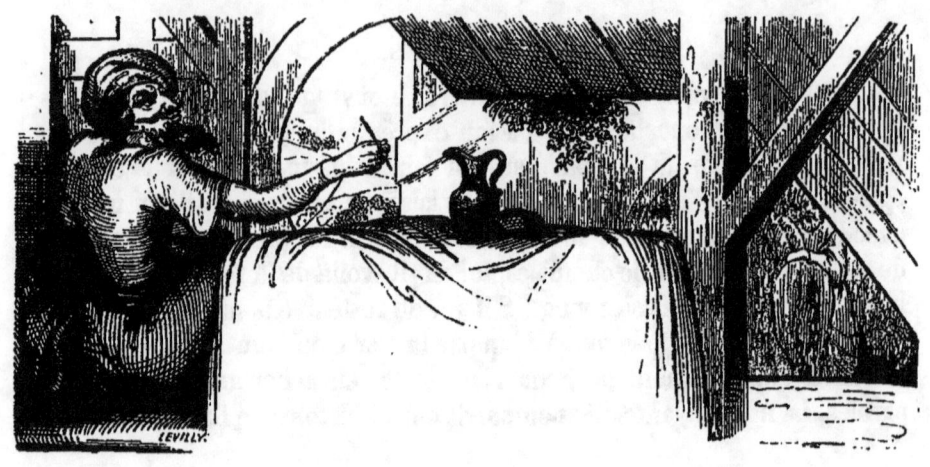

CXLVI NUIT.

« Mon frère, continua le barbier, eut du travail pour cinq ou six jours à faire vingt chemises pour le meunier, qui lui donna ensuite une autre pièce de toile pour en faire autant de caleçons. Lorsqu'ils furent achevés, Bacbouc les porta au meunier, qui lui demanda ce qu'il lui fallait pour sa peine, sur quoi mon frère dit qu'il se contenterait de vingt drachmes d'argent. Le meunier appela aussitôt la jeune esclave, et lui dit d'apporter le trébuchet pour voir si la monnaie qu'il allait donner était de poids. L'esclave, qui avait le mot, regarda mon frère en colère, pour lui marquer qu'il allait tout gâter s'il recevait de l'argent. Il se le tint pour dit; il refusa d'en prendre, quoiqu'il en eût besoin et qu'il en eût emprunté pour acheter le fil dont il avait cousu les chemises et les caleçons. Au sortir de chez le meunier, il vint me prier de lui prêter de quoi vivre, en me disant qu'on ne le payait pas. Je lui donnai quelque monnaie de cuivre que j'avais dans ma bourse, et cela le fit subsister durant quelques jours. Il est vrai qu'il ne vivait que de bouillie, et qu'encore ne mangeait-il pas tout son saoul.

« Un jour il entra chez le meunier qui, était occupé à faire aller son moulin, et qui, croyant qu'il venait lui demander de l'argent, lui en offrit; mais la jeune esclave, qui était présente, lui fit encore un signe qui l'empêcha d'en accepter, et lui fit répondre au meunier qu'il ne venait pas pour cela, mais seulement pour s'informer de sa santé. Le meunier l'en remercia et lui donna une robe de dessus à faire. Bacbouc la lui rapporta le lendemain. Le meunier tira sa bourse. La jeune esclave ne fit en ce moment que regarder mon frère : « Voisin, dit-il au meunier, rien ne presse ; nous compterons une autre fois. » Ainsi cette pauvre dupe se retira dans sa boutique avec trois grandes maladies ; c'est-à-dire, amoureux, affamé et sans argent.

« La meunière était avare et méchante ; elle ne se contenta pas d'avoir frustré mon frère de ce qui lui était dû, elle excita son mari à tirer vengeance de l'amour qu'il avait pour elle, et voici comme ils s'y prirent. Le meunier invita Bacbouc un soir à souper, et après l'avoir assez mal régalé, il lui dit : « Frère, il est trop tard pour vous retirer chez vous, demeurez ici. » En parlant de cette sorte, il le mena dans un endroit du moulin où il y avait un lit. Il le laissa là et se retira avec sa femme dans le lieu où ils avaient coutume de coucher. Au milieu de la nuit le meunier vint trouver mon frère : « Voisin, lui dit-il, dormez-vous ? Ma mule est malade, et j'ai bien du blé à moudre. Vous me feriez beaucoup de plaisir si vous vouliez tourner le moulin à sa place. » Bacbouc, pour lui marquer qu'il était homme de bonne volonté, lui répondit qu'il était prêt à lui rendre ce service ; qu'on n'avait seulement qu'à lui montrer comment il fallait faire. Alors le meunier l'attacha par le milieu du corps, de même qu'une mule pour faire tourner le moulin, et lui donnant ensuite un grand coup de fouet sur les reins : « Marchez voisin, lui dit-il.

— Eh! pourquoi me frappez-vous? lui dit mon frère. — C'est pour vous encourager, répondit le meunier, car sans cela ma mule ne marche pas. » Bacbouc fut étonné de ce traitement; néanmoins il n'osa s'en plaindre. Quand il eut fait cinq ou six tours il voulut se reposer; mais le meunier lui donna une douzaine de coups de fouet bien appliqués, en lui disant: « Courage, voisin; ne vous arrêtez pas, je vous en prie; il faut marcher sans prendre haleine, autrement vous gâteriez ma farine. »

Scheherazade cessa de parler en cet endroit, parce qu'elle vit qu'il était jour. Le lendemain, elle reprit son discours de cette sorte :

CXLVII NUIT.

« Le meunier obligea mon frère à tourner ainsi le moulin pendant le reste de la nuit, continua le barbier. A la pointe du jour, il le laissa sans le détacher et se retira à la chambre de sa femme. Bacbouc demeura quelque temps en cet état; à la fin, la jeune esclave vint, qui le détacha. « Ah! que nous vous avons plaint, ma bonne maîtresse et moi, s'écria la perfide; nous n'avons aucune part au mauvais tour que son mari vous a joué. » Le malheureux Bacbouc ne lui répondit rien, tant il était fatigué et moulu de coups; mais il regagna sa maison en faisant une ferme résolution de ne plus songer à la meunière.

« Le récit de cette histoire, poursuivit le barbier, fit rire le calife: « Allez, me dit-il, retournez chez vous; on va vous donner quelque chose de ma part pour vous consoler d'avoir manqué le régal auquel vous vous attendiez. — Commandeur des croyants, repris-je, je supplie votre majesté de trouver bon que je ne reçoive rien qu'après lui avoir raconté l'histoire de mes autres frères. » Le calife m'ayant témoigné par son silence qu'il était disposé à m'écouter, je continuai en ces termes:

HISTOIRE

DU SECOND FRÈRE DU BARBIER.

« Mon second frère, qui s'appelait Bakbarah le brèche-dent, marchant un jour par la ville, rencontra une vieille dans une rue écartée; elle l'aborda: « J'ai, lui dit-elle, un mot à vous dire; je vous prie de vous arrêter un moment. » Il s'arrêta en lui demandant ce qu'elle lui voulait.

« Si vous avez le temps de venir avec moi, reprit-elle, je vous mènerai dans un palais magnifique où vous verrez une dame plus belle que le jour. Elle vous recevra avec beaucoup de plaisir et vous présentera la collation avec d'excellent vin. Il n'est pas besoin de vous en dire davantage. — Ce que vous me dites est-il bien vrai? répliqua mon frère. — Je ne suis pas une menteuse, repartit la vieille; je ne vous propose rien qui ne soit véritable; mais écoutez ce que j'exige de vous: il faut que vous soyez sage, que vous parliez peu et que vous ayez une complaisance infinie. » Bakbarah ayant accepté la condition, elle marcha devant et il la suivit. Ils arrivèrent à la porte d'un grand palais où il y avait beaucoup d'officiers et de domestiques. Quelques-uns voulurent arrêter mon frère; mais la vieille ne leur eut pas plus tôt parlé qu'ils le laissèrent passer. Alors elle se retourna vers mon frère et lui dit: « Souvenez-vous au moins que la jeune dame chez qui je vous amène aime la douceur et la retenue; elle ne veut pas qu'on la contredise. Si vous la contentez en cela, vous pouvez compter que vous obtiendrez d'elle ce que vous voudrez. » Bakbarah la remercia de cet avis et promit d'en profiter.

« Elle le fit entrer dans un bel appartement: c'était un grand bâtiment carré qui répondait à la magnificence du palais; une galerie régnait à l'entour, et l'on voyait au milieu un très-beau jardin. La vieille le fit asseoir sur un sofa bien garni et lui dit d'attendre un moment, qu'elle allait avertir de son arrivée la jeune dame.

« Mon frère, qui n'était jamais entré dans un lieu si superbe, se mit à considérer toutes les beautés qui s'offraient à sa vue, et jugeant de sa bonne fortune par la magnificence qu'il voyait, il avait de la peine à contenir sa joie. Il entendit bientôt un grand bruit qui était causé par une troupe d'esclaves enjouées qui vinrent à lui en faisant des éclats de rire, et il aperçut au milieu d'elles une jeune dame d'une beauté extraordinaire, qui se faisait aisément reconnaître pour leur maîtresse par les égards qu'on avait pour elle. Bakbarah, qui s'était attendu à un entretien particulier avec la dame, fut extrêmement surpris de la voir arriver en si bonne compagnie. Cependant, les esclaves prirent un air sérieux en s'approchant de lui, et lorsque la jeune dame fut près du sofa, mon frère, qui s'était levé, lui fit une profonde révérence. Elle prit la place d'honneur, et puis, l'ayant prié de se remettre à la sienne, elle lui dit d'un air riant : « Je suis ravie de vous voir, et je vous souhaite tout le bien que vous pouvez désirer. — Madame, lui répondit Bakbarah, je ne puis en souhaiter un plus grand que l'honneur que j'ai de paraître devant vous. — Il me semble que vous êtes de bonne humeur, répliqua-t-elle, et que vous voudrez bien que nous passions le temps agréablement ensemble. »

« Elle commanda aussitôt que l'on servît la collation. En même temps on couvrit une table de plusieurs corbeilles de fruits et de confitures. Elle se mit à table avec les esclaves et mon frère. Comme il était placé vis-à-vis d'elle, quand il ouvrait la bouche pour manger, elle s'apercevait qu'il était brèche-dent, et elle le faisait remarquer aux esclaves, qui en riaient de tout leur cœur avec elle. Bakbarah, qui de temps en temps levait la tête pour la regarder et qui la voyait rire, s'imagina que c'était de la joie qu'elle avait de sa venue, et se flatta que bientôt elle écarterait ses esclaves pour rester avec lui sans témoins. Elle jugea bien qu'il avait cette pensée, et prenant plaisir à l'entretenir dans une erreur si agréable, elle lui dit des douceurs, et lui présenta, de sa propre main, de tout ce qu'il y avait de meilleur.

« La collation achevée, on se leva de table. Dix esclaves prirent des instruments et commencèrent à jouer et à chanter; d'autres se mirent à danser. Mon frère, pour faire l'agréable, dansa aussi, et la jeune dame même s'en mêla. Après qu'on eut dansé quelque temps, on s'assit pour prendre haleine. La jeune dame se fit donner un verre de vin et regarda mon frère en souriant, pour lui marquer qu'elle allait boire à sa santé. Il se leva et demeura debout pendant qu'elle but. Lorsqu'elle eut bu, au lieu de rendre le verre, elle le fit remplir, et le présenta à mon frère afin qu'il lui fît raison. »

Scheherazade voulait poursuivre son récit; mais remarquant qu'il était jour, elle cessa de parler. La nuit suivante, elle reprit la parole et dit au sultan des Indes :

CXLVIII NUIT.

Sire, le barbier continuant l'histoire de Bakbarah : « Mon frère, dit-il, prit le verre de la main de la jeune dame en la lui baisant, et but debout en reconnaissance de la faveur qu'elle lui avait faite ; ensuite, la jeune dame le fit asseoir auprès d'elle et commença de le caresser ; elle lui passa la main derrière la tête en lui donnant de temps en temps de petits soufflets. Ravi de ces faveurs, il s'estimait le plus heureux homme du monde ; il était tenté de badiner aussi avec cette charmante personne, mais il n'osait prendre cette liberté devant tant d'esclaves qui avaient les yeux sur lui et qui ne cessaient de rire de ce badinage. La jeune dame continua de lui donner de petits soufflets, et, à la fin, lui en appliqua un si rudement qu'il en fut scandalisé. Il en rougit, et se leva pour s'éloigner d'une si rude joueuse. Alors la vieille qui l'avait amené le regarda d'une manière à lui faire connaître qu'il avait tort, et qu'il ne se souvenait pas de l'avis qu'elle lui avait donné d'avoir de la complaisance. Il reconnut sa faute, et, pour la réparer, il se rapprocha de la jeune dame en feignant qu'il ne s'en était pas éloigné par mauvaise humeur. Elle le tira par le bras, le fit encore asseoir près d'elle, et continua de lui faire mille caresses malicieuses. Ses esclaves, qui ne cherchaient qu'à la divertir, se mirent de la partie : l'une donnait au pauvre Bakbarah des nasardes de toute sa force, l'autre lui tirait les oreilles à les lui arracher, et d'autres enfin lui appliquaient des soufflets qui passaient la raillerie. Mon frère souf-

frait tout cela avec une patience admirable; il affectait même un air gai, et regardant la vieille avec un sourire forcé : « Vous l'avez bien dit, disait-il, que je trouverais une dame toute bonne, tout agréable, toute charmante. Que je vous ai d'obligation ! — Ce n'est rien encore que cela, lui répondait la vieille : laissez faire, vous verrez bien autre chose. « La jeune dame prit alors la parole, et dit à mon frère : « Vous êtes un brave homme, je suis ravie de trouver en vous tant de douceur et tant de complaisance pour mes petits caprices, et une humeur si conforme à la mienne. — Madame, repartit Bakbarah, charmé de ce discours, je ne suis plus à moi, je suis tout à vous, et vous pouvez à votre gré disposer de moi. — Que vous me faites de plaisir, répliqua la dame, en me marquant tant de soumission ! Je suis contente de vous, et je veux que vous le soyez aussi de moi. Qu'on lui apporte, ajouta-t-elle, le parfum et l'eau de rose. » A ces mots, deux esclaves se détachèrent et revinrent bientôt après; l'une avec une cassolette d'argent où il y avait du bois d'aloès le plus exquis, dont elle le parfuma; et l'autre avec de l'eau de rose qu'elle lui jeta au visage et dans les mains. Mon frère ne se possédait pas, tant il était aise de se voir traiter si honorablement.

« Après cette cérémonie, la jeune dame commanda aux esclaves qui avaient déjà joué des instruments et chanté, de recommencer leurs concerts. Elles obéirent, et pendant ce temps-là, la dame appela une autre esclave et lui ordonna d'emmener mon frère avec elle en lui disant : « Faites-lui ce que vous savez, et quand vous aurez achevé, ramenez-lemoi. » Bakbarah, qui entendit cet ordre, se leva promptement, et s'approchant de la vieille, qui s'était aussi levée pour accompagner l'esclave et lui, il la pria de lui dire ce qu'on lui voulait faire. « C'est que notre maîtresse est curieuse, lui répondit tout bas la vieille; elle souhaite de voir comment vous seriez fait déguisé en femme; et cette esclave, qui a ordre de vous mener avec elle, va vous peindre les sourcils, vous raser les moustaches et vous habiller en femme. — On peut me peindre les sourcils tant qu'on voudra, répliqua mon frère, j'y consens, parce que je pourrai me laver ensuite; mais pour me faire raser, vous voyez bien que je ne le dois pas souffrir: comment oserais-je paraître, après cela, sans moustaches?— Gardez-vous de vous opposer à ce que l'on exige de vous, reprit la vieille, vous gâteriez vos affaires, qui vont le mieux du monde. On vous aime, on veut vous rendre heureux; faut-il pour une vilaine moustache renoncer aux plus délicieuses faveurs qu'un homme puisse obtenir? » Bakbarah se rendit aux raisons de la vieille, et, sans dire un seul mot, se laissa conduire par l'esclave dans une chambre, où on lui peignit les sourcils de rouge. On lui rasa la moustache, et l'on se mit en devoir de lui raser aussi la barbe. La docilité de mon frère ne put aller jusque là. « Oh! pour ce

qui est de ma barbe, s'écria-t-il, je ne souffrirai point absolument qu'on me la coupe. » L'esclave lui représenta qu'il était inutile de lui avoir ôté sa moustache, s'il ne voulait pas consentir qu'on lui rasât la barbe ; qu'un visage barbu ne convenait pas avec un habillement de femme, et qu'elle s'étonnait qu'un homme qui était sur le point de posséder la plus belle personne de Bagdad, fît quelque attention à sa barbe. La vieille ajouta au discours de l'esclave de nouvelles raisons. Elle menaça mon frère de la disgrâce de la jeune dame. Enfin, elle lui dit tant de choses qu'il se laissa faire tout ce qu'on voulut.

« Lorsqu'il fut habillé en femme, on le ramena devant la jeune dame, qui se prit si fort à rire en le voyant, qu'elle se renversa sur le sofa où elle était assise. Les esclaves en firent autant en frappant des mains, si bien que mon frère demeura fort embarrassé de sa contenance. La jeune dame se releva, et, sans cesser de rire, lui dit : « Après la complaisance que vous avez eue pour moi, j'aurais tort de ne vous pas aimer de tout mon cœur ; mais il faut que vous fassiez encore une chose pour l'amour de moi, c'est de danser comme vous voilà. » Il obéit, et la jeune dame et ses esclaves dansèrent avec lui en riant comme des folles. Après qu'elles eurent dansé quelque temps, elles se jetèrent toutes sur le misérable, et lui donnèrent tant de soufflets, tant de coups de poing et de coups de pied, qu'il en tomba par terre presque hors de lui-même. La vieille lui aida à se relever, et pour ne pas lui donner le temps de se fâcher du mauvais traitement qu'on venait de lui faire : « Consolez-vous, lui dit-elle à l'oreille, vous êtes enfin arrivé au bout de vos souffrances, et vous allez en recevoir le prix. »

Le jour, qui paraissait déjà, imposa silence en cet endroit à la sultane Scheherazade. Elle poursuivit ainsi la nuit suivante.

CXLIX NUIT.

« La vieille, dit le barbier, continua de parler à Bakbarah : « Il ne vous reste plus, ajouta-t-elle, qu'une seule chose à faire, et ce n'est qu'une bagatelle. Vous saurez que ma maîtresse a coutume, lorsqu'elle a un peu bu comme aujourd'hui, de ne se pas laisser approcher par ceux qu'elle aime qu'ils ne soient nus en chemise. Quand ils sont en cet état, elle prend un peu d'avantage, et se met à courir devant eux par la galerie, et de chambre en chambre, jusqu'à ce qu'ils l'aient attrapée. C'est encore une de ses bizarreries. Quelque avantage qu'elle puisse prendre, léger et dispos comme vous êtes, vous aurez bientôt mis la main sur elle. Mettez-vous vite en chemise, déshabillez-vous sans faire de façons. »

« Mon bon frère en avait trop fait pour reculer. Il se déshabilla, et cependant la jeune dame se fit ôter sa robe et demeura en jupon pour courir plus légèrement. Lorsqu'ils furent tous deux en état de commencer la course, la jeune dame prit un avantage d'environ vingt pas, et se mit à courir d'une vitesse surprenante. Mon frère la suivit de toute sa force, non sans exciter les ris de toutes les esclaves, qui frappaient des mains. La jeune dame, au lieu de perdre quelque chose de l'avantage qu'elle avait pris d'abord, en gagnait encore sur mon frère : elle lui fit faire deux ou trois tours de galerie, et puis enfila une longue allée obscure, où elle se sauva par un détour qui lui était connu. Bakbarah, qui la suivait toujours, l'ayant perdue de vue dans l'allée, fut obligé de courir moins vite à cause de l'obscurité. Il aperçut enfin une lumière, vers laquelle ayant repris sa course, il sortit par une porte qui fut fermée sur lui aussitôt. Imaginez-vous s'il eut lieu d'être surpris de se trouver au milieu d'une rue de corroyeurs. Ils ne le furent pas moins de le voir en chemise, les yeux peints de rouge, sans barbe et sans moustache. Ils commencèrent à frapper des mains, à le huer, et quelques-uns coururent après lui et lui cinglèrent les fesses avec des peaux. Ils l'arrêtèrent même, le mirent sur un âne qu'ils

rencontrèrent par hasard, et le promenèrent par la ville, exposé à la risée de toute la populace.

« Pour comble de malheur, en passant devant la maison du juge de police, ce magistrat voulut savoir la cause de ce tumulte. Les corroyeurs lui dirent qu'ils avaient vu sortir mon frère dans l'état où il était, par une porte de l'appartement des femmes du grand vizir, qui donnait sur la rue. Là-dessus, le juge fit donner au malheureux Bakbarah cent coups de bâton sur la plante des pieds, et le fit conduire hors de la ville, avec défense d'y rentrer jamais.

« Voilà, commandeur des croyants, dis-je au calife MostanserBillah, l'aventure de mon second frère que je voulais raconter à votre majesté. Il ne savait pas que les dames de nos seigneurs les plus puissants se divertissent quelquefois à jouer de semblables tours aux jeunes gens qui sont assez sots pour donner dans de semblables piéges. »

Scheherazade fut obligée de s'arrêter en cet endroit, à cause du jour qu'elle vit paraître. La nuit suivante elle reprit sa narration, et dit au sultan des Indes :

FIN DU TOME Ier.

TABLE DES MATIÈRES
CONTENUES
DANS CE VOLUME.

Histoire du Sultan des Indes. Pag.	1
L'Ane, le Bœuf et le Laboureur.	13
1re NUIT. Le Marchand et le Génie.	21
II NUIT.	25
III NUIT.	28
IV NUIT. Histoire du premier Vieillard et de la Biche.	30
V NUIT.	34
VI NUIT. Histoire du second Vieillard et des deux Chiens noirs.	37
VII NUIT.	40
VIII NUIT.	44
Histoire du Pêcheur.	45
IX NUIT.	46
X NUIT.	49
XI NUIT.	52
Histoire du Roi grec et du médecin Douban.	54
XII NUIT.	56
XIII NUIT.	59
XIV NUIT. Histoire du Mari et du Perroquet.	61
XV NUIT.	64
Histoire du Vizir puni.	65
XVI NUIT.	67
XVII NUIT.	71
XVIII NUIT.	72
XIX NUIT.	75
XX NUIT.	78
XXI NUIT.	82
XXII NUIT. Histoire du jeune Roi des Iles Noires.	85
XXIII NUIT.	88
XXIV NUIT.	91
XXV NUIT.	95
XXVI NUIT.	99
XXVII NUIT.	102
XXVIII NUIT. Histoire des trois Calenders, fils de rois, et de cinq Dames de Bagdad.	105
XXIX NUIT.	108
XXX NUIT.	111
XXXI NUIT. Pag.	115
XXXII NUIT.	118
XXXIII NUIT.	121
XXXIV NUIT.	124
XXXV NUIT	128
XXXVI NUIT.	130
XXXVII NUIT.	135
Histoire du premier Calender, fils de roi.	136
XXXVIII NUIT.	139
XXXIX NUIT.	144
XL NUIT. Histoire du second Calender, fils de roi.	148
XLI NUIT.	151
XLII NUIT.	153
XLIII NUIT.	157
XLIV NUIT.	160
XLV NUIT.	163
XLVI NUIT.	165
Histoire de l'Envieux et de l'Envié.	166
XLVII NUIT.	168
XLVIII NUIT.	172
XLIX NUIT.	176
L NUIT.	181
LI NUIT.	183
LII NUIT.	185
LIII NUIT. Histoire du troisième Calender, fils de roi.	188
LIV NUIT.	192
LV NUIT.	196
LVI NUIT.	200
LVII NUIT.	203
LVIII NUIT.	208
LIX NUIT.	210
LX NUIT.	212
LXI NUIT.	215
LXII NUIT.	219
LXIII NUIT. Histoire de Zobéide.	225
LXIV NUIT	230
LXV NUIT.	233

TOM. I.

TABLE DES MATIÈRES.

LXVI Nuit.	Pag. 236
LXVII Nuit. Histoire d'Amine.	240
LXVIII Nuit.	245
LXIX Nuit.	250
Histoire des trois Pommes.	253
LXX Nuit.	255
LXXI Nuit. Histoire de la Dame massacrée et du jeune Homme son mari.	259
LXXII Nuit.	263
Histoire de Noureddin Ali et de Bedreddin Hassan.	265
LXXIII Nuit.	270
LXXIV Nuit.	274
LXXV Nuit.	277
LXXVI Nuit.	279
LXXVII Nuit.	282
LXXVIII Nuit.	284
LXXIX Nuit.	287
LXXX Nuit.	290
LXXXI Nuit.	295
LXXXII Nuit.	297
LXXXIII Nuit.	299
LXXXIV Nuit.	301
LXXXV Nuit.	303
LXXXVI Nuit.	305
LXXXVII Nuit.	308
LXXXVIII Nuit.	310
LXXXIX Nuit.	312
XC Nuit.	315
XCI Nuit.	317
XCII Nuit.	319
XCIII Nuit.	322
XCIV Nuit.	325
XCV Nuit.	328
XCVI Nuit.	331
XCVII Nuit.	334
XCVIII Nuit.	337
XCIX Nuit.	340
C Nuit. Histoire du petit Bossu.	343
CI Nuit.	346
CII Nuit.	348
CIII Nuit.	351
CIV Nuit.	353
CV Nuit.	355
Histoire que raconta le Marchand chrétien.	356
CVI Nuit.	358
CVII Nuit.	360
CVIII Nuit.	362
CIX Nuit.	364
CX Nuit.	Pag. 367
CXI Nuit.	369
CXII Nuit.	371
CXIII Nuit.	373
CXIV Nuit.	375
CXV Nuit.	378
CXVI Nuit.	381
CXVII Nuit.	383
Histoire racontée par le Pourvoyeur du Sultan de Casgar.	384
CXVIII Nuit.	386
CXIX Nuit.	389
CXX Nuit.	391
CXXI Nuit.	394
CXXII Nuit.	397
CXXIII Nuit.	399
CXXIV Nuit.	402
CXXV Nuit.	405
CXXVI Nuit.	408
CXXVII Nuit. Histoire racontée par le Médecin juif	410
CXXVIII Nuit.	413
CXXIX Nuit.	416
CXXX Nuit.	418
CXXXI Nuit.	420
CXXXII Nuit.	423
CXXXIII Nuit.	427
CXXXIV Nuit.	429
Histoire que raconta le Tailleur.	431
CXXXV Nuit.	433
CXXXVI Nuit.	436
CXXXVII Nuit.	439
CXXXVIII Nuit.	442
CXXXIX Nuit.	444
CXL Nuit.	446
CXLI Nuit.	448
CXLII Nuit.	451
CXLIII Nuit.	455
Histoire du Barbier.	459
CXLIV Nuit.	460
Histoire du premier frère du Barbier.	462
CXLV Nuit.	465
CXLVI Nuit.	468
CXLVII Nuit. Histoire du second frère du Barbier.	471
CXLVIII Nuit.	474
CXLIX Nuit.	478
Histoire du troisième frère du Barbier.	479

FIN DE LA TABLE DU PREMIER VOLUME.